물류관리사

4과목

보관하역론

기출 분석

보관하역론 주요 영역별 출제문항 수

(단위 : 문항수)

주요 영역 \ 연도	2020	2021	2022	2023	2024	합계	비율(%)
보관론	14	10	15	8	12	59	29.5
물류시설	2	6	4	7	8	27	13.5
보관 및 하역기기	7	6	6	9	8	36	18
하역론	6	11	7	9	8	41	20.5
재고관리	11	7	8	7	4	37	18.5
총계(문항수)	40	40	40	40	40	200(문항)	100(%)

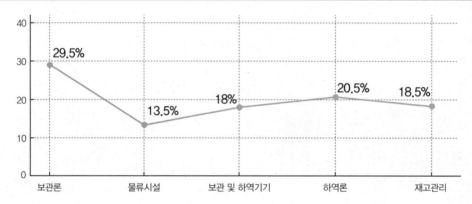

학습방법

보관하역론은 물류관리사 시험에서 고득점을 목표로 할 수 있는 중요한 과목입니다. 이에 따라 아래와 같은 학습 전략을 제안드립니다.

● **기본 용어의 정확한 이해** 보관, 하역, EOQ, 재고관리 등 핵심 용어를 확실히 숙지하는 것이 중요합니다. 시험에 서는 이러한 기본 개념을 묻는 문제가 자주 출제되며, 응용문제 역시 기본 개념을 바탕으로 해결할 수 있습니다.

● **이론과 실무의 연결** 이론뿐 아니라 실무와의 연계도 필수적입니다. 특히 하역기기와 하역방식이 물류 현장에서 어떻게 적용되는지 이해하면 문제 해결이 더 쉬워집니다. 유튜브 등의 매체를 통해 실제 작업 방식을 참조하는 것도 도움이 됩니다.

● **계산 문제 연습** 자주 출제되는 계산 문제는 공식에 맞춰 해결하는 정형화된 형태가 많습니다. 여러 문제를 반복 해서 풀어보며 유형을 파악하는 것이 중요하며, 기출문제 풀이가 효과적인 대비 방법입니다.

● **전체적인 개념** 세부 사항에 너무 집중하기보다는 보관과 하역의 큰 틀을 이해하는 것이 효율적입니다. 큰 주제와 개념을 중심으로 공부하는 것이 합격으로 가는 길입니다.

저자 변달수

보관하역론

CHAPTER 01 보관론

차례

2

보관론

1 보관

1 개요 ★★★

(1) 개념

보관은 재화를 물리적으로 보존하고 관리하는 것으로 물품의 생산과 소비의 시간적 거리를 조정하는 활동이다.

(2) 보관의 특징

① 과거 보관은 단순 저장기능 중심이었으나 현대에서는 라벨링, 재포장 등 유통지원기능이 강화되고 있다.
② 보관활동에 있어 운영효율성을 향상시키기 위해 물류정보시스템의 사용이 증가하고 있다.
③ 다품종 소량화, 소량 다빈도화, 리드타임 단축 등 시장환경 변화에 신속하게 대응해야 한다.

(3) 보관의 기능

① 재화의 물리적 보존과 관리 기능
② 생산과 소비의 시간적 거리 조정
③ 생산과 판매의 물량 조정 및 완충 기능
④ 세금 지불 연기 등의 금융 역할
⑤ 구매와 생산의 완충
⑥ 운송(수송)과 배송을 원활하게 하는 기능
⑦ 제품의 집산, 구분, 조합, **혼재**, **분류**, **혼합**, 검사 장소의 기능
⑧ 생산의 평준화와 안정화를 지원
⑨ 재고를 보유하여 고객 수요에 대응
※ '제품에 대한 장소적 효용 창출 기능'은 운송의 기능이다. (빈출되는 오답)

(4) 보관의 원칙

① 선입선출(FIFO, First In First Out)의 원칙 : 먼저 입고한 물품을 먼저 출고하는 것으로 제품수명주기 (Product Life Cycle)가 짧은 경우에 많이 적용된다.
② 통로대면 보관의 원칙 : 제품의 입출고를 용이하게 하고 효율적으로 보관하기 위해 통로에 직각으로 대면하여 보관함으로써 작업의 접근성을 강조하는 원칙을 말한다.
③ 높이쌓기의 원칙 : 물품을 고층으로 적재하는 것으로 용적효율을 향상시키는 것이다.

④ 회전대응 보관의 원칙 : 입출고 빈도의 정도에 따라 물품의 보관장소를 결정하는 것으로 입출고 빈도가 높은 물품은 출입구로부터 가까운 장소에 보관한다.

⑤ 위치표시의 원칙 : 물품의 보관장소에 특정한 기호(장소, 선반 번호)를 사용하여 위치를 표시하는 것으로 입출고 작업의 효율성을 높일 수 있다.

⑥ 동일성·유사성의 원칙 : 동일(관리 특성이 같은) 품종은 동일 장소에 보관하고, 유사품은 근처 가까운 장소에 보관해야 한다는 원칙이다.

⑦ 명료성의 원칙 : 시각에 따라 보관품을 용이하게 식별할 수 있도록 보관하는 원칙으로, 창고 내 작업자의 시각에 의하여 보관품 장소나 보관품 자체를 용이하게 찾아낼 수 있도록 하는 것이다.

⑧ 네트워크 보관의 원칙
  ㉠ 연대출고가 예상되는 관련 품목을 모아서 보관한다.
  ㉡ 출고품목의 다양화에 따른 보관상의 곤란을 예상하여 물품정리가 용이하도록 하는 원칙이다.
  ㉢ 관련 품목을 한 장소에 모아서 계통적으로 분리하고 보관하여 출하효율성을 증대시키는 원칙이다.

⑨ 형상특성의 원칙 : 형상의 특성에 따라 보관 방법을 변경하는 것으로 보관 시 파손이나 분실이 생기기 쉬운 제품에 적용되는 원칙을 말한다.

⑩ 중량특성의 원칙
  ㉠ 물품의 중량에 따라 보관장소의 높이를 결정하는 원칙이다. 즉, 중량에 따라 보관장소의 출입구를 기준으로 한 거리와 높낮이를 결정하는 것이다.
  ㉡ 중량에 따라 보관장소를 하층부와 상층부로 나누어 보관한다(무거울수록 하층부 보관).

※ 제품의 물리적 성질에 근거한 보관 원칙은 형상특성의 원칙과 중량특성의 원칙이다.

2 창고 ★☆☆

(1) 창고의 기능

① 저장기능 : 물품을 안전하게 보관하거나 현상 유지하는 기능

② 부가가치기능 : 단순 저장기능 외에도 분류, 유통가공, 재포장 등의 역할도 수행한다.

③ 수급조정기능 : 생산과 소비의 시간적 간격(Time Gap)을 조정하여 수급조정기능을 수행한다. 스톡 포인트, 데포, 집배송센터 등에서 일정량의 흐름이 체류하는 기능을 한다.

④ 가격조정기능 : 물품의 수급을 조정하여 가격안정을 도모하는 기능을 수행한다.

⑤ 신용기관적 기능 : 물건을 보관하여 재고를 확보함으로써 품절을 방지하고 신용을 증대시키는 기능을 수행한다.

⑥ 판매기지적 기능 : 직접 물품을 판매하거나 판매기지로서의 기능을 수행하기도 한다.

※ 생산과 소비의 공간적 거리의 격차를 해소하는 것은 창고의 기능이 아닌 운송의 기능에 해당한다.

(2) 보관창고와 유통창고

① 보관창고(저장창고, 저장중심형 창고, 전통적 창고) : 판매지원형 창고로서 유통경로 단축, 판매 확대, 서비스 향상, 물류비 절감을 목적으로 한다. 장기적인 저장, 보관활동으로 수급조정기능이 주된 기능이다.

② 유통창고(유통중심형, 흐름중심형, 판매지향형 창고)
  ㉠ 개념
    ⓐ 순수한 저장중심형 창고가 아니라 공장에서 출하한 상품의 원활한 시장 유통을 위한 유통중심, 흐름중심형 창고이다(현대적 유통센터, 물류센터).
    ⓑ 유통창고는 생산된 제품의 집하 및 배송 기능을 갖춘 창고로 화물의 보관, 가공, 재포장 등의 활동을 수행한다.
  ㉡ 특징
    ⓐ 유통창고는 상품을 원활하게 배급하기 위해 소비지역에 두는 저장창고이며, 원자재보다는 **최종재·소비재**가 주요 대상 화물이다.
    ⓑ 유통창고는 자가창고에서 시작하여 공동창고나 배송센터로 발전하고 있다.
    ⓒ 수송 면에서 정형적 계획수송이 가능하다.
    ⓓ 신속한 배송과 대량생산체제에 대응할 수 있다.

(3) 운영형태에 따른 분류

① 자가창고
  ㉠ 장점
    ⓐ 자사에 적합한 최적의 창고 설계 및 운영이 가능하다.
    ⓑ 운영시간에 대한 탄력성이 높다.
    ⓒ 시설변경의 탄력성이 **높다**.
    ⓓ 영업창고에 비해 자사의 특수 물품에 적합한 구조와 하역설비를 갖출 수 있다.
    ⓔ 영업창고에 비해 낮은 고정비를 갖기 때문에 재무유동성이 향상된다.
  ㉡ 단점
    ⓐ 막대한 창고 건설자금이 소요되며 설비투자를 위한 자본이 필요하다.
    ⓑ 상품의 수요변동(계절변동 등)에 대해 탄력적인 대응이 어렵다.
② 영업창고
  ㉠ 장점
    ⓐ 자가창고에 비해 계절적 수요(보관량)변동에 탄력적으로 대응할 수 있어 비수기에도 효율적인 운영이 가능하다.
    ⓑ 시장환경의 변화에 따라 입지장소를 수시로 변경할 수 있다.
    ⓒ 보관이나 하역에 따른 비용지출을 명확히 알 수 있다(코스트 관리).
    ⓓ 품목 특성에 맞는 하역기기를 갖춘 창고선택으로 신속한 창고 내 작업을 기대할 수 있다.
    ⓔ 화주의 측면에서 설비투자, 고정투자가 불필요하다.

ⓕ 전문가에 의한 수불관리가 이루어지기 때문에 관리가 안전하다.

ⓛ 단점

ⓐ 작업시간에 대한 탄력성이 적다는 것이 단점이다.

ⓑ 자사품목에만 적합한 창고 설계는 어렵다.

③ 임대(리스)창고

ⓣ 개념 : 임대창고는 특정 보관시설을 임대하거나 리스(Lease)하여 물품을 보관하는 창고형태이다.

ⓛ 특징 : 리스창고는 기업이 보관공간을 리스하는 것으로 영업창고의 단기적 임대와 자가창고의 장기적 계약 사이의 중간적인 성격을 가지고 있다.

ⓒ 장점

ⓐ 낮은 임대요금으로 보관공간을 확보할 수 있다.

ⓑ 임대기간에 따라 사용자가 보관공간이나 그와 관련된 제반운영을 직접 통제할 수 있다.

ⓔ 단점 : 시장환경 변화에 따라 보관장소를 탄력적으로 운영하기 어렵다.

④ 공공창고 : 관공서 또는 공공단체가 공익을 목적으로 소유, 운영하는 창고를 의미한다.

⑤ 자가자동화 창고

ⓣ 개념 : 자가창고의 기본 특성에 컴퓨터에 의한 정보처리시스템과 입출고시스템이 짝을 이루어 운영되는 창고이다.

ⓛ 기업의 자동창고 도입배경

ⓐ 인력 절감의 효과가 기대된다.

ⓑ 토지사용 효율성의 증대를 기대할 수 있다.

ⓒ 지가 상승으로 인한 고층의 입체 자동화 창고가 필요하다.

ⓓ 제조부문의 자동화와 균형을 맞출 수 있다.

(4) 창고 설계 및 레이아웃 시 고려사항

① **직진성의 원칙** : 화물, 운반기기 및 작업자 등의 흐름 직진성을 고려해야 한다.

② **역행교차 회피의 원칙** : 물품, 운반기기 및 사람의 흐름배치는 서로 교차하거나 역주행이 되지 않도록 하는 것을 말한다.

③ **취급횟수 최소화의 원칙** : 보관효율을 높이기 위하여 임시보관 취급과 같은 동작이나 업무를 줄여서 화물 취급횟수가 **줄어들도록** 해야 한다.

④ **중력이용의 원칙** : 자체 중력을 이용하여 위에서 아래로 움직이도록 하고 무거운 것은 하단에 배치하는 것을 말한다.

⑤ **모듈화의 원칙** : 물류동선의 패턴, 복도 및 랙 방향 등의 설계를 통해 작업 및 보관효율을 높이는 것을 말한다. (설비 간 배수관계)

⑥ **물품이동 간 고저간격 최소화의 원칙** : 화물의 흐름과정에서 높낮이 차이의 크기를 줄여야 한다.

체크 Point

☀ **보관계획의 기본적인 고려요소(PQRST)**

1. 기본 고려요소
   ① Product(보관대상물) : 대상물의 형상, 가격, 중량, 용적 분석
   ② Quantity(양) : 운반 및 보관량 분석
   ③ Route(경로) : 입고~출고 작업까지 작업경로나 작업순서에 따른 분석
   ④ Service(보조서비스) : 운반이나 보관목적을 어떻게 지원할 것인가에 대한 분석(보존방식, 수발주시스템, 재고관리방식)
   ⑤ Time(시간) : 배급시간, 긴급성, 피크타임, 타이밍 관리, 계절성
   상기 내용은 보관계획(보관시스템)의 기본적인 고려요소이면서 창고의 입지선정 시 고려해야 할 사항이기도 하다.

2. 물류거점 입지조건 분석방법
   ① P-Q분석 : 어떤 상품이 어떤 양으로 흐르고 있는가에 대한 물류유형의 분석기법
   ② R분석 : 어떠한 물량이 어떠한 경로로 흐르고 있는가를 과거에서부터 현재까지 파악하는 기법
   ③ S-T분석 : 제조와 판매부문의 효율성 있는 연계를 위해 보조부문이 어떠한 기능을 갖추어야 하는지를 과거와 현재의 실상을 면밀히 분석 후 결정하는 기법. 창고가 "언제"(Time), "어떤 형태"(Service)로 입출고에 대응해야 할지 명확화한다.

(5) 창고 내 보관구역 격납장유형

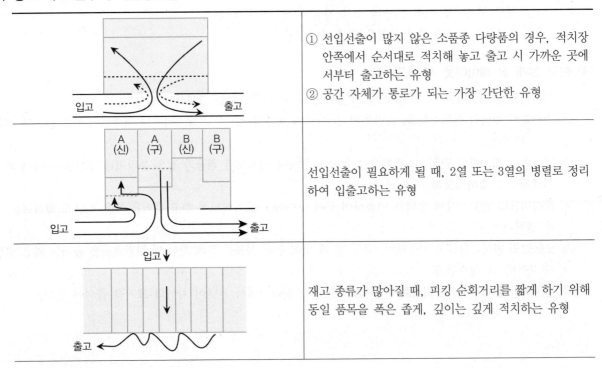

입고 → 출고	① 선입선출이 많지 않은 소품종 다량품의 경우, 적치장 안쪽에서 순서대로 적치해 놓고 출고 시 가까운 곳에서부터 출고하는 유형 ② 공간 자체가 통로가 되는 가장 간단한 유형
A(신) A(구) B(신) B(구) 입고 → 출고	선입선출이 필요하게 될 때, 2열 또는 3열의 병렬로 정리하여 입출고하는 유형
입고 ↓ 출고 ←	재고 종류가 많아질 때, 피킹 순회거리를 짧게 하기 위해 동일 품목을 폭은 좁게, 깊이는 깊게 적치하는 유형

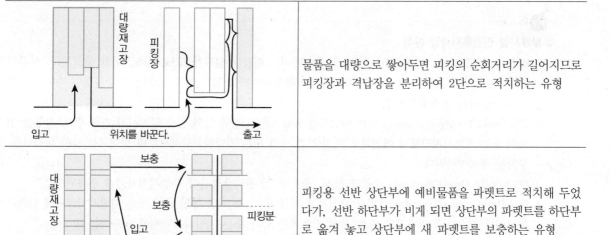

	물품을 대량으로 쌓아두면 피킹의 순회거리가 길어지므로 피킹장과 격납장을 분리하여 2단으로 적치하는 유형
	피킹용 선반 상단부에 예비물품을 파렛트로 적치해 두었다가, 선반 하단부가 비게 되면 상단부의 파렛트를 하단부로 옮겨 놓고 상단부에 새 파렛트를 보충하는 유형

3 물류시설 ★★☆

(1) 물류단지 및 물류단지시설

① 개념

　㉠ 물류단지는 물류터미널 – 공동집배송단지 – 도소매단지 – 농수산물도매시장 등의 '물류시설'과 정보 – 금융 – 입주자편의시설 등의 '지원시설'을 집단적으로 설치하기 위한 일단의 토지(건물)이다. 물류단지시설이란 물류센터를 포함하여 물류단지 안에 설치되는 시설을 말한다.

　㉡ 수송, 보관, 포장, 하역, 가공, 통관, 도소매, 정보처리 등을 위한 유통시설과 지원시설을 통합 설치·육성하기 위해 개발한 일단의 토지를 물류단지라고 하며 물류터미널을 비롯해 모든 물류시설을 포괄하는 개념이다.

② 특징

　㉠ 물류단지는 유통구조의 개선과 물류비 절감 효과의 저하 및 교통량 증가 문제를 해소하기 위해 도입되었다.

　㉡ 물류단지의 입지는 항만 – 공단 – 대도시 주변 등 물동량이나 물류시설의 이용 수요가 많은 지역을 대상으로 한다.

③ 기능

　㉠ 물류단지는 환적, 집배송, 보관, 조립·가공, 컨테이너처리, 통관 등 물류기능을 수행한다.

　㉡ 물류단지는 판매, 전시, 포장, 기획 등 **상류기능도 수행**한다.

　㉢ 물류단지시설 중 중계센터는 제품의 보관보다는 단순중계가 주요한 기능으로 크로스도킹(Cross Docking) 등의 기능을 수행할 수 있다.

⭐체크Point

☼ **물류시설 민간투자사업 방식**

1. BTO(Build Transfer Operate, 이전 후 운영방식) : 민간 사업자가 도로, 철도, 항만 등의 공공 물류시설 건설 후, 소유권을 먼저 국가 또는 지방자치단체에 이전하고 일정 기간 그 시설물을 운영한 수익으로 투자비를 회수하는 투자방식이다.
2. BTL(Build Transfer Lease) : 민간 사업자가 도로, 철도, 항만 등의 공공 물류시설 건설 후, 소유권을 먼저 국가 또는 지방자치단체에 이전하고 일정 기간 국가 또는 지방자치단체로부터 임대료를 받아 투자비를 회수하는 투자방식이다.
3. BOO(Build Own Operate) : 준공과 동시, 소유권 및 관리운영권이 사업시행자에게 귀속된다.
4. BLT(Build Lease Transfer) : 민간 사업자가 건설 후, 일정 기간 동안 국가 또는 지방자치단체에 임대하여 투자비를 회수하고 임대기간 종료 후에 소유권을 국가 또는 지방자치단체에 양도하는 방식이다.
5. BOT(Build Own Transfer) : 민간 사업자가 건설 후, 투자비용을 회수할 때까지 관리·운영한 후 계약기간 종료 시 국가에 양도하는 방식이다.

(2) 물류센터

① **개념** : 대규모의 물류단지에 복합터미널과 같이 자동화된 시설을 갖추고 운영되는 거대하고 방대한 단지로 다품종 대량의 물품을 공급받아 분류, 보관, 포장, 유통가공, 정보처리 등을 수행하여 다수의 수요자에게 적기에 배송하기 위한 시설이다.

② **특징**

㉠ 공급자와 수요자의 중간에 위치하여 수요와 공급을 통합하고 계획하여 효율화를 높인다.

㉡ 상물분리에 의한 물류효율화를 실현할 수 있다.

㉢ 시장점유율을 높이기 위해 수주 시 재고품절이 발생하지 않도록 제품확보의 역할을 한다.

③ **기능**

㉠ 물류센터는 운송비와 생산비의 절충점을 찾아 총비용을 절감할 수 있다.

㉡ 적정한 수준의 재고를 유지할 수 있다.

㉢ 신속 정확한 배송으로 고객서비스를 향상시킨다.

㉣ 상물분리를 통해 교차 및 중복수송을 **방지**한다.

㉤ 종래의 창고나 배송센터보다는 규모가 크므로 충분한 취급량을 확보하지 못할 경우 채산성이 악화될 수 있다.

㉥ 일시적 또는 장기적 물품보관을 통하여 공급과 수요의 완충적인 기능을 한다.

㉦ 입출고를 원활하게 하기 위한 오더피킹의 기능을 한다.

㉧ 단순한 보관기능 외에도 검품, 검수, **유통가공**, 조립, 분류 및 **포장** 작업을 수행한다.

※ 물류센터에서는 제품의 제조기능을 수행하지 않는다는 점에 유의한다.

④ 물류센터의 유형
  ㉠ 항만 입지형은 부두창고, 임항창고, 보세창고 등이 있다.
  ㉡ 단지 입지형은 유통업무 단지 등의 유통거점에 집중적으로 입지를 정하고 있는 물류센터 및 창고로 공동창고, 집배송단지 및 복합물류터미널 등이 있다.
  ㉢ 도시 근교 입지형은 백화점, 슈퍼마켓, 대형 할인 매장 및 인터넷 쇼핑몰 등을 지원하는 창고이다.

1. 물류센터 규모결정 시 영향요인
   ① 자재취급시스템의 형태
   ② 통로요구조건
   ③ 재고배치
   ④ 현재 및 미래의 제품 출하량
   ⑤ 사무실 공간

2. 물류센터 규모계획 시 순서
   서비스 수준 결정 → 제품별 재고량 결정 → 보관량 및 보관용적의 산정 → 하역작업 방식과 설비의 결정 → 총면적의 산출

⑤ 물류센터 수 증가 시 발생하는 관리요소 변화
  ㉠ 시설투자비용이 지속적으로 증가한다.
  ㉡ 납기준수율이 증가한다.
  ㉢ 수송비용이 증가한다.
  ㉣ 물류센터 수가 증가하므로 총 안전재고량이 증가한다.
  ㉤ 물류센터 운영 전에 비해 상대적으로 공차율이 감소한다.
  ※ 창고나 배송센터를 지역별로 설치할 경우 거점 간에 상품을 수송하는 빈도가 높아져 수송비가 증가하게 된다.

⑥ 물류센터 레이아웃 설계 시 고려사항
  ㉠ 물품의 취급횟수를 감소시킨다.
  ㉡ 물품, 운반기기 및 작업자의 역행·교차는 피한다.
  ㉢ 물품의 흐름과정에서 높낮이 차이의 크기와 횟수를 줄인다.
  ㉣ 물품, 통로, 운반기기 및 작업자 등의 흐름에 있어 가능한 한 직진성에 중점을 둔다.

(3) 배송센터
① 개념 : 소비지에 가깝게 위치하며, 소단위 배송을 위한 물류시설을 배송센터라고 한다.
② 배송센터 구축의 이점
  ㉠ 교차수송의 **감소**
  ㉡ 납품작업의 효율화 : 백화점이나 양판점은 배송센터를 통해 납품작업을 합리화시킨다.

ⓒ 수송비 절감 : 수요지에 가까운 배송센터까지 대형차로 수송하고 고객에게는 소형차로 배송하므로 비용이 절감된다.

ⓔ 배송서비스율의 향상 : 배송센터에서 고객에게 배송하는 것이 공장에서 고객에게 배송하는 것보다 리드타임이 단축된다.

ⓜ 상물분리의 실시 : 배송센터를 활용함으로써 각 영업지점은 상류활동에 전념할 수 있다.

ⓗ 고객서비스의 향상

③ 배송센터 수 증가 시 효과

  ㉠ 전체 배송센터의 재고수준은 **증가**한다.

  ㉡ 배송센터에서 배송처까지의 수송비용은 **감소**한다.

  ㉢ 전체 배송센터의 운영비용은 **증가**한다.

  ㉣ 납기준수율은 **증가**한다.

  ㉤ 고객 대응시간은 **감소**한다.

(4) 공동집배송센터

① 집배송센터의 개념 : 일반적으로 물류센터보다 소규모로 소매점 소비자에 대한 배송, 택배 기능에 개별 기업의 유통, 배송센터 기능을 수행하는 곳을 말한다.

② 공동집배송센터의 개념 : 공동집배송센터는 여러 유통사업자 또는 제조업자가 공동으로 사용할 수 있도록 집배송시설 및 부대업무시설이 설치되어 있는 시설이다.

③ 공동집배송센터의 운영효과

  ㉠ 공동집배송단지는 참여업체들의 공동구매 및 보관을 가능하게 한다.

  ㉡ 권역별, 지역별, 상품별로 배송물량을 통합하여 계획 배송이 가능하다.

  ㉢ 배송물량의 혼합배송에 의해 차량 적재율의 증가, 횟수의 감소 및 운송거리의 단축을 통하여 **공차율이 감소**한다.

  ㉣ 공동집배송단지를 사용하는 업체들의 공동 참여를 통해 대량 구매 및 계획 매입이 가능하여 매입가격 인하가 가능하다.

  ㉤ 보관 수요를 통합 관리함으로써 업체별 보관공간 및 관리비용의 **절감**이 가능하다.

  ㉥ 물류작업의 공동화를 통해 물류비 절감 효과가 있다.

(5) 물류터미널과 복합물류터미널

① 물류터미널

  ㉠ 개념

    ⓐ 물류터미널은 화물의 집하(집화)·하역 및 이와 관련된 분류·포장·보관·가공·조립 또는 통관 등에 필요한 기능을 갖춘 시설(시설물)이다.

    ⓑ ICD와 복합물류터미널을 포함하여 물류터미널이라고 부르기도 한다.

    ⓒ 일반물류터미널에는 화물취급장, 보관시설, 관리용건물, 주차장 등의 시설이 입지한다.

　　　　ⓛ 기능
　　　　　　ⓐ 집화기능
　　　　　　ⓑ 혼재기능
　　　　　　ⓒ 유통가공기능
　　　　　　ⓓ 화물보관기능
　　　　　　ⓔ **도매**시장기능
　　　　　　ⓕ 운송수단 간 연계기능
　　　　　　ⓖ 화물운송의 중계기지기능
　　　　　※ 전시기능과 소매시장기능을 하지 않는다.

　　② **복합물류터미널**
　　　　㉠ 복합물류터미널은 화물의 집화·하역 및 이와 관련된 분류·포장·보관·가공·조립 또는 통관 등에 필요한 기능을 갖춘 물류시설물을 의미한다.
　　　　㉡ 복합물류터미널은 두 종류 이상(복수)의 운송수단 간의 연계운송을 수행할 수 있는 규모와 시설을 갖춘 물류터미널이다.
　　　　㉢ 장치보관, 수출입 통관, 선박의 적하 및 양하 기능을 수행하는 육상운송수단과의 연계 지원시설이다.
　　　　㉣ 수송기능 중심의 물류시설로서 화물취급장 또는 집배송시설 등을 보유하고 있다.

(6) 스톡 포인트(SP, Stock Point)

　① 개념
　　　㉠ 대도시, 지방중소도시에 합리적인 배송을 실시할 목적으로 설립된 유통의 중계기지이다.
　　　㉡ 유통업체인 경우 배송시키기 위한 전단계로 재고품을 비축하거나 배송센터로 상품을 이전시키기 위해 일시 보관하는 유통창고를 의미한다.

　② 특징
　　　㉠ 일종의 하치장으로 제조업체들은 원료, 완성품, 폐기물들을 쌓아두는 경우가 많다.
　　　㉡ 재고품의 임시보관거점으로 상품의 배송거점인 동시에 예상 수요에 대한 보관거점이다.

(7) 데포(DP, Depot)

　① 스톡 포인트보다 작은 국내용 2차 창고 또는 수출상품을 집화·분류·수송하기 위한 내륙 CFS를 데포라고 하며, 공급처에서 수요처로 대량으로 통합운송된 화물을 일시적으로 보관하는 창고역할을 하며 단말배송소라고도 한다.
　② 효율적인 수송을 위해 갖추어진 집배중계 및 배송처에 컨테이너가 CY(Container Yard)에 반입되기 전 야적된 상태에서 컨테이너를 적재시키는 장소이다.
　③ 화물체류시간이 짧다.

(8) ICD(Inland Container Depot)

① 개념

    ㉠ ICD란 수출입컨테이너를 취급하는 내륙컨테이너기지로서 컨테이너의 보관, 철도연계운송 및 포장 등 항만터미널과 유사한 기능을 수행하는 물류거점이다.

    ㉡ 항만과 거의 유사한 장치, 보관, 집화, 분류, 혼재 등의 기능을 수행하며 선사, 하역회사, 트럭회사, 관세사, 포워더(Forwarder) 등을 유치하여 운영하므로 내륙 항만이라고도 부른다.

    ㉢ 산업단지와 항만 사이를 연결하여 컨테이너 화물의 유통을 원활히 하기 위한 대규모 물류단지로서 복합물류터미널의 역할을 수행한다.

    ㉣ 본래는 내륙통관기지(Inland Clearance Depot)를 의미하였으나 컨테이너화의 확산으로 내륙컨테이너기지로 성장하였다.

② 특징

    ㉠ 내륙컨테이너기지는 두 가지 의미로 사용되고 있는데 하나는 주로 항만터미널과 내륙운송수단과의 연계가 편리한 산업지역에 위치한 컨테이너 장치장을 말하며, 다른 하나는 이들 컨테이너 화물에 **통관기능**까지 부여된 컨테이너 통관기지를 말한다.

    ㉡ 내륙운송 연계시설과 컨테이너 야드(CY), 컨테이너 화물조작장(CFS) 등의 고정설비를 갖추고 있다.

③ 기능

    ㉠ 수출입 통관업무, 집하 및 분류, LCL화물의 혼재 및 배분 기능을 수행한다.

    ㉡ 수출입화물의 수송거점일 뿐만 아니라 화주의 유통센터 또는 창고 기능까지 담당하고 있으며, 장치보관 기능을 수행한다.

    ㉢ 항만 또는 공항이 아닌 내륙시설로서 **공적 권한과 공공설비**를 갖추고 있다.

    ㉣ 공컨테이너 장치장으로도 활용되고 있다.

    ㉤ 항만과 동일하게 CY 및 CFS의 기능을 수행하며 입주업체가 보세창고를 직접 운영한다.

    ※ ICD에 선박 적하, 양하, 마샬링, 제조 기능은 없다.

④ 장점

    ㉠ ICD는 항만지역에 비해 창고·보관시설용 토지 취득(토지 매입)이 쉽고 시설비가 절감되어 보관료가 저렴하다.

    ㉡ 내륙에 도착한 공컨테이너를 항만터미널까지 운송할 필요가 없어 교통량 감소 및 운송경비의 절감 효과를 얻을 수 있다.

    ㉢ ICD는 운송거점으로서 대량운송 실현과 공차율 감소를 통해 운송을 합리화하고 신속한 통관을 지원한다.

    ㉣ 화물의 대단위화에 따른 운송효율 향상과 교통혼잡 완화로 운송비가 절감된다.

    ㉤ 철도와 도로의 연계, 환적 등 운송수단 및 운송장비의 효율적 활용으로 연계운송체계를 통한 일관운송(연계운송체계)이 **가능**하게 된다.

    ㉥ 항만구역 및 항만 주변의 도로체증을 완화하고, 철도수송에 의한 CO_2 배출 저감 효과가 있다.

2 물류센터

1 물류센터 ★☆☆

물류센터란 고객의 주문에 대응한 서비스를 제공하기 위하여 재고를 보관, 하역, 출고, 배송의 기능을 수행하는 물류거점 및 시설을 의미한다.

(1) 물류센터의 업무

① 물류센터 내 작업 흐름 : 입차 및 입하 → 격납 → 보관, 보충 → 피킹 → 유통가공 → 검품 → 포장 → 방향별 분류 → 상차 및 출하

② 물류센터 내 업무

  ㉠ **입하**(Receiving) **및 인입**(Putaway)

    ⓐ 입하는 공장이나 구입처로부터 배송센터 또는 공장 안으로 부품, 재료, 부자재나 완제품 등 상품을 받아들이는 것을 말한다.

    ⓑ 인입은 운송수단으로부터 물자를 내려놓는 활동이다.

  ㉡ **보관**(Storage)

    ⓐ 보관은 주문을 대기하는 동안 물자를 물리적으로 저장해 두는 활동이다.

    ⓑ 보관은 검수된 제품을 랙에 저장하는 것이며 보관위치는 품목과 상품 특성에 따라 정한다.

  ㉢ **피킹**(Picking)

    ⓐ 피킹(Picking)은 특정 주문에 대하여 보관된 품목을 선별하여 출하를 위한 공정으로 넘기는 활동이다.

    ⓑ 피킹은 출고지시에 따라 파렛트, 박스, 낱개 단위별로 이루어지며 일괄피킹, 순차피킹 등의 방법이 있다.

  ㉣ **유통가공** : 냉장, 냉동, 조립, 가격표 부착, 바코드 부착, 포장 등의 작업을 수행한다.

  ㉤ **포장** : 화물 취급단위에 의한 표준화된 화물형태로 결합하는 활동이다.

  ㉥ **방향별 분류 및 출하**(Shipping) : 분류는 파렛트, 박스, 낱개 단위별로 피킹된 제품을 배송처별로 구분하는 활동으로 자동컨베이어, DPS(Digital Picking System), 분류자동화 기기 등의 설비를 이용한다.

(2) 물류거점 분석

① 물류센터 입지결정 시 고려사항

  ㉠ 개요

    ⓐ 물류센터의 입지선정 시 경제적, 자연적, 입지적 요인 등을 고려해야 한다.

    ⓑ 물류센터 입지의 결정에 있어서 관련 비용의 최소화를 고려해야 한다.

  ㉡ 입지결정 고려사항

    ⓐ 토지 구입가격(지가)

    ⓑ 각종 법적 규제 사항

ⓒ 운송비, 시장 규모

ⓓ 운송수단의 연계가 용이한지 여부

ⓔ 해당 지역의 세금정책 및 유틸리티(전기, 상하수도, 가스 등) 비용

ⓕ 해당 지역의 가용노동인구(노동력) 및 평균 임금수준

ⓖ 수요와 공급을 효율적으로 연계할 수 있는지 여부

※ 물류센터 내부 레이아웃, 제품의 보관위치 할당은 센터 입지결정 이후의 고려사항이다.

체크Point

1. 유통·조달물류센터 입지선정 고려사항

① 유통물류센터 입지선정

   ㉠ 각 운송수단에 대한 운송비를 고려하여야 한다.

   ㉡ 고객의 지역적 분포, 시장의 크기 등을 고려하여 물류센터의 입지를 선정하여야 한다.

   ㉢ 교통의 편리성, 경쟁사 물류거점의 위치, 관계법규, 투자 및 운영비용 등의 요소를 종합적으로 고려하여야 한다.

② 조달물류센터 입지선정 : 물자의 흐름을 중심으로 공장 전체의 합리적 레이아웃을 기준으로 결정되어야 한다.

2. 물류거점계획을 위한 기본조건

수요조건	고객의 분포, 잠재고객의 예측, 매출 증감, 배송가능지역 등을 고려한다.
운송조건	각종 터미널(트럭, 항만, 공항, 역)의 운송거점과 근접 영업용 운송업자와의 근접도 등을 고려한다.
배송서비스 조건	고객에 대한 도착시간, 배송빈도, 리드타임, 거리 등을 고려한다.
용지조건	토지의 이용문제(기존토지와 신규취득), 지가, 소요자금 내 가능한 용지 취득의 범위 등을 고려한다.
법 규제	정부의 용지지역 지정 가능지역의 검토 등을 고려한다.
관리 및 정보기능조건	본사 영업부와 중앙전산실과의 거리 등을 고려한다.
유통가능 조건	상류와 물류와의 구분, 유통가공시설의 필요성, 작업원의 확보와 통근가능 여부 등을 고려한다.
기타 조건	품질유지를 위한 특수시설(냉동물, 보온물, 위험물)과 공해방지시설의 설치 여부 등을 고려한다.

㉢ 물류센터의 규모 산정 순서 : 물류센터의 규모 산정 시에는 목표 재고량과 서비스 수준을 통합하여 고려한다.

   ⓐ 서비스 수준의 결정

   ⓑ 제품별 재고량 결정

   ⓒ 보관량 및 보관용적의 산정

   ⓓ 하역작업 방식과 설비의 결정

   ⓔ 총면적의 산출

(3) 물류센터 설계

① 물류센터 설계 시 고려사항

㉠ 제품의 특성, 주문 특성, 설비 특성, 보관면적

㉡ 입하능력의 평준화

㉢ 입하시간의 규제

㉣ 출하시간의 단축

㉤ 물품의 취급횟수 **최소화**

㉥ 입고 방법, 보관 방법, 피킹 방법, 배송 방법 등 운영 특성

㉦ 설비 종류, 운영방안, 자동화 수준 등

② 물류센터의 설계 특성별 고려사항

㉠ **주문 특성** : 주문건수, 주문빈도, 주문량, 처리속도, 주문의 크기 등

㉡ **제품 특성** : 크기, 무게, 가격, 용량, 포장 등

㉢ **설비 특성** : 운영방안, 자동화 수준, 설비 종류 등

㉣ **환경 특성** : 지리적 위치, 입지 제약, 환경 제약, 인구 등

㉤ **운영 특성** : 입출고 방법, 보관 방법, 피킹 방법, 분류 방법, 배송 방법 등

㉥ **관리 특성** : 재고정책, 고객서비스 목표, 투자 및 운영 비용

 체크 Point

☆ **물류센터 공정관리(Line Balancing)**

1. Line Balancing

① 라인을 구성하는 각 공정 간의 균형, 공정 역할을 고르게 나누어 주어 최대의 생산효율을 이끌어내는 것을 의미한다.

② 2공정 이상으로 사람이나 설비가 연결되어 작업을 할 경우 각 공정별 작업량 분배 효율성을 의미한다.

2. 물류센터 라인 밸런싱 목적

① 작업공정 내의 재공품 감소

② 가동률 향상

③ 리드타임(Lead Time) 감축

④ 제약공정, 애로공정 개선으로 생산성 향상

3. LOB(Line of Balancing) 산정식

$$공정효율(LOB) = \frac{\sum 각\ 공정시간}{애로공정\ 작업시간 \times 공정수} \times 100\%$$

2 배송센터 ★☆☆

(1) 개념

배송센터(Distribution Center)란 개별 기업 또는 협의체에서 유통창고의 집배송기능을 강조하는 것으로 유통업체에서 매일 상품의 집화와 배송을 실시하는 장소이다. (⊂ 물류센터)

(2) 크로스도킹(Cross Docking)에 의한 관리

① 크로스도킹의 개념
  ㉠ 제조업자와 유통업자 간 협업과 정보공유를 통하여 거점에 입고된 상품을 저장하지 않고 분류하여 고객에게 바로 배송할 수 있도록 하는 물류시스템이다.
  ㉡ 크로스도킹은 공급처에서 수령한 물품을 물류센터에서 재고로 두지 않고 바로 배송할 수 있도록 한다.
  ㉢ 물류센터 도착 즉시 점포별로 구분하여 출하하는 시스템으로 적재시간과 비용을 절감할 수 있다.
  ㉣ 미국 월마트에서 도입하여 실행한 공급망관리시스템으로 보관거점 탈출시스템이다.
  ㉤ 크로스도킹의 목적은 유통업체에서 발생할 수 있는 불필요한 재고를 제거하는 것이다.

② 크로스도킹의 효과
  ㉠ 크로스도킹을 통해 물류센터에서 제품이 머무르는 시간을 감소시킬 수 있는 장점이 있다.
  ㉡ 물류센터를 화물의 흐름 중심으로 운영할 수 있다.
  ㉢ 보관, 하역, 수배송, 창고관리 프로세스의 단축과 개선을 도모할 수 있다.
  ㉣ 배송리드타임을 줄일 수 있어서 공급사슬 효율성을 높일 수 있다.
  ㉤ 그 밖의 효과로는 물류센터의 평방미터당 회전율 **증가**, 공급사슬 전체 내의 저장공간(저장로케이션 수) 감소, 상품공급의 용이성 증대, 재고수준의 **감소**가 있다.

③ 크로스도킹의 특징
  ㉠ 크로스도킹은 창고관리시스템 영역 중 입출고 관련 기능에 해당한다.
  ㉡ 공급업체가 미리 분류・포장하는 기포장방식과 물류센터에서 분류・출고하는 중간처리방식으로 운영한다.
  ㉢ EDI, 바코드, RFID 등과 같은 정보기술의 활용을 통해 크로스도킹 시스템은 보다 효과적으로 실현될 수 있다.
  ㉣ 크로스도킹은 주문한 제품이 물류센터에서 재분류되어서 각각의 점포로 즉시 배송되어야 하는 신선식품의 경우에 보다 적합하다.
  ㉤ 효율적인 크로스도킹을 위해서는 공급처와 수요처의 정보공유가 필요하다.
  ㉥ 수요가 일정하고 안정적이며, 재고품절비용이 낮을 경우 효율적으로 운영될 수 있다.
  ㉦ POS 시스템 등 다양한 정보시스템, 대규모 물류센터, 자체 트럭수송단을 운영한다.
  ㉧ 입고된 물품을 창고에서 바로 목적지별로 분류만 하여 배송하기 위해서는 ASN과 JIT 환경이 필요하며, 이 경우 크로스도킹이 효과적으로 실현될 수 있는 것이다.

> **+ ASN(Advanced Shipping Notification, 사전출하정보)**
> • 공급자가 어떤 운송수단을 통해 어떤 상품을 운반하고 있으며 물류센터, 창고에는 몇 시에 도착하는지와 관련된 정보로, 물류센터 입고 상품의 수량과 내역이 사전에 물류센터로 송달되어 오는 정보를 말한다.
> • 물류센터에서는 이 정보를 활용하여 신속하고 정확하게 검품 및 적재업무를 수행할 수 있다.

④ 크로스도킹의 유형

　ㄱ 파렛트 크로스도킹(Pallet Cross Docking)

　　ⓐ 가장 단순한 형태의 크로스도킹으로 한 종류의 상품이 적재된 파렛트별로 입고되고 소매점포로 직송되는 형태로 1일 처리량이 **양이 아주 많은 상품**에 적합하다.

　　ⓑ **기계설비와 정보기술**의 도입이 필요하다.

　ㄴ 케이스 크로스도킹(Case Cross Docking) : 한 종류의 상품이 적재된 파렛트 단위로 소매업체의 물류센터로 입고되고, 입고된 상품은 각각의 소매점포별로 주문수량에 따라 피킹, 파렛트에 남은 상품은 다음 납품을 위해 잠시 보관하게 된다.

　ㄷ 사전 분류된 파렛트 크로스도킹 : 사전에 제조업체가 상품을 피킹 및 분류하여 납품할 각각의 점포별로 파렛트에 적재해 배송하는 형태이다.

3 입지선정기법 ★★★

(1) 개요

① 물류거점의 입지분석 구분

정성적 기법	정량적 기법	정성·정량 혼합기법
• 단순서열법 • 요인평정법	• 총비용 비교법 • 손익분기점기법 • 부하·거리법(ton·km법) • 무게중심법 • 의사결정나무	• Brown-Gibson법 • 체크리스트법

② 물류거점의 입지선정기법

단일창고입지	복수창고입지
• 총비용 접근법(Total Cost Approach) • 가중점수법(Factor Rating Method) • 손익분기점 분석법(BEP Analysis) • 부하·거리법(Load-Distance Method)	• P-Median 기법 • 수송계획법(Transportation Model) • 시뮬레이션 기법(Simulation Model)

(2) 요소분석법(Factor Rating Method, 요인평정법, 가중점수법)

요소분석법은 고려하고 있는 입지요인(접근성, 지역 환경, 노동력, 환경성 등)에 주관적으로 가중치를 설정하여 각 요인의 평가점수를 합산하는 방법이다.

(3) 총비용 비교법

① 개념 : 대안별 물류센터 투자금액과 물류비용, 관리비용을 산출하고 총비용이 최소가 되는 대안을 선정하는 기법이다.

② 특징

    ㉠ 총비용 = 구조적 비용 + 추상적 비용 + 기회비용

       ※ 추상적 비용과 기회비용은 파악이 어려워 대체적으로 배제한다.

    ㉡ 재료비, 수송비, 노무비 등의 구조적 비용을 통하여 입지별로 비용 산출 후 최소비용이 산출되는 대안을 선택한다.

(4) 손익분기점기법(손익분기 도표법)

① 일정한 물동량(입고량 또는 출고량)의 고정비와 변동비를 산출하고 그 합을 비교하여 물동량에 따른 총비용이 최소가 되는 대안을 선택하는 방법이다.

② 입고량 혹은 출고량을 기준으로 고정비와 변동비의 합을 비교하여 총비용이 최소가 되는 대안을 선택한다.

확인하기

▶ 다음은 연간 처리물동량 1만 톤 기준, 물류시설 A, B, C 세 곳의 연간 고정비와 변동비의 소요 예산이다. 가장 경제적인 물류시설은?

구분		A	B	C
고정비	연간 자본비	5,000,000원	4,800,000원	4,900,000원
	연간 연료비	250,000원	270,000원	300,000원
	연간 용수비	50,000원	60,000원	55,000원
	연간 세금	250,000원	400,000원	400,000원
변동비	단위당 하역비	520,000원	500,000원	500,000원
	단위당 재고비	850,000원	900,000원	800,000원
	단위당 운송비	420,000원	350,000원	400,000원

구분		A	B	C
고정비	연간 자본비	5,000,000원	4,800,000원	4,900,000원
	연간 연료비	250,000원	270,000원	300,000원
	연간 용수비	50,000원	60,000원	55,000원
	연간 세금	250,000원	400,000원	400,000원
	소계	5,550,000	5,530,000원	5,655,000원
변동비	단위당 하역비	520,000원	500,000원	500,000원
	단위당 재고비	850,000원	900,000원	800,000원
	단위당 운송비	420,000원	350,000원	400,000원
	소계	1,790,000원	1,750,000원	1,700,000원

- A의 총비용은 5,550,000원 + 1,790,000원 = 7,340,000원
- B의 총비용은 5,530,000원 + 1,750,000원 = 7,280,000원
- C의 총비용은 5,655,000원 + 1,700,000원 = 7,355,000원

즉, 연간 처리물동량이 1만 톤일 때 총비용 면에서 가장 경제적인 물류시설은 B이다.

(5) 부하 · 거리법〔부하요소×거리, 톤 · 킬로(ton · km)법〕

완전 그리드 탐색법 : 각 수요지에서 배송센터까지의 거리와 각 수요지까지의 운송량에 대해 평가하고 총계가 최소가 되는 입지를 선정하는 기법이다.

1차 : "거점 A"가 최적이라 가정

센세스 구역	좌표		인구 (l)	직교각 거리 (d)	l · d
	X	Y			
A	5	3	4	0 + 0 = 0	0
B	8	5	6	3 + 2 = 5	30
C	7	2	9	2 + 1 = 3	27
				총 ld	57

2차 : "거점 B"가 최적이라 가정

센세스 구역	좌표		인구 (l)	직교각 거리 (d)	l · d
	X	Y			
A	5	3	4	3 + 2 = 5	20
B	8	5	6	0 + 0 = 0	0
C	7	2	9	1 + 3 = 4	36
				총 ld	56

센세스 구역	좌표		인구 (l)	직교각 거리 (d)	l · d
	X	Y			
A	5	3	4	2 + 1 = 3	12
B	8	5	6	1 + 3 = 4	24
C	7	2	9	0 + 0 = 0	0
				총 ld	36

3차 : "거점 C"가 → 최적이라 가정

총 ld가 36으로 가장 작은 거점 C(7, 2)가 입지로 선택된다.

(6) 무게중심법

① 무게중심법은 물류센터를 기준으로 고정된 공급지(공장 등)에서 물류센터까지의 수송비와 물류센터에서 수요지(각 지점, 배송처 등)까지의 수송비를 구하여 그 합이 최소가 되는 장소를 입지로 선택하는 방법이다.

② 수요지와 공급지 간의 거리와 물동량을 고려하여 물류센터 입지를 결정하는 기법이다.

③ 공급지 및 수요지가 고정되어 있고, 각 공급지로부터 단일 배송센터로 반입되는 물량과 배송센터로부터 각 수요지로 반출되는 물량이 정해져 있을 때 활용하는 기법이다.

확인하기

▶ A회사의 공장과 수요지의 수요량과 좌표가 다음과 같을 때, 무게중심법에 의한 최적 신규물류센터 입지는? (단, 계산한 값은 소수점 첫째 자리에서 반올림함)

1) 수요량
  • 수요지 1 : 35톤/월   • 수요지 2 : 15톤/월   • 수요지 3 : 20톤/월

2) X, Y 좌표

구분	X좌표	Y좌표
수요지 1	6	4
수요지 2	3	5
수요지 3	2	3
공장	4	6

해설

$$X = \frac{(35 \times 6) + (15 \times 3) + (20 \times 2) + (70 \times 4)}{35 + 15 + 20 + 70} = \frac{575}{140} = 4.1(4)$$

$$Y = \frac{(35 \times 4) + (15 \times 5) + (20 \times 3) + (70 \times 6)}{35 + 15 + 20 + 70} = \frac{685}{140} = 4.9(5)$$

X : 4, Y : 5

(7) 브라운 & 깁슨법(Brown & Gibson Model)

① 입지결정에서 양적 요인과 질적 요인을 함께 고려할 수 있도록 고안된 모형이다.

② 평가기준을 필수적 기준(요인), 객관적 기준(요인), 주관적 기준(요인)으로 구분하여 입지평가 지표를 계산 후 평가하는 복수공장 입지분석모형이다.

③ 입지에 영향을 주는 인자들에 대해 각각 평가하고 점수가 가장 높은 것을 채택한다.

> **✪ 요인평가기준**
>
> 1. **필수적 요인(Critical Criteria)** : 특정 시스템의 입지요소로서 필수불가결한 장소적 적합성을 판정하는 기준이다. (음료공장에서 취수원, 수질과 수량 등)
> 2. **객관적 요인(Objective Criteria)** : 임금, 운송비, 전력요금 등 화폐가치로 평가될 수 있는 경제적 기준이다.
> 3. **주관적 요인(Subjective Criteria)** : 평가자의 주관에 의해 가늠되는 기준이다. (수송수단의 이용가능성, 노동조합의 태도, 미래수요의 확장에 대한 공간, 시장접근성, 적절한 장소의 이용가능성)

(8) 체크리스트법

입지에 관련된 양적 요인과 질적 요인을 동시에 고려하여 중요도에 따라 가장 평가점수가 높은 입지를 선정하는 기법이다.

> **✪ 복수거점(창고)의 입지선정기법**
>
> 1. **P-Median 기법** : P개의 거점(창고)을 건설하려 할 때, 수송비와 건설비의 합이 최소가 되도록 만드는 P개의 거점입지를 결정하는 기법이다.
>
> > 총비용 = Σ(단위수송비 × 수송량) + Σ건설비
>
> 2. **수송계획법** : 특정 제품의 시장과 공장을 분산되어 보유하고 있는 기업이 복수공장의 입지나 창고를 선정하는 복수거점의 입지선정기법이다.
> 3. **시뮬레이션 기법** : 외부에서 만든 입지분석 시뮬레이션 모형을 이용하여 각각의 입지대안들의 입지요인들을 입력하고 개별적으로 혹은 복수의 거점요인들의 변화를 동시에 주어 각각의 결과 값을 산정하고 다양한 변화상황에서도 기대수준을 유지하는 입지를 선정하는 기법이다.

4 랙(Rack) ★★★

(1) 개요

① 개념

㉠ 창고 등에서 물품을 보관하기 위해 사용하는 기둥과 선반으로 구성된 구조물을 말한다.

㉡ 랙은 자동화 창고에서 화물 보관을 위한 구조물로 빌딩 랙과 유닛 랙 등이 있다.

㉢ 보관 랙(Rack)은 모듈화된 화물의 보관을 위한 장치로 사용된다.

② 적재하중기준 : 물류센터 설계 시에는 랙(Rack)의 1개 선반당 적재하중기준을 고려해야 한다.

㉠ 중량 랙 : 한 선반당 적재하중이 **500kg**을 초과하는 랙

㉡ 중간 랙 : 한 선반당 적재하중이 **500kg** 이하인 랙

㉢ 경량 랙 : 한 선반당 적재하중이 **150kg** 이하인 랙

(2) 랙의 종류(선반고정형)

① 파렛트 랙(Pallet Rack), 셀렉티브 랙(Selective Rack)

㉠ 개념 : 포크리프트를 사용하여 파렛트 단위 혹은 선반 단위로 셀마다 격납 보관하는 설비를 말한다.

㉡ 특징 : 주로 파렛트에 쌓아 올린 물품의 보관에 이용한다(파렛트 화자형태 보관).

◀ 파렛트 랙 ▶

② 적층 랙(Mezzanine Rack)

㉠ 개념 : 천장이 높은 단층창고의 경우 선반을 다층식으로 겹쳐 쌓고 현재 사용하고 있는 높이에서 천장까지의 사이를 이용하는 보관설비이다.

㉡ 특징 : 천장이 높은 창고에서 복층구조로 겹쳐 쌓는 방식으로 물품의 보관효율과 공간효용도가 높다.

※ 메자닌이란 천장이 높은 단층창고의 상부 공간을 사용하기 위해 설치한 보관장소를 의미한다.

◀ 적층 랙 ▶

③ 암 랙(Arm Rack)

　㉠ 개념 : 외팔지주걸이 구조로 기본 프레임에 암(Arm)을 결착하여 물품을 보관하는 랙으로 파이프, 가구, 목재 등의 장척(길이가 긴)화물 보관을 지원하는 랙이다.

　㉡ 특징

　　ⓐ 외팔걸이 랙, 장척물 랙, 캔틸레버 랙(Cantilever Rack)이라고도 한다.

　　ⓑ 긴 철재나 목재, 파이프 등과 같이 보관이 어려운 장척물의 보관에 효율적인 랙이다.

＊ 암 랙은 원통형 화물, 파이프류가 대상이고, 외팔걸이, 캔틸레버 랙은 각목과 같이 각이 진 장척물이 대상이다.

◀ 암 랙 ▶

(3) 랙의 종류(선반이동형 및 화물이동지원형)

① 이동 랙(Mobile Rack, 모빌 랙)

　㉠ 개념 : 레일을 이용하여 직선적으로 수평 이동되는 랙으로 통로를 대폭 절약할 수 있다.

　㉡ 특징

　　ⓐ 수동식 및 자동식이 있으며 다품종 소량 물품 보관에 적합하고 통로 공간을 활용하므로 보관효율이 높다.

　　ⓑ 필요한 통로만을 열어 사용하고 불필요한 통로를 최대한 제거하기 때문에 면적효율이 높다.

　　ⓒ 동시작업을 위한 복수통로의 설정이 가능하여 작업효율이 증대된다.

② 회전 랙(Carousel Rack)

  ㉠ 개념
    ⓐ 랙이 수평 또는 수직으로 회전하며, 중량이 가벼운 다품종 소량의 물품 입출고에 적합하다.
    ⓑ 피킹 시 피커는 고정되어 있고 랙 자체가 회전하는 형태이다.
    ⓒ 랙이 작업자의 위치로 이동하므로 작업자의 이동을 최소화하는 방법이다.

  ㉡ 특징
    ⓐ 회전 랙은 수평형 회전 랙과 수직형 회전 랙으로 구분할 수 있다.
    ⓑ 일반적으로 수직형 회전 랙은 수평형 회전 랙보다 높은 천장이 필요하다.
    ⓒ 자동창고와 비교할 때 도입비용이 저렴하여 소화물 자동창고(AS/RS)의 대안으로 사용된다.

③ 유동 랙(플로 랙, 중력식 랙, 흐름 랙, 슬라이딩 랙)

  ㉠ 개념
    ⓐ 화물을 한쪽 방향에서 넣으면 중력을 이용하여 순서대로 쌓으며, 인출할 때는 반대방향에서 화물을 출고하는 랙이다.
    ⓑ 파렛트가 랙 내에서 경사면을 이용하여 이동하는 방식으로 선입선출 필요품목에 적합하다.

  ㉡ 특징
    ⓑ 보관용 랙 중 물품의 선입선출(FIFO)이 가장 용이하다.
    ⓒ 격납 부분에 레일을 달아 전체가 비스듬히 기울어지게 만든 설비이다.

◀ 중력식 랙 ▶

(4) 랙의 종류(랙 내 포크리프트 진·출입형)

① 드라이브 인 랙(Drive-in Rack)

  ㉠ 개념 : 한쪽에 출입구를 두며 포크리프트를 이용하여 직접 격납 출고를 행하는 랙이다.

  ㉡ 특징
    ⓐ 지게차가 한쪽 방향에서 2개 이상의 깊이로 된 랙으로 들어가 화물을 보관 및 반출할 수 있다.
    ⓑ 회전율이 낮은 제품이나 계절적 수요변동이 큰 화물 보관에 적합하다.
    ⓒ 소품종 다량 또는 로트(Lot) 단위로 입출고될 수 있는 화물 보관에 최적인 랙이다.

ⓒ 장단점
  ⓐ 장점 : 로드빔(Load-beam)을 제거하여 포크리프트가 랙 안으로 진입이 가능하고 포크리프트 통로 면적이 절감되어 보관효율이 높은 편이다.
  ⓑ 단점 : 적재공간이 지게차 통로로 활용되어 선입선출이 어렵다(선입후출만 가능).

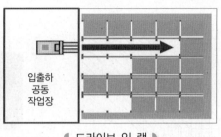
◀ 드라이브 인 랙 ▶

② 드라이브 스루 랙(Drive Through Rack)
  ㉠ 개념 : 드라이브 인 랙 형태에서 양쪽에 출입구를 두면 드라이브 스루 랙(Drive Through Rack)이다.
  ㉡ 특징 : 드라이브 스루 랙은 지게차가 랙의 한 방향으로 진입해서 반대방향으로 퇴출할 수 있는 랙이다.

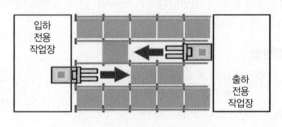
◀ 드라이브 스루 랙 ▶

(5) 창고 내 로케이션(Location) 관리

① 개념 : 로케이션(Location)이란 배치된 지역 및 위치에 주소를 부여하는 것을 말한다.
② 고정 로케이션(Fixed Location)(≒ Dedicated Storage)
  ㉠ 개념 : 선반 번호별로 보관하는 품목의 위치를 고정하여 보관하는 방법이다.
  ㉡ 특징
    ⓐ 미리 입고될 제품의 Location을 지정해 놓고 입출고하는 방식으로 회전율이 높은 상품의 보관에 활용한다.
    ⓑ 수작업으로 관리하는 경우가 많고, 선반 꼬리표 방식과 병행해서 사용하는 경우도 있다.
③ 프리 로케이션(Free Location)
  ㉠ 특정 화물이 보관되는 특정 구역 없이 형상특성이 허락하는 한도 내에서 순차적으로 보관하는 방식을 말한다(≒ Randomized Storage)(근거리 우선보관).
  ㉡ 품목과 보관하는 랙 상호 간에 특별한 연관관계를 정하지 않는 보관 방법이다.

④ 구역 로케이션(Zone Location) : 일정 품목군에 대하여 일정한 보관구역을 설정하고 그 범위 내에서는 Free Location을 채택하는 방법으로 일반적으로 이용되고 있다.

Point

1. 랙의 구역 구분

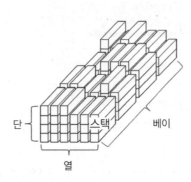
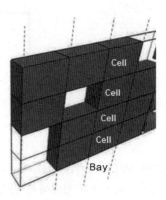

① Cell : 화물이 저장되는 단위공간이다.
② Bay : 창고 전면으로 통로의 진입방향으로 바라본 열의 개수를 열이라고 하며, 창고 측면에서 바라본 열의 개수는 Bay라고 한다.

2. 필요용기수량 산정방법

① 필요용기수량 $= \dfrac{부품소요량 \times 순회시간 \times 안전계수}{용기당 \ 부품 \ 보관수량}$

② 최대 재고수준 = 부품소요량 × 순회시간

---

5 자동화 창고 ★☆☆

(1) 자동화 창고(Automated Warehouse) 개요

① 개념 : 정보시스템과 창고의 시설 및 장비가 온라인으로 일체화되어 운영되는 창고이다.
② 특징
  ㉠ 생산라인과의 동기성, 적정재고, 작업준비를 위한 부품 공급기능을 갖는다.
  ㉡ 보관보다는 물품의 **흐름(Flow)에 중점**을 두고 설계해야 한다.
  ㉢ 자동창고에서 처리할 물품의 치수와 포장, 중량 등을 고려하여 설계한다.
③ 장점
  ㉠ 다품종 소량주문에 대응이 용이하다.
  ㉡ 단위화 및 규격화된 물품 보관으로 효율적인 재고관리가 가능하다.
  ㉢ 재고관리 및 선입선출에 의한 입출고관리가 용이하다.
  ㉣ 컴퓨터 제어방식을 통해 작업의 효율성 향상 효과를 얻을 수 있다.
  ㉤ 보관능력 및 유연성 측면에서 효율성을 향상시킨다.

ⓗ 하이스택 랙을 이용한 고층화를 통해 좁은 공간에서 수직으로 높게 보관할 수 있어 많은 보관물을 효과적으로 보관할 수 있다.

(2) 자동창고시스템(AS/RS : Automated Storage & Retrieval System) **구성요소**

① 필수설비 : 보관 랙(하이스택 랙), 입출기(스태커 크레인, S/R Machine), 입출고장, 보관용기 혹은 파렛트, 멀티스토리지 등이 필수설비이다.

㉠ 하이스택 랙

㉡ 스태커 크레인 : 스태커를 수직 이동시키는 장치로 승강장치, 주행장치, 포크장치로 구분된다.

㉢ 트래버서(Traverser) : 스태커를 수평 이동시키는 부속장치로 스태커 크레인을 횡의 방향으로 이동시키는 장치이다.

㉣ 파렛트(Pallet)

㉤ 컨베이어(Conveyor)

② 일반구성요소(Hardware)

㉠ 버킷(Bucket) : 화물의 입출고 및 보관에 사용되는 상자

㉡ 호스트(Computer) : 창고용 컴퓨터

㉢ 무인반송차(AGV, RGV)

㉣ 분류기(Sorter)

㉤ 원격제어기

ⓗ DPS/DAS(Digital Picking/Assorting System)·바코드, RFID와 스캐너, 기타 주변기기 등

㉦ 셀(Cell) : 랙 속에 화물이 저장되는 단위공간

㉧ 대기점(Home Position) : 스태커 크레인의 대기장소

 Point

1. AS/RS(자동창고, Automated Storage/Retrieval System)

2. 스태커 크레인

① 개념

　㉠ 고층 랙 창고 선반에 화물을 넣고 꺼내는 크레인의 총칭이다.

　㉡ 랙과 랙 사이를 왕복하며 보관품을 입출고시키는 기기이다.

　㉢ 랙에 화물을 입출고시키는 주행장치, 승강장치, 포크장치로 구분된 창고 입출고기기이다.

② 특징

　㉠ 수동, 반자동, 자동식으로 입출고 작업을 수행한다.

　㉡ 아래에 주행 레일이 있고 위에 가이드레일이 있는 통로 안에서 주행장치로 주행하며, 승강 및 포크 장치를 이용한다.

　㉢ 자동화 창고에서 이중명령(Dual Command) 시 스태커 크레인은 입고작업과 출고작업을 동시에 실행한다.

◀ 스태커 크레인 ▶

➕ 단일명령처리와 이중명령처리

1. 단일명령처리 : 1회 작업 명령에 입고나 출고 작업 1Pallet를 처리하는 작업방식이다.

2 이중명령처리 : 1회 작업 명령에 입고 및 출고 작업을 연이어 2Pallet를 처리하는 작업방식이다.

(3) 물품의 보관위치 결정방식

① **지정위치보관(Dedicated Storage)**

　㉠ 일반적으로 품목별 보관소요공간과 단위시간당 평균 입출고 횟수를 고려하여 보관위치를 사전 지정하여 운영한다.

　㉡ 일반적으로 전체 보관소요공간을 많이 차지한다.

② **임의위치보관(Randomized Storage)**

　㉠ 물품의 입출고 빈도에 상관없이 저장위치를 임의로 결정하는 방식이다.

ⓛ 근거리 우선보관(Closest Open Location Storage)은 **임의**위치보관방식의 대표적 유형이다.

ⓒ 일반적으로 전체 보관소요공간을 적게 차지한다.

③ **등급별보관**(Class-based Storage) : 보관품목의 **입출고 빈도** 등을 기준으로 등급을 설정하고, 동일 등급 내에서는 임의보관하는 방식으로 보관위치를 결정한다.

6 창고관리시스템(WMS, Warehouse Management System) ★★☆

(1) 개요

① **개념** : 물품의 입하, 격납, 피킹, 출하 및 재고사이클카운트의 창고활동을 효율적으로 관리하는 시스템이다.

② **도입 배경 및 목적**

ⓐ 최저비용으로 창고의 공간, 작업자, 하역설비 등을 유효하게 활용하여 서비스 수준을 제고시키는 데 목적이 있으며, 입출고정보, 재고관리, 재고 이동정보 등을 포함하고 있는 시스템이다.

ⓛ 물류단지의 대형화, 중앙집중화, 부가가치기능 강화의 추세에 따라 WMS가 유통중심형 물류단지를 위한 차별화 전략의 핵심요인으로 등장했다.

(2) 주요 기능

WMS는 입고관리, 위치관리, 재고관리, 출고관리 등의 기능을 수행한다.

① **재고 관련 기능** : 입고관리, 보관관리, 재고관리

② **주문 관련 기능** : 피킹관리, 주문진척관리

③ **출고 관련 기능** : 수·배송관리, 배차스케줄 운영, 출고관리 등

④ **관리 관련 기능** : 인력관리, 물류센터 지표관리

⑤ **Interface 기능** : 무선통신, 자동인식, 자동화 설비 제어

(3) 효과

① **업무편의성**

ⓐ 창고관리, 출고관리, 재고관리 등의 업무를 효율적으로 지원한다.

ⓛ 창고에 관한 업무 프로세스를 전산화·정보화하여 일반적으로 적은 인원으로 쉽고 편리하게 업무를 수행할 수 있다.

ⓒ 자동발주, 주문 진척관리, 창고 물류장비의 생산성 분석 등에 효과적이다.

ⓓ 소품종 대량생산 품목보다 **다품종 소량생산** 품목의 창고관리에 더 효과적이다.

② **입출고 측면**

ⓐ 피킹, 패킹의 오류를 감소시키고, 입고 검품시간을 단축시킨다.

ⓛ 입하, 피킹, 출하 등의 창고 업무 프로세스를 효율적으로 관리하는 데 사용되는 시스템이다.

③ **재고 측면**

ⓐ 창고 내의 랙(Rack)과 셀(Cell)별 재고를 실시간으로 관리할 수 있다.

     © 재고 투명성을 높여 공급사슬의 효율을 높여 준다.

     © 재고 측면에서는 재고를 감축시키고, 재고파악의 정확성을 높인다.

     ② 재고 정확도, 공간·설비 활용도, 제품처리능력, 재고회전율, 고객서비스, 노동·설비 생산성 등이 향상된다.

  ④ **비용 측면** : 노무비용, 클레임비용 및 사무비용을 감소시킨다.

  ⑤ **작업 측면**

     ⊙ 수작업으로 수행되는 입출고 업무를 시스템화하여 작업시간과 인력이 절감된다.

     © 작업 측면에서는 생산성이 증가된다.

     © 창고 내 물동량의 증감에 따라 작업자의 인력계획을 수립하며 모니터링 기능도 지원한다.

     ② 정확한 위치정보를 기반으로 창고 내 피킹, 포장작업 등을 지원하여 효율적인 물류작업이 가능하다.

  ⑥ **정보관리 측면**

     ⊙ 다른 시스템과의 원활한 인터페이스가 가능해 실시간 정보관리가 가능하다.

     © 전사적 자원관리시스템(ERP)과 연계하여 정보화의 범위를 확대할 수 있다.

     © RFID/Bar code 등과 같은 자동인식 장치, 무선통신, 자동 제어 방식 등의 기술을 활용한다.

(4) ERP(Enterprise Resource Planning, 전사적 자원관리)

  ① ERP는 생산, 판매, 구매, 인사, 재무, 물류 등 기업업무 전반을 통합 관리하는 경영관리시스템의 일종이다.

  ② ERP는 기업의 모든 활동에 소요되는 인적·물적 자원을 효율적으로 관리하는 역할을 한다.

(5) 출고관리시스템

  ① DPS(Digital Picking System, 디지털 피킹시스템)

    ⊙ 개념

      ⓐ 랙 또는 보관구역에 신호장치가 설치되어 출고시킬 화물이 보관된 지역을 알려주면서 출고화물이 몇 개인지 알려주는 시스템이다.

      ⓑ DPS는 피킹 대상 품목수를 디지털 기기로 표시하여 피킹하도록 지원하는 시스템이다.

      ⓒ DPS는 주문별로 피킹하는 채취식이며, DAS는 물품을 주문별로 분배하는 파종식으로 볼 수 있다.

    © 특징

      ⓐ 피킹 물품을 전표 없이 피킹 가능한 시스템으로 다품종 소량, 다빈도 피킹 및 분배 작업에 사용된다.

      ⓑ 피킹의 신속성과 정확성을 향상시킬 수 있다.

      ⓒ 품목 증가 및 변경에도 오류의 발생 없이 피킹할 수 있다.

    © 구분

      ⓐ DPS는 작동방식에 따라 대차식, 구동 컨베이어식, 무구동 컨베이어식으로 구분할 수 있다.

      ⓑ 대차식 DPS의 초기 설치비가 가장 **적게** 소요된다.

② DAS(Digital Assort System, 디지털 어소팅시스템)

　　㉠ 개념

　　　ⓐ 출고시킬 상품 전체를 일정한 장소에 피킹해 놓고, 수하인별 박스에 다수의 상품을 투입할 때 상품의 종류와 수량을 정보시스템에 의하여 지시해 주고 정확한 수량이 투입될 수 있도록 도와주는 시스템을 말한다.

　　　ⓑ DAS는 분배된 물품의 순서에 따라 작업자에게 분류정보를 제공하여 신속한 분배를 지원하는 시스템이다.

　　　ⓒ 동일한 제품을 토탈피킹(Total Picking)한 후 거래처별로 분배하는 형태의 시스템이다.

　　㉡ 특징

　　　ⓐ 보관장소와 주문별 분배장소가 별도로 필요하다.

　　　ⓑ 소품종 대량출하에 더 적합하다.

　　　ⓒ 고객별 주문 상품을 합포장하기에 적합한 분배시스템이다.

　　　ⓓ 적은 인원으로 빠른 분배작업이 가능하여 물류비용을 절감할 수 있다.

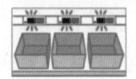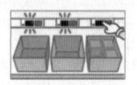

◀ DAS ▶

✪ DAS의 유형

　1. 멀티 + 릴레이 분배방식 DAS

　　① 냉장 및 신선식품의 통과형 또는 생산형 물류센터(물류단지)의 입고수량을 1차 통로별 중분류와 2차 점포별로 분배하는 방식이다. 도시락을 가공생산하는 물류센터에도 적합하다.

　　② 짧은 시간 내에 많은 아이템을 분배하므로 동시에 여러 종류 이상의 아이템을 분배할 수 있도록 하여 단품 분배보다 생산성을 향상시킬 수 있다.

　2. 멀티 분배방식 DAS

　　① 멀티 분배 DAS방식은 고객별 주문상품을 합포장하기에 적합한 분배시스템이다.

　　② 아이템과 고객 수가 많고 히트율이 낮은 인터넷 서적판매와 카탈로그 등에 적합하다.

　3. 멀티 다품종 분배방식 DAS

　　① 멀티 다품종 DAS는 많은 고객에게 배송하기 위한 분배 과정을 지원하는 방식으로 합포장을 할 때 적합하다.

　　② 멀티 다품종 분배 DAS방식은 아이템 수가 많은 의류업 품목에 적합한 시스템으로 동시에 4가지 이상의 상품을 분배할 수 있도록 하고 남은 잔량을 표시하여 박스 수를 줄일 수 있다.

3 재고관리

1 구매관리 ★☆☆

(1) 개요

① 개념

　㉠ 구매

　　ⓐ 구매는 물품을 사들이는 행위로서, 기업의 다른 기능인 마케팅, 생산, 엔지니어링, 재무를 고려하여 **함께 종합적**으로 다루어져야 한다.

　　ⓑ 구매의 아웃소싱이 증가하면서 내부고객 만족에 대한 중요성이 증가하고 있다.

　㉡ 구매전략

　　ⓐ 구매전략에는 공급자 수를 줄이는 물량통합과 공급자와의 운영통합 등이 있다.

　　ⓑ 구매과정을 효율적이고 효과적으로 관리해야 한다.

　　ⓒ 기업의 전략과 일치하는 구매전략을 개발해야 한다.

　　ⓓ 구매자의 경영목표를 달성하기 위한 공급자와의 정보공유 필요성이 커졌다.

　　ⓔ 적기에 필요한 품목을 필요한 양만큼 확보하는 JIT(Just In Time) 구매를 목표로 한다.

　　ⓕ 구매의 품질을 높이기 위해서 구매자는 공급자의 활동이 안정적으로 수행되도록 협력한다.

② 공급자 선정방법(구매계약방법)

　㉠ 일반경쟁입찰

　　ⓐ 불특정 경쟁참가자 중 가장 유리한 가격과 조건을 제시하는 입찰자를 선정하는 방식이다.

　　ⓑ 특정 업체의 경쟁참가를 **배제하지 않는다**.

　　ⓒ 긴급한 경우, 소요시기에 맞추어 구매하기 어렵다.

　㉡ **지명경쟁입찰** : 미리 지명된 몇몇 특정인(복수)의 사람만으로 제한하여 진행하는 경쟁입찰 방식이다. 절차의 간소화로 경비 절감이 가능하다.

　㉢ **제한경쟁입찰** : 참여 자격에 제한을 두되 그 자격을 갖춘 사람은 누구나 참여하여 경쟁할 수 있게 하는 입찰 방식이다.

　㉣ **수의계약** : 경쟁입찰 방법에 의하지 않고 계약내용을 이행할 자격을 갖춘 특정인과 계약을 체결하는 방법이다. 신용이 확실한 거래처의 선정이 가능하지만 공정성이 결여될 수 있다.

③ 기타 구매유형

　㉠ 일괄구매주문(Blanket Order)을 통해 조달비용을 절감할 수 있다.

　㉡ 예측구매는 자금의 사장화 및 보관비용이 증가한다.

　㉢ 상용기성품(COTS, Commercial Off the Shelf) 구매를 통해 개발비용을 절감할 수 있다.

(2) 집중구매와 분산구매

① 집중구매(Centralized Purchasing Method)
   ㉠ 개념
      ⓐ 본사에서 절차가 복잡한 수입물자 구매 등에 주로 이용되는 구매방법이다.
      ⓑ 일반적으로 대량 구매가 이루어지기 때문에 수요량이 많은 품목에 적합하다.
   ㉡ 장점
      ⓐ 일반적으로 대량 구매가 이루어지기 때문에 가격 및 거래조건이 유리하다.
      ⓑ 구매절차를 표준화하여 구매비용 절감에 유리하다.
      ⓒ 자재수입 등 절차가 복잡한 구매에서 구매절차를 통일하기가 유리하다.
      ⓓ 시장조사 등 구매 효과 측정이 용이하다.
      ⓔ 공통자재의 표준화, 단순화가 가능하다.
   ㉢ 단점 : 자재의 긴급조달의 어려움이 있다.
② 분산구매(Decentralized Purchasing Method)
   ㉠ 개념
      ⓐ 본사 외의 사업소(공장, 지점)에서 개별구매하는 방법이다.
      ⓑ 가격 차이가 없는 품목의 경우 **분산**구매가 유리하다.
   ㉡ 장점
      ⓐ 사업장의 특수 요구사항을 반영하는 자율적인 구매가 가능하다(사업장의 독립적 구매).
      ⓑ 긴급 수요가 발생하거나 긴급조달이 필요할 때 신속히 대응할 수 있다.
      ⓒ 거래업자가 사업장으로부터 근거리일 경우 경비가 절감된다.
      ⓓ 사업장의 특수요구를 반영할 수 있다.
      ⓔ 구매절차가 간단하고 비교적 단기간 내 구매가 가능하다.
   ㉢ 단점 : 일반적으로 일괄구입에 비해 구입경비가 많이 들고 구입단가가 높아질 수 있다.

(3) 구매방식별 구매품목

① 집중구매품목
   ㉠ 금액 중요도가 높은 품목, 전사공통품 및 표준품목, 대량소요품, 수입자재
   ㉡ 구매량에 따라 가격할인이 가능한 품목
② 분산구매품목
   ㉠ 시장성 품목
   ㉡ 구매지역에 따라 가격차이가 없는 품목
   ㉢ 사무용 소모품 및 수리부속품(MRO)

체크Point

○ **MRO(Maintenance, Repair & Operation, 기업소모성 자재)**

MRO는 기업에서 제품생산과 관련된 원자재를 제외한 회사 경영·관리·유지 등에 필요한 모든 소모성 자재나 설비를 의미한다.

(4) 구매조직

① 중앙집중식 구매조직

㉠ 구매인력이 하나의 부서에 집중되는 조직으로 조직 내 업무기능의 중복 가능성을 줄일 수 있다.

㉡ 구매를 한 곳으로 집중하여 수량할인과 배송의 경제성을 얻을 수 있다.

㉢ 다수의 공급업자 관리가 일원화되어 개별 공급업자에 대하여 높은 수준의 협상력을 가질 수 있다.

㉣ 구매집중화가 이루어져 부서 내 구매경쟁 문제를 방지할 수 있다.

② 분권식 구매조직 : 보편적으로 관료주의적 행태를 줄이게 되어 더욱 신속한 대응을 가능하게 하고 구매자와 사용자 간 원활한 의사소통에 도움이 된다.

2 재고관리 ★☆☆

(1) 재고

① 개념 : 재고란 기업이 수요에 신속하게 응하기 위해 보유하고 있는 물품을 의미한다.

② 재고의 역할

㉠ 수요의 불확실성에 대비한다.

㉡ 수요와 공급의 균형을 위해 사용한다.

㉢ 영업과 마케팅 전략에 유연성을 제공한다.

㉣ 생산과 유통 및 유통채널 간의 완충 역할을 한다.

㉤ 고객으로부터 발생하는 제품이나 서비스의 요구에 적절히 대응할 수 있게 한다.

(2) 재고관리

① 개념 : 재고관리란 기업이 미래에 사용할 목적으로 생산을 용이하게 하거나 고객으로부터의 수요를 만족시키기 위하여 유지하는 재고를 최적상태로 관리하는 절차를 말한다.

② 재고관리 기능

㉠ 물류 측면에서의 기능

ⓐ 수급적합기능

ⓑ 생산의 계획·평준화 기능 : 재고보유를 통한 생산의 계획화

ⓒ 경제적 발주기능 : 경제적 발주량을 도출하여 발주정책에 이용한다.

ⓓ 운송합리화 기능 : 어떤 재고를 어디에 보관할 것인가에 따라 수송합리화 계획이 가능하다.

      ⓛ 유통 측면에서의 기능
- 제조 · 가공기능 : 제조과정에서 모든 것을 충족시키는 것이 아니고, 유통과정에서 일부의 조립과 포장 등의 기능을 담당하는 것을 의미한다.

③ 재고관리의 장점
  ㄱ 실제 재고량 파악
  ㄴ 불확실성에 대한 대비
  ㄷ 가용 제품 확대를 통한 고객서비스 달성
  ㄹ 수요와 공급의 변동성 대응

체크Point
☀ 재고비용

1. 개념
총 재고비용은 주문비용, 준비비용, 재고유지비용, 재고부족비용 등으로 이루어진다.

2. 주문비용(Cost of Ordering)
① 자재나 부품을 외부에서 구매할 때 제반되어 발생되는 비용이다.
② 주문발송비, 물품수송비, 통관료, 하역비, 검사비 등이 포함된다.
③ 상담, 주문, 검사, 자재를 구입하기 위한 운송비가 포함된다.

3. 준비비용(Set-up or Production Change Cost)
① 재고품을 외부로부터 구매하지 않고 회사가 자체 생산할 때 제반되어 발생되는 비용이다.
② 노무비, 필요한 자재나 공구의 교체, 원료의 준비 등에 소요되는 비용으로 주문비용과 대등하다.

4. 재고유지비용(Carrying & Holding Cost)
① 재고유지비용은 재고유지와 관련된 비용으로 자본의 기회비용(**자본비용, 이자**), **저장비용**(창고료, 광열비, 냉동비), **진부화비용, 도난 · 파손에 의한 손실비용**, 보험료 비용, 세금 등이 포함된다.
② 재고유지비용 중 진부화비용, 손상비용, 감모비용, 재배치비용은 재고위험비용이라고 부르기도 한다.
③ 재고유지비용은 재고량에 비례한다.

5. 재고부족비용(Shortage Cost, Stock-out Cost)
재고부족에 의한 생산중단, **품절로 인한 기회비용**(판매기회의 손실), 신뢰도 하락으로 인한 고객서비스 저하 등이 이에 해당한다.

6. 총 재고비용(Total Inventory Cost)
준비비용(주문비용) + 재고유지비용 + 재고부족비용

(3) 재고관리시스템 및 재고관리 지표

① 서비스율(Service Rate) : 서비스율은 가지고 있는 재고로부터 주문이나 수요를 납기 내 얼마나 잘 충족시켰는가를 보여주는 척도로, 전체 수주량에 대한 납기 내 납품량의 비율로서 계산한다.
  ㄱ 서비스율
    ⓐ 서비스율(%) = (납기 내 출하금액 ÷ 수주금액) × 100

ⓑ 서비스율(%) = {출하량(금액) ÷ 수주량(금액)} × 100
ⓒ 서비스율(%) = 1 - 백오더율
ⓛ 납기 내 출하량(금액) = 주문량(금액) - 결품 및 불량수량(금액)

확인하기

연간 총수요가 10,000개이며, 제품의 연간 평균품절개수가 500개인 경우 서비스율은 **95%**이다. (9,500/10,000)

② 백오더율(Back Order Rate) : 납기 내에 납품되지 못한 주문에 대한 결품비율이다.
  ㉠ 백오더율(%) = (납기 내 납품하지 못한 양 ÷ 수주량) × 100
  ㉡ 백오더율(%) = 1 - 서비스율
③ 재고회전율 : 재고자산에 투자한 자본이 신속하게 회수되고 재투자되었는가를 측정하는 척도이다.
  ㉠ 재고회전율 산정
    ⓐ 재고회전율 = 총수요량(매출액, 출고량) ÷ 평균재고량(금액) × 100
    ⓑ 평균재고량(금액) = (기초재고량 + 기말재고량) ÷ 2
    ⓒ 일평균 재고 = 단위기간 중 재고합계액 ÷ 영업일수(수요일수)
  ㉡ 재고량과 재고회전율의 관계 : 재고량과 재고회전율은 서로 반비례 관계이다.
    ⓐ 재고회전율↓ : 평균재고량↑ → 재고유지비용↑ → 품절률↓ → 서비스율↑
    ⓑ 재고회전율↑ : 평균재고량↓ → 재고유지비용↓ → 품절률↑ → 서비스율↓
  ㉢ 수요량과 재고회전율 관계 : 수요량이 크면 재고회전율이 높은 정비례 관계이다.
  ㉣ 재고회전기간 산정방법
    ⓐ 재고회전기간은 재고를 모두 소진하기 위해서 걸리는 시간을 의미한다.
    ⓑ 재고회전기간 = 수요대상기간(영업일수) ÷ 재고회전율
  ㉤ 적정재고 수준 : 수요를 가장 경제적으로 충족시킬 수 있는 재고량이다(적정재고 = 운영재고 + 안전재고).
④ 안전재고량
  ㉠ 안전재고
    ⓐ 개념
      • 안전재고는 수요의 변동, 수요의 지연, 공급의 불확실성 등으로 품절이 발생하여 계속적인 공급중단 사태를 방지하기 위한 예비목적의 재고량이다.
      • 안전재고는 품절예방, 납기준수 및 고객서비스 향상을 위해 필요하다.
    ⓑ 특징
      • 안전재고 수준을 높이면 재고유지비의 부담이 커진다.
      • 공급업자가 제품을 납품하는 조달기간이 길어지면 안전재고량이 증가하게 된다.
      • 수요와 고객서비스를 고려하여 적정 수준의 안전재고를 유지하면 재고비용이 과다하게 소요되는 것을 막을 수 있다.

    ⓛ 조달기간(Lead Time)

        ⓐ 개념 : 고객의 조달기간은 주문을 하고 최종 수령할 때까지의 기간을 의미하며, 생산자의 조달기간은 생산 개시부터 최종 완제품 출하까지의 기간을 의미한다.

        ⓑ 특징 : 조달기간은 발주 후 창고에 주문품목들이 들어오기까지의 기간으로 기간이 짧을수록 재고수준은 낮아진다.

    ⓒ 안전재고량 산식

        ⓐ 안전재고량 = 안전계수(k) × 수요의 표준편차(S) × $\sqrt{조달기간(리드타임)}$

        ⓑ 특징 : 고객수요가 임의의 확률분포를 따를 때 수요변동의 표준편차가 작아지면 제품의 안전재고량이 감소한다.

  ⑤ 기타 재고관리 지표

    ㉠ 원가절감비율(%) = (원가절감액 ÷ 구매예산) × 100

    ㉡ 재고율(%) = (입고금액 ÷ 출고금액) × 100

    ㉢ 재고일수 = {현재재고수량(금액) ÷ 월평균출하량(금액)} × 30

(4) 채찍효과(Bullwhip Effect)

  ① 개념 : 공급망상 공급망 주체들은 직면하는 다양한 불확실성으로 인하여 안전재고를 포함한 실제 필요한 재고보다 더 많이 주문하게 된다. 이때 최종 고객으로부터 공급망의 **상류**로 갈수록 이러한 판매 예측정보가 왜곡되는 현상을 채찍효과라 한다.

  ② 채찍효과의 발생원인

    ㉠ 채찍효과가 발생하는 이유 중의 하나는 수요예측이 소비자의 실제 수요에 기반하지 않고 거래선의 주문량에 근거하여 이루어지기 때문이다.

    ㉡ 제품가격의 변동, 과도한 통제에 따른 리드타임의 증가, 결품을 우려한 과다 주문, 가격변동에 의한 선행구입, 정보의 **비가시성**은 채찍효과의 발생원인이다.

    ㉢ 로트(Lot) 단위, 일괄주문(Batch Order)은 수요의 왜곡현상을 발생시키고 채찍효과를 유발할 수 있다.

    ※ 납품주기 단축과 납품횟수 증대는 채찍효과의 원인이 아니다. (빈출되는 오답)

  ③ 채찍효과의 제거방안

    ㉠ 공급자재고관리(VMI, Vendor Managed Inventory) 등 공급체인 구성원 간에 전략적 관계를 강화한다.

    ㉡ 공급망(공급사슬 참여기업) 전반에 걸쳐 수요정보를 중앙집중화하고 상호 공유하여 공급사슬 전체의 불확실성을 줄이고 안전재고를 줄인다.

    ㉢ EDI, Cross Docking 등을 이용해 정보리드타임 및 제품공급리드타임을 단축시킨다.

    ㉣ 상시저가전략(EDLP, Everyday Low Price) 등의 가격안정화 정책을 도입하여 가격변동 폭을 줄임으로써 최종 소비자의 수요의 변동을 감소시킨다.

    ㉤ 공급망 내 주체 간의 단순 계약 관계의 구축보다는 **전략적 파트너십**을 구축하고, 이러한 파트너십을 통해 공급망 관점의 재고관리를 강화시킨다.

3 재고모형 ★★★

(1) 경제적 주문량(EOQ) 모형

① 개념

   ⊙ 경제적 주문량이란 연간 총 재고비용이 최소가 되게 하는 1회 주문량을 의미한다.

   ⓛ 연간 총비용(YTC) = 연간 주문비용(YCO) + 연간 재고유지비용(YCH) + 품절비용 + 기회비용

      ※ 품절비용과 기회비용은 추상적이기에 실제 계산에서 제외한다.

   ⓒ 경제적 주문량(EOQ)이 도출되면, 연간 주문비용(YCO) = 연간 재고유지비용(YCH)

   ⓓ YTC = YCO + YCH = YCO × 2 = YCH × 2

      ※ EOQ를 구한 후, 연간 주문비용이나 연간 재고유지비용 둘 중 하나를 구한다면, 연간 총비용 추정이 가능하다.

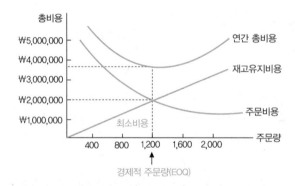

② 전제조건

   ⊙ 수요율(단위기간당 사용률)이 일정하고 연간 수요량이 알려져 있다.

   ⓛ 조달기간은 일정하다.

   ⓒ 주문량은 전량 일시에 입고(도착)된다.

   ⓓ 대량주문에 따른 구입 가격할인(수량할인)은 없다.

   ⓜ 모든 수요는 재고부족 없이 충족된다.

   ⓗ 재고유지에 소요되는 비용은 평균재고량에 **비례**한다(단위당 재고유지비용 일정).

   ⓢ 안전재고는 고려되지 않는다.

   ⓞ 주문비용과 단가는 주문량에 관계없이 일정하다.

③ 특징

   ⊙ EOQ 모형에서 평균재고수준은 경제적 발주량의 절반과 같다.

   ⓛ EOQ 모형에서 연간 발주비는 경제적 발주량에 반비례한다.

   ⓒ EOQ 모형에서 재주문점은 1일 수요량과 리드타임으로 구할 수 있다.

④ EOQ 관련 공식

　　㉠ EOQ 공식

$$EOQ = \sqrt{\frac{2 \times CO \times D}{CH}} = Q^*$$

　　　　ⓐ CO(Cost of Ordering) : 1회 주문비용 (문제에서 제시됨)

　　　　ⓑ D(Yearly Demand) : 연간 수요 (문제에서 제시됨)

　　　　ⓒ CH(Carrying Holding Cost) : 연간 단위당 재고유지비용

　　　　　→ 상품가격 혹은 원가 × 재고유지비율

　　㉡ 연간 총비용(YTC) = 연간 주문비용(YCO) + 연간 재고유지비용(YCH)

$$YTC = YCO + YCH = YCO \times 2 = YCH \times 2$$

　　㉢ 연간 주문비용(YCO) = 연간 주문횟수 × CO

　　　　ⓐ 연간 주문횟수 $= \dfrac{D}{Q^*}$

　　　　ⓑ 주문주기(Cycle Time) $= \dfrac{영업일수}{연간\ 주문횟수}$

　　㉣ 연간 재고유지비용(YCH) = 평균재고량 × CH

　　　　평균재고량 $= \dfrac{Q^*}{2}$

확인하기

▶ 어느 상점에서 판매되는 제품과 관련된 자료는 아래와 같다. 경제적 주문량(EOQ) 모형에 의한 정량발주 재고정책을 취할 때 연간 최적 주문주기는? (단, 1년은 365일로 계산한다.)

- 연간 수요 : 2,000단위
- 연간 단위당 재고유지비용 : 200원
- 1회 주문비용 : 2,000원

해설
1. $EOQ = \sqrt{\dfrac{2 \times 1회\ 주문비용 \times 연간\ 수요량}{연간\ 단위당\ 재고유지비}} = \sqrt{\dfrac{2 \times 2,000 \times 2,000}{200}} = 200$

2. 연간 수요 2,000단위를 200단위씩 10회에 걸쳐 주문하면 된다.

3. 즉, 답은 **36.5일(365/10)**이다.

(2) 경제적 생산량(EPQ, Economic Production Quantity) 모형

① 개념 : 기업이 공급자로부터의 주문량을 결정하는 것이 아니라 재고나 수요에 대한 제조량을 결정하는 데 사용된다. 즉, 생산품목에 대해 생산조업비용을 최소화하는 로트 사이즈를 정하는 것이다.

② 전제조건

    ㉠ 연간 재고유지비용(CH)과 가동준비비용(Set-up Cost)은 정확히 예측된다.

    ㉡ 수요율과 생산율이 일정한 확정적 모델이다. 단, 1일 생산율은 1일 수요율보다 크다.

    ㉢ 안전재고와 재고부족분은 없다.

    ㉣ 생산단가는 생산량의 크기와 관계없이 일정하다.

    ㉤ 1회 생산에 소요되는 준비비용은 생산수량과 관계없이 일정하다.

③ EPQ 공식

$$\text{경제적 생산량} = Q_p = \sqrt{\frac{2 \times S \times D}{H} \times \frac{p}{p-d}}$$

    ㉠ p : 1일 생산율

    ㉡ d : 1일 수요율(사용률)

    ㉢ S : 생산조업당 가동준비비용

4 재고관리기법

(1) 정량발주법(Fixed Order Quantity System, 발주점법, Q시스템)

① 개념

    ㉠ 현재의 재고상태를 지속적으로 파악하여 현재의 재고량이 재주문점에 도달하면 미리 설정된 일정량(고정주문량, Q)을 주문하는 시스템이다.

    ㉡ 발주시기는 일정하지 않지만 발주량은 정해져 있다. (발주량 고정, 발주주기 유동)

    ㉢ 연속적으로 재고수준을 검토하므로 연속점검시스템(Continuous Review System)이라고도 한다.

② 재주문점(ROP, Reorder Point)

    ㉠ 개념 : 창고에 몇 개 남아있을 때 고정주문량만큼 주문하는지를 나타낸다.

    ㉡ 수요와 조달기간이 일정한 경우

$$\text{ROP} = \text{일일 수요량} \times \text{조달기간}$$

    ㉢ 수요와 조달기간이 다양한 경우

$$\text{ROP} = \text{조달기간 동안의 평균수요} + \text{안전재고(Safety Stock)}$$
$$= (\text{일일 평균수요량} \times \text{조달기간}) + (\text{표준편차} \times \sqrt{\text{조달기간}} \times \text{안전계수})$$

▶ K사는 제품 A를 판매하고 있으며 영업일은 200일, 연간 총수요량은 12,000개이다. 제품 A의 안전재고는 135개로 정하고, 공급사에 제품을 주문 시 4일 후에 창고에 입고될 경우 재주문점은?

 1. 재주문점 = 조달기간 동안의 평균수요 + 안전재고
2. 조달기간 동안의 평균수요 = 일일 평균수요량 × 조달기간 = (12,000개/200일) × 4 = 240개
3. 재주문점 = 240 + 135 = 375개

(2) 정기발주법(P시스템)

① 재고량이 특정 수준에 이르도록 적정량을 일정 기간마다 재주문하는 방법이다.
② 발주시기는 일정하여 정기적이지만 발주량은 일정하지 않다(발주량 변동, 발주주기 고정).

체크 Point

❂ **정기발주방식과 정량발주방식의 비교**

구분	정기발주방식	정량발주방식
수요의 예측	필요	과거실적이 있는 경우 수요기준이 됨
재고유지수준	재고수준 높음(많은 안전재고 유지)	재고수준 일정(일정량 재고 유지)
발주시기	일정	변동
수주량	변경 가능	고정
품목수	적을수록 좋음	영향 없음
대상	고가품	저가품

(3) ABC 재고분석

① 재고관리에서 재고 품목수와 매출액에 따라 품목을 특정 그룹별로 구분하여 집중 관리한다면 업무효율화가 보다 더 용이하다는 전제로 기업에서 보편적으로 사용되고 있는 분석기법이다.
② 재고의 입출고가 활발한 상품을 파악하여 중점적으로 관리하기 위한 기법이다.
③ 품목수가 적으나 매출액 구성비가 높은 상품을 A그룹, 품목수는 많으나 매출액 구성비가 낮은 상품을 C그룹으로 관리한다.

체크Point

✪ **ABC(Activity Based Costing, 활동기준원가계산)**

1. 개념
   ① 업무를 활동 단위로 세분하여 원가를 산출하는 방법이다.
   ② 소품종 대량생산보다 다품종 소량생산 방식에서 유용성이 더욱 높다.
   ＊ ABC 원가계산과 ABC 재고분석은 전혀 다른 개념임에 유의한다. (빈출되는 오답)

2. 장점
   ① 물류서비스별, 활동별, 유통경로별, 고객별, 프로세스별 수익성을 분석할 수 있다.
   ② 활동별로 원가를 분석하므로 낭비요인이 있는 물류 업무영역을 알 수 있다.
   ③ 전통적 원가계산방법보다 제품이나 서비스의 실제 비용을 현실적으로 계산할 수 있다.
   ④ 산정원가를 바탕으로 원가유발 요인분석이나 성과 측정을 할 수 있다.

(4) Two-Bin 시스템

① 개념
   ㉠ 부품의 재고관리에 많이 사용되는 기법으로 두 개 상자에 부품을 보관하여 필요시 하나의 상자에서 계속 부품을 꺼내어 사용하다가 바닥이 나면 발주를 하고 나머지 상자의 재고를 내어 쓰고, 발주량이 도착하면 빈 상자를 보충하는 순환을 갖는 보충시스템이다.
   ㉡ 주문량이 중심이 되므로 Q(수량)시스템에 가깝다.

② 특징
   ㉠ 선입선출(FIFO)을 지킬 수 있는 가능성이 높아진다.
   ㉡ 정량발주처럼 **계속적인 재고수준 조사는 불필요**하고 정해진 기간에 한 번만 재고를 파악한다.
   ㉢ 흐름 랙(Flow Rack)을 사용하면 통로 공간의 낭비를 줄일 수 있어 공간효율성이 뛰어나며, 저장 및 반출 작업을 단순화시킬 수 있다.
   ㉣ 투빈 시스템을 사용하기 위해서는 한 가지 품목에 대하여 두 개의 저장공간이 필요하다.
   ㉤ 조달기간이 짧은 저가 품목에 대하여 많이 사용하는 방법이다.

(5) 정량유지방식

출고가 불규칙하고 수요가 불안정하며 불출빈도가 적은 특수품이나 보전용 예비품 등에 적용되며, 불규칙하고 양이 많은 출고에는 대응할 수 없다는 약점을 보완한다. 예비품 방식이라고도 한다.

> 발주량 = 기준발주량 + (발주점 − 재고잔량)

(6) 정기정량 혼합방식, Min-Max System(기준재고시스템)

① 정기정량 혼합방식 : 수시 재고파악이 필요 없는 정기발주방식과 매번 수요예측이 필요 없는 정량발주방식을 혼합하는 방식이다.

② Min-Max System : 재고가 Max 수준이면 생산이나 발주 중지, Min 수준이면 생산이나 발주를 개시하는 방식이다.

③ S-S 재고 시스템 : 보유재고량이 S보다 적어지면 최대재고량인 S에 도달하도록 발주량을 정한다.

4 자재관리

1 자재관리기법 ★★★

(1) 자재관리

생산에 필요한 자재를 적정한 가격으로, 이를 필요로 하는 부문에, 필요한 시점에 공급할 수 있도록 계획을 세워 구매하고 보관하는 일을 말한다.

(2) JIT(Just In Time)

① 제품생산에 요구되는 부품 등 자재를 필요한 시기에 필요한 수량만큼 조달하여 최소의 재고로 낭비적 요소를 근본적으로 제거하려는 시스템이다.

② 필요한 때, 필요한 것만을, 필요한 수량만큼 생산하여 생산시간을 단축하고 재고를 최소화하여 낭비를 없애는 JIT 시스템은 물류에서는 적시도착의 의미로 사용된다.

③ 미국에서는 낭비가 없거나 적다는 의미로 린(Lean) 생산방식으로도 부른다.

(3) MRP(Material Requirements Planning, 자재소요량계획)

① 개념

㉠ 자재관리 및 재고통제기법으로 종속수요품목의 소요량과 소요시기를 결정하기 위한 기법이다.

㉡ 완제품에 대한 월간·연간 수요예측에 따라 종속수요인 자재의 구매량을 산정(Push 방식)한다.

㉢ MRP는 제품생산에 필요한 원자재, 부분품, 공산품, 조립품 등 모든 자재의 소요량 및 소요시기를 역산해서 조달계획을 수립한다.

② 특징

㉠ 배치(Batch) 제품, 조립품 생산 등에 적합한 자재관리기법이다.

㉡ 완제품의 수요예측으로부터 시작된다.

㉢ MRP 시스템은 종속 수요품목의 자재 수급계획에 더 적합하다.

㉣ MRP의 우선순위계획은 착수순서와 실시시기를 정하는 것이다.

ⓜ MRP는 제조준비비용과 재고유지비용의 균형이 이루어지도록 로트(Lot) 크기를 결정한다.

ⓗ MRP는 조달기간 중의 소요재고를 유지한다.

ⓢ 상위품목의 생산계획이 변경되면 부품의 수요량과 재고보충시기를 쉽게 갱신할 수 있다.

③ 주요 입력요소

㉠ 개념

ⓐ 자재소요량계획은 총괄생산계획하에 자재명세서, 주일정계획, 재고기록철의 정보를 받아 제품별로 설정된 안전재고량과 리드타임을 고려하여 주문시기와 주문량을 통제한다.

ⓑ MRP는 기업의 구성요소에 의해 MPS를 수시로 변경하며, MPS의 변경을 수용할 수 있다.

ⓒ 주생산일정계획에 따라 부품을 조달하며, 예측오차 및 불확실성에 대비한 안전재고(Safety Stock)가 필요하다.

㉡ 입력요소

ⓐ 재고기록철

ⓑ 자재명세서

ⓒ 주생산일정계획(MPS, Master Production Schedule)

ⓓ 품목별, 업체별 리드타임

ⓔ 안전재고량

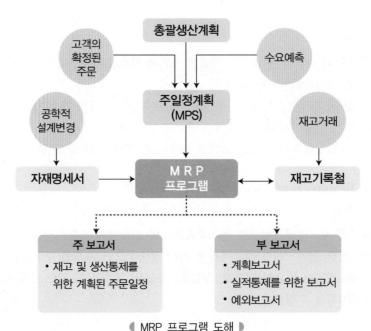

《 MRP 프로그램 도해 》

✪ MRP 계산요소

1. **총소요량(Gross Requirements)**
   자재명세서를 전개함으로써 목표로 하는 최종 상품과 각 반제품의 기간별 총요구량을 의미한다.

2. **예정입고량(Scheduled Receipt)**
   ① 예정수취량, 이미 발령된 주문, 이미 발주가 되어 일정한 기간이 경과하는 기간 초에 또는 생산완료 혹은 도착되도록 예정된 주문량을 의미한다.
   ② 수취일정의 변경은 되어도 수취 자체를 취소할 수 없다.

3. **예상가용량(Projected Stock)**
   기간별 예상재고, 각 기간 초에 실제로 보유하리라고 기대하는 재고로서 그 기간의 총소요량을 만족시키기 위하여 사용된다.
   ① 기초 예상재고 = 전기 예상재고 + 입고예정량 − 총소요량
   ② 당기 예상재고 = 기초 예상재고 + 계획보충량

4. **순소요량(Net Requirements)**
   ① 기간별 총소요량에서 그 기간의 예상가용량을 뺀 차이를 말한다.
   ② 순소요량 = 총소요량 − 현 재고 − 입고예정재고 + 할당된 재고 + 안전재고

5. **계획보충량(계획수취량)**
   순소요량을 충당하기 위하여 예정된 시기 초에 수취하리라고 기대할 수 있는 계획된 주문량을 말한다.

6. **계획발주량(발주계획)**
   ① 계획보충량을 예정된 시기의 초에 수취할 수 있도록 앞서 구매주문이나 작업주문을 해야 하는 수량을 말한다.
   ② 계획발주량 = 조달기간 이후의 계획보충량

④ JIT와의 비교

구분	JIT 시스템	MRP 시스템
목표	불필요한 부품, 재공품, 자재의 재고를 없애도록 설계(낭비의 제거)	자재의 소요 및 조달계획을 수립하여 그 계획에 의한 실행(계획에 의한 소요)
전략	Pull 방식	Push 방식
품질	무결점 품질을 유지	약간의 불량을 허용
재고수준	최소재고	조달기간 중 재고
적용분야	반복생산의 일정 및 재고관리	• 비반복생산의 재고관리 • 업종제한 없음
거래	구성원 입장에서 장기거래	경제적 구매 위주의 거래
관리	주문이나 요구에 의한 소요개념	계획에 의한 소요개념
통제순위	간판의 도착순서	작업배정의 순서

(4) DRP(Distribution Resource Planning, 자원분배계획, 유통망관리)

① 개념

ⓐ 수요관리에 있어서 MRP와 같은 역할을 한다. 고객의 수요를 신속하게 생산계획에 반영하고, 제품을 고객이 필요한 양만큼 필요한 장소에 빠르게 전달하기 위한 프로세스이다.

ⓑ 생산완료된 제품을 수요처에 효율적으로 공급하기 위한 시스템이다.

ⓒ 주요 산출물은 물류망의 최적 단계수를 결정한다.

② 목적 : 고객과 가장 가까운 곳에서 수요데이터를 얻고, 수요를 예측하여 이를 생산계획 수립에 빠르게 반영하며, 완제품 출고 이후 소매점 또는 도매점에 이르는 유통망상의 재고를 줄이는 데 근본적인 목적이 있다.

③ 장점

ⓐ 고객의 수요정보를 예측하여 제품의 재고수준을 낮추는 효과를 가져온다.

ⓑ 정시 배송을 늘리고 고객의 불만을 감소시켜 고객서비스 향상에 기여한다.

④ MRP와의 차이 : MRP가 제품생산과 관련된 원재료 등의 생산관리시스템이라면, DRP는 생산완료 제품에 대한 판매관리시스템이다.

2 수요예측기법 ★★★

(1) 정성적 예측기법

정성적 수요예측기법은 개인의 주관이나 판단 또는 여러 사람의 의견에 입각하여 수요를 예측하는 방법으로, 주로 중·장기적 예측에 활용된다.

① 직관에 의한 예측

ⓐ **델파이법**(Delphi Method)

ⓐ 개념 : 수요의 정성적 예측기법으로 전문가들을 한자리에 모으지 않고 일련의 질의서를 통해 각자의 의견을 취합하여 중기 또는 장기 수요의 종합적인 예측결과를 도출해 내는 기법이다.

ⓑ 특징

• 미래사항에 대한 의견을 질문서에 기재 후 분석하기를 5~6회 반복한다(높은 정확성).

• 전문가들을 한자리에 모으지 않는 방식으로 다수의견이나 유력자의 발언 등에 영향력을 배제한다.

ⓑ **판매원(영업사원) 의견통합법**(판매원 이용법)

ⓐ 특정 시장에 정통한 영업사원이나 거래점 의견을 종합하는 방법이다.

ⓑ 단기간 양질의 시장정보를 입수할 수 있으나, 자신의 경험에 치우쳐서 예측오차가 크다.

ⓒ **경영자 판단법**

ⓐ 예측과 관련 있는 상위경영자의 의견을 모아 예측하는 방법이다.

ⓑ 단기간 양질의 정보를 입수할 수 있으나 경영자의 능력차에 따라 오차가 크고 정확도가 낮다.

② **시장조사법**(의견조사에 의한 예측)

ⓐ 개념

ⓐ 수요의 정성적 예측방법 중 가장 계량적이고 객관적인 방법으로 수요의 크기, 제품과 서비스에 대하

여 고객의 심리, 선호도, 구매동기 등 질적정보의 확인이 가능한 조사기법이다.

    ⓑ 시장조사법은 신제품 및 현재 시판 중인 제품이 새로운 시장에 소개될 때 많이 활용된다.

   ⓛ 종류 : 전화나 면담조사, 설문지조사, 소비자 모임에서의 의견수렴, 시험판매

③ 유추에 의한 예측

   ㉠ 라이프사이클 유추법(생애주기 유추법) : 유사제품의 상품수명주기 기간별 과거 매출의 증감 폭을 기준으로 수요량을 예측하는 방법이다.

   ㉡ 자료유추법 : 비슷한 상품의 특성을 가진 상품의 과거 자료를 기초로 판매량을 예측하는 방법이다.

(2) 정량적 예측기법

정량적 수요예측기법은 데이터를 기반으로 주로 단기예측에 활용된다.

① 정량적 기법

   ㉠ 시계열 분석법

     ⓐ 예측하고자 하는 상품의 수요량이 과거의 일정한 기간 동안 어떤 수요의 형태나 패턴으로 이루어졌는지를 분석하며, 미래에도 비슷한 추세로 수요가 이루어질 것이라는 가정하에 이를 적용하여 예측하려는 기법이다.

     ⓑ 시계열 분석법의 종류로는 추세선식, 전기예측법, 단순이동평균법, 가중이동평균법, 지수평활법, 최소자승법 등이 있다.

   ㉡ 인과형 예측기법

     ⓐ 인과형 모형에서는 과거의 자료에서 수요와 밀접하게 관련되어 있는 변수들을 찾아낸 다음 수요와 이들 간의 관계를 파악하여 미래수요를 예측한다.

     ⓑ 원인과 결과관계를 가지는 두 요소의 과거 변화량에 대한 인과관계를 분석한 방법이다.

     ⓒ 인과형 모형에 속하는 기법으로는 회귀분석, 계량경제모형, 투입산출모형 등이 있다.

회귀분석	한 변수 혹은 여러 변수가 다른 변수에 미치는 영향력의 크기를 회귀방정식으로 추정하고 분석하는 통계적 분석방법
계량경제모델	경제 변수 간의 함수관계를 수식으로 나타내는 경제모델
투입산출모델	산업부문 간의 상호의존관계를 파악하여 투입변수와 산출변수 간의 관계를 분석하는 방법

② 정량적 기법의 종류

   ㉠ 이동평균법

     ⓐ 단순이동평균법 : 예측하려는 기간(F_t)의 직전 일정 기간(N)의 실제 판매량(A_t)들의 단순 평균치를 구하여 예측하는 방법이다.

$$F_t = (A_{t-1} + A_{t-2} + \cdots + A_{t-n})/N$$
F_t : 기간 t의 수요 예측치, A_t : 기간 t의 실제 수요

ⓑ 가중이동평균법

- 직전 N기간의 자료치에 합이 1이 되는 가중치를 부여한 다음, 가중 합계치를 예측치로 사용하는 방법이다.
- 예측하려는 기간까지의 정해진 기간 동안, 예측대상 기간에 가까운 기간에 실제 판매량일수록 더 큰 가중치를 주어 예측하는 방법이다(예측기간이 먼 과거일수록 낮은 가중치를 부여한다.).

$$F_t = W_{t-1}A_{t-1} + W_{t-2}A_{t-2} + \cdots + W_{t-n}A_{t-n}$$
F_t : 기간 t의 수요 예측치, A_t : 기간 t의 실제 수요, W_t : 기간 t에 부여된 가중치

ⓒ 지수평활법(Exponential Smoothing)

ⓐ 개념 : 가중이동평균법의 경우 감안하는 기간이 길어질수록 가중치를 나누어 주기 힘든 점을 개선하여 평활상수 α를 통해 이를 구현한 예측법이다(계산 간단, 평활상수 변경 용이).
ⓑ 특징 : 가장 최근의 값에 가장 많은 가중치를 두고 자료가 오래될수록 가중치를 지수적으로 감소시키면서 예측하는 방법으로 **단기예측**에 적합하다.
ⓒ 장점 : 오랜 기간의 실적을 필요로 하지 않으며 데이터 처리에 소요되는 시간이 적게 든다.

$$F_{t+1} = \alpha A_t + (1-\alpha)F_t$$
F_{t+1} : 기간 $t+1$에서의 예측치, α : 평활상수($0 \leq \alpha \leq 1$)
A_t : 기간 t에서의 실측치, F_t : 기간 t에서의 예측치

 확인하기

▶ 완성품 배송센터의 규모를 결정하기 위한 목적으로 보관 품목의 2026년 수요를 예측하고자 한다. 2024년 수요 예측치와 실적치, 2025년 실적치가 아래의 표와 같다고 가정할 때, 평활상수(α) 0.4인 지수평활법을 활용한 2026년의 수요 예측치는?

구분	2024년	2025년
실적치(개)	200	300
수요 예측치(개)	250	-

해설 차기 예측치 = 당기 판매예측치 + α(당기 판매실적치 − 당기 판매예측치)
2025년 수요 예측치는 250 + 0.4(200 − 250) = 250 − 20 = 230
2026년 수요 예측치는 230 + 0.4(300 − 230) = 230 + 28 = 258

ⓒ 추세선식

ⓐ 시계열 분석기법은 일정한 시간, 간격에 나타나는 관측치를 가지고 분석하는 방법으로 추세, 계절적 변동, 순환요인 등으로 구성된다.
ⓑ 과거의 실제 판매량을 기반으로 예측 함수식을 구성하는 방법을 추세선식이라고 한다.

ⓒ 기본은 추세식(Trend)을 구성하고 추가적으로 해당 함수식에 계절지수(S, Seasonality), 순환성(C, Cycle), 불규칙변동(I, Irregularity)을 가법(더하거나), 승법(곱하여)으로 함수식을 완성시킨다.

추세변동 (T, Trend Movement)	시간경과에 따라 발생하는 시계열의 일반적 추세 또는 경향을 나타내는 것이다.
순환변동 (C, Cyclical Fluctuation)	추세선상의 장기적인 변동, 순환변동을 말한다.
계절변동 (S, Seasonal Variation)	1년 주기로 하여 전년과 같은 시기에 동일하거나 또는 유사한 양상으로 나타나는 변동이다.
불규칙변동 (R, Irregular Movement)	천재지변, 폐업, 선거 등의 중대한 우연적인 사건의 결과로 인한 변동이다.

※ 시장변동은 시계열 예측법의 구성요소가 아니다. (빈출되는 오답)

체크Point

✪ 시계열 예측기법

시계열 예측기법은 아래와 같이 수요를 평균(혹은 수평), 추세, 계절, 주기, 우연변동 등의 다양한 요소로 분해할 수 있다.

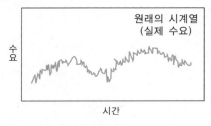
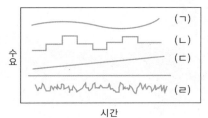

(ㄱ) 주기 : 수요가 장기간에 걸쳐 점차 증가 또는 감소
(ㄴ) 계절적 패턴 : 수요가 일정한 시기(월 또는 계절)에 따라 증가 또는 감소를 반복
(ㄷ) 추세 : 수요가 증가 또는 감소하는 경향
(ㄹ) 우연변동 : 다양하고 우연한 요인에 의해 발생하므로 예측이나 통제가 불가능함

ⓔ 회귀분석법
ⓐ 개념 : 인과형 예측기법의 하나로 종속변수인 수요에 영향을 미치는 독립변수를 파악하고, 독립변수와 종속변수 간의 함수관계를 통계적으로 추정하여 미래의 수요를 예측하는 방법이다.
ⓑ 특징 : 회귀분석은 독립변수들과 종속변수와의 관계는 회귀식이라는 함수에 의해 표현되는데, 여기서는 각 독립변수가 종속변수에 미치는 영향의 정도, 방향 등이 회귀계수로서 나타나게 된다.
ⓒ 회귀방정식 : 회귀방정식이란 원인과 결과관계를 가지는 두 요소의 과거 실제 변화량의 관계를 분석하여 함수식화한 예측방법이다. 표현하면 다음과 같다.

$\hat{y} = a + bx$

- x의 값이 주어졌을 때 y의 값에 대한 최적의 추정
- $a = \overline{Y} - b\overline{X} = (x - \overline{X}) + \overline{Y}$
- $b = \dfrac{\sum (x_i - \overline{X})(y_i - \overline{Y})}{\sum (x_i - \overline{X})^2} = r\dfrac{S_y}{S_x}$

$\overline{X}, \overline{Y}$: 표본평균, S_x, S_y : 표준편차, r : 상관관계

CHAPTER 02 하역론

1 하역 일반

1 개요 ★★★

(1) 의의

① 개념
   ㉠ 하역은 각종 운반수단에 화물을 싣고 내리는 것과 보관화물을 창고 내에서 운반하고, 쌓아 넣고, 꺼내고, 나누고, 상품 구색을 갖추는 등의 작업 및 이에 부수적인 작업(운송 및 보관에 수반하여 발생하는 부수작업)을 총칭한다.
   ㉡ 하역은 적하, 운반, 적재, 반출 및 분류 및 정돈 등으로 구성된다.
   ㉢ 하역은 화물에 대한 시간적 효용과 장소적 효용의 창출을 지원하는 행위이다.

② 특징
   ㉠ 하역은 생산에서 소비에 이르는 전 유통과정에서 행하여진다.
   ㉡ 하역은 노동집약적인 물류분야 중의 하나였으나, 최근 기술 발전에 따라 개선되고 있다.
   ㉢ 하역은 생산에서 소비까지 전 유통과정의 효용창출과 직접적인 관련이 있으며, 하역의 합리화는 물류합리화에 큰 의미를 가진다.

> **체크Point**
>
> **1. 하역의 기계화**
>
> ① 개요
>   ㉠ 하역작업은 물류활동 중 인력 의존도가 높은 분야로 기계화·자동화·무인화가 진행되고 있다.
>   ㉡ 하역 기계화를 촉진하기 위해서는 하역기기의 개발과 정보시스템을 통합한 하역자동화시스템 구축이 필요하다.
>   ㉢ 하역 기계화는 환경영향, 안전성 및 생산자, 제조업자, 물류업자와 관련 당사자의 상호협력을 고려하여야 하고, 물류합리화 관점에서 추진되어야 한다.
>   ㉣ 하역 기계화 효과를 높이기 위해서는 물동량과 인건비 수준을 고려하여 도입해야 한다.
>   ㉤ 파렛트화에 의한 하역 기계화는 주로 물류비의 절감을 위하여 도입한다.
>   ㉥ 액체 및 분립체 등 인력으로 하기 힘든 화물의 경우 기계화 필요성은 더욱 증대된다.
>
> ② 하역의 기계화가 필요한 화물
>   ㉠ 액체 및 분립체로 인하여 인력으로 취급하기 곤란한 화물
>   ㉡ 많은 인적 노력이 요구되는 화물 : 중량물, 대량화물, 대형화물
>   ㉢ 작업장의 위치가 높고 낮음(고저차)으로 인해 상하차작업이 곤란한 화물

CHAPTER 02 하역론 55

ⓔ 인력으로는 시간(Timing)을 맞추기 어려운 화물

ⓜ 유해물질 및 위험물 등 인력으로는 작업이 위험한 화물

2. 하역 관련 용어의 정의

① 상하차작업(Loading & Unloading) : 운송수단에 화물을 싣고 내리는 작업을 말한다.

② 적재작업(Stacking, 스태킹, 쌓아올림)

　㉠ 보관시설로 이동하여 정해진 위치와 형태로 쌓는 작업을 말한다.

　㉡ 화물을 창고나 야드 등 주어진 시설과 장소에 정해진 형태와 순서로 정돈하여 쌓는 작업이며 하역 효율화에 크게 영향을 준다.

③ 해상하역(Discharging) : 선박에 화물을 싣고 내리는 작업으로 작업방식에 따라 접안하역과 해상하역으로 나눌 수 있는 작업이다.

④ 배닝(Vanning) : 하역작업에서 컨테이너(Container)에 물건을 **실어 넣는** 작업이다.

⑤ 디배닝(Devanning) : 컨테이너에서 물건을 내리는 것을 말한다.

⑥ 래싱(Lashing) : 운송기기에 실린 화물이 **움직이지 않도록 줄로 묶는** 고정작업이다.

⑦ 피킹(Picking) : 보관장소에서 물품을 끄집어내는 작업이다.

⑧ 분류작업(Sorting) : 물건을 품종별, 발송지별, 고객별로 나누는 것을 말한다.

⑨ 재작업(Rehandling) : 컨테이너 중 하나를 출하하려 할 때 이 컨테이너 위에 이미 다른 컨테이너들이 장치되어 있는 경우 위에 놓여 있는 컨테이너들을 다른 곳에 옮겨 놓는 이적작업이다.

⑩ 운반작업 : 생산, 유통, 소비 등에 필요하므로 하역의 일부로 볼 수 있으며, 창고 내부와 같이 한정된 장소에서 화물을 이동하는 작업이다.

⑪ 더네이지(Dunnage) : 운송장비에 실려진 화물이 손상 및 파손되지 않도록 화물의 밑바닥이나 틈 사이에 물건을 깔거나 끼우는 작업이다.

(2) 하역합리화 기본원칙

생산에서 소비까지 전 유통과정에서 발생하는 하역작업의 합리화는 물류합리화에 중요한 요소이다.

① 하역경제성의 원칙

　㉠ 개념

　　ⓐ 가장 경제적인 하역횟수로 하역이 이루어지도록 하는 원칙이다.

　　ⓑ 불필요한 하역작업의 생략을 통해 작업능률을 높이고, 화물의 파손 및 분실 등을 최소화하는 것을 목적으로 한다.

　㉡ 하역경제성 원칙의 하부원칙 : 하역경제성의 원칙은 운반순도의 원칙, 최소취급의 원칙, 수평직선의 원칙 등을 포함하는 원칙이다.

　　ⓐ 운반순도의 원칙(과대포장 지양) : 쓸모없는 과대포장이나 내용물을 줄여 낭비를 없애도록 하는 원칙이다.

　　ⓑ 최소취급의 원칙 : 물품을 임시로 방치해 둬서 나중에 다시 재이동을 해야 하거나 로케이션 관리를 잘못하여 물품을 재정돈하기 위해 이동하는 등 불필요한 하역을 최소화하는 원칙이다.

© 수평직선의 원칙
  • 운반의 혼잡을 초래하는 요인을 제거하여 하역작업의 톤·킬로를 최소화하여야 한다.
  • 운반의 흐름이 교차, 지그재그, 왕복흐름일 경우 동선의 낭비 및 운반이 혼잡하므로 하역작업의 흐름을 운반거리가 짧은 직선으로 유지하는 원칙이다.
② 중력이용의 원칙 : 중력의 법칙에 의해 위에서 아래로 움직이는 것이 경제적이므로 경사면을 이용한 플로랙(Flow Rack)과 같이 중력의 원리를 이용하는 원칙을 말한다.
③ 기계화의 원칙 : 인력작업을 기계작업으로 대체하는 원칙으로 하역작업의 효율성과 경제성을 증가시킨다.
④ 활성화의 원칙
  ㉠ 화물의 이동 용이성을 지수로 한 운반활성지수의 **최대화**를 지향하는 원칙으로 지표와 접점이 작을수록 활성지수는 높아진다.
  ㉡ 관련 작업을 조합하여 화물 하역작업의 효율성을 높이는 것을 목적으로 한다.

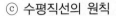

Point

1. 운반활성지수

상태	활성지수
바닥에 낱개의 상태로 놓여 있을 때	0
상자 속에 들어 있을 때	1
파렛트나 스키드 위에 놓여 있을 때	2
대차 위에 놓여 있을 때	3
컨베이어 위에 놓여 있을 때	4

2. 운반관리(MH, Material Handling)
  ① 운반관리의 의의 : 그 형상을 불문하고 모든 물질의 이동, 포장, 저장에 관한 기술과 과학을 의미한다.
  ② 운반관리의 4요소
    ㉠ Motion : 재료, 부품, 제품을 필요로 하는 분야로 보다 경제적이고 합리적으로 운반한다.
    ㉡ Time : 제조공정이나 기타 필요한 장소에 필요한 것을 적시에 공급한다.
    ㉢ Quantity : 필요량의 변화에 대응하여 정확한 수량, 중량, 용량을 공급한다.
    ㉣ Space : 공간, 장소를 계통적이고 효율적으로 이용한다.

⑤ 이동거리 및 시간의 최소화 원칙 : 하역작업의 이동거리를 **최소화**하여 작업의 효율성을 증가시키는 원칙이다.
⑥ 유닛화의 원칙(단위화, Unitization) : 취급단위를 크게 하여 작업능률을 향상시킨다.
⑦ 인터페이스의 원칙 : 하역작업의 공정 간의 접점을 원활히 연계 및 소통하도록 하는 것이다.
⑧ 시스템화의 원칙
  ㉠ 물류의 개별활동을 유기체로서의 활동으로 간주하는 원칙으로 각 하역활동을 시스템 전체 균형에 맞도록 고려하여야 한다.

ⓛ 시스템 전체의 밸런스를 염두에 두고 시너지 효과를 올리기 위함이다.

ⓒ 예를 들어, 파렛트화 또는 컨테이너화를 효과적으로 실시하기 위해서는 파렛트와 컨테이너의 규격, 구조 및 품질 등이 유기적으로 연결되도록 할 필요가 있는데, 이 경우 필요한 원칙이다.

 Point

1. 물류하역작업 개선을 위한 3S

① Simplification(단순화) : 작업 종류를 줄이거나 병합하여 핵심활동들로 집약한다.

② Standardization(표준화) : 작업을 위한 설비와 장비 및 기법 등을 표준화한다.

③ Specialization(전문화) : 작업자가 집약된 핵심활동들에만 집중하는 것과 분업화를 달성한다.

2. 하역시스템

① 개념 및 특징

ⓐ 하역시스템이란 물품을 자동차에 상하차하고 창고에서 상하좌우로 운반하거나 입고 또는 반출하는 시스템이다.

ⓑ 하역작업 장소에 따라 사내하역, 항만하역, 항공하역시스템 등으로 구분할 수 있다.

② 도입목적

ⓐ 하역비용의 절감

ⓑ 노동환경의 개선

ⓒ 범용성과 융통성의 **지향**

ⓓ 에너지 또는 자원의 절감

ⓔ 고도 운전기능과 안전의 확보

3. 하역합리화의 보조원칙

① 유닛로드 원칙 : 화물을 어느 일정 단위로 단위화하는 것을 의미한다.

② 취급균형의 원칙 : 하역작업의 어느 한 과정에 지나친 작업부하가 걸리거나 병목현상이 생기지 않도록 전 과정에 작업량을 **평준화**한다는 원칙이다.

③ 호환성의 원칙 : 하역작업 공정 간의 연계를 원활하게 한다.

④ 흐름유지의 원칙 : 거액의 자본금을 고정적으로 투자한 기계의 회전이나 운반의 흐름을 중지시키는 것은 가능한 방지하고, 항상 회전하고 있는 상태를 유지하여 자금이 회전할 수 있도록 하는 원칙이다.

⑤ 흐름의 원칙 : 하역작업의 흐름과정에서 정체 지점이 발생하면 물류의 중단과 재이동에 따른 불필요한 하역작업이 이루어져 비경제적이므로 연속적인 물류의 흐름을 유지해야 한다는 원칙이다.

⑥ 사중체감의 원칙 : 유임하중에 대한 사중의 비율을 줄여서 운임효율을 높이는 원칙이다.

4. 하역의 표준화 전제요건

① 운송, 보관, 포장, 정보 등 물류활동 간의 상호 호환성과 연계성을 고려하여 추진되어야 한다.

② 환경과 안전을 고려하여야 한다.

③ 유닛로드시스템에 적합한 하역·운반 장비의 표준화가 필요하다.

④ 표준규격을 만들고 일관성 있게 추진되어야 한다.

5. 하역기기의 선정기준

① **화물의 특성**

ㄱ 포장화물의 경우 형상, 크기, 중량 등을 감안하여 선정한다.

ㄴ 비포장화물의 경우 입자의 분포, 비중, 화물의 성질과 상태를 감안하여 선정한다.

② **작업의 특성** : 통로의 크기 등 다음과 같은 작업 특성을 고려하여 선정한다.

ㄱ 작업량

ㄴ 취급 품목의 종류

ㄷ 운송기기의 종류

ㄹ 계절변동성

ㅁ 운반거리 및 범위

ㅂ 로트 크기에 따른 수배송 특성

③ **환경의 특성**

ㄱ 전용, 공용작업장

ㄴ 화물의 흐름

ㄷ 화물의 하중

ㄹ 자사, 임대 시설

ㅁ 시설배치, 건물구조

④ **하역기기 특성**

ㄱ 안전성

ㄴ 성능

ㄷ 기동성

ㄹ 신뢰성

ㅁ 물동량 탄력성

ㅂ 소음 및 공해

ㅅ 에너지 효율

⑤ **경제성(채산성)** : 한 가지 방법보다는 **복수의 대체안**을 검토하여 선정한다.

⑥ **화물의 흐름** : 시설의 배치 및 건물의 구조 등 작업환경 특성을 고려하여 선정한다.

(3) 제약이론(TOC, Theory Of Constraints)

① **개념**

ㄱ 기업목표달성에 방해가 되는 취약활동요인인 제약요인(Constraints)을 찾아 집중적으로 개선하여 기업의 성과를 높이는 경영기법이다.

ㄴ 병목공정을 집중 관리하는 것이다.

ㄷ 제약요소는 조직의 전체적인 성과를 지배하므로, 보다 많은 이익을 얻기 위해서는 제약요소를 중심으로 모든 관리가 집중되어야 한다는 경영과학이론이다.

ㄹ 제약이론의 운영목적은 산출물을 최대화(스루풋 증대, Throughput)하는 것이다.

② **도입배경** : 1980년대 말 이스라엘의 골드랫(E. M. Goldratt)이 기업 이익의 최대화와 자원의 효율적 사용이라는 목표에 걸림돌이 되는 제약들을 어떻게 관리할 것인가를 제시한 이론(TOC이론)을 창안하였다.

③ **핵심개념** : TOC는 프로세스 최적화를 위해 DBR이라는 핵심 개념을 적용하며, Drum, Buffer, Rope는 공정 간 자재의 흐름 관리를 통해 재고를 최소화하고 제조기간을 단축하는 기법으로서 제약공정을 중점적으로 관리한다.

④ **특징**

　㉠ TOC는 SCM에 응용할 수 있다.

　㉡ 납기준수율이 향상된다.

2 오더피킹시스템 ★★☆

(1) 오더피킹(Order Picking)의 개념

물류센터에서 보관 중인 제품을 고객의 발주내역에 따라 출하준비를 하는 물류활동이다.

(2) 주문형태별 분류

① **단일주문피킹 방식(싱글오더피킹)** : 1건의 주문마다 물품의 피킹을 집계하는 방법으로 1인 1건이나 릴레이 방법으로도 실시할 수 있다. 즉 주문처의 한 오더마다 주문상품(Item)을 집품하여 주문품의 품목을 갖추는 방법이다.

② **1인 1건 피킹 방식(오더 단위)** : 1인의 피커가 1건의 주문전표에서 요구하는 모든 물품을 피킹하는 방식이다.

③ **총량피킹 방식** : 한나절이나 하루 등 일정 기간의 주문전표를 모아서 일괄피킹하는 방식이다.

④ **일괄오더피킹 방식** : **여러 건**의 전표에 있는 물품을 한 번에 피킹하기 때문에 재분류 작업이 발생하는 방식이다.

(3) 작업형태별 분류

① **존 피킹(Zone Picking) 방식** : 여러 피커가 작업범위(Zone) 공간을 정해두고, 본인이 담당하는 선반의 물품만을 골라 피킹하는 방식이다.

② **릴레이 피킹(Relay Picking) 방식**

　㉠ 여러 사람의 피커가 제각기 자기가 분담하는 품종이나 작업범위를 정해 놓고, 피킹전표 중에서 자기가 담당하는 종류만을 피킹하여 다음 피커에게 넘겨주는 피킹 방법이다.

　㉡ 존 피킹의 기본구조에 피킹한 물건을 다음 구역으로 넘겨주는 방식이다.

　※ 단일주문피킹 방식과 릴레이 피킹 방식은 주문 품목을 피킹한 후 재분류 작업이 필요 없는 피킹 방식이다.

③ **기타 피킹 방식**

　㉠ 물품을 피커의 장소에 갖고 오게 하는 방법 : 회전선반이나 컨베이어시스템 등을 이용하여 물품이 사람 앞으로 도착하게 한다.

※ STO(Stock to Operator), GTP(Goods To Person)란 작업자에게 화물이 자동으로 이동토록 지원하는 방식
　　을 의미한다.

　ⓒ **차량탑승피킹** : 파렛트 단위로 피킹하는 유닛로드시스템(Unit Load System)이며, 피킹트럭에 탑승하여
　　피킹함으로써 보관시설의 공간활용도가 높다.

(4) 오더피킹 생산성 향상 방법

① 동시에 피킹하는 경우가 많은 물품들은 **근거리**에 배치한다.
② 분류시간과 오류를 최소화하기 위해 작업자의 편의를 고려한 운반기기를 설계한다.
③ 피킹 빈도가 높은 물품일수록 피커의 접근이 쉬운 장소에 저장한다.
④ 혼잡을 피하기 위하여 피킹장소 간 피킹활동을 조절한다.
⑤ 피킹의 오류를 최소화하기 위해 서류와 표시를 체계화한다.

(5) 오더피킹기기

① **개념** : 피킹하는 물품이 있는 장소에 빨간 램프를 켜서 거기에 물품을 몇 개 피킹할 것인가를 표시하는 장치
로서 DPS가 대표적이다.
② **디지털 피킹시스템**(DPS, Digital Picking System) : 소형품목의 다빈도 피킹의 경우 현장에서 육안으로 직
접 핸들링하기엔 오류발생 가능성이 크기 때문에 선반 랙과 라이트모듈이라는 신호장치를 활용하여, 화물
보관위치 및 출하수량을 직접 알려준다.

〈 DPS 〉

(6) 분류시스템(Sorting System)

① **개념** : 소팅이란 물류거점에서 화물을 목적지별로 분류하는 것을 말하고, 소팅시스템이란 소팅을 자동으로
하기 위해 관련된 설비시스템을 의미한다.

② 종류

    ㉠ 팝업(Pop-up) 소팅 컨베이어

      ⓐ 컨베이어의 아래 방향에서 벨트, 롤러, 휠, 핀 등의 분기장치가 **튀어나와** 분류하는 방식으로 화물의 **하부면에 충격을 주는 단점**이 있다.

      ⓑ 구동롤러 사이를 이용해 컨베이어 이동방향과 직각으로 롤러의 면보다 낮게 몇 개의 체인을 회전시켜 물품을 분기하기 직전에 체인을 회전시킴과 동시에 롤러의 면보다 다소 높게 물품과 함께 밀어 올려 컨베이어 위의 물품을 직각으로 분류하는 방식이다.

    ㉡ 틸팅(Tilting) 소팅 컨베이어

      ⓐ 컨베이어를 주행하는 트레이, 슬라이드 등에 물품을 적재하였다가 분류되는 순간에 트레이, 슬라이드가 기울어지게 하여 화물을 떨어뜨려 분리하는 방식으로 고속처리가 가능하지만 중력에 의한 파손품이 발생될 수 있다.

      ⓑ 레일을 주행하는 트레이 및 슬라이드의 일부를 경사지게 하여 단위화물을 활강시키는 방식으로 우체국, 통신판매 등에 사용된다.

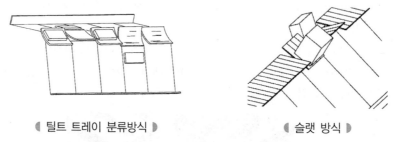

◀ 틸트 트레이 분류방식 ▶   ◀ 슬랫 방식 ▶

    ㉢ 다이버터(Diverter) 소팅 컨베이어

      ⓐ 외부에 설치된 안내판(암, Arm)을 회전시켜 반송 경로상 컨베이어에 가이드벽을 만들어 벽을 따라 단위화물을 이동시키는 방식으로 화물 형상에 관계없이 분류가 가능하기 때문에 다양한 종류의 화물을 처리하는 데 사용된다.

      ⓑ 다이버터를 사용하여 물품이 이동할 때 가로막아 방향을 바꾸는 방식이다.

◀ 다이버터식 소팅 ▶

    ㉣ 크로스벨트(Cross Belt) 소팅 컨베이어

      ⓐ **개념** : 컨베이어를 주행하는 연속된 벨트에 소형 벨트 컨베이어를 교차시켜서 분류하는 방식으로 분기점이 많은 통신판매, 의약품, 화장품, 서적 등의 분류에 사용된다.

ⓑ 특징
- 레일 위를 주행하는 연속된 캐리어를 지니고 있다.
- 각 캐리어는 소형 컨베이어를 장착하고 있다.
- 고속 분류기의 일종이다.

ⓜ 슬라이딩슈(Sliding-shoe) 방식 소팅 컨베이어
  ⓐ 컨베이어 반송면의 아래 방향에서 벨트, 롤러, 휠, 핀 등의 **분류장치가 튀어나와** 화물을 내보내는 방식이다. 충격이 없어 정밀기기, 깨지기 쉬운 물건, 자루 포장물, 장척물 등이 분류대상 화물이다.
  ⓑ 트레이 방식에 비하여 물품의 전환 흐름이 부드럽다.
  ⓒ 연달아 이어진 평면 슬랫으로 구성된 컨베이어이며 반송면의 아랫부분에 슈(Shoe)가 장착되어 단위 화물과 함께 수평으로 이동하면서 압출하는 분류방식이다.

ⓗ 오버헤드 방식 소팅 컨베이어 : 오버헤드 컨베이어에서 단위화물을 분기 또는 낙하시키는 컨베이어이며 주로 겉옷 의류를 행거에 걸어서 보관, 배송하고 고객별로 분류하는 데 이용된다.

ⓢ 저개식 소팅 컨베이어 : 레일을 주행하는 트레이(Tray)나 버킷(Bucket) 등의 바닥면을 개방하여 단위화 물을 떨어트려 분류하는 방식이다.

ⓞ 밀어내기(Push, 푸셔 방식) 소팅 컨베이어 : 화물을 컨베이어에 흐르는 방향에 대해 직각으로 암으로 밀 어내는 방식을 말하며, 구조가 간단해서 어떤 컨베이어와도 조합할 수 있는 장점을 가진 분류방식이다.

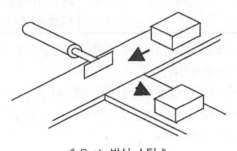

◀ Push 방식 소팅 ▶

3 파렛트 ★☆☆

(1) 개요

① 개념 : 파렛트는 유닛로드(Unit load)를 구성하는 물품적재용기이며, 파렛트에 포장화물을 적재하기 위하 여 파렛타이저(Palletizer)가 사용되기도 한다.

② 특징
  ㉠ 단위적재시스템의 대표적인 용기로 운송, 보관, 하역 등의 효율을 증대시키는 데 적합하다.
  ㉡ 파렛트는 국제표준규격이 정해져 있고, 물류합리화의 시발점이 되고 있다.
  ㉢ 물류모듈화를 위해서는 파렛트 규격도 동업종 및 이업종 간에도 호환성이 있어야 한다.
  ※ 파렛트를 물류활동의 모든 과정에 사용하여 작업효율을 향상시키는 것을 일관파렛트화(Palletization)라고 한다.

(2) 표준 파렛트 규격

① 국내 표준 파렛트 규격 : 우리나라 일관수송용 평파렛트에 관한 국가표준(KS)규격이 제정되어 있으며, 운송용 파렛트에는 T−11형(1,100mm×1,100mm)이 있다.

◀ 국내 파렛트 관련 KS 규격 ▶

일관수송용 파렛트	국내용 파렛트
(T−11형) 1,100mm × 1,100mm	• 800mm × 1,100mm • 900mm × 1,100mm • 1,100mm × 1,300mm • 1,100mm × 1,400mm • 1,200mm × 800mm • 1,200mm × 1,000mm

② 국제 표준 파렛트 규격(ISO 규격, ISO 6780)

※ 미국과 유럽 등에서는 T−12형 표준 파렛트를 많이 사용하고 있다.

정사각형(단위 : mm)	직사각형(단위 : mm)
• 1,140 × 1,140 • 1,100 × 1,100 • 1,067(42") × 1,067(42")	• 1,200 × 800 • 1,200 × 1,000 • 1,219(48") × 1,016(40")

㉠ 1,200mm × 800mm : 영국을 포함한 유럽 18개국이 공동으로 운영하는 표준 파렛트이다. 해상용 ISO 컨테이너 사용에는 비효율적이다.

㉡ 1,140mm × 1,140mm : 해상용 컨테이너에 의존하는 미국, 영국 등의 지원하에 채택되었다.

㉢ 1,219mm × 1,016mm : 미국의 표준 파렛트 48" × 40"(inch) 규격으로, 미국 이외의 국가에서는 사용하지 않는다. (1,067mm × 1,067mm)

㉣ 1,100mm × 1,100mm : 한국, 일본 등 아시아의 표준 파렛트이다.

㉤ 1,200mm × 1,000mm : 중국, 한국(T−12), 유럽에서 사용하는 규격이다.

③ 파렛트 이용률

$$\frac{박스\ 가로규격(mm)×세로규격(mm)×표면적재수량}{파렛트\ 가로규격(mm)×세로규격(mm)} × 100$$

▶ 제품상자의 크기가 가로 25cm, 세로 40cm, 높이 35cm이다. 이를 KSA표준규격 1,100mm × 1,100mm의 파렛트에 9상자 적재하면 파렛트 평면적에 대한 적재율은 얼마인가?

해설 $\dfrac{250mm × 400mm × 9상자}{1,100mm × 1,100mm} ×100 = 74\%$

(3) 파렛트하역의 장점

① 인건비 절감과 노동조건 향상
② 화물훼손 감소로 상품 보호
③ 하역인원, 시간의 절감
④ 하역단순화로 수송효율 향상

(4) 파렛트의 종류

① 기둥 파렛트(Post Pallet)
  ㉠ 상부구조물이 없는 파렛트와 달리 상부에 기둥이 설치된 파렛트로 기둥은 고정식, 조립식, 접철식, 연결 테두리식이 있다.
  ㉡ 파렛트 상단에 설치된 기둥을 접거나 연결하는 방식으로 사용한다.
② 롤 상자형 파렛트(Roll Box Pallet) : 받침대 밑면에 바퀴가 달린 롤 파렛트 중 상부구조가 박스인 파렛트로 최근에는 배송용으로 많이 사용한다.
③ 사일로 파렛트(Silo Pallet) : 주로 **분말체(분립체)**를 담는 데 사용되며, 밀폐된 상측면과 뚜껑을 가지고 하부에 개폐장치가 있는 상자형 파렛트이다.
④ 시트 파렛트(Sheet Pallet) : 1회용 파렛트로 목재나 플라스틱으로 제작되어 가격이 저렴하고 가벼우나 하역을 위하여 Push-Pull 장치를 부착한 포크리프트가 필요하다.
⑤ 스키드 파렛트(Skid Pallet) : 포크리프트나 핸드리프트로 하역할 수 있도록 만들어진 단면형 파렛트이다.
⑥ 탱크 파렛트(Tank Pallet) : 주로 **액체** 취급 시 사용되고 밀폐를 위한 뚜껑을 가지며 상부 또는 하부에 개폐장치가 있다.
⑦ 플래턴 파렛트(Platen Pallet) : 평판 모양의 파렛트이다.

◀ 기둥 파렛트 ▶   ◀ 롤 상자형 파렛트 ▶   ◀ 스키드 파렛트 ▶

★ 체크Point

💠 **자사파렛트와 임대파렛트**

1. 자사파렛트
   ① 장점
      ㉠ 필요할 때 편리하게 사용할 수 있다.
      ㉡ 자사에 필요한 규격의 파렛트에 대하여 임의선택으로 도입이 가능하다.
   ② 단점
      ㉠ 비용이 많이 소요된다.
      ㉡ 공파렛트 회수가 곤란하다.
      ㉢ 성수기와 비수기의 양적 조정이 곤란하다.

2. 임대파렛트
   ① 장점
      ㉠ 표준 파렛트 도입이 가능하다.
      ㉡ 초기 고정투자비가 적게 든다.
      ㉢ 비수기의 양적 조절이 가능하다.
      ㉣ 파렛트 풀 시스템 도입을 고려할 수 있다.
      ㉤ 공파렛트의 회수가 불필요하다.
   ② 단점
      ㉠ 업체 간 이동 시 회수가 곤란하다.
      ㉡ 긴급상황 시 공급이 어렵고, 포장단위 전부를 임대파렛트에 맞추어야 한다.

(5) 파렛타이저(Palletizer)

① 개념
   ㉠ 파렛타이저는 파렛트에 쌓여진 물품을 내리는 기계를 말한다.
   ㉡ 파렛타이저의 표준화 대상으로는 용어 및 기호, 안전장치, 호환성, 조작방법 등이 있다.

◀ 파렛타이저 ▶

② 종류
   ㉠ 고상식 파렛타이저 : 높은 위치에 적재장치를 구비하고 일정한 적재위치에서 파렛트를 내리면서 물품을 적재하는 파렛타이저로서 고속처리가 가능하다.
   ㉡ 저상식 파렛타이저 : 파렛트를 낮은 장소에 놓고 적재장치를 오르내리면서 물품을 적재하는 파렛타이저이다.
   ㉢ 기계 파렛타이저 : 캐리지, 클램프 또는 푸셔 등의 적재장치를 사용하여 파렛트에 물품을 자동적으로 적재하는 파렛타이저이다.
   ㉣ 로봇식 파렛타이저 : 산업용 로봇에 매니퓰레이터(Manipulator)를 장착하여 물품을 자동 적재하며, 저속처리가 가능하며 **적재 패턴의 변경이 쉽다.**

(6) 파렛트 보관형태

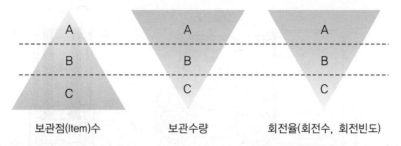

A-A-A	① 입출고가 빠른 물품으로 보관설비는 플로 랙과 주행대차를 많이 이용하며, 단시간에 대량처리가 가능하여 편리하다. ② 품목수는 적지만 보관수량이 많고 회전수가 큰(맥주, 청량음료, 시멘트) 물품에 적합하다.
A-A-C	① 불량제품이나 계절성이 큰 제품에 적용된다. ② 고정설비인 유닛형 랙이나 플로 랙을 이용한다.
A-C-A	회전수만 높은 제품은 보관기능이 미약하여 자동화·기계화되지 않았지만 주로 임시 출고-피킹-재출고에 많이 이용된다.
A-C-C	① 품목수, 재고량, 회전수가 모두 적어 파렛트를 직접 쌓을 수 있는 형태이다. ② 파렛트를 직접 쌓을 수 있어서 하역기기에 포크만 부착되어 있으면 가능하다. 파렛트 랙의 하역기기로 지게차가 사용된다.
B-B-B	일반적 형태로 설비가 간단하여 이동이 편리하고 레이아웃의 변경도 용이하다.
C-A-A	보관점(Item)수와 보관수량이 많고, 회전수가 높으며, 관리가 매우 복잡하여 고층 랙, 모노레일 또는 스태커 크레인의 조합과 함께 컴퓨터 컨트롤 방식을 채용하면 운영효율을 높일 수 있다.
C-A-C	자동화 창고의 고층 랙에 모노레일 스태커 크레인을 이용하며 선회식 크레인, 파렛트 직접 쌓기 및 트래버스 방식 등도 이용된다.
C-C-A	보관점수는 많으나, 보관수량은 적고, 입출고 빈도가 높아(다품종-소량-다빈도) 고층 랙을 이용하고, 개별출고방식에서 피킹은 머신(오더피킹)과 수동으로 한다.
C-C-C	관리가 어려운 방식으로서 파렛트를 직접 쌓는 것이 유리하며, 이동식 랙 시스템을 주로 이용한다.

4 지게차 ★☆☆

(1) 개요

① 포크, 램 등과 같이 화물을 적재하는 장치(Attachment) 및 이것을 승강시키는 마스트(Mast)를 구비한 하역자동차를 말한다.
② 지게차는 카운트웨이트나 아웃리거(스트래들) 둘 중 하나로 하중을 지지하며, 이 둘의 양립은 불가하다.

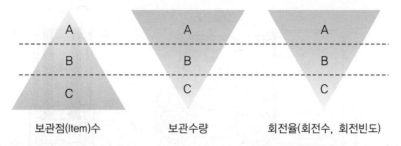

보관점(Item)수   보관수량   회전율(회전수, 회전빈도)

CHAPTER 02 하역론 67

(2) 기본구조

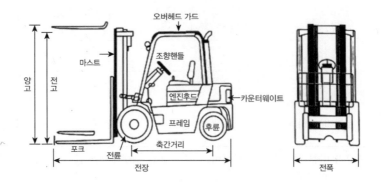

(3) 종류

① **카운터 밸런스형(Counter Balance Type)**
  ㉠ 전방에 화물을 운반할 수 있는 포크와 마스트가 있다.
  ㉡ 마스트를 따라 포크를 이용하여 화물을 들어 올릴 때 차체가 화물방향으로 기울어 전복되는 것을 방지하기 위해 차체 뒷부분에 카운터웨이트를 장착한 형태이다.

② **리치(Reach)형**
  ㉠ 차체 전방에 포크와 수평하게 차체 전방으로 연결된 2개의 아웃리거의 일종인 스트래들의 장착을 통해 화물 승강으로 인한 전복을 방지하고 마스트와 포크가 일체화되어 전후방으로 이동한다는 특징을 가진 지게차이다.
  ㉡ 포크가 양쪽의 아웃리거 사이에 위치한 상태에서 전후방으로 이동하므로 좁은 장소에서도 작업이 용이하도록 고안된 장비이다.

③ **워키(Walkie)형** : 탑승설비 없이 운전자가 걸어 다니며 작업할 수 있다.

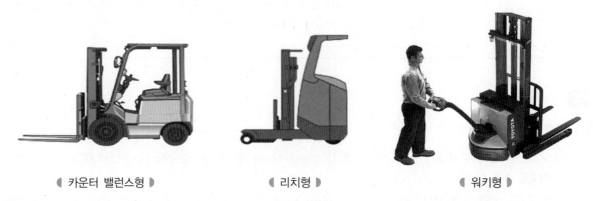

◀ 카운터 밸런스형 ▶   ◀ 리치형 ▶   ◀ 워키형 ▶

④ **스트래들(Straddle)형**

㉠ 차체 전방에 포크와 평행하게 장착된 스트래들에 의하여 차체의 안정을 유지하고 또한 포크가 양쪽의 아웃리거 사이에 내려지는 포크리프트이다.

㉡ 리치형과 유사하나 다른 점은 마스트(Mast)가 전후로 이전하지 않는다(이동기능이 없음).

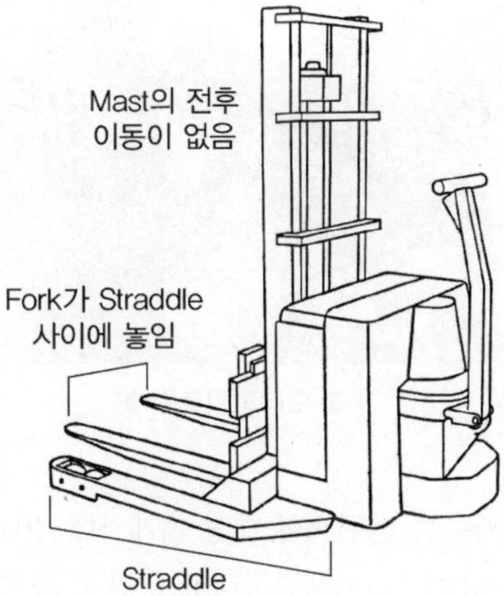

《 스트래들형 포크리프트 》

⑤ **사이드 포크형**(Side Forklift)

㉠ 좁은 통로를 가지는 창고에서 지게차의 측면에 포크가 설치되어 좁은 통로의 이동과 측면에서의 포크의 승강 및 리치형과 마찬가지로 포크의 전후 이동이 가능한 지게차이다.

㉡ 통로가 좁은 창고에서 장척화물을 취급하기에 가장 적합한 장비이다.

《 사이드 포크형 》

⑥ **오더피킹트럭** : 하역장치와 함께 움직이는 운전대에서 운전자가 조종하는 포크리프트로 랙 창고에 사용되며 포크면의 높이에 운전대를 설치하여 임의의 높이에서 작업자가 작업을 할 수 있다.

◀ 오더피킹트럭 ▶

⑦ 탑 핸들러(Top Handler)

　㉠ 카운터 밸런스형의 일종으로 카운트 밸런스형 대형 지게차에 컨테이너 4개의 모서리쇠를 끼워 컨테이너
　　모서리를 잡는 스프레더(Spreader) 또는 체결고리가 달린 팔과 마스트를 갖추고 야드 내의 빈 컨테이너
　　를 수직으로 하역하는 데 사용되는 상하역기기이다.

　㉡ 항만 CY에서 주로 공(Empty)컨테이너의 야적, 적치, 차량적재, 단거리 이송에 사용된다.

◀ 탑 핸들러 ▶

⑧ 리치 스태커(Reach Stacker)

　㉠ 카운터 밸런스형 대형 지게차에 컨테이너 4개의 모서리쇠를 끼워 컨테이너를 고정할 수 있는 스프레더
　　나 체결고리가 달린 유압식 지브 혹은 신축형 붐(Boom)으로 높이를 조절할 수 있는 컨테이너 상하역장
　　비이다.

　㉡ 장비의 회전 없이 붐에 달린 스프레더만을 회전하여 컨테이너를 이적 또는 하역하는 장비이다.

◀ 리치 스태커 ▶

⑨ **3방향 지게차(Turret)**
　㉠ Mast 전방의 Fork가 좌우 90도로 회전하며 좌우 이동 후, 수평으로 포크가 이동 가능한 형태이며 승강 시 아웃리거로 하중을 지탱한다.
　㉡ 사이드 포크형과 마찬가지로 통로 소요면적을 크게 줄여 저장공간 증대가 가능하다.

(4) 어태치먼트(Attachment)
포크리프트의 하역장치에 추가하여 작업환경에 적절하도록 포크와 교환하는 부속장치이다.
① 포크

◀ 파렛트 포크 ▶　　◀ 칼집 포크 ▶　　◀ 롤러붙이 포크 ▶

② 장치
　㉠ 램(Ram) : 화물의 구멍에 삽입하여 사용하는 막대 모양의 부속장치
　㉡ 힌지드 포크(Hinged Fork) : 포크를 앞뒤로 기울일 수 있는 부속장치
　㉢ 로드 스태빌라이저(Load Stabilizer) : 포크 위 화물을 누르는 장치로 주로 지면이 고르지 못한 곳에서 파렛트 위의 플라스틱 컨테이너(음료수 짝)들이 이동 중 붕괴되는 것을 막기 위해 사용된다.

◀ 램 ▶　　◀ 힌지드 포크 ▶　　◀ 로드 스태빌라이저 ▶

ⓔ 리치 포크(Reach Fork) : 포크가 마스트에 대하여 전후방으로 이동할 수 있도록 지원하는 부속장치

ⓜ 클램프(Clamp) : 화물을 사이에 끼우는 부속장치

ⓗ 회전 클램프(Rotating Clamp) : 수직면 내에서 회전할 수 있는 장치를 가진 클램프

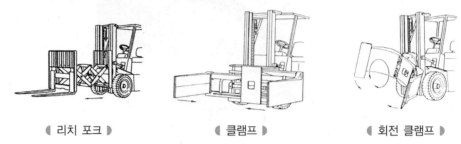

◀ 리치 포크 ▶ ◀ 클램프 ▶ ◀ 회전 클램프 ▶

ⓢ 크레인 암(Crane Arm) : 크레인 작업을 하기 위한 부속장치

ⓞ 덤핑 포크(Dumping Fork) : 백 레스트와 함께 포크를 상하방향으로 기울일 수 있는 부속장치

ⓩ 푸셔(Pusher) : 포크 위의 화물을 밀어내기 위한 부속장치

◀ 크레인 암 ▶ ◀ 덤핑 포크 ▶ ◀ 푸셔 ▶

5 컨테이너

(1) 컨테이너의 분류

컨테이너는 크기에 따라 ISO 규격 20 feet, 40 feet, 40 feet High Cubic 등이 사용되고 있다.

① 일반용도 컨테이너(Dry Container, Dry Cargo Container) : 특별한 주의를 필요로 하지 않는 화물수송에 이용되는 일반 잡화용 컨테이너이다.

② 온도조절 컨테이너

ⓐ 서멀 컨테이너(Thermal Container) : 온도관리가 가능한 컨테이너로 온도관리를 필요로 하는 화물의 수송을 주목적으로 한 컨테이너이다.

ⓑ 냉동 컨테이너(Reefer Container, Refrigerated Container) : 단열재를 이용하여 제작된 컨테이너에 냉동·냉장 장치가 설치되어 있는 컨테이너이다.

ⓒ 통기·환기 컨테이너(Ventilated Container) : 컨테이너 옆면 벽에 통풍구멍을 갖춘 컨테이너로서 과실, 야채 등 호흡작용을 하는 화물을 수송하는 데 사용하는 컨테이너이다.

◀ 통기·환기 컨테이너(Ventilated Container) ▶

③ 특수 컨테이너

　㉠ 오픈 탑 컨테이너(Open Top Container) : 건화물 컨테이너의 상부(지붕)과 측면이 개방되어 상부에서 작업이 가능하도록 제작된 컨테이너로 중량이 큰 물품이나 장착화물을 크레인으로 하역하는 데 편리하다.

◀ 오픈 탑 컨테이너 ▶

　㉡ 플랫 랙 컨테이너(Flat Rack Container) : 목재, 강재, 승용차, 기계류 등과 같은 중량화물을 운송하기 위하여 상부 구조(지붕)와 벽을 제거하고, 4개의 모서리에 기둥과 버팀대만 두어 전후, 좌우 및 위쪽에서 적재·하역할 수 있는 컨테이너이다. Platform Container, Base Container라고 불리기도 한다.

　※ Open Top Container, Flat Rack Container 모두 중량화물이나 장척화물 운송에 적합하도록 천장이나 측면이 개방된 컨테이너이다.

④ 솔리드 벌크 컨테이너(**Solid Bulk Container,** Dry Bulk Container) : 천장에 구멍이 뚫려 있어 맥아, **소맥분, 가축사료** 등 주로 곡물과 분체형 화물을 적입하여 운송하기에 편리한 컨테이너이다.

　※ Solid라고 해서 석탄이나 광석을 의미하지 않음에 유의한다.

⑤ 사이드 오픈 컨테이너(Side Open Container) : 옆면이 개방되는 컨테이너이다.

◀ 사이드 오픈 컨테이너 ▶

⑥ 플랫폼 컨테이너(Platform Container) : 승용차나 기계류 같은 중량화물을 쉽게 싣거나 내리기 위하여 천장, 기둥, 벽을 없앤 컨테이너이다.

◀ 플랫폼 컨테이너 ▶

⑦ 탱크 컨테이너(Tank Container) : 액체의 식품이나 화학제품 등의 화물을 수송하기 위해서 특별한 구조를 갖춘 컨테이너를 말한다.

◀ 탱크 컨테이너 ▶

⑧ 의류운송용 컨테이너(Hanging Garment, Hanger Container, Garment Container) : 양복 등의 피복류를 옷걸이에 걸린 상태로 적입하도록 제작된 컨테이너이다.

⑨ **가축용 컨테이너**(Pen Container, Live Stock Container) : 소나 말과 같은 생동물을 운반하는 데 쓰는 컨테이너로 통풍과 환기가 잘되도록 옆면과 전후 양면에 창문이 있고, 옆면 하부에 청소 배수구 등이 있다.

⑩ **하이드 컨테이너**(Hide Container) : 동물의 피혁 등과 같이 악취가 나는 화물을 운송하기 위해 통풍장치를 설치한 컨테이너이다.

⑪ **FRP 컨테이너**(Fiberglass Reinforced Plastic Container) : 강철 프레임과 합판의 양면에 FRP를 부착하여 제작한 컨테이너로서 두께가 얇고 부식이 잘 되지 않으며 열전도율이 낮은 반면 무겁고 재료비가 비싼 것이 단점이다.

(2) 컨테이너 속박작업(Container Securing)

① Shoring : 버팀목을 이용하여 컨테이너 좌우 벽면 한쪽으로 화물의 수평을 고정하는 작업이다.

② Chocking : 컨테이너 전후 벽면 한쪽으로 각재 등의 버팀목을 이용하여 화물을 밀어 넣어 고정하는 작업이다.

◀ Shoring ▶

◀ Chocking ▶

③ Lashing : 컨테이너를 선박과 컨테이너 간 고정하는 작업이다.

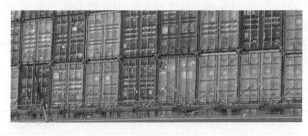

④ Devanning : 화물을 컨테이너에서 반출하는 과정을 말한다.

⑤ Vanning : 컨테이너에 화물을 적입하는 작업을 말한다.

⑥ Dunnage : 운송 도중에 화물이 손상되지 않도록 화물의 밑바닥이나 틈 사이에 깔거나 끼우는 물건을 의미한다.

체크 Point

1. 컨테이너 뒷문 표기 및 봉인

① 뒷문 표기

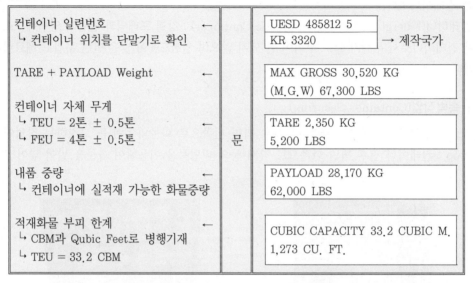

컨테이너 일련번호		UESD 485812 5	
↳ 컨테이너 위치를 단말기로 확인	←	KR 3320	→ 제작국가
TARE + PAYLOAD Weight	←	MAX GROSS 30,520 KG	
		(M.G.W) 67,300 LBS	
컨테이너 자체 무게			
↳ TEU = 2톤 ± 0.5톤		TARE 2,350 KG	
↳ FEU = 4톤 ± 0.5톤	←	5,200 LBS	
내품 중량	←	PAYLOAD 28,170 KG	
↳ 컨테이너에 실적재 가능한 화물중량		62,000 LBS	
적재화물 부피 한계	←	CUBIC CAPACITY 33.2 CUBIC M.	
↳ CBM과 Qubic Feet로 병행기재		1,273 CU. FT.	
↳ TEU = 33.2 CBM			

㉠ "TARE 2,350 KG" : 2,350 KG는 컨테이너의 자체 중량이다.

㉡ "PAYLOAD" : 컨테이너가 실을 수 있는 화물의 총무게를 말한다.

㉢ "MAX GROSS" : TARE와 PAYLOAD를 합한 중량을 말한다.

② 컨테이너의 봉인(Seal)

㉠ 봉인이란 화물이 적입된 컨테이너를 봉인하는 것으로 식별을 위한 기호 및 번호가 적혀 있다.

㉡ 봉인상태에 의하여 도난, 변조 등의 부정행위의 유무를 확인할 수 있다.

㉢ 컨테이너 봉인은 화물이 적입된 시점부터 도착지에서 화물이 적출될 때까지 장착된다.

㉣ 컨테이너에 부착된 봉인의 번호는 선하증권에 기재된다.

2. 크기에 의한 분류

구분	20ft 컨테이너	40ft 컨테이너
외부규격	폭 2,343mm, 높이 2,290mm	폭 2,348mm, 높이 2,695mm
내부규격	길이 5,899mm 폭 2,336mm 높이 2,278mm	길이 12,035mm 폭 2,336mm 높이 2,283mm

6 크레인 ★☆☆

(1) 개념

크레인은 화물을 달아 올려 상하, 전후좌우로 운반하는 기계이다.

(2) 종류

① 컨테이너 크레인, 갠트리 크레인(Container Crane, Gantry Crane)

   ⊙ 안벽을 따라 설치된 레일 위를 주행하면서 컨테이너를 선박에 적재하거나 하역하는 데 사용되는 장비이다.

   ⓛ 갠트리 크레인은 레일 위를 주행하는 방식이 일반적이나, 레일 대신 타이어로 주행하는 크레인도 있다.

체크Point

✪ 컨테이너 크레인 관련 용어

1. **아웃리치(Out-reach)** : 스프레더가 바다 쪽으로 최대로 진행되었을 때, 바다 측 레일의 중심에서 스프레더 중심까지의 거리를 말한다.
2. **백리치(Back-reach)** : 트롤리가 육지 측으로 최대로 나갔을 때, 육지 측 레일의 중심에서 스프레더 중심까지의 거리를 말한다.
3. **호이스트(Hoist)** : 스프레더가 최대로 올라갔을 때 지상에서 스프레더 컨테이너코너 구멍 접촉면까지의 거리를 말한다.
4. **타이다운(Tie-down)** : 폭풍, 태풍 및 지진 등 자연재해로부터 컨테이너 크레인 및 T/C를 보호하기 위하여 Rail 좌우 및 야드에 매설된 시설을 의미한다.
5. **헤드블록(Head Block)** : 스프레더를 달아매는 리프팅 빔으로서 아랫면에는 스프레더 소켓을 잡는 수동식 연결핀이 있으며 윗면은 스프레더 급전용 케이블이 연결되어 있다.

② **트랜스퍼 크레인** : 갠트리 크레인으로 하역을 마친 뒤 컨테이너는 야드라는 곳으로 이동하게 되는데, 이때 컨테이너 장치장에 컨테이너를 내리거나 올려주는 기능을 하며 화물을 보관하기 위해 사용된다.

③ **데릭(Derrick)** : 상단이 지지된 마스트를 가지며 마스트 또는 붐(Boom) 위 끝에서 화물을 달아 올리는 지브(Jib)붙이 크레인이다.

❰ 데릭 ❱

④ 윈치 크레인(Winch Crane)

　　㉠ 도르래 방식으로 원통형 드럼에 와이어로프를 감아 중량물을 끌어 올리거나 당기는 기계로 권양기라고
　　　도 한다.

　　㉡ 차체를 이동 및 회전시키면서 컨테이너트럭이나 플랫 카(Flat Car)로부터 컨테이너를 하역하는 장비이다.

◀ 윈치 크레인 ▶

⑤ 지브 크레인(Jib Crane)

　　㉠ 개념

　　　ⓐ 지반을 지지하는 수직 마스트에 수평으로 뻗은 지브(Jib)에서 트롤리 및 호이스트 장비를 통해 화물
　　　　을 달아 올리는 크레인을 총칭한다.

　　　ⓑ 지브 크레인은 고정식과 주행식이 있으며, 아파트 등의 건설공사에도 많이 쓰이고 수평 방향으로 더
　　　　넓은 범위 안에서 작업할 수 있다.

　　㉡ 작동방식 : 외팔로 뻗은 형상의 지브(Jib)를 따라 호이스트가 트롤리에 결합되어 주행되는 형태로 작동
　　　한다.

　　　＊트롤리(Trolley)란 모노레일이나 와이어로프를 타고 호이스트를 수평 이동시키는 장치를 총칭한다.

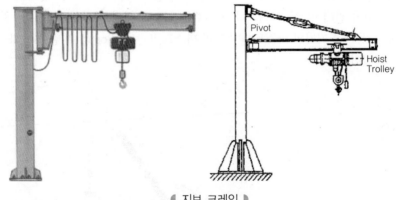

◀ 지브 크레인 ▶

⑥ 천정(천장) 크레인(Overhead Crane, Overhead Traveller Crane)

　　㉠ 야드에 교량형식의 구조물에 크레인을 설치하여 컨테이너를 적・양하하며 호이스트식 천정 크레인, 스
　　　태커형 천정 크레인, 로프 트롤리식 천정 크레인, 특수천정 크레인 등이 있다.

ⓛ 크레인 본체가 천장을 주행하며 화물을 상하로 들어 올려 수평 이동하는 데 사용된다.

《 천정 크레인 》

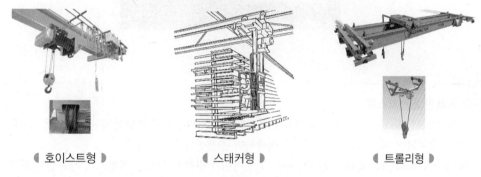

《 호이스트형 》   《 스태커형 》   《 트롤리형 》

⑦ 언로더(Unloader)

    ㉠ 양륙 전용의 크레인으로서 호퍼, 컨베이어 등을 가진 것이다. 선박에서 화물을 적재할 때 전용으로 사용하는 크레인이기도 하다. 컨테이너 전용터미널에는 없다.

       ※ 호퍼(Hopper)란 원료나 연료, 화물을 컨베이어나 기계로 이송하는 깔때기 모양의 장비를 말한다.

    ㉡ 철광석, 석탄 및 석회석과 같은 벌크(Bulk)화물을 하역하는 데 사용된다.

《 언로더 》

⑧ **자주 크레인(Mobile Crane)** : 지브 크레인에 차륜, 크로울러, 캐터필러를 구비하여 레일에 의하지 않고 스스로 주행이 가능한 지브붙이 크레인을 말한다.

※ 캐터필러란 탱크 등을 전진시키기 위하여 차륜에 거는 띠 모양의 장치를 말한다.

【 자주 크레인 】

Point

1. 원격 크레인 운전시스템

① **RMQC(Rail Mounted Quayside Crane)** : 컨테이너 하역용으로 특별설계된 크레인을 말하며 부두의 안벽에 설치되어 에이프런에서 선박과 평행하여 주행한다.

② **RTGC(Rubber-Tired Gantry Crane)** : 고무바퀴가 장착된 야드 크레인으로 기동성이 뛰어나 적재장소가 산재해 있을 경우 이용하기 적당하다.

③ **RMGC(Rail-Mounted Gantry Crane)** : 레일 위에 고정되어 있어 컨테이너의 적재블록을 자유로이 바꿀 수가 없기 때문에 RTGC에 비해 작업의 탄력성은 떨어진다.

④ **OHBC(Over Head Bridge Crane)** : 야드에 교량형식의 구조물에 크레인을 설치하여 컨테이너를 적・양하하는 장비이다.

2. 호이스트(Hoist)

① **개념** : 화물의 권상, 권하, 횡방향 끌기 등의 목적을 위해 사용하는 장치의 총칭이다.

② **종류**

㉠ **체인 레버 호이스트** : 레버의 반복조작에 의해 화물의 권상, 권하, 견인 등을 하는 장치로 로드체인으로는 링크체인 또는 롤러체인이 시용된다.

㉡ **와이어식 레버 호이스트** : 레버의 반복조작에 의해 와이어로프를 사용해서 화물의 권상, 권하, 횡방향 끌기 등을 하는 장치이다. 수동 또는 동력에 의한 것이 있다.

㉢ **전기 호이스트** : 와이어로프를 감고 있는 드럼을 전동기로 감속 회전시켜 화물의 권상 및 권하를 하는 장치이다.

㉣ **공기체인 호이스트** : 로드체인이 맞물고 있는 로드시브를 에어모터로 감속 회전시켜 화물의 권상 및 권하를 하는 장치이다.

7 컨베이어 ★★☆

(1) 개요

① **개념** : 컨베이어(Conveyor)란 물건을 연속적으로 이동·운반하는 띠 모양의 운반장치의 총칭이다.
② **장점**
　　㉠ 좁은 장소에서 작업이 가능하다.
　　㉡ 중력을 이용한 운반이 가능하다.
　　㉢ 물품이 포장되어야 운반이 가능하다.
　　㉣ 다른 기기와 연계하여 사용이 가능하다.
　　㉤ 원격조정이나 자동제어가 가능하다.
　　㉥ 포장 **안 된 물품**도 운반이 가능하다.

(2) 컨베이어의 종류

① **벨트(Belt) 컨베이어** : 컨베이어 양 끝에 고무, 강철, 직물로 된 벨트를 감아 걸고 연속적으로 움직이는 벨트를 사용하여 벨트 위에 화물을 싣고 운반하는 기기이다.
② **롤러(Roller) 컨베이어** : 롤러 및 휠을 운반 방향으로 병렬시켜 화물을 운반하는 기기이다.
③ **스크루(Screw) 컨베이어** : 스크루 상에 철판을 삽입하고 이를 회전시켜 액체화물, 분립체, 고형물 등의 종류를 운반하는 기기이다.

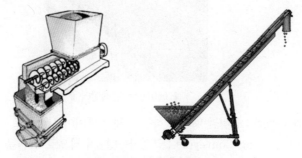

◀ 스크루 컨베이어 ▶

④ **진동(Vibrating) 컨베이어** : 철판의 진동을 통해 부품, 분립체 등을 운반하는 기기이다.

◀ 진동 컨베이어 ▶

⑤ 플로(Flow) 컨베이어(Continuous Stream Conveyor)

　ⓐ 밀폐한 홈통 속을, 특수 형상의 어태치먼트를 단 체인에 의하여 가루 입자 간의 마찰을 이용하여 연속적인 흐름으로써 운반하는 체인 컨베이어를 말한다.

　ⓑ 체인이나 케이블로 이동시키는 특수 컨베이어로 분립체(시멘트, 곡물 등)를 운반할 때는 공기흐름(바람)을 이용하여 수평, 수직경사, 곡선 등으로 운반한다.

⑥ 유체(Fluid) 컨베이어 : 파이프 속 유체를 매체로 이용하여 화물을 운반하는 기기이다.

⑦ 체인 컨베이어 : 체인에 의하여 또는 체인에 슬랫, 버킷 등을 부착하여 화물을 운반하며 시멘트, 골재의 운반에 사용된다.

　ⓐ 트롤리 컨베이어(Trolley Conveyor) : 천장에 설치한 레일을 일정한 간격으로 배치하여 트롤리 사이를 체인으로 연결하고, 이것에 화물을 매다는 기구가 있는 트롤리를 매달고, 체인과 체인풀리에 의해 구동하여 트롤리를 순환시켜서 물품을 운반한다.

　ⓑ 토우 컨베이어(Tow Conveyor) : 엔드리스 순환로 속을 움직이고 있는 체인에 목판차의 연결용 핀(tow pin)을 걸어서 이동시키는 목판차 운반 컨베이어를 말한다.

　ⓒ 에이프런 컨베이어(Apron Conveyor) : 오목하게 벌크화물들을 담아 이동할 수 있는 구조로 만들어진 컨베이어이다.

◀ 에이프런 컨베이어 ▶

⑧ 공기 컨베이어(Air Conveyor) : 공기를 매체로 하는 유체 컨베이어로서 주로 분립체를 운반하는 데 이용한다.

⑨ 엘리베이팅 컨베이어(Elevating Conveyor) : 급경사 또는 수직으로 화물을 운반하는 컨베이어로 시멘트, 골재의 운반에 사용한다.

⑩ 슈트(Chute) 컨베이어 : 무동력으로 중력에 의해 경사판을 따라 흘러내리도록 고안된 컨베이어로 자동으로 활강하는 컨베이어이다.

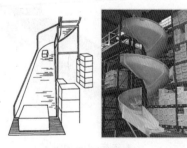

◀ 슈트 컨베이어 ▶

⑪ **신축(Adjustable length) 컨베이어** : 컨베이어 내부에서 다단으로 겹쳐져 전체 길이를 자유롭게 조정이 가능한 컨베이어이다.

⑫ **어큐뮬레이팅(Accumulating) 컨베이어** : 집적 컨베이어라고도 하며 박스 등을 쌓을 때 운송작업을 일시적으로 체류시키고 라인 간 라인상의 물류량 변동을 흡수하여 원활한 흐름을 유지하는 컨베이어이다(마트의 결제컨베이어).

◀ 신축 컨베이어 ▶   ◀ 어큐뮬레이팅 컨베이어 ▶

8 무인운반기기

(1) 종류

① **무인반송차(AGV, Automatic Guided Vehicle, 무인운반차량)**

ⓐ 차체에 수동 또는 자동으로 화물을 적재하고 지시된 장소까지 레이저로 유도되는 형태로 자동 주행하여 수동 또는 자동으로 이재 또는 적재하는 무궤도차량이다.

ⓑ 무인으로 물품 및 컨테이너를 이송하는 장비이다.

ⓒ 고감도 센서로 사람, 장애물을 감지하고, 신속히 제동할 수 있는 장치를 갖춤으로써 물품을 운반할 수 있다.

◀ 무인운반차 ▶

② **무인견인차(Automatic Guided Tractor)** : 화물을 상하차하는 대차를 견인하여 지정된 장소까지 자동주행으로 작업을 하는 무궤도차량을 말한다.

③ **무인지게차(Automatic Guided Forklift Truck)** : 포크 등에 화물을 자동 적재하여 지정된 장소까지 자동주행을 함으로써 자동 하역작업을 행하는 무궤도차량을 말한다.

(2) 무인운반기기 유도·제어방식

① 광학식 인도방식(Optical Guidance Method) : 자동 주행하는 운반기기의 경로를 제어하는 방식으로 바닥에 테이프나 페인트 선을 그려 페인트와 테이프를 광학센서로 식별하여 진로를 결정하는 방식이다.

② 자기 인도방식(Magnetic Guidance Method) : 인도용 동선이 바닥에 매설되어 있어서 저주파가 흐르는 동선을 따라 2개의 탐지용 코일로 탐지하여 자동 주행하는 방식이다.

③ 레이저 스캐닝방식(Laser Scanning Method) : 상자에 붙어 있는 바코드 라벨을 정위치에서 스캐너로 판독하고 컴퓨터에 정보를 전달하여 제어하는 방식이다.

④ 자기 코딩방식(Magnetic Coding Method) : 트레이에 자기로 코드화한 철판을 붙이고 이를 자기 판독 헤드로 읽게 함으로써 컴퓨터에 정보를 전달하여 제어하는 방식이다.

⑤ 전자기계 코딩방식(Electro Mechanical Coding Method) : 카드 삽입구에 행동지시용 카드를 먼저 삽입, 컴퓨터에 정보를 제공하여 제어하는 방식이다.

⑥ 그 밖의 방식
  ㉠ 역반사 코딩방식(Re-Reflective Coding Method)
  ㉡ 무선제어방식(Radio Guidance Method)
  ㉢ 전기 스위치방식(Electronical Switching Method)

2 하역작업

1 항만하역

(1) 개념

항만하역이란 항만에서 항만운송면허사업자가 화주나 선박운항업자로부터 위탁을 받아 선박에 의해 운송된 화물을 선박으로부터 인수받아 화주에게 인도하는 과정을 총칭한다.

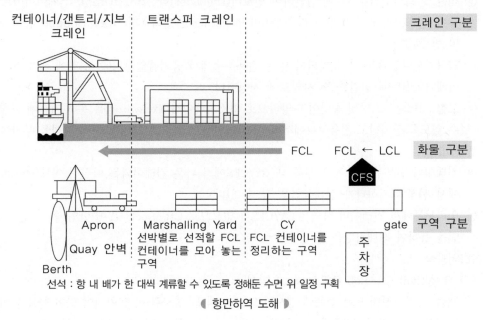

◀ 항만하역 도해 ▶

> **체크Point**
>
> ✪ **운반/하역기기 핵심 구조물 명칭**
> 1. Mast : 수직을 의미하며, 주요 하역기기로는 포크리프트, 탑 핸들러가 이에 해당한다.
> 2. Jib : 수평을 의미하며, 주요 하역기기로는 트랜스퍼 크레인, 트랜스테이너, 갠트리 크레인이 이에 해당한다.
> 3. Boom : 기울어짐, 경사를 의미하며, 주요 하역기기로는 리치 스태커, 데릭이 이에 해당한다.

(2) 항만하역작업

① **선내작업** : 선내작업으로는 본선 내의 화물을 내리는 양하와 본선에 화물을 올리는 적하가 있다.

② **부선양적작업**

　㉠ **부선양륙작업** : 안벽에 계류된 부선에 적재되어 있는 화물을 양륙하여 운반기기 위에 운송 가능한 상태로 적치하는 작업이다.

ⓛ 부선적재작업 : 운반구에 적재되어 있는 화물을 내려서 안벽에 계류되어 있는 부선에 운송 가능한 상태로 적재하는 작업이다.

＊부선이란 바닥이 평평하여 부력을 크게 받는 소형선박을 의미한다. 본선과 부두 간의 적·양하 리드타임을 단축시켜 줄 목적으로 활용되며 크레인이 선 내 설치되어 있기도 하다.

③ 육상작업 : 육상에서는 운반차량을 이용한 상차, 하차, 출고상차, 하차입고 등의 작업이 있다.

④ 하역작업 구분

　㉠ 산화물(Bulk Cargo) : 주로 특수 설비를 갖춘 전용부두에서 하역이 이루어진다.

　　ⓐ 석탄 및 광석 : 전용부두에 접안하여 언로더(Unloader)나 그래브(Grab), 컨베이어벨트를 통해 야적장에 야적되며, 스태커 또는 리클레이머(Reclaimer), 트랙호퍼(**Track Hopper**) 등을 이용하여 상차 및 반출된다.

　　ⓑ 양곡 : 사일로(Silo)가 설치되어 있는 전용부두에서 공기흡입장치(언로더)에 의해 화물을 흡입하여 컨베이어벨트에 연결한 후 사일로에 저장한다.

　　ⓒ 고철 : 고철은 크기 및 중량이 다양하므로 엑스카베이터(Excavator)를 통해 자석에 고철이 많이 붙을 수 있도록 장치하고 전용부두에서 육상 크레인을 설치하고 크레인 끈에 자석을 부착하여 하역한다.

　㉡ 컨테이너

　　ⓐ 컨테이너 전용부두의 경우 부두 내 CY/CFS에서 나온 컨테이너는 마샬링 야드(Marshalling Yard)에서 선적 대기하다가 선내작업을 할 수 있다.

　　ⓑ 일반부두에서 컨테이너 하역은 CY/CFS가 없으므로 Off-Dock CY에 반입 후, 직상차되어 부두크레인을 통하여 선내작업을 한다.

⑤ 해상하역방식

　㉠ RO-RO선(Roll On-Roll Off Vessel) 방식

　　ⓐ 개념 : 선수, 선미 또는 선측에 경사판(Ramp, 램프, 경사관)이 설치되어 있어 화물을 이 램프를 통해 트랙터 또는 지게차, 트레일러 등을 사용하여 하역하는 방식의 선박을 의미한다.

　　ⓑ 특징

　　　• 데릭, 크레인 등의 적양기(Lifting Gear)의 도움 없이 자력으로 램프를 이용하여 Drive On/Drive Off할 수 있다.

　　　• 선미나 선측, 경사판을 거쳐 견인차를 이용하여 수평으로 적재 또는 양륙하는 방식으로 페리(Ferry) 선박에서 전통적으로 사용해 온 방식이다.

　㉡ LO-LO선(Lift On-Lift Off Vessel) 방식

　　ⓐ 개념 : 하역방식에 의한 컨테이너선의 분류 중의 하나로서, 컨테이너를 크레인 등을 사용하여 하역하고 화물창구를 통하여 상하로 오르내리게 하는 방식의 선박이다.

　　ⓑ 특징 : LO-LO 하역기기로는 **지브 크레인, 천장 크레인, 케이블 크레인, 컨테이너 크레인**이 있다.

　㉢ LASH 방식(Float On-Float Off) : 부선(Barge)에 컨테이너나 일반화물을 적재한 채로 본선에 적재 및 운송하는 선박이다. 즉, 부선에 화물 적재 후 부선에 설치된 갠트리 크레인 또는 엘리베이터에 의해서 하역하는 방식이다.

2 컨테이너 터미널의 하역방식 ★☆☆

(1) 컨테이너 터미널(Container Terminal)

① 개념 : 부두에 위치하여 하역, 화물보관, 육상운송기관에의 컨테이너 화물의 인수·인도를 행하는 장소이다.

② 제반시설

    ㉠ 컨테이너 야적장(CY, Container Yard)

        ⓐ 수출입 컨테이너의 반입, 장치, 보관, 인수도가 이루어지는 장소이다.

        ⓑ 넓게는 Marshalling Yard, Apron, CFS 등을 포함하는 컨테이너 터미널의 의미로도 사용되지만 좁게는 컨테이너 터미널의 일부 공간을 의미하기도 한다.

        ⓒ On-Dock CY와 Off-Dock CY로 구분할 수 있다.

          • On-Dock CY는 컨테이너의 인수·인도 보관을 위해 터미널 내(항만 내)에 있는 장소이다.

          • Off-Dock CY는 선박이 접안하지 않는 장소의 CY를 말하며 터미널 밖에 따로 있는 CY를 의미한다.

          ※ ODCY(Off-Dock Container Yard) : 부두 내 CY의 부족현상을 보완하기 위해 부두(항만)에서 **떨어진 곳**에 설치된 컨테이너장치장으로서, 수출입 컨테이너 화물의 장치, 보관 및 통관 등의 업무가 이루어지는 장소이다. 즉, Off-Dock CY는 터미널 내부에 있는 On-Dock CY에 적재할 수 있는 양 이상으로 컨테이너가 몰리면서 외부에 보관해야 하는 상황이 빈번하게 발생함에 따라 만들어졌다.

    ㉡ 컨테이너 화물집화장(CFS, Container Freight Station)

        ⓐ 수출하는 LCL화물을 집하하여 FCL화물로 만들거나, 수입하는 혼재화물을 컨테이너에서 적출하는 등의 화물취급 작업을 하는 장소를 말한다.

        ⓑ 컨테이너 한 개를 채울 수 없는 소량화물(LCL화물)을 인수·인도하고 보관하거나 컨테이너에 적입(Stuffing, Vanning) 또는 적출(Unstuffing, Devanning) 작업을 하는 장소이다. 즉 컨테이너 화물의 혼재 및 분류작업이 이루어진다.

체크 Point

✪ 컨테이너 하역작업 용어

1. Loading, Stuffing : 선적 컨테이너에 화물을 싣는 작업을 말한다.
2. Devanning : 선적 컨테이너로부터 화물을 하역하는 작업을 말한다.
3. Stowage : 선박의 선창 또는 객실에 화물을 쌓는 방법(적부)을 말한다.
4. Trimming : 철광석, 석탄, 밀 등을 컨베이어벨트로 선박의 선창 안으로 적재할 경우 화물이 선창 가운데에만 쌓이게 되는데 이 화물을 인력으로 편편하게 골라주는 선창 내 화물고르기 작업을 의미한다.

    ㉢ 선석(Berth)

        ⓐ 선박을 계류시키는 설비가 설치되어 있는 선박의 접안장소이다.

        ⓑ 선박접안 후 하역작업이 이루어질 수 있도록 구축된 구조물이다.

    ⓡ 에이프런(Apron)

        ⓐ 하역작업을 위한 공간으로 바다와 가장 가까이 접한 곳이며 Gantry Crane이 설치되어 컨테이너의 선적 및 양륙(적하 및 양하)이 이루어지는 장소를 말한다.

        ⓑ 야드트럭이 하역작업을 하거나 컨테이너 크레인이 주행할 수 있도록 안벽을 따라 일정한 폭으로 포장된 공간이다.

        ⓒ 안벽에 접하여 안벽 크레인이 주행할 수 있도록 레일이 설치된 장소이다.

    ⓜ **마샬링 야드**(M/Y, Marshalling Yard)

        ⓐ 바로 선적해야 할 컨테이너를 하역순서대로 정렬하여 두거나 양륙된 컨테이너를 배치해 놓은 장소이다.

        ⓑ 접안선박이 입항하기 전에 접안선박의 적부계획에 따라 작업 순서대로 컨테이너를 쌓아두는 장치장 역할을 한다. 그리고 양하된 컨테이너를 일시적으로 보관한 후 화주의 인도요구에 즉시 응할 수 있도록 임시 장치해 두는 일정한 공간이다.

    ⓗ **컨트롤타워**(Control Tower, 컨트롤센터) : 본선하역 작업은 물론 CY 내 작업계획, 컨테이너배치계획 등 컨테이너 터미널 전체 작업을 관리·감독·지시하는 장소이다.

    ⓢ **게이트**(Gate) : Terminal Gate는 터미널을 출입하는 화물이나 빈 컨테이너 등이 통과하는 출입구를 말하며, CY Gate는 컨테이너 및 컨테이너 화물을 인수·인도하는 장소이다.

      ※ 컨테이너 터미널의 주요 시설 중 컨테이너 터미널(선사)과 외부(화주, 내륙수송업자)와의 책임관계를 구분하는 지점이다.

(2) 컨테이너 터미널 하역장비

  ① 갠트리 크레인

    ㉠ 개념

        ⓐ 컨테이너 터미널에서 컨테이너선에 컨테이너를 선적하거나 양륙하기 위한 크레인으로 Gantry Crane 또는 Container Crane으로 불린다.

        ⓑ 컨테이너의 하역을 능률적으로 수행하기 위한 대형 하역설비이다.

        ⓒ 컨테이너의 본선 작업에 사용된다.

    ㉡ 특징

        ⓐ 컨테이너 터미널 내의 하역기기 중 가장 크다.

        ⓑ Apron에 부설된 레일을 따라 움직이거나 레일 위에서 움직이기 때문에 **자유로운 이동은 불가능**하다.

        ⓒ 컨테이너 선박의 대형화에 따라 갠트리 크레인의 아웃리치(Out-reach)가 길어지는 추세이다.

  ② **스트래들 캐리어**(Straddle Carrier)

    ㉠ 개념 : 터미널 내에서 컨테이너를 양각(양다리) 사이에 끼우고 이동시키는 운반차량으로 기동성이 좋은 대형 하역기기이다.

    ㉡ 특징 : 기동성이 뛰어나지만 3단 1열 정도의 제한된 컨테이너 적재능력으로 야드의 활용도가 떨어진다.

◀ 스트래들 캐리어 ▶

③ 컨테이너 섀시(Chassis) : (Yard) Chassis는 Van Trailer의 컨테이너를 싣는 부분을 말한다.

④ 야드 트랙터

　㉠ 컨테이너 야적장에서 Chassis를 끄는 야드 내의 작업용 컨테이너 운반트럭이다.

　㉡ 에이프런과 컨테이너 야드 간 컨테이너의 이동 시 활용되며 통상 야드 섀시와 결합하여 사용한다.

⑤ 윈치 크레인(Winch Crane) : 크레인 자체를 회전시키면서 컨테이너 트럭이나 무개화차로부터 컨테이너를 적·양하하는 하역장비이다.

⑥ 스프레더(Spreader) : 컨테이너를 전용으로 하역하기 위한 지게차의 부속장치로 통상 유압으로 작동되며 운전실로부터의 원격조작이 가능하다.

⑦ 리치 스태커(Reach Stacker)

　㉠ 개념

　　ⓐ 컨테이너 터미널 또는 CY(ICD) 등에서 컨테이너를 트레일러에 상하차하거나 야드에 적재할 때 사용하는 타이어주행식의 장비이다.

　　ⓑ 부두 또는 야드에서 컨테이너를 직접 운반하여 적재하거나 반출하는 데 사용되는 장비이다.

　㉡ 특징

　　ⓐ 컨테이너 운반용으로 주로 사용되며 컨테이너의 적재 및 위치이동, 교체 등에 사용되는 하역장비이다.

　　ⓑ 컨테이너 이송작업도 가능한 장비이다.

⑧ 트랜스테이너(Transtainer, 트랜스퍼 크레인, Transfer Crane)

　㉠ 개념

　　ⓐ 컨테이너를 야드에 장치하거나 장치된 컨테이너를 섀시에 실어주는 작업을 하는 컨테이너 이동장비이다.

　　ⓑ 마샬링 야드에서 선적될 컨테이너를 5단 6열 정도로 정리해 놓는 교형 크레인이다.

ⓛ 특징
ⓐ 컨테이너를 다단적하기 위해 전후방으로 레일상 혹은 타이어륜으로 이동한다.
ⓑ 컨테이너 야드 내에서 컨테이너의 적재나 이동에 사용하는 장비로 RTGC와 RMGC가 대표적이다.
※ Rubber Tired Gantry Crane은 컨테이너를 야드에 장치하거나 장치된 컨테이너를 섀시에 실어주는 작업을 하는 컨테이너 이동 장비로 고무바퀴가 장착된 이동성이 있는 Crane이다.

◀ 트랜스퍼 크레인 ▶

⑨ 포크리프트 : CFS에서 컨테이너에 화물을 적입·적출할 때 사용하는 장비이다.

★ TGS(Twenty-feet Ground Slot) : 컨테이너 터미널 장치장 규모 산정공식
1. 컨테이너 터미널의 장치장 규모 산정
장치장의 규모는 우선 1TEU를 평면으로 적재할 수 있는 TGS(Twenty-feet Ground Slot)를 산정한 후 전체 소요 TGS 규모를 수용할 수 있는 장치장 면적을 산출한다.
2. 산정공식

$$소요\ TGS = \frac{연간\ 처리예상물동량 \times 평균장치일수 \times 피크계수 \times 분리계수}{평균단적수 \times 연간\ 영업일수}$$

장치장 규모(m²) = 소요 TGS × 단위 TGS 면적 ÷ 토지이용률
3. 용어의 정의
① 단위 TGS 면적 : 1TEU를 적재할 수 있는 순수면적을 의미한다.
② 피크계수 : 일시적으로 교통량, 화물량이 폭주하는 경우에 대비하여 여유 공간을 확보하여 효율적인 운영을 위해 고려되는 요소를 말한다.
③ 분리계수 : 필요 컨테이너를 주출하기 위하여 필요한 하역작업 또는 여유공간을 확보하기 위하여 고려되는 요소를 말한다.
④ 평균단적수 : 겹쳐 쌓는 평균 컨테이너 단적수를 말한다.
⑤ 연간 영업일수 : 365일
⑥ TGS : 20ft 컨테이너가 장치장에 장치될 때 요구되는 면적을 말한다.

(3) 컨테이너 터미널의 하역방식

① 샤시 방식(Chassis System, 온 섀시 방식, On Chassis System)

  ㉠ 개념

    ⓐ 컨테이너를 섀시 위에 적재한 상태로, 필요할 때 이송하는 방식이다.

    ⓑ 컨테이너 크레인(C/C) 도로용 컨테이너 운송차량인 로드 트랙터와 로드 섀시를 조합하여 컨테이너를 직접 적하, 양하하는 방식이다.

    ※ 섀시와 샤시는 같은 단어이다. 시험 문제에 두 단어를 혼용해서 쓰이므로 유의한다.

  ㉡ 기기조합 : 로드 트랙터, 로드 섀시, 갠트리 크레인

  ㉢ 특징

    ⓐ 주로 화물취급량이 적은 소규모 항만이나 컨테이너 야드 면적이 넓은 일부 항만에서 사용된다.

    ⓑ 선적 시에는 외부에서 반입한 컨테이너를 적재상태로 야드에 보관하였다가 선박이 입항하면 선적 스케줄에 따라 선적한다.

  ㉣ 장점 : 별도의 야드 장비가 필요 없어 비교적 단순하며 저숙련 운전요원도 사용 가능한 방법이다.

  ㉤ 단점

    ⓐ 컨테이너를 적재상태로 보관할 많은 수량의 로드 섀시가 필요하고 비어 있는 상태의 섀시 보관장소도 필요하다.

    ⓑ 자동화가 곤란하고 피크수요에 대처가 어렵다.

체크Point

✪ 야드 트랙터와 로드 트랙터

  1. 야드 트랙터(Yard Tractor, Y/T)

    ① 컨테이너 터미널 내에서만 운행할 수 있도록 제작되어 야드 섀시(Yard Chassis)와의 조합으로 안벽과 야드 사이를 운반하는 견인차량이다.

    ② CY 내에서 트레일러를 이동하는 데 쓰이며 섀시와 연결 시 브레이크 및 정기장치가 없어 **도로주행은 불가능**하다.

    ③ 고출력·저속운행 운반기기이다.

《 야드 트랙터 》

  2. 로드 트랙터(Road Tractor, R/T)

    로드 트랙터는 로드 트랙터 + 로드 섀시의 조합으로 운영되며, 섀시에 바퀴가 더 많이 달려 있고 트랙터의 고속주행이 가능하다. 도로주행이 가능하다.

◀ 로드 트랙터 ▶

② 스트래들 캐리어 방식(Straddle Carrier System)
  ㉠ 개념
    ⓐ 스트래들 캐리어(Straddle Carrier)는 컨테이너 터미널에서 컨테이너를 마샬링 야드로부터 에이프런 또는 CY지역으로 운반 및 적재할 경우에 사용되는 장비이다.
    ⓑ 스트래들 캐리어 방식은 컨테이너를 컨테이너선에서 크레인으로 에이프런에 직접 내리고 스트래들 캐리어로 운반하는 방식이다.
    ⓒ 컨테이너를 스트래들 캐리어의 양다리 사이에 끼우고 자유로이 운반한다.
  ㉡ 특징 : 컨테이너 야드에서는 컨테이너를 길이 방향 한 줄로 2~3단 적재보관하고, 부두외부 반출·반입 시 도로 운송용 차량(R/T+R/C)을 이용하는 컨테이너 하역시스템이다.
  ㉢ 기기조합 : 스트래들 캐리어, 갠트리 크레인
  ㉣ 장점 : 장비구성이 간단하고 운영의 유연성이 높아 피크수요에 대응력이 좋다.
  ㉤ 단점
    ⓐ 좁은 공간이동 빈도수가 높기 때문에 컨테이너 처리 및 유지·보수비용이 높다.
    ⓑ 1열 적재의 한계로 소요면적이 크다.
    ⓒ 운전의 난해성으로 인해 고숙련 운전요원이 요구된다.
③ 트랜스테이너 방식(Transtainer System)
  ㉠ 개념
    ⓐ 마샬링 야드로 들어온 컨테이너를 트랜스퍼 크레인으로 5~6열, 4~5단으로 대량 정리 적재하고 야드 트랙터와 섀시로 안벽까지 운송하여 갠트리 크레인으로 본선에 적하하는 방식 또는 양하하는 방식이다.
    ⓑ 일정한 방향으로 이동하므로 전산화에 의한 자동화가 가능한 방식이며 좁은 면적의 야드를 가진 터미널에 가장 적합한 방식이다.
    ⓒ 컨테이너 외부 반출은 로드 트랙터와 섀시를 이용한다.
  ㉡ 기기조합 : 야드 트랙터, 야드 섀시, 트랜스퍼 크레인, 갠트리 크레인
  ㉢ 장점
    ⓐ 고단적재가 가능하여 토지이용률이 양호하다.
    ⓑ 유지보수비가 저렴하며 장비가동률이 높고, 화물손상률이 낮다.
  ㉣ 단점 : 기술수준이 높아 초기 시설투자비가 많이 소요되며, 고숙련 노동자가 필요하다.

④ **혼합방식(Mixed System)** : 스트래들 캐리어 방식과 트랜스퍼 크레인 방식을 혼합한 하역방식으로, 입항 시에는 스트래들 캐리어를 활용하여 작업하고 출항 시에는 트랜스퍼 크레인을 활용하여 작업하는 방식이다.

⑤ **자동화 방식** : 마샬링 야드에서의 컨테이너의 적재와 정리, 운반은 무인 트랜스퍼 크레인 혹은 무인 천장 크레인이 하고 마샬링 야드에서 안벽 간은 무인운송차량(AGV)으로 자동, 반자동으로 이동하여 갠트리 크레인으로 본선 적하 및 양하하는 방식이다.

3 항공하역 ★★☆

(1) 단위탑재(수송)용기(ULD, Unit Load Device)

① 개요

㉠ **개념** : 항공화물운송에 사용되는 컨테이너, 파렛트, 이글루 등 항공화물탑재용구의 총칭이다.

㉡ **특징** : ULD의 외면표기(Markings)는 IATA의 규정에 의해 ULD Type Code, Maximum Gross Weight, The Actual Tare Weight를 반드시 표기하도록 하고 있다.

㉢ **장점**

ⓐ 신속한 항공기 탑재 및 하역작업으로 항공기의 가동률을 제고한다.

ⓑ 지상조업시간, 하역시간을 단축할 수 있다.

ⓒ 운송화물의 안전성이 제고된다.

ⓓ 냉장·냉동 화물 등 특수화물의 운송이 용이하다.

㉣ **단점**

ⓐ 초기 투자비용이 **많이** 든다.

ⓑ 기종별 규격의 비표준화로 ULD의 기종 간 호환성이 낮다.

㉤ **종류**

ⓐ ULD 종류에는 파렛트, 컨테이너, 이글루, GOH(Garment on Hanger) 등이 있다.

ⓑ 항공기 간 호환 여부에 따라 Aircraft ULD와 Non-Aircraft ULD로 구분할 수 있다.

② 파렛트

㉠ 항공파렛트는 1인치 이하의 알루미늄 합금으로 만들어진 평판으로 이 부분에 Net과 Igloo를 사용하여 Attachment Fittings에 연결, 고정된다.

㉡ 항공파렛트는 화물을 특정 항공기의 내부모양과 일치하도록 탑재 후 망(Net)이나 띠(Strap)로 묶을 수 있도록 고안된 장비이다.

㉢ 파렛트 위의 화물이 항공기 내부모양과 일치하도록 Igloo로 덮는다.

◀ 항공파렛트 ▶

③ 컨테이너
  ㉠ 개념 : 항공컨테이너는 별도의 보조장비 없이 항공기 화물실에 탑재 및 고정이 가능하도록 제작된 용기
     이다.
  ㉡ 특징
    ⓐ 항공컨테이너는 탑재된 화물의 하중을 견딜 수 있는 강도로 제작되고 기체에 손상을 주지 않아야
       한다.
    ⓑ 항공컨테이너와 해상컨테이너는 호환 탑재가 **불가능**하다.
    ⓒ Certified Aircraft Container(CAC)은 항공기 화물실 윤곽(Contour)에 맞게 제작되어 화물실 공간
       을 최대한 활용할 수 있도록 제작되어 있다.

◀ 항공컨테이너 ▶

④ 이글루(Igloo)
  ㉠ 개념
    ⓐ 이글루는 밑바닥이 없는 형태로 항공기 내부구조에 맞게 알루미늄과 유리섬유(Fiberglass)로 만들어
       진 항공화물을 넣는 특수한 덮개이다.
    ⓑ 파렛트 화물의 덮개로 사용하며 항공기 내부구조에 맞게 모서리가 둥글게 되어 있다.
  ㉡ 특징 : 보통 에스키모 얼음집 모양 또는 Dome 구조를 가지고 있다.

(2) 항공화물 탑재방식

① 살화물 탑재방식
  ㉠ 인력에 의해 개별화물을 직접 화물실에 적재하는 방식이다.
  ㉡ 살화물 탑재방식은 단시간에 집중적으로 작업해야 하는 화물탑재에 적합한 방식이다.
  ㉢ 살화물 탑재방식에서는 트랙터(Tractor)와 카고 카트(Cargo Cart)가 주로 사용된다.
② 파렛트 탑재방식 : 기본적인 항공화물 취급 방법이며, 파렛트화된 화물을 이글루로 씌워서 탑재하는 방식
   이다.
③ 컨테이너 탑재방식 : 항공기 내부구조에 적합한 컨테이너를 이용하여 탑재하는 방식이다.

(3) 항공화물의 파렛트 하역장비

① 파렛트 스케일(Pallet Scale) : 파렛트에 적재가 끝난 후 파렛트를 계량하기 위하여 계량기를 랙 또는 트레
   일러에 조립시켜 놓은 계량장치이다.

② 달리(Dolly, 돌리)

   ㉠ 적재작업이 완료된 항공화물의 단위탑재용기를 터미널에서 항공기까지 견인차(Tug Car)에 연결하여 수평 이동하는 장비이다.

   ㉡ 파렛트를 올려놓고 운반하기 위한 차대로서 자체구동력이 없으며 사방에 파렛트가 미끄럼 방지를 위해 스토퍼(Stopper)를 부착하고 있다.

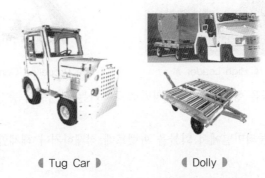

◀ Tug Car ▶   ◀ Dolly ▶

③ 트랜스포터(Transporter) : 엔진이 장착된 차량으로서 적재완료된 단위탑재용기(ULD)를 올려놓은 상태에서 항공화물터미널에서 항공기까지 수평 이동을 가능하게 하는 장비이다.

◀ Transporter ▶

④ 리프트 로더(Lift Loader)

   ㉠ 파렛트를 항공기 화물실 밑바닥 높이까지 들어 올려 기내에 탑재하기 위한 기기이다.

   ㉡ 일반적으로 항공기 화물 하역에 사용되는 로더로 트럭의 섀시에 테이블 리프터를 장착하여 하대를 승강시킬 수 있게 한 구조이다.

⑤ 형상측정기(Contour Gauge, 컨투어 게이지)

   ㉠ 항공파렛트에 적재된 화물의 형상, 윤곽을 정리 및 측정하기 위한 스케일(Scale)과 같은 것이다.

   ㉡ 기계 부속류의 합격품과 불합격품을 판정할 때 사용되는 측정기이다.

⑥ 터그 카(Tug Car) : Dolly를 연결하여 이동하는 차량으로 항공화물을 이동시키는 저속에 큰 힘을 내는 트랙터이다.

⑦ 하이 로더(High Loader) : 대형 화물기에 단위탑재용기 또는 항공화물을 적·출하하기 위한 높이 조절기기이자 전용탑재기이다.

⑧ 셀프 프로펠드 컨베이어(Self Propelled Conveyor) : 수하물 및 소형화물을 화물창에 낱개 단위로 탑재할 때 사용하는 장비이다.

◀ High Loader ▶ ◀ Self Propelled Conveyor ▶

⑨ 소터(Sorter) : 소형화물을 행선지별, 인도지별로 구분하는 장치로서 통상 컨베이어와 제어장치 등으로 구성된다.

⑩ Work Station : 항공화물터미널에서 화물을 파렛트에 적재하거나 해체할 때 사용되는 설비이다.

4 철도하역 ★★☆

(1) 철도화물운송의 형태

① 화차취급

  ㉠ 개념

    ⓐ 일반화물의 장거리 운송에 많이 이용하는 일반적인 화물운송방법이다.

    ⓑ 화물을 대절한 화차단위로 운송한다.

  ㉡ 특징

    ⓐ 운임은 화차를 기준으로 정하여 부과한다.

    ⓑ 특대화물, 위험물 등의 경우에는 할증제도가 있다.

    ⓒ 발·착역에서의 양·하역작업은 화주책임이다.

② 컨테이너 취급

  ㉠ 화차취급과 동일한 개념으로 20ft, 40ft, 45ft 컨테이너를 화차에 적재하여 운송하는 것을 의미한다.

  ㉡ 컨테이너운송은 철도운영사 또는 화물자동차 운송회사 등이 소유한 화차를 이용한다.

③ 혼재차 취급

  ㉠ 소운송업자가 화주와 철도의 중간에서 화주가 탁송하여야 할 여러 개의 작은 화물을 혼재한 후에 운임을 수수하고, 혼재된 화물을 다시 철도에 일반차 취급운임을 지급하여 운송되는 방법을 말한다.

  ㉡ 통운업자가 불특정 다수의 화주로부터 소량화물의 운송을 위탁받고 이를 행선지별로 화차취급이나 컨테이너 단위로 재취합하여 철도의 화차취급이나 컨테이너 취급으로 탁송하는 운송제도이다.

(2) 철도하역방식

① 개념

　　㉠ 컨테이너의 철도하역방식은 크게 TOFC 방식과 COFC 방식으로 구분된다.

　　㉡ TOFC와 COFC는 트레일러 운송 여부에 따라 구분된다.

② COFC(Container on Flat Car) 방식

　　㉠ 개념 : 화차에 컨테이너 자체만을 적재하고 **컨테이너를 트레일러로부터 분리**하여 직접 플랫 카에 적재한다.

　　㉡ 종류 : 컨테이너만을 화차에 적재하는 방식으로 지게차에 의한 방식, 크레인을 이용해 매달아 싣는 방식, **플렉시 밴** 방식이 있다.

　　　ⓐ 지게차에 의한 방식 : 탑 핸들러 혹은 리치 스태커 등을 이용하여 적재하는 방식이다.

　　　ⓑ 크레인에 의한 방식 : 크레인을 이용하여 매달아 적재하는 방식이다.

　　　ⓒ 플렉시 밴 : 트럭이 화물열차에 대해 직각으로 후진하여 무개화차에 바로 싣고 화차의 회전판을 이용하여 회전 후 고정하는 방식이다.

◀ 지게차 COFC ▶　　◀ 리치 스태커 COFC ▶　　◀ 크레인 COFC ▶

◀ 플렉시 밴 COFC ▶

　　㉢ 특징

　　　ⓐ COFC가 TOFC보다 보편화되어 있다.

　　　ⓑ 철도운송과 해상운송의 연계가 용이하다.

　　　ⓒ 철도화차에 컨테이너를 상하차하기 위해서는 크레인 및 지게차 등의 하역장비가 필요하다.

　　　ⓓ 일반적으로 TOFC에 비해 COFC가 적재효율이 높다.

③ TOFC(Trailer on Flat Car) 방식

　　㉠ 개념

　　　ⓐ 화물을 적재한 트레일러(섀시)를 철도화차(Flat Car)에 다시 적재하여 운행하는 시스템이다.

　　　ⓑ 컨테이너를 철도로 운송하기 위하여 사용되는 적양방식의 하나로 철도역에 하역설비가 없는 경우, 컨테이너를 적재한 피견인차가 경사로를 통하여 적재 및 양륙되는 방식이다.

　　㉡ 특징

　　　ⓐ 이단적열차(Double Stack Train)에 **적합하지 않다.** 이단적열차는 철도화차 위에 컨테이너를 2단으로 적재하여 운송하기 때문에 COFC 방식에 의해 운송해야 한다.

ⓑ TOFC 방식은 COFC 방식에 비해 트랙터, 트레일러의 무게가 추가되므로 총중량이 크다.

ⓒ 종류 : TOFC 방식의 종류에는 **Piggy Back 방식**, Kangaroo 방식, Freight Liner 방식이 있다.

피기백 (Piggy Back) 방식	• 철도와 트럭의 혼합이용방법으로 트레일러나 컨테이너를 기차의 무개화차에 싣고 운송하는 방법이다. • 대차 위에 화물을 적재한 트럭 등을 적재한 상태로 운송하는 방식으로 화물의 적재단위가 클 경우 이용하며 하역기계가 필요한 것이 단점이다.
캥거루 (Kangaroo) 방식	• 철도화차에 트레일러 차량의 바퀴가 들어갈 수 있는 홈이 있어 적재높이를 낮게 하여 운송할 수 있는 방식이다. • 열차의 바닥면이 높은 경우 바닥면의 중앙부를 낮춰 트레일러를 집어넣는 방식이며 터널의 높이제한, 차량의 높이제한 등이 있을 경우 피기백 방식보다 유리하다.
프레이트 라이너 (Freight Liner) 방식	• 영국국철이 개발한 정기적 급행 컨테이너 열차로서 대형 컨테이너를 적재하고 터미널 사이를 고속의 고정편성을 통해 정기적으로 운행하는 방식이다. • 프레이트 라이너 사는 복합운송구간을 포함하여 일관 요율을 적용한다.

◀ 로드 트랙터 + 로드 섀시 피기백 ▶

◀ 로드 섀시 피기백 ▶

◀ 캥거루 방식 ▶

5 유닛로드시스템 ★★★

(1) 유닛로드시스템(Unit Load System)

① 개념

ㄱ 화물을 일정한 중량이나 크기로 **단위화**시켜 기계화된 하역작업과 일관된 수송방식으로 물류의 여러 과정들을 표준화시키는 것으로 물류표준화를 통하여 물류활동의 효율화를 꾀하는 시스템이다.

ㄴ 하역합리화 도모를 위해 화물을 일정한 표준의 중량 또는 체적(부피)으로 **단위화**하여 기계를 이용해서 하역하는 시스템을 의미한다.

ㄷ 운송, 보관, 하역 등의 물류활동을 합리적으로 처리하기 위하여 포장화물의 기계 취급에 적합하도록 **단위화**한 방식을 말한다.

② 특징

　　㉠ 제품의 종류가 다양해짐에 따라 그 **중요성이 증가**하고 있다.

　　㉡ 하역작업의 혁신을 통해 수송합리화를 도모하기 위한 방안 중 하나이다.

③ 유닛로드시스템화 방법

　　㉠ **파렛트**화

　　㉡ 컨테이너화

　　㉢ **일관파렛트화**

　　㉣ 하역의 기계화

　　※ 낱포장은 유닛로드시스템화와 거리가 멀다. (빈출되는 오답)

④ 장점

　　㉠ 효율화 및 비용 절감

　　　ⓐ 작업효율의 향상, 운반 활성화, 물류비용 감소 등을 기대할 수 있다.

　　　ⓑ 하역을 기계화하고 운송, 보관 등을 일관화·효율화할 수 있다.

　　　ⓒ 하역작업의 혁신을 통해 수송합리화를 도모할 수 있다.

　　　ⓓ 운송차량의 적재함과 창고 랙을 표준화된 단위규격을 사용하여 적재공간의 효율성을 향상시킨다.

　　　ⓔ 시간과 비용이 절감되고, 도난 등의 피해가 감소하고 있다.

　　　ⓕ 작업표준화, 재고조사 간소화, 화물의 신속한 상하역 및 이동, 운송수단 변경 용이, 인건비 절약

　　㉡ 화물손상의 감소

　　　ⓐ 하역과 운송에 따른 화물 손상이 감소한다.

　　　ⓑ 화물처리 과정에서 발생할 수 있는 실수를 줄일 수 있다.

　　㉢ 연계성 향상

　　　ⓐ 호환성이 증대되어 공동으로 파렛트를 사용하는 등 시스템 연계성을 높일 수 있다.

　　　ⓑ 물류관리의 시스템화가 용이하여 하역과 수송의 일관화를 가능하게 한다.

　　㉣ 하역능력 향상

　　　ⓐ 화물 취급단위에 대한 단위화와 표준화를 통하여 기계하역을 용이하게 하며 하역능력 향상과 비용
　　　　절감의 이점이 있다.

　　　ⓑ 하역의 기계화를 통한 신속한 적재로 운송수단의 회전율을 향상시킨다.

　　㉤ 업무간소화

　　　ⓐ 수송 및 보관업무의 효율적인 운영과 수송포장의 간이화를 가능하게 한다.

　　　ⓑ 단위 포장용기의 사용으로 포장업무가 단순해진다.

⑤ 단점

　　㉠ 대규모 자본투자가 필요하다.

　　㉡ 유닛로드용의 자재를 관리하기가 어려워진다.

⑥ 전제조건

　　㉠ 유닛로드시스템의 구축을 위해서 물류활동 간 접점에서의 표준화가 중요하다.

ⓒ 포장단위치수, 파렛트, 운송장비, 하역장비, 창고시설, 보관설비, 거래단위, 수송장비, 포장단위, 적재함규격 표준화 등의 표준화가 전제되어야 한다.

ⓒ 추가적인 전용 설비 및 하역기계가 필요하다.

⑦ 유닛로드 종류 및 크기 결정 시 고려사항

    ㉠ 적재화물의 형태, 무게

    ㉡ 적재화물의 적재형태

    ㉢ 하역장비의 종류와 특성

    ㉣ 운송장비(적재함)의 크기

    ㉤ 유닛로드의 운송수단

    ※ 유닛로드 치수를 표준화하는 데는 수송에 관계있는 트럭이나 컨테이너화차와의 정합성이 필요하다.

체크 Point

○ **Unit Load 치수**

• 대표적인 Unit Load 치수에는 NULS(Net Unit Load Size)와 PVS(Plan View Size)가 있다.

• 배수치수 모듈은 1,140mm × 1,140mm Unit Load Size를 기준으로 하고, 최대 허용공차 −40mm를 인정하고 있는 Plan View Unit Load Size를 기본단위로 하고 있다.

(2) 일관파렛트화

① 파렛트화(Palletization)

    ㉠ 개념 : 파렛트를 통해 하역을 기계화하고 수송, 보관, 포장의 각 기능을 합리화하기 위한 수단으로 파렛트를 사용하는 것을 의미한다.

    ㉡ 장점

        ⓐ 하역 및 작업 능률 향상

        ⓑ 물품 보호 효과

        ⓒ 재고조사 편의성 제공

        ⓓ 상하차 작업시간 단축으로 트럭의 운행효율 향상

    ㉢ 단점

        ⓐ 파렛트화된 화물은 **좁은 통로**에서 사용이 어렵다.

        ⓑ 파렛트화 또는 컨테이너화에 의해 적재효율이 감소하고 추가비용이 발생할 수 있다.

        ⓒ 표준 파렛트의 종류와 규격은 **국가별로 상이**하여 호환성 문제가 있을 수 있다.

② 일관파렛트화(Through Transit Palletization)

    ㉠ 개념

        ⓐ 화물이 송화인으로부터 수화인에게 도착할 때까지 전 운송과정을 동일한 파렛트(ULD)를 이용하여 운송하는 것을 의미한다.

ⓑ 일관파렛트화에 적용되는 개념은 유닛로드를 컨테이너로 하였을 경우에도 그대로 적용될 수 있다.

ⓒ 일관파렛트화는 파렛트 규격 통일 및 **표준화가 선행**되어야 한다.

ⓒ 장점

  ⓐ 비용 절감

    • 물류비용이 저렴해진다.

    • 포장의 간소화로 포장비 절감, 운임 및 부대비용 절감

  ⓑ 시간 절감 : 기계화가 용이하여 운송과 하역 작업시간이 단축된다.

  ⓒ 인력 절감

    • 작업능률의 향상으로 하역 인력이 절감된다.

    • 작업의 기계화가 진행되어 노동환경이 개선된다.

    • 창고에서 물품의 운반관리를 용이하게 수행할 수 있다.

  ⓓ **작업표준화** : 작업의 표준화, 기계화를 촉진한다.

  ⓔ 효율성 증대

    • 제한된 공간을 최대한 이용할 수 있다.

    • 물류현장에서 하역작업의 혼잡을 줄일 수 있다.

    ※ 파렛트 자체의 체적 및 중량만큼 적재량이 줄어들 수 있다.

  ⓕ **시스템 연계** : 기업 간 물류 시스템의 제휴가 가능해진다.

  ⓖ 파손 감소

    • 화물 파손이 감소된다.

    • 파렛트에 적합한 운송수단의 사용으로 파손 및 손실을 줄일 수 있다.

(3) 파렛트 풀 시스템(PPS, Pallet Pool System)

① 개념

  ㉠ 파렛트의 규격을 표준화하여 **공동**으로 사용하는 것을 말한다.

  ㉡ 파렛트의 규격을 표준화하여 상호교환성을 확보한 후 이를 서로 풀(Pool)로 연결하여 **공동**화함으로써 기업의 물류를 합리화하는 시스템이다.

  ㉢ 표준화된 파렛트를 화주, 물류업자들이 **공동**으로 이용하는 제도로서 풀(Pool)조직이 파렛트에 대한 납품, 회수관리, 수리를 담당한다.

② 파렛트 풀 시스템 활용 전제조건

  ㉠ 파렛트 규격이 표준화 및 통일화되어야 한다.

  ㉡ 표준 파렛트에 대한 포장 모듈화가 달성되어야 한다.

  ㉢ 파렛트 화물의 붕괴 방지책이 마련되어야 한다.

  ㉣ 공파렛트의 회수 전문체제가 구축되어야 한다.

③ 특징

  ㉠ 표준 파렛트를 다량으로 보유하여 불특정 다수의 화주에게 파렛트를 공급한다.

ⓒ 계절적인 변동이 심한 제품의 경우 PPS 도입효과가 크다.

ⓒ 상품 규격과 파렛트 규격의 불일치가 존재할 수 있다.

④ 장점

　㉠ 불필요한 사회적 자본 감소

　　ⓐ 전체적인 **파렛트 수량이 줄어들어** 사회자본이 줄고 물류기기, 시설의 규격화 및 표준화가 촉진된다.

　　ⓑ 파렛트 공동 사용을 통해 물류의 효율성을 높일 수 있다.

　㉡ 수요 효과적 대응

　　ⓐ 지역적, 계절적 수요에 효과적 대응이 가능하다.

　　ⓑ 설비자금 절감이 가능하다.

　　ⓒ 업종 간 파렛트 공동이용으로 성수기와 비수기의 파렛트 수요변동에 대응할 수 있다.

　㉢ 비용 절감

　　ⓐ 물류합리화가 가능하다.

　　ⓑ 일관파렛트화를 실현하고, 파렛트에 대한 투자비용을 절감할 수 있다.

　　ⓒ 화주 및 물류업체의 물류비 부담을 **감소**시킨다.

　㉣ 파렛트 회수문제 해결

　　ⓐ 파렛트 수송 후 회수가 **불필요**하여 공파렛트 회수문제를 해결할 수 있다.

　　ⓑ 공파렛트 회수문제 해소 등 파렛트 관리가 용이하다.

　㉤ 친환경 물류시스템 구축 : 많은 기업에서는 파렛트를 일회용 소모품으로 생각하는 경우가 많은데 풀 시스템을 활용함으로써 친환경 물류시스템 구축에도 도움이 된다.

　㉥ 일관파렛트화 실현 : 일관파렛트화의 실현으로 발송지에서 최종 도착지까지 일관운송이 가능하게 된다.

⑤ 단점

　㉠ 파렛트 규격에 맞는 포장규격의 변경이 필요하다.

　㉡ 자사의 필요규격을 임의로 선택하여 도입하기는 어렵다.

　㉢ 지역 간에 이동하는 파렛트 수량에 균형이 맞지 않기 때문에 공파렛트를 재배치해야 하는 문제점은 발생한다.

⑥ 파렛트 풀 시스템의 분류

　㉠ 운영형태에 따른 분류 : 운송형태로 개방적 PPS, 기업단위 PPS, 업계단위 PPS가 있다.

개방적 파렛트 풀 시스템	제3자가 소유하는 파렛트를 공동사업소에서 렌탈하여 공동으로 이용하여 파렛트의 유통범위를 극대화하는 시스템으로 가장 이상적인 형태이다.
기업단위 파렛트 풀 시스템	기업이 대여전문회사로부터 자사 파렛트를 일괄 대여하여 자사 거래처와의 유통시점까지 독점적으로 이용하는 제도이다.
업계단위 파렛트 풀 시스템	각각 기업이 자사의 파렛트를 소유하되 업계가 일정한 규율하에 공동이용하는 형태로서 파렛트 적재화물은 기업 간 공동 유통창고를 통해 소비단계까지 확대하여 이용하는 시스템으로 반송면에서 이점이 있다.

ⓛ 운영방식에 따른 분류

(즉시) 교환방식 (유럽방식)	**1. 개념** ① 유럽 각국의 국영철도 출발역에서 송화주가 국철에 화물을 파렛트로드(Pallet Load) 형태로 화차에 선적하면 국철에서는 이와 동수의 공파렛트를 내어주어 상계하며, 수하인은 도착역에서 인수한 적하 파렛트와 동수의 파렛트를 국철에 인도하는 방식이다. ② 즉, 송화주는 파렛트화된 화물을 운송사에 위탁하는 시점에서 동일한 수의 파렛트를 운송사에서 인수하고, 수화주는 파렛트화된 화물을 인수할 때 동일한 수의 파렛트를 운송사에 인도해 주는 방식이다. **2. 특징** ① 운송수단의 이용이 복잡할 경우 파렛트의 교환이 원활하게 이루어지지 않을 수 있으며, 파렛트의 적재율이 저조하고 예비 파렛트를 보유해야 할 필요성이 있다. ② 즉, 파렛트를 동시에 교환하여 사용하는 것으로 언제나 교환에 응할 수 있도록 파렛트를 준비해 놓아야 하는 방식이다.

장점	단점
• 즉시 교환에 따른 분실을 방지할 수 있다. • 파렛트의 행정 및 사무관리를 국철에서 시행하므로 사무관리가 용이하다.	• 동일 사이즈 및 동일 품질의 파렛트 교환이 어렵다. • 사용횟수가 증가하여 생기는 파손과 분실에 대한 책임소재가 불분명하다. • 최소한의 교환 예비용 파렛트 준비가 필요하고, 동일한 규격의 예비 파렛트 확보를 위하여 추가비용이 발생한다. • 화주의 편재가 발생하면 파렛트 편재 또한 발생한다.

리스 · 렌탈방식 (호주방식)	**1. 개념** 호주에서 처음으로 시작되어 미국, 캐나다, 일본에서 도입한 방식으로 개별 기업에서 파렛트를 **보유하지 않고** 파렛트 풀 회사에서 일정규격의 파렛트를 필요에 따라 임대하여 사용하는 방식이다. **2. 특징** 파렛트 풀을 운영하는 기관이 사용자의 요청에 따라 규격화된 파렛트를 사용자가 소재하는 가까운 거점(Depot)에 공급해 주는 방식이다.

장점	단점
• 파렛트의 수리를 렌탈회사가 하기 때문에 파렛트의 품질유지가 용이하다. • 이용자가 교환을 위한 동질·동수의 파렛트를 준비할 필요가 없다. • 파렛트의 품질유지가 쉽고 파렛트 매수를 최소화하여 운영이 가능하다(적정 파렛트 운영). • 파렛트 이용에 대한 수급 파동의 조정기능을 할 수 있다.	• 반환 시 렌탈료 계산이 필요하다. • 렌탈회사 데포(Depot)에서 화주까지의 공파렛트 수송이 필요하다. • 일부 화주의 편재(쏠림현상) 등에 의하여 파렛트가 쌓이는 곳이 발생한다. 이때 편재되어 쌓여지는 파렛트는 렌탈회사 측면에서는 부담이 된다. • 운영 면에서 교환방식보다 파렛트를 인도하고 반환할 때 전표처리나 사무처리가 복잡하다.

교환·리스 병용방식	1. 개념 ① 1975년 영국의 GKN-CHFP사가 개발한 방식으로 (즉시)교환방식과 리스·렌탈방식의 결점을 보완한 방식이다. ② 화주가 출발지에서 목적지로 화물운송시 송하인, 수하인, 운송사는 근처 파렛트 데포에서 필요한 양의 파렛트를 렌탈하여 송하인은 파렛트에 화물을 적재하여 출발지에서 운송사의 빈 파렛트와 교환하고, 운송사는 화물을 목적지까지 운송한 후 수하인이 렌탈한 빈 파렛트와 교환하여 화물을 인도한다. 이 경우 송하인, 수하인, 운송사는 빈 파렛트가 회수되는 시점에서 가장 가까운 파렛트 데포에 반환하면서 대차관계를 정리하는 방식이다. 2. 특징 현재는 관리 운영상 어려움이 많아 활성화되지 못하고 있는 실정이다.

장점	단점
• 사용자 측면에서의 편의성 높다.	• 운송회사에 파렛트를 렌탈·반환해야 하는 책임으로 인한 운영이 복잡하고 사무처리가 번잡하다.

대차결제 방식 (스웨덴)	1. 개념 ① 1968년 스웨덴의 파렛트 풀 회사에서 교환방식의 단점을 개량한 방식이다. ② 현장에서 즉시 파렛트를 교환하지 않고 일정 시간 이내에 파렛트를 운송사에 반환하는 방식이다. 즉, 출발역에서 즉시 교환하지 않고 일정시간 내에 도착역에 해당 파렛트가 반납되면 동수로 출발역에서 내어주는 방식이다. 통상적으로 도착 후 3일 이내에 파렛트를 반환한다. 2. 특징 반환일수를 초과하거나 분실한 경우에는 정해진 변상금을 지불하게 된다.

장점	단점
• 국철역에서 파렛트를 즉시 교환할 필요가 없다. • 대차결제되므로 파렛트를 돌려받지 못하는 상황을 방지할 수 있다(반환 지연과 분실에 대한 변상금제도).	• 파렛트의 점진적 훼손에 대하여 책임소재가 불명확하다.

3 포장물류

1 개요 ★☆☆

(1) 개요

① **정의** : 포장이란 물품의 품질, 가치를 보호·보전하고, 물품의 취급을 편리하게 하고, 물품에 대한 정보의 전달 및 물품의 판매를 촉진하며, 재료와 형태 면에서는 포장의 사회적 공익성과 함께 환경에 적합하게 하며, 유통합리화를 지원하기 위하여, 물품에 경제적으로 시공한 기법 또는 시행한 상태이다.

② **개념**

   ㉠ 포장은 생산의 마지막 단계이며, 물류의 시작 단계에 해당된다.

   ㉡ 포장은 물품의 가치를 높이거나 보호하는 것이 목적이며, 소비자들의 관심을 유발시키는 판매물류의 시작이다.

   ㉢ 적정포장의 목적은 상품의 품질보전, 취급의 편의성 등 포장물류 본연의 기능 최대화이므로 **포장비용 또한 중요한 고려사항**이다.

③ **특징**

   ㉠ 포장의 간소화로 포장비를 절감할 수 있다.

   ㉡ 포장 디자인의 3요소는 선, 형, 색채이다.

   ㉢ 포장합리화의 시스템화 및 단위화 원칙은 물류의 모든 활동이 유기적으로 연결되도록 시스템화하며, 포장화물의 단위화를 통해 포장의 합리화를 추구하는 것이다.

(2) 포장의 분류

① **형태별 분류** : 한국산업표준(KS)에 따르면 포장은 낱포장, 속포장, 겉포장으로 분류한다.

   ㉠ **낱포장**(Item Packaging) : 물품 개개의 포장이다.

   ㉡ **속포장**(Inner Packaging) : 포장화물 내부의 포장이다.

   ㉢ **겉포장**(Outer Packaging) : 화물 외부의 포장이다.

② **기능별 분류** : 공업포장의 제1의 목적은 보호기능이며, 상업포장의 제1의 목적은 판매촉진기능이다.

   ㉠ **공업포장**(수송포장)

      ⓐ 공업포장은 최소의 경비로 그 기능을 만족시키는 것을 목적으로 한다.

      ⓑ 공업포장은 물품의 보호기능과 취급의 편리성을 추구한다.

      ⓒ **공업포장**은 상품의 파손을 방지하고, 물류비를 절감하는 데 초점을 두고 있다.

   ㉡ **상업포장**(소비자포장)

      ⓐ 상업포장의 기본기능은 판매촉진기능이다.

      ⓑ 상업포장에서 판매를 촉진시킬 수 있다면 포장비용의 상승도 무방하다.

체크Point

○ **수송포장과 소비자포장의 특징**

구분	동의어	하부요소	목적	목적지별	포장중량	유통분류
수송포장	공업포장	내부포장 외부포장	상품 보호 비용 절감	수출포장	중포장	물적유통
소비자포장	상업포장	단위포장	매출 신장	국내포장	경포장	상적유통

③ 적정포장

　㉠ 한국산업표준(KS T 1001)의 포장일반용어에 의하면 **적정포장**이란 합리적이면서 공정한 포장을 의미한다.

　㉡ 수송포장에서는 유통과정에서의 진동, 충격, 압축, 수분, 온습도 등에 의해 물품의 가치, 상태의 저하를 가져오지 않는 유통 실태를 적용한 포장을 뜻한다.

　㉢ 소비자포장에서는 과대·과잉 포장, 속임 포장 등을 시정하고 동시에 결함포장을 없애기 위해 보호성, 안전성, 단위, 표시, 용적, 포장비, 폐기물 처리성 등에 대하여도 적절한 포장을 말한다.

④ 기타 포장의 분류

포장재료 재질에 따른 분류	강성포장	금속, 유리 등 강성재료를 이용한 포장이다.
	반강성포장 (Semi-rigid Packaging)	포장재료는 골판지상자, 접음상자, 플라스틱 보틀 등이다.
	유연포장	종이 등 유연성 있는 재료를 이용한 포장이다.
중량에 의한 분류	경(輕)포장	내용물의 중량이 50kg 미만의 것
	중(中)포장	내용물의 중량이 50kg 이상 200kg 이하인 것
	중(重)포장	내용물의 중량이 200kg을 초과하는 것
내용 상태별 분류	포장된 물품의 상태에 의한 분류(액체포장, 분립체포장, 입체포장 등)	
내용품별 분류	내용물에 따른 분류(의약품포장, 위험물포장 등)	

(3) 포장의 기능

① 내용물의 보호 및 보존기능 : 물류활동 중 발생할 수 있는 변질, 파손, 도난 및 기타 위험으로부터 내용물을 안전하게 보호 및 보존하는 기능이다(수송포장, 공업포장).

② 판매의 촉진성 기능 : 포장을 차별화시키고 상품의 이미지 가치를 상승시켜 소비자로부터 구매의욕을 일으키게 하는 기능이다.

③ 상품성 및 정보성 기능 : 제품 내용을 소비자에게 전달하기 위해 필요한 정보를 표시하는 기능이다.

④ 사회성과 환경친화성 기능 : 공익성 및 환경친화적인 요소를 고려하는 기능이다.

⑤ 그 밖에 작업성 및 효율성 기능, 편리성 기능, 수송성 기능, 정량성 및 하역성 기능, 경제성 기능 등이 있다.

(4) 포장표준화와 포장합리화

① 포장표준화

    ㉠ 개요

        ⓐ 물류관리의 합리화는 물류의 5대 기능인 운송, 보관, 하역, 포장, 정보 등의 각 기능들이 상호 유기적으로 연계되고 통합됨을 의미한다.

        ⓑ 이 중 '포장'은 생산의 마지막 단계이며 물류의 시작 단계이다.

        ⓒ 포장치수는 파렛트 및 컨테이너 치수에 정합하고, 수송, 보관, 하역의 기계화 및 자동화에 최적의 조건을 제공해야 한다. 포장의 치수변화에 따라 운송과 보관·하역의 적재효율 등에 큰 영향을 준다.

        ⓓ 포장표준화를 통해 포장비, 포장재료비, 포장작업비 등을 절감할 수 있다.

    ㉡ **포장표준화의 5요소** : 포장표준화는 치수, 강도, 재료(재질), 기법의 표준화 등 4요소로 나누지만, 관리의 표준화를 추가하여 5요소로 부르기도 한다.

치수(규격)	강도	재질	기법	포장관리

    ※ 포장치수가 다르면 포장강도도 달라지므로 포장치수 표준화 이후 포장강도의 표준화를 이루어지게 하는 것이 좋다.

> **체크Point**
> ○ **포장합리화의 6원칙**
> 제1원칙 - 대량화 및 대형화의 원칙
> 제2원칙 - 집중화 및 집약화의 원칙
> 제3원칙 - 규격화 및 표준화의 원칙
> 제4원칙 - 사양변경의 원칙
> 제5원칙 - 재질변경의 원칙
> 제6원칙 - 시스템화 및 단위화의 원칙

2 포장기법 ★☆☆

(1) 포장기법의 종류

① 방수방습포장 : 각종 제품을 유통과정의 수분과 습도로부터 지키는 포장기법이다.

② 방청포장

    ㉠ 운송 중이나 보관 중에 제품을 발청이나 부식으로부터 방지하기 위한 포장기법이다.

    ㉡ 금속표면의 녹을 방지하기 위한 포장기법이며 일반적으로 방청제 도포나 가연성 플라스틱 도포가 사용된다.

③ 완충포장

　　㉠ 완충포장은 운송이나 하역 중에 외부로부터 전달 또는 발생되는 힘과 충격으로부터 상품의 내·외부를 보호하기 위함이다.

　　㉡ 생산 공장에서 최종 소비자까지 전달되는 유통과정에서 받는 외력에서 포장되어 있는 제품의 파손을 방지하고 안전하게 보호하는 포장기법이다.

④ 진공포장 : 내용물의 활성화를 정지시키기 위하여 내부를 진공으로 밀봉하는 포장기법이다.

⑤ 가스치환포장 : 밀봉포장용기에서 공기를 흡인하여 탈기하고, 대신에 질소, 이산화탄소 같은 불활성 가스로 치환하여 물품의 변질 등을 방지하는 것을 목적으로 하는 포장이다.

⑥ 기타 포장

　　㉠ 중량물 포장 : 주로 나무를 사용한 상자를 이용하며, 상자 포장설계기법을 KS 규격으로 정비하여 보급한 결과 일정한 품질의 출하용기가 제작되고 있다.

　　㉡ 위험물 포장 : 고도의 안정성을 확보하기 위해 국제기준을 적용한 위험물의 표시와 표찰이 사용되고 있다.

체크 Point

✪ 위험물 포장 조건
• 적합한 위험물 표시·표찰을 부착해야 한다.
• 포장재가 내용물과 반응하지 않도록 해야 한다.
• 충격에 민감한 위험물의 경우 완충포장이 필요하다.
• 동일 외장용기에 서로 다른 위험물 포장을 금지해야 한다.

　　㉢ 집합포장 : 대형화물의 집합체로 단위화물을 형성하는 것이다. 파렛트 포장과 가장 관계있는 포장기법이다.

(2) 집합포장방법

① 밴드결속방법 : 종이, 플라스틱, 나일론 및 금속밴드를 이용하며, 코너 변형을 막기 위해 코너패드가 보호재로 사용된다.

② 테이핑(Taping) : 용기의 견고성을 유지하기 위해 용기의 표면에 접착테이프 등을 사용하며, 접착테이프 사용 시 용기 표면이 손상될 수 있다.

③ 슬리브(Sleeve) : 보통 필름으로 슬리브를 만들어 4개 측면을 감싸는 방법이다.

④ 쉬링크(Shrink) 포장 : 열수축성 플라스틱 필름을 파렛트 화물에 씌우고 쉬링크 터널을 통과시킬 때 가열하여 필름을 수축시켜서 파렛트와 밀착시키는 방법이다.

⑤ 스트레치(Stretch) : 스트레치 필름을 사용하여 필름의 접착성을 이용하는 것으로 대략 3겹 정도로 감싸는 방법이다.

◀ 스트레치 필름 ▶

⑥ 기타 집합포장방법

　㉠ 접착 : 접착제로 풀이나 접착테이프를 이용한다.

　㉡ 꺾쇠·물림쇠 : 주로 칸막이 상자 등에서 상자가 고정되도록 사용하는 방법이다.

　㉢ 틀 : 주로 수평 이동을 위아래의 틀로 고정하는 방법이다.

　※ 집합포장기기는 유닛로드를 구성하는 포장화물의 일체화와 화물무너짐 방지를 하기 위한 기기를 말한다.

1. 집합포장 시 파렛트화물 적재패턴

　① 블록(Block)쌓기

　　㉠ 블록쌓기는 아래에서 위까지 동일한 방식으로 쌓는 가장 단순한 방식으로 작업효율성이 높지만 무너질 염려가 있어 안정성이 **낮다.**

　　㉡ 각 단의 쌓아 올리는 모양과 방향이 모두 같은 일렬 적재방식이다.

　② 교호(Alternative)열쌓기

　　㉠ 교호열쌓기는 블록쌓기의 짝수층과 홀수층을 **90도** 회전시켜 교대로 쌓는 방법으로 **정방형**의 파렛트에서만 적용할 수 있다.

　　㉡ 동일한 단에서는 동일한 방향으로 물품을 나란히 쌓지만, 단별로는 방향을 직각(90도)으로 바꾸거나 교대로 겹쳐 쌓는 적재방식이다. 즉, 홀수단에서는 물품을 모두 같은 방향으로 나란히 정돈하여 쌓고, 짝수단에서는 방향을 90도 바꾸어 교대로 겹쳐 쌓는 방식이다.

　③ 벽돌(Brick)형쌓기 : 동일한 단에서는 물품을 가로·세로로 조합해 쌓으며, 다음 단에서는 방향을 180도 바꾸어 교대로 겹쳐 쌓는 방법이다. 즉, 벽돌을 쌓듯이 가로와 세로를 조합하여 배열하고, 이후부터는 홀수층과 짝수층을 180도 회전시켜 교대로 쌓는 것이다.

　④ 핀휠(Pinwheel)쌓기 : 파렛트 중앙부에 공간을 만드는 형태로 이 공간을 감싸듯 풍차형으로 화물을 적재하는 패턴이다. 통상적으로 홀수단과 짝수단의 방향을 바꾸어 적재한다.

　⑤ 스플릿(Split)쌓기 : 벽돌형쌓기의 변형으로 가로와 세로를 배열할 때 크기의 차이에서 오는 홀수층과 짝수층의 빈 공간이 서로 마주보게 쌓는 방법이다.

　※ 장방형 파렛트에는 블록쌓기, 벽돌형쌓기 및 **스플릿쌓기** 방식이 적용된다.

2. 골판지

① 골(Flute)의 구분

ㄱ A골 : 포장재로 사용되는 골판지의 골 규격 중 단위길이당 골의 수가 가장 적고 골의 높이가 가장 높아 비교적 가벼운 내용물의 포장에 사용된다.

ㄴ B골 : A골에 비해 완충성이 다소 떨어지나 평면장력이 강해서 통조림이나 병 등 내용물이 단단한 상품의 외포장에 적합하다.

ㄷ C골 : 규격과 특성이 모두 A골과 B골의 중간 정도로서 국내서는 생산되고 있지 않다.

ㄹ E골 : 골의 두께와 높이가 가장 가느다란 것으로 낱포장이나 속포장에 주로 사용되고 있다.

◀ A골 골판지 ▶   ◀ B골 골판지 ▶   ◀ E골 골판지 ▶

② 골판지의 종류

ㄱ 편면(Single) 골판지 : 골심지 한 면에만 라이너지를 부착한 골판지이다.

ㄴ 양면(Double) 골판지 : 골심지 양면에 라이너지를 부착한 골판지이다.

ㄷ 이중양면(Double Wall) 골판지 : 양면 골판지의 한쪽 면에 편면 골판지를 접합한 형태로서 비교적 무겁고 손상되기 쉬운 제품 혹은 청과물과 같은 수분을 포함하고 있는 제품 포장에 적합한 골판지이다.

ㄹ 삼중(Triple Wall) 골판지 : 골이 세 개 있는 양면 골판지로 초중량물 수송용에 사용된다.

3 화인 ★☆☆

(1) 개요

① 개념 : 화인(Case Mark)이란 화물작업의 편리성, 하역작업 시의 물품손상 예방 등을 위해 포장에 확실히 표시하는 것을 말한다. 포장화물의 외장 위에 붙이거나 표시하는 것으로 주로 목적지, 발송 개수, 취급상의 문구 등을 총칭한다.

② 화인 표시의 종류 : 기본화인, 정보화인, 취급주의 화인 등으로 구성되며, 포장화물의 외장에 표시한다.

ㄱ 주(화인)표시(Main Mark) : 화인 중 가장 중요한 표시로서 다른 상품과 식별을 용이하게 하는 기호이다.

ㄴ 부(화인)표시(Counter Mark)

ⓐ 내용물품의 직접 생산자(제조자) 또는 수출대행사 등이 주표시의 위쪽이나 밑쪽에 기재하며 생략하는 경우도 있다.

ⓑ 대조번호 화인으로서 생산자나 공급자의 약호를 붙여야 하는 경우에 표기한다.

ㄷ 품질표시(Quality Mark) : 상품이나 내용품의 품질이나 등급 등을 표시하는 것으로 주표시의 위쪽이나 밑에 기재한다.

　　ⓔ **수량표시**(Quantity Mark) : 단일포장이 아닌 2개 이상의 경우 번호를 붙여 몇 번째에 해당되는지를 표시한다.

　　ⓜ **(취급)주의표시**(Care Mark)

　　　　ⓐ 취급상의 주의를 위하여 붉은색을 사용하여 표시하고 종류는 **여러 가지다.**

　　　　ⓑ 화물의 취급, 운송, 적재요령을 나타내는 주의표시로서 일반화물 취급표시와 위험화물 경고표시로 구분된다.

　　ⓗ **목적지표시** : 최종 도착하게 되는 목적지를 표시하며 통상 해상운송의 경우 항구명이 기재된다.

　　　　※ 항구표시(Port Mark)란 선적과 양하작업이 용이하도록 도착항을 표시하는 것이다.

　　ⓢ **원산지표시** : 정상적인 절차에 의해 선적되는 모든 수출품을 대상으로 「관세법」에 따라 원산지명을 표시한다.

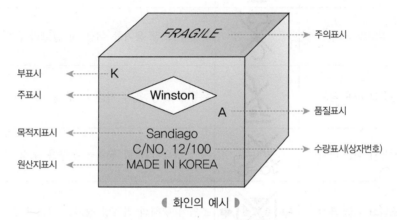

◀ 화인의 예시 ▶

(2) 화인 표시방법

① **스탬핑**(Stamping) : 고무인이나 프레스기를 사용하여 찍는 방법으로 종이상자, 골판지상자에 적용된다.

② **태그**(Tag) : 종이, 알루미늄, 플라스틱판에 표시내용을 기재한 다음 철사, 끈으로 적절히 매다는 방법이다.

③ **스텐실**(Stencil)

　　㉠ **시트에 문자를 파두었다가** 붓, 스프레이로 칠하는 방법으로 나무상자, 드럼에 적용된다.

　　㉡ 기름기가 많은 무거운 종이나 셀룰로이드판, 플라스틱판 등의 시트에 문자를 파 두었다가 칠하는 방법이다.

④ **레이블링**(Labeling) : 종이나 직포에 필요한 내용을 미리 인쇄해 두었다가 일정한 위치에 붙이는 것으로 통조림, 유리병에 적용된다.

⑤ **카빙**(Carving, 엠보싱) : 금속제품에 사용하는 방법으로 주물을 주입할 때 미리 화인을 해두어 제품의 완성 시 화인이 나타나도록 하는 방법이다. 금속제품에 주로 사용한다.

⑥ **스티커**(Sticker) : 일정한 표시내용을 기재한 것을 못으로 박거나 혹은 특정 방법에 의해 고정시키는 방법이다.

(3) 일반화물의 취급표지

번호	호칭	표시	표시내용 및 위치
1	무게 중심 위치		취급되는 최소 단위 유통용 포장의 무게 중심을 표시
2	거는 위치		유통용 포장 용기를 들어올리기 위한 슬링의 위치
3	깨지기 쉬움, 취급 주의		유통용 포장 용기의 내용물이 깨지기 쉬운 것이기에 취급에 주의해야 함.
4	갈고리 금지		유통용 포장 용기를 취급 시 갈고리 금지
5	손수레 사용 금지		유통용 포장 용기 처리 시 손수레를 끼워서는 안 됨.
6	지게차 취급 금지		지게 형의 리프팅 장치를 유통용 포장 용기에 사용 금지
7	조임쇠 취급 제한		조임쇠 형태의 리프팅 장치를 유통용 포장 용기에 사용 금지
8	조임쇠 취급 표시		조임쇠 형태의 리프팅 장치를 이용하여 유통용 포장 용기의 양쪽면에 조임쇠가 위치되도록 취급
9	굴림 방지		유통용 포장 용기를 굴리거나 유통용 포장 용기가 뒤집어지면 안 됨.
10	비 젖음 방지		유통용 포장 용기가 비에 젖지 않게 하며 건조한 환경을 유지
11	직사광선 금지		태양의 직사광선에 유통용 포장 용기가 노출되면 안 됨.
12	방사선 보호		전리방사선 투과에 의해 내용물이 변질되거나 사용이 불가능하게 됨.

번호	호칭	표시	표시내용 및 위치
13	위 쌓기	↑↑	운반 및/또는 적재 시 유통용 포장 용기의 올바르게 세울 방향
14	온도 제한		유통용 포장 용기는 표시된 온도 범위에서 저장, 운송 또는 취급되어야 함.
15	적재 제한	< XX kg	유통용 포장 용기를 적재 시 최대 적재 질량
16	적재 단수 제한	n	하부 포장 용기를 적재할 시 운반 포장 용기/물품 중 동일한 것의 최대 수량("n"은 한계 수치)
17	적재 금지		유통용 포장 용기의 적재가 허용되지 않으며 유통용 포장 용기 위로 적재해서는 안 됨.

Certified Professional Logistician

물류관리사

5과목

물류관련법규

기출 분석

물류관련법규 주요 영역별 출제문항 수

(단위 : 문항수)

주요 영역 \ 연도	2020	2021	2022	2023	2024	합계	비율(%)
물류정책기본법	8	8	8	8	8	40	20
물류시설의 개발 및 운영에 관한 법률	8	8	8	8	8	40	20
유통산업발전법	5	5	5	5	5	25	12.5
화물자동차 운수사업법	10	10	10	10	10	50	25
철도사업법	4	4	4	4	4	20	10
항만운송사업법	3	3	3	3	3	15	7.5
농수산물 유통 및 가격안정에 관한 법률	2	2	2	2	2	10	5
총계(문항수)	40	40	40	40	40	200(문항)	100(%)

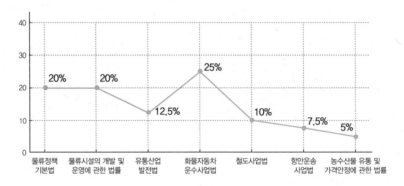

학습방법

물류관련법규는 물류관리사 5과목 중에서도 가장 난이도가 높은 과목으로 꼽힙니다. 다른 과목들은 일정 부분 중복되는 내용이 있는 반면, 물류관련법규는 법조문을 이해하고 암기해야 하는 특성상 짧은 수험 기간 안에 많은 부담을 줄 수밖에 없습니다. 이러한 이유로 매년 법규 과목에서 과락이 많이 발생하고, 평균 60점 이상을 받았음에도 불구하고 법규 과목에서의 과락으로 인해 합격하지 못하는 경우가 빈번합니다.

저자는 오랜 강의 경험과 노하우를 바탕으로, 수험자들이 과락을 피하고 안정적인 점수를 확보할 수 있도록 돕고자 노력했습니다. 첫째, 빈출되고 중요한 내용을 강조하여 학습자들이 그 내용을 중심으로 공부할 수 있도록 설명했습니다. 둘째, 주요 기출문제를 다수 수록하고 그에 대한 자세한 설명을 첨부하여 실전에서 실력을 발휘할 수 있도록 준비했습니다.

매년 개정되는 법규 사항도 조금만 신경 써서 공부하신다면, 법규 과목 또한 충분히 극복할 수 있는 작은 장애물에 불과할 것입니다. 여러분들의 합격을 진심으로 기대하며, 항상 긍정적인 마인드로 임해 주시길 바랍니다.

저자 전표훈

물류관련법규

제5과목

물류
관련법규

※ 「물류관련법규」는 과목 특성상 법이 자주 개정되므로 국가법령정보센터 또는 신지원 홈페이지의 업데이트 내용을 참고하십시오.

물류정책기본법

◀ 물류정책기본법의 흐름 ▶

1. 총칙
        ├─ 법의 목적 및 이념
        ├─ 용어의 정의 : 물류/물류사업의 종류/물류체계/물류시설
        └─ 책무 및 다른 법률과의 관계

2. 물류정책의 종합·조정
        ├─ 국가물류기본계획 : 수립권자/수립주기/계획내용/수립절차/다른 계획과의 관계
        ├─ 지역물류기본계획 : 국가물류기본계획과의 차이점
        └─ 물류정책위원회 : 심의사항/위원회 구성

3. 물류체계의 효율화
        ├─ 물류시설
        ├─ 물류의 공동화·자동화
        ├─ 물류표준화 ┬─ 물류표준 : 보급 촉진/우대조치
                     └─ 물류회계의 표준화 : 기업물류비 산정지침
        ├─ 물류정보화 ┬─ 단위물류정보망, 국가물류통합데이터베이스
                     ├─ 운영자 지정/업무
                     ├─ 전자문서 및 물류정보 보안
                     └─ 금지행위/보관기간/보안의 예외적 공개사유
        └─ 위험물질운송안전관리센터 : 설치 및 운영

4. 물류산업의 경쟁력 강화
        ├─ 제3자물류/물류신고센터
        ├─ 우수물류기업의 인증 : 요건/인증취소/지정심사대행기관 및 인증마크/지원
        ├─ 국제물류주선업 ┬─ 정의/등록기준/등록변경
                       ├─ 등록의 결격사유
                       └─ 사업승계/등록취소
        └─ 물류관리사 제도

5. 물류의 선진화 및 국제화
        ├─ 환경친화적 물류 : 내용/지원/환경친화적 운송수단으로의 전환촉진
        └─ 국제물류의 촉진 및 지원/공동투자유치활동

6. 보칙 및 벌칙
        ├─ 과징금/벌칙/과태료
        └─ 청문/권한의 위임

1 총칙

1 법의 목적

이 법은 물류체계의 효율화, 물류산업의 경쟁력 강화 및 물류의 선진화·국제화를 위하여 국내외 물류정책·계획의 수립·시행 및 지원에 관한 기본적인 사항을 정함으로써 국민경제의 발전에 이바지함을 목적으로 한다 (법 제1조).

2 「물류정책기본법」상 중요 용어의 정의 ★☆☆

(1) 물류

재화가 공급자로부터 조달·생산되어 수요자에게 전달되거나 소비자로부터 회수되어 폐기될 때까지 이루어지는 운송·보관·하역 등과 이에 부가되어 가치를 창출하는 가공·조립·분류·수리·포장·상표부착·판매·정보통신 등을 말한다.

(2) 물류사업 ★★★

물류사업이란 화주의 수요에 따라 유상으로 물류활동을 영위하는 것을 업(業)으로 하는 것으로 다음의 사업을 말한다.

> 1. 자동차·철도차량·선박·항공기 또는 파이프라인 등의 운송수단을 통하여 화물을 운송하는 **화물운송업**
> 2. 물류터미널이나 창고 등의 물류시설을 운영하는 **물류시설운영업**
> 3. 화물운송의 주선, 물류장비의 임대, 물류정보의 처리 또는 물류컨설팅 등의 업무를 하는 **물류서비스업**
> 4. '1.'부터 '3.'까지의 물류사업을 종합적·복합적으로 영위하는 종합물류서비스업

[별표 1] 물류사업의 범위(시행령 제3조 관련) ★☆☆

대분류	세분류	세세분류
화물 운송업	육상화물운송업	화물자동차운송사업, 화물자동차운송가맹사업, 철도사업
	해상화물운송업	외항정기화물운송사업, 외항부정기화물운송사업, 내항화물운송사업
	항공화물운송업	정기항공운송사업, 부정기항공운송사업, 상업서류송달업
	파이프라인운송업	파이프라인운송업
물류시설 운영업	창고업 (공동집배송센터 운영업 포함)	일반창고업, 냉장 및 냉동 창고업, 농·수산물 창고업, 위험물품보관업, 그 밖의 창고업
	물류터미널운영업	복합물류터미널, 일반물류터미널, 해상터미널, 공항화물터미널, 화물차전용터미널, 컨테이너화물조작장(CFS), 컨테이너장치장(CY), 물류단지, 집배송단지 등 물류시설의 운영업
물류 서비스업	화물취급업 (하역업 포함)	화물의 하역, 포장, 가공, 조립, 상표부착, 프로그램 설치, 품질검사 등 부가적인 물류업
	화물주선업	국제물류주선업, 화물자동차운송주선사업
	물류장비임대업	운송장비임대업, 산업용 기계·장비 임대업, 운반용기 임대업, 화물자동차임대업, 화물선박임대업, 화물항공기임대업, 운반·적치·하역장비 임대업, 컨테이너·파렛트 등 포장용기 임대업, 선박대여업
	물류정보처리업	물류정보 데이터베이스 구축, 물류지원 소프트웨어 개발·운영, 물류 관련 전자문서 처리업
	물류컨설팅업	물류 관련 업무프로세스 개선 관련 컨설팅, 자동창고, 물류자동화 설비 등 도입 관련 컨설팅, 물류 관련 정보시스템 도입 관련 컨설팅
	해운부대사업	해운대리점업, 해운중개업, 선박관리업
	항만운송관련업	항만용역업, 선용품공급업, 선박연료공급업, 선박수리업, 컨테이너수리업, 예선업
	항만운송사업	항만하역사업, 검수사업, 감정사업, 검량사업
종합물류서비스업	**종합물류서비스업**	종합물류서비스업

(3) 물류시설

물류시설이란 물류에 필요한 다음의 시설을 말한다.
① 화물의 운송·보관·하역을 위한 시설
② 화물의 운송·보관·하역 등에 부가되는 가공·조립·분류·수리·포장·상표부착·판매·정보통신 등을 위한 시설
③ 물류의 공동화·자동화 및 정보화를 위한 시설
④ ①부터 ③까지의 시설이 모여 있는 물류터미널 및 물류단지

(4) 제3자물류

제3자물류란 화주가 그와 대통령령으로 정하는 특수관계에 있지 아니한 물류기업에 물류활동의 **일부 또는 전부를 위탁**하는 것을 말한다.

(5) 국제물류주선업 ★☆☆

국제물류주선업이란 **타인의 수요**에 따라 **자기의 명의와 계산**으로 타인의 **물류시설·장비 등을 이용**하여 수출입화물의 물류를 주선하는 사업을 말한다.

(6) 물류관리사

물류관리에 관한 전문지식을 가진 자로서 법 제51조에 따른 **자격을 취득한 자**를 말한다.

3 물류주체별 책무(법 제4조 내지 제5조)

① **국가**는 물류활동을 원활히 하고 물류체계의 효율성을 높이기 위하여 국가 전체의 물류와 관련된 정책 및 계획을 수립하고 시행하여야 한다.
② 국가는 물류산업이 건전하고 고르게 발전할 수 있도록 육성하여야 한다.
③ **지방자치단체**는 국가의 물류정책 및 계획과 조화를 이루면서 지역적 특성을 고려하여 지역물류에 관한 정책 및 계획을 수립하고 시행하여야 한다.
④ **물류기업 및 화주**는 물류사업을 원활히 하고 물류체계의 효율성을 증진시키기 위하여 노력하고, 국가 또는 지방자치단체의 물류정책 및 계획의 수립·시행에 적극 협력하여야 한다.

2 물류정책의 종합·조정

1 물류현황조사

> 계획수립·변경 전(前) 조사 → 기본계획 → 시행계획

(1) 국가물류현황조사(법 제7조) ★☆☆

① 조사권자 : 국토교통부장관 또는 해양수산부장관
국토교통부장관 또는 해양수산부장관은 물류에 관한 정책 또는 계획의 수립·변경을 위하여 필요하다고 판단될 때에는 **관계 행정기관의 장과 미리 협의**한 후 물동량의 발생현황과 이동경로, 물류시설·장비의 현황

과 이용실태, 물류인력과 물류체계의 현황, 물류비, 물류산업과 국제물류의 현황 등에 관하여 조사할 수 있다. 이 경우 「국가통합교통체계효율화법」 제12조에 따른 국가교통조사와 중복되지 아니하도록 하여야 한다.

구분	조사권자
국가물류현황조사(법 제7조)	국토교통부장관 또는 해양수산부장관
지역물류현황조사(법 제9조)	시·도지사

② **자료의 제출 요청** : 국토교통부장관 또는 해양수산부장관은 다음의 자에게 물류현황조사에 필요한 자료의 제출을 요청하거나 그 일부에 대하여 직접 조사하도록 요청할 수 있다. 이 경우 협조를 요청받은 자는 특별한 사정이 없으면 요청에 따라야 한다.
    ㉠ 관계 중앙행정기관의 장
    ㉡ 특별시장·광역시장·특별자치시장·도지사 및 특별자치도지사(이하 "시·도지사"라 함)
    ㉢ 물류기업 및 이 법에 따라 지원을 받는 기업·단체 등
③ 국토교통부장관 또는 해양수산부장관은 물류현황조사를 효율적으로 수행하기 위하여 필요한 경우에는 물류현황조사의 전부 또는 일부를 **전문기관**으로 하여금 수행하게 할 수 있다.
④ 국토교통부장관 또는 해양수산부장관은 물류현황조사의 결과에 따라 물류비 등 물류지표를 설정하여 물류정책의 수립 및 평가에 활용할 수 있다.

(2) 물류현황조사지침(법 제8조)

① 조사지침의 작성
    ㉠ **국토교통부장관**은 물류현황조사를 요청하는 경우에는 효율적인 물류현황조사를 위하여 조사의 시기, 종류 및 방법 등에 관하여 대통령령으로 정하는 바에 따라 조사지침을 작성하여 통보할 수 있다.
    ㉡ 국토교통부장관은 물류현황조사지침을 작성하려는 경우에는 미리 관계 중앙행정기관의 장과 협의하여야 한다.
② 물류현황조사지침의 내용
    ㉠ 조사의 종류 및 항목
    ㉡ 조사의 대상·방법 및 절차
    ㉢ 조사의 체계
    ㉣ 조사의 시기 및 지역
    ㉤ 조사결과의 집계·분석 및 관리

(3) 지역물류현황조사(법 제9조)

① **지역물류산업의 현황조사** : **시·도지사**는 지역물류에 관한 정책 또는 계획의 수립·변경을 위하여 필요한 경우에는 해당 행정구역의 물동량 현황과 이동경로, 물류시설·장비의 현황과 이용실태, 물류산업의 현황 등에 관하여 조사할 수 있다. 이 경우 「국가통합교통체계효율화법」에 따른 국가교통조사와 중복되지 아니하도록 하여야 한다.

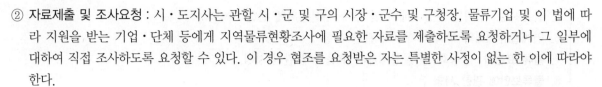

② **자료제출 및 조사요청** : 시·도지사는 관할 시·군 및 구의 시장·군수 및 구청장, 물류기업 및 이 법에 따라 지원을 받는 기업·단체 등에게 지역물류현황조사에 필요한 자료를 제출하도록 요청하거나 그 일부에 대하여 직접 조사하도록 요청할 수 있다. 이 경우 협조를 요청받은 자는 특별한 사정이 없는 한 이에 따라야 한다.

③ **전문기관의 활용** : 시·도지사는 지역물류현황조사의 효율적인 수행을 위하여 필요한 경우에는 지역물류현황조사의 전부 또는 일부를 전문기관으로 하여금 수행하게 할 수 있다.

④ **조사지침의 작성** : 시·도지사는 지역물류현황조사를 요청하는 경우에는 효율적인 지역물류현황조사를 위하여 조사의 시기, 종류 및 방법 등에 관하여 해당 시·도의 조례로 정하는 바에 따라 조사지침을 작성하여 통보할 수 있다.

(4) 물류개선조치의 요청(법 제10조)

① 국토교통부장관 또는 해양수산부장관은 물류현황조사 등을 통하여 물류수요가 특정 물류시설이나 특정 운송수단에 치우쳐 효율적인 물류체계 운용을 해치거나 관계 중앙행정기관의 장 또는 시·도지사의 물류 관련 정책 또는 계획이 국가물류기본계획에 위배된다고 판단될 때는 해당 중앙행정기관의 장이나 시·도지사에게 이를 개선하기 위한 조치를 하도록 요청할 수 있다. 이 경우 국토교통부장관 또는 해양수산부장관은 미리 해당 중앙행정기관의 장 또는 시·도지사와 개선조치에 대하여 협의하여야 한다.

② 개선조치를 요청받은 관계 중앙행정기관의 장이나 해당 시·도지사는 특별한 사유가 없는 한 이를 개선하기 위한 조치를 강구하여야 한다.

③ 관계 중앙행정기관의 장이나 시·도지사는 개선조치의 요청에 이의가 있는 경우에는 **국가물류정책위원회**에 조정을 요청할 수 있다.

2 국가물류기본계획(법 제11조) ★☆☆

(1) 계획의 수립

국토교통부장관 및 해양수산부장관은 국가물류정책의 기본방향을 설정하는 **10년** 단위의 국가물류기본계획을 **5년**마다 **공동**으로 수립하여야 한다.

(2) 계획의 내용

국가물류기본계획에는 다음의 사항이 포함되어야 한다.

1. 국내외 물류환경의 변화와 전망
2. 국가물류정책의 목표와 전략 및 단계별 추진계획
3. **국가물류정보화사업에 관한 사항**
4. 운송·보관·하역·포장 등 물류기능별 물류정책 및 도로·철도·해운·항공 등 운송수단별 물류정책의 종합·조정에 관한 사항

    5. 물류시설·장비의 수급·배치 및 투자 우선순위에 관한 사항

    6. 연계물류체계의 구축과 개선에 관한 사항

    7. 물류 표준화·공동화 등 물류체계의 효율화에 관한 사항

    8. 물류보안에 관한 사항

    9. 물류산업의 경쟁력 강화에 관한 사항

    10. 물류인력의 양성 및 물류기술의 개발에 관한 사항

    11. 국제물류의 촉진·지원에 관한 사항

    12. 환경친화적 물류활동의 촉진·지원에 관한 사항

    13. 그 밖에 물류체계의 개선을 위하여 필요한 사항

(3) 국가물류기본계획의 수립절차(법 제11조 제3항 내지 제5항)

  ① **자료의 제출 요청** : 국토교통부장관 및 해양수산부장관은 **다음의 자에 대하여** 국가물류기본계획의 수립·변경을 위한 관련 기초 자료의 제출을 요청할 수 있다. 이 경우 협조를 요청받은 자는 특별한 사정이 없는 한 이에 따라야 한다.

> 1. 관계 중앙행정기관의 장
> 2. 시·도지사
> 3. 물류기업 및 이 법에 따라 지원을 받는 기업·단체 등

  ② **협의 및 심의** : 국토교통부장관 및 해양수산부장관은 국가물류기본계획을 수립하거나 **대통령령으로 정하는 중요한 사항을 변경***하려는 경우에는 관계 중앙행정기관의 장 및 시·도지사와 협의한 후 국가물류정책위원회의 심의를 거쳐야 한다.

> * **대통령령으로 정하는 중요사항 변경**
> 1. 국가물류정책의 목표와 주요 추진전략에 관한 사항
> 2. 물류시설·장비의 투자 우선순위에 관한 사항
> 3. 국제물류의 촉진·지원에 관한 기본적인 사항
> 4. 그 밖에 국가물류정책위원회의 심의가 필요하다고 인정하는 사항

  ③ **고시 및 통보** : 국토교통부장관은 국가물류기본계획을 수립하거나 변경한 때에는 이를 관보에 고시하고, 관계 중앙행정기관의 장 및 시·도지사에게 통보하여야 한다.

(4) 연도별 시행계획의 수립(법 제13조)

  ① **국토교통부장관 및 해양수산부장관**은 국가물류기본계획을 시행하기 위하여 연도별 시행계획을 **매년 공동으로 수립**하여야 한다.

② 국토교통부장관 및 해양수산부장관은 국가물류기본계획의 연도별 시행계획을 수립하려는 경우에는 미리 관계 중앙행정기관의 장, 특별시장·광역시장·도지사 및 특별자치도지사(이하 "시·도지사"라 한다)와 협의한 후 **물류정책분과위원회의 심의**를 거쳐야 한다.

③ **관계 행정기관의 장**은 전년도의 연도별 시행계획의 추진실적과 해당 연도의 시행계획을 **매년 2월 말**까지 국토교통부장관 및 해양수산부장관에게 제출하여야 한다.

(5) 다른 계획과의 관계

① 국가물류기본계획은 「**국토기본법**」에 따라 수립된 **국토종합계획** 및 「**국가통합교통체계효율화법**」에 따라 수립된 **국가기간교통망계획**과 **조화**를 이루어야 한다.

② 국가물류기본계획은 다른 법령에 따라 수립되는 물류에 관한 계획에 **우선**하며 그 계획의 **기본**이 된다.

3 지역물류기본계획(법 제14조 내지 제16조) ★☆☆

(1) 계획의 수립권자

① **특별시장 및 광역시장**은 지역물류정책의 기본방향을 설정하는 10년 단위의 지역물류기본계획을 5년마다 수립해야 한다.

② 특별자치시장·도지사 및 특별자치도지사는 지역물류체계의 효율화를 위하여 필요한 경우에는 기본물류기본계획을 수립할 수 있다.

(2) 계획의 수립 및 내용 ★☆☆

① 지역물류기본계획 포함사항

> 1. **지역**물류환경의 변화와 전망
> 2. **지역**물류정책의 목표·전략 및 단계별 추진계획
> 3. 운송·보관·하역·포장 등 물류기능별 **지역**물류정책 및 도로·철도·해운·항공 등 운송수단별 **지역물류정책**에 관한 사항
> 4. **지역**의 물류시설·장비의 수급·배치 및 투자 우선순위에 관한 사항
> 5. **지역**의 연계물류체계의 구축 및 개선에 관한 사항
> 6. **지역**의 물류 **공동화 및 정보화** 등 물류체계의 효율화에 관한 사항
> 7. **지역** 물류산업의 경쟁력 강화에 관한 사항
> 8. **지역** 물류인력의 양성 및 물류기술의 개발·보급에 관한 사항
> 9. **지역**차원의 국제물류의 촉진·지원에 관한 사항
> 10. **지역**의 환경친화적 물류활동의 촉진·지원에 관한 사항
> 11. 그 밖에 **지역**물류체계의 개선을 위하여 필요한 사항

✛ 국가물류기본계획과의 차이점
- 국가물류정보화사업 ➜ 국가단위 사업
- 물류의 표준화 ➜ 한국산업표준(KS)은 국가단위사업
- 물류보안에 관한 사항

② 국토교통부장관 및 해양수산부장관은 지역물류기본계획의 수립방법 및 기준 등에 관한 지침을 **공동으로** 작성하여야 한다.

③ 국토교통부장관은 지침을 작성한 경우 특별시장 및 광역시장(지역물류기본계획을 수립하는 특별자치시장·도지사 및 특별자치도지사 포함)에게 통보하여야 한다.

(3) 수립 및 중요 사항 변경절차

① 자료 제출 요청 : **특별시장 및 광역시장**은 다음의 자에 대하여 지역물류기본계획의 수립·변경을 위한 관련 기초 자료의 제출을 요청할 수 있다. 이 경우 협조를 요청받은 자는 특별한 사정이 없는 한 이에 따라야 한다.
   ㉠ 인접한 시·도의 시·도지사
   ㉡ 관할 시·군·구의 시장·군수·구청장
   ㉢ 이 법에 따라 해당 시·도의 지원을 받는 기업·단체 등

② 특별시장 및 광역시장이 지역물류기본계획을 수립하거나 **대통령령이 정하는 중요한 사항***을 변경하려는 경우에는 미리 해당 시·도에 인접한 시·도의 시·도지사와 협의한 후 지역물류정책위원회의 심의를 거쳐야 한다. 이 경우 특별시장 및 광역시장은 수립하거나 변경한 지역물류기본계획을 국토교통부장관 및 해양수산부장관에게 통보하여야 한다.

> **＊ 대통령령이 정하는 중요 사항 변경**
> 1. 지역물류정책의 목표와 주요 추진전략에 관한 사항
> 2. 지역의 물류시설·장비의 투자 우선순위에 관한 사항
> 3. 지역차원의 국제물류의 촉진·지원에 관한 기본적인 사항
> 4. 그 밖에 지역물류정책위원회의 심의가 필요하다고 인정하는 사항

③ 특별시장 및 광역시장은 지역물류기본계획을 수립하거나 변경한 때에는 이를 공고하고, 인접한 시·도의 시·도지사, 관할 시·군·구의 시장·군수·구청장 및 이 법에 따라 해당 시·도의 지원을 받는 기업 및 단체 등에 이를 통보하여야 한다.

④ 국토교통부장관 또는 해양수산부장관은 통보받은 지역물류기본계획에 대하여 필요한 경우 관계 중앙행정기관의 장과 협의한 후 물류정책분과위원회의 심의를 거쳐 변경을 요구할 수 있다.

(4) 연도별 시행계획의 수립

① 지역물류기본계획을 수립한 특별시장 및 광역시장이 **매년** 수립한다.

② 특별시장 또는 광역시장(지역물류기본계획을 수립하는 도지사 및 특별자치도지사를 포함)은 지역물류기본 계획의 연도별 시행계획(이하 "지역물류시행계획"이라 함)을 수립하려는 경우에는 미리 국토교통부장관, 관계 중앙행정기관의 장, 시·도에 인접한 시·도의 시·도지사와 협의한 후 지역물류정책위원회의 심의를 거쳐야 한다.

③ 특별시장 또는 광역시장은 지역물류시행계획을 수립한 경우에는 국토교통부장관, 관계 중앙행정기관의 장, 해당 시·도에 인접한 시·도의 시·도지사, 관할 시·군 및 구의 시장·군수 및 구청장에게 이를 통보하여야 한다.

4 물류정책위원회(법 제17조 내지 제20조) ★☆☆

(1) 국가물류정책위원회의 설치

① 설치 : 국가물류정책에 관한 주요 사항을 심의하기 위하여 <u>국토교통부장관 소속</u>으로 국가물류정책위원회를 둔다.

> cf 지역물류정책위원회 : 시·도지사 소속

② 심의·조정사항

　㉠ 국가물류체계의 효율화에 관한 중요 정책 사항

　㉡ 물류시설의 종합적인 개발계획의 수립에 관한 사항

　㉢ 물류산업의 육성·발전에 관한 중요 정책 사항

　㉣ 물류보안에 관한 중요 정책 사항

　㉤ 국제물류의 촉진·지원에 관한 중요 정책 사항

　㉥ 이 법 또는 다른 법률에서 국가물류정책위원회의 심의를 거치도록 한 사항

　㉦ 그 밖에 국가물류체계 및 물류산업에 관한 중요한 사항으로서 위원장이 회의에 부치는 사항

(2) 국가물류정책위원회 구성 및 의결

① 국가물류정책위원회는 위원장을 포함한 **23명** 이내의 위원으로 구성한다.

② 국가물류정책위원회의 위원장은 **국토교통부장관**이 된다.

③ 공무원이 아닌 위원의 임기는 2년으로 하되, 연임할 수 있다.

④ 국가물류정책위원회의 업무를 효율적으로 수행하기 위하여 국가물류정책위원회에 <u>녹색물류전문위원회, 생활물류전문위원회</u>를 둘 수 있다. 각 전문위원회의 위원 중 공무원이 아닌 위원의 임기는 2년으로 한다.

⑤ 위원장이 회의를 소집하려는 경우에는 회의 개최일 5일 전까지 회의의 일시·장소 및 심의안건을 각 위원에게 통지하여야 한다. 다만, 긴급을 요하거나 부득이한 사유가 있는 경우에는 그러하지 아니하다.

⑥ 회의는 재적위원 과반수의 출석으로 개의하고, 출석위원 과반수의 찬성으로 의결한다.

(3) 국가물류정책위원회 위원의 해촉사유(시행령 제10조의2)

① 심신쇠약 등으로 직무를 수행할 수 없게 된 경우

② 직무와 관련된 비위사실이 있는 경우

③ 직무태만, 품위손상이나 그 밖의 사유로 인해 위원으로 적합하지 아니하다고 인정되는 경우

④ 위원 스스로 직무를 수행하는 것이 곤란하다고 의사를 밝히는 경우

(4) 분과위원회

① 국가물류정책위원회의 업무를 효율적으로 추진하기 위하여 **물류정책분과위원회, 물류시설분과위원회, 국제물류분과위원회**를 둘 수 있다.

② 분과위원회의 심의·조정(시행령 제13조 제1항)

  ㉠ **물류정책분과위원회** : 중장기 물류정책의 수립·조정, 물류산업 및 물류기업의 육성·지원, 물류인력의 양성에 관한 사항과 물류시설분과위원회 및 국제물류분과위원회의 소관에 속하지 아니하는 사항

  ㉡ **물류시설분과위원회** : 물류의 공동화·표준화·정보화 및 자동화, 물류시설·장비 및 프로그램의 개발에 관한 사항

  ㉢ **국제물류분과위원회** : 국제물류협력체계 구축, 국내물류기업의 해외진출, 해외물류기업의 유치 및 환적화물의 유치, 해외물류시설 투자 등 국제물류의 촉진 및 지원에 관한 사항

③ 각 분과위원회의 위원장은 해당 분과위원회의 위원 중에서 국토교통부장관(물류정책분과위원회 및 물류시설분과위원회의 경우로 한정) 또는 해양수산부장관(국제물류분과위원회의 경우로 한다)이 지명하는 사람으로 한다.

④ 분과위원회의 위원 중 공무원이 아닌 위원의 임기는 2년으로 하되, 연임할 수 있다.

(5) 지역물류정책위원회

① 지역물류정책에 관한 주요 사항을 심의하기 위하여 **시·도지사** 소속으로 지역물류정책위원회를 둔다. 지역물류정책위원회의 구성 및 운영에 필요한 사항은 대통령령으로 정한다.

② 지역물류정책위원회는 위원장을 포함한 **20명** 이내의 위원으로 구성한다.

③ 위원장 및 임기 : 위원장은 해당 지역의 시·도지사가 되고, 공무원이 아닌 위원의 임기는 2년으로 하되 연임할 수 있다.

3 물류체계의 효율화

1 물류체계(Logistics System) 개념

물류체계란 효율적인 물류활동을 위하여 시설·장비·정보·조직 및 인력 등이 서로 유기적으로 기능을 발휘할 수 있도록 연계된 집합체를 말한다(법 제2조 제3호).

2 물류시설, 장비의 확충 등

(1) 물류시설·장비의 확충(법 제21조)

① 국토교통부장관·해양수산부장관 또는 산업통상자원부장관은 효율적인 물류활동을 위하여 필요한 물류시설 및 장비를 확충할 것을 물류기업에 권고할 수 있으며, 이에 필요한 행정적·재정적 지원을 할 수 있다.
② 국토교통부장관·해양수산부장관 또는 산업통상자원부장관은 물류시설 및 장비를 원활하게 확충하기 위하여 필요하다고 인정되는 경우 관계 행정기관의 장에게 필요한 지원을 요청할 수 있다.

(2) 물류시설 간의 연계와 조화(법 제22조)

국가, 지방자치단체, 대통령령으로 정하는 물류관련기관 및 물류기업 등이 새로운 물류시설을 건설하거나 기존 물류시설을 정비할 때에는 다음의 사항을 고려하여야 한다.
① 주요 물류거점시설 및 운송수단과의 연계성
② 주변 물류시설과의 기능중복 여부
③ 대통령령으로 정하는 공항·항만 또는 산업단지의 경우 적정한 규모 및 기능을 가진 배후 물류시설 부지의 확보 여부(시행령 제17조)

3 물류 공동화·자동화 촉진(법 제23조)

(1) 물류공동화의 개념

물류기업이나 화주기업들이 물류활동의 효율성을 높이기 위하여 물류에 필요한 시설·장비·인력·조직·정보망 등을 공동으로 이용하는 것을 말한다(법 제2조 제5호).

(2) 공동화·자동화의 지원사항

① **국토교통부장관·해양수산부장관·산업통상자원부장관 또는 시·도지사**는 물류공동화를 추진하는 물류기업이나 화주기업 또는 물류 관련 단체에 대하여 예산의 범위에서 필요한 자금을 지원할 수 있다.
② 국토교통부장관·해양수산부장관·산업통상자원부장관 또는 시·도지사는 화주기업이 물류공동화를 추진하는 경우에는 물류기업이나 물류 관련 단체와 공동으로 추진하도록 권고할 수 있으며, **권고**를 이행하는

경우에 우선적으로 필요한 자금지원을 할 수 있다.

③ 국토교통부장관·해양수산부장관·산업통상자원부장관 또는 시·도지사는 물류공동화를 확산하기 위하여 필요한 경우에는 시범지역을 지정하거나 시범사업을 선정하여 운영할 수 있다.

④ 국토교통부장관·해양수산부장관·산업통상자원부장관 또는 시·도지사는 물류기업이 다음의 어느 하나에 해당하는 경우 우선적으로 지원을 할 수 있다.

> 1. 「클라우드컴퓨팅 발전 및 이용자 보호에 관한 법률」에 따른 클라우드컴퓨팅 등 정보통신기술을 활용하여 물류공동화를 추진하는 경우
> 2. 다음의 어느 하나에 해당하는 품목을 그에 적합한 온도를 유지하여 운송(이하 "정온물류"라 함)하기 위하여 물류공동화를 추진하는 경우
>   가. 「농업·농촌 및 식품산업 기본법」에 따른 농수산물 및 식품
>   나. 「약사법」에 따른 의약품
>   다. 반도체 및 이차전지, 이에 따른 중간 생산물

⑤ 국토교통부장관·해양수산부장관 또는 산업통상자원부장관은 물류기업이 물류자동화를 위하여 물류시설 및 장비를 확충하거나 교체하려는 경우에는 필요한 자금을 지원할 수 있다.

4 물류표준화 ★☆☆

(1) 물류표준

① 물류표준의 개념
  ㉠ **물류표준** : 「산업표준화법」 제12조에 따른 한국산업표준 중 물류활동과 관련된 것을 말한다(법 제2조 제6호).
  ㉡ **물류표준화** : 원활한 물류를 위하여 다음의 사항을 물류표준으로 통일하고 단순화하는 것을 말한다(법 제2조 제7호).

> 1. 시설 및 장비의 종류·형상·치수 및 구조
> 2. 포장의 종류·형상·치수·구조 및 방법
> 3. 물류용어, 물류회계 및 물류관련 전자문서 등 물류체계의 효율화에 필요한 사항

② 물류표준의 보급 촉진 등(법 제24조)
  ㉠ **국토교통부장관 또는 해양수산부장관**은 물류표준화에 관한 업무를 효과적으로 추진하기 위하여 필요하다고 인정하는 경우에는 **산업통상자원부장관**에게 「산업표준화법」에 따른 한국산업표준의 제정·개정 또는 폐지를 요청할 수 있다.
  ㉡ 국토교통부장관·해양수산부장관 또는 산업통상자원부장관은 물류표준의 보급을 촉진하기 위하여 필요한 경우에는 관계 행정기관, 공공기관, 물류기업, 물류에 관련된 장비의 사용자 및 제조업자에게 물류

표준에 맞는 장비를 제조·사용하게 하거나 물류표준에 맞는 규격으로 포장을 하도록 요청하거나 권고할 수 있다.

③ 물류표준장비 사용자 등에 대한 우대조치(법 제25조)

　㉠ 국토교통부장관·해양수산부장관 또는 산업통상자원부장관은 관계 행정기관, 공공기관 및 물류기업 등에게 물류표준장비의 사용자 또는 물류표준에 맞는 규격으로 재화를 포장하는 자에 대하여 **운임·하역료·보관료의 할인 및 우선구매 등의 우대조치**를 할 것을 요청하거나 권고할 수 있다.

　㉡ 국토교통부장관·해양수산부장관 또는 산업통상자원부장관은 물류표준장비의 보급 확대를 위하여 물류기업, 물류표준장비의 사용자 또는 물류표준에 맞는 규격으로 재화를 포장하는 자 등에 대하여 소요자금의 융자 등 필요한 재정지원을 할 수 있다.

(2) 물류회계의 표준화(법 제26조) ★☆☆

① **국토교통부장관**은 <u>해양수산부장관 및 산업통상자원부장관과 협의</u>하여 물류기업 및 화주기업의 물류비 산정기준 및 방법 등을 표준화하기 위하여 대통령령으로 정하는 기준에 따라 기업물류비 산정지침을 작성하여 고시하여야 한다.

② 국토교통부장관은 물류기업 및 화주기업이 기업물류비 산정지침에 따라 물류비를 관리하도록 권고할 수 있다.

> ＊ **기업물류비 산정지침 포함 사항**
> 1. 물류비 관련 용어 및 개념에 대한 정의
> 2. **영역별·기능별 및 자가·위탁별** 물류비의 분류
> 3. 물류비의 계산 기준 및 계산 방법
> 4. 물류비 계산서의 표준 서식

③ 국토교통부장관은 해양수산부장관 및 산업통상자원부장관과 협의하여 기업물류비 산정지침에 따라 물류비를 계산·관리하는 물류기업 및 화주기업에 대하여는 필요한 행정적·재정적 지원을 할 수 있다.

5 물류정보화(법 제27조 내지 제35조) ★★★

(1) 물류정보화의 촉진

① 물류정보화 시책 : **국토교통부장관·해양수산부장관·산업통상자원부장관** 또는 **관세청장**은 물류정보화를 통한 물류체계의 효율화를 위하여 필요한 시책을 강구하여야 한다. 물류체계의 효율화 시책을 강구할 때에는 다음의 사항이 포함되도록 하여야 한다.

　㉠ 물류정보의 표준에 관한 사항
　㉡ 물류분야 정보통신기술의 도입 및 확산에 관한 사항
　㉢ 물류정보의 연계 및 공동활용에 관한 사항
　㉣ 물류보안에 관한 사항

ⓜ 그 밖에 물류효율의 향상을 위하여 필요한 사항

② 비용의 지원 : 국토교통부장관·해양수산부장관·산업통상자원부장관 또는 관세청장은 물류정보화를 촉진하기 위하여 필요한 경우에는 예산의 범위에서 물류기업 또는 물류 관련 단체에 대하여 물류정보화에 관련된 설비 또는 프로그램의 개발·운용비용의 일부를 지원할 수 있다.

(2) 단위물류정보망의 구축 ★★☆

① 개념 : 단위물류정보망이란 기능별 또는 지역별로 관련 행정기관, 물류기업 및 그 거래처를 연결하는 일련의 물류정보체계를 말한다(법 제2조 제8호).

② 단위물류정보망의 구축(법 제28조)

ㄱ 단위물류정보망의 구축·운영 : 관계 행정기관 및 물류관련기관은 소관 물류정보의 수집·분석·가공 및 유통 등을 촉진하기 위하여 필요한 때에는 단위물류정보망을 구축·운영할 수 있다. 이 경우 관계 행정기관은 전담기관을 **지정**하여 단위물류정보망을 구축·운영할 수 있다.

ㄴ 예산의 지원 : 관계 행정기관이 전담기관을 지정하여 단위물류정보망을 구축·운영하는 경우에는 소요비용의 전부 또는 일부를 예산의 범위에서 지원할 수 있다.

ㄷ 단위물류정보망 전담기관의 지정 ★☆☆ : 관계 행정기관은 대통령령으로 정하는 다음의 공공기관 또는 물류정보의 수집·분석·가공·유통과 관련한 적절한 시설장비와 인력을 갖춘 자 중에서 단위물류정보망 전담기관을 지정한다.

> 1. 「인천국제공항공사법」에 따른 인천국제공항공사
> 2. 「한국공항공사법」에 따른 한국공항공사
> 3. 「한국도로공사법」에 따른 한국도로공사
> 4. 「한국철도공사법」에 따른 한국철도공사
> 5. 「한국토지주택공사법」에 따른 한국토지주택공사
> 6. 「항만공사법」에 따른 항만공사

ㄹ 공공기관이 아닌 자로서 단위물류정보망 전담기관으로 지정받을 수 있는 자 : 공공기관이 아닌 자로서 단위물류정보망 전담기관으로 지정받을 수 있는 자의 시설장비와 인력 등의 기준은 다음과 같다.

> 1. 다음의 시설장비를 갖출 것
>   가. 물류정보 및 이와 관련된 전자문서의 송신·수신·중계 및 보관 시설장비
>   나. 단위물류정보망을 안전하게 운영하기 위한 보호 시설장비
>   다. 단위물류정보망의 정보시스템 관리 및 복제·저장 시설장비
>   라. 단위물류정보망에 보관된 물류정보와 전자문서의 송신·수신의 일자·시각 및 자취 등을 기록·관리하는 시설장비
>   마. 다른 단위물류정보망 및 국가물류통합정보센터와의 정보연계에 필요한 시설장비

　　2. 다음의 인력을 보유할 것

　　　　가. 「국가기술자격법」에 따른 정보통신기사·정보처리기사 또는 전자계산기조직응용기사 이상
　　　　　　의 국가기술자격이나 이와 동등한 자격이 있다고 국토교통부장관이 정하여 고시하는 사람
　　　　　　2명 이상

　　　　나. 「국가기술자격법」에 따른 정보통신분야(기술·기능 분야)에서 3년 이상 근무한 경력이 있는
　　　　　　사람 1명 이상

　　3. 자본금이 <u>2억원 이상</u>인 「상법」에 따른 주식회사일 것

③ **지정의 취소사유** : 상기에 따라 전담기관을 지정하여 단위물류정보망을 구축·운영하는 관계 행정기관은 단
　위물류정보망 전담기관이 다음의 어느 하나에 해당하는 경우에는 그 지정을 취소할 수 있다.

　　㉠ 거짓이나 그 밖의 부정한 방법으로 지정을 받은 경우 ➡ 절대적 취소사유

　　㉡ 지정기준에 미달하게 된 경우

(3) 위험물질운송안전관리센터(법 제29조)

① **위험물질운송안전관리센터의 설치·운영** : 국토교통부장관은 위험물질의 안전한 도로운송을 위하여 위험물
　질 운송차량을 통합적으로 관리하는 위험물질운송안전관리센터를 설치·운영한다. 이 경우 국토교통부장
　관은 대통령령으로 정하는 바에 따라 한국교통안전공단에 위험물질운송안전관리센터의 설치·운영을 대행
　하게 할 수 있다.

② **위험물질의 종류**

　　1. 「위험물안전관리법」에 따른 위험물

　　2. 「폐기물관리법」에 따른 지정폐기물(액상 폐기물 및 같은 법에 따라 환경부장관이 정하여 고시한 폐
　　　기물 중 금속성 분진·분말로 한정). 다만, **의료폐기물은 제외**한다.

　　3. 「화학물질관리법」에 따른 유해화학물질

　　4. 「고압가스 안전관리법 시행규칙」에 따른 가연성가스와 독성가스

③ **위험물질 운송차량의 최대 적재량 기준**

　　1. 위 제1호의 물질을 운송하는 차량 : 10,000리터 이상

　　2. 위 제2호의 물질을 운송하는 차량 : 10,000킬로그램 이상

　　3. 위 제3호의 물질을 운송하는 차량 : 5,000킬로그램 이상

　　4. 위 제4호의 물질 중 가연성가스를 운송하는 차량 : 6,000킬로그램 이상

　　5. 위 제4호의 물질 중 독성가스를 운송하는 차량 : 2,000킬로그램 이상

④ **지원사항** : 국토교통부장관은 예산의 범위에서 위험물질운송안전관리센터의 설치 및 운영을 대행하는 데
　필요한 예산을 지원할 수 있다.

(4) 국가물류통합데이터베이스의 구축(법 제30조) ★★☆

① **국가물류통합데이터베이스의 구축** : 국토교통부장관은 해양수산부장관·산업통상자원부장관 및 관세청장과 협의하여 관계 행정기관, 물류관련기관 또는 물류기업 등이 구축한 단위물류정보망으로부터 필요한 정보를 제공받거나 물류현황조사에 따라 수집된 정보를 가공·분석하여 물류 관련 자료를 총괄하는 국가물류통합데이터베이스를 구축할 수 있다.

② **자료의 제공 요청** : 국토교통부장관은 국가물류통합데이터베이스의 구축을 위하여 필요한 경우 관계 행정기관, 지방자치단체, 물류관련기관 또는 물류기업 등에 대하여 자료의 제공을 요청할 수 있다.

(5) 국가물류통합정보센터의 설치·운영(법 제30조의2)

① 국토교통부장관은 국가물류통합데이터베이스를 구축하고 물류정보를 가공·축적·제공하기 위한 통합정보체계를 갖추기 위하여 국가물류통합정보센터를 설치·운영할 수 있다.

② 국토교통부장관은 다음의 어느 하나에 해당하는 자를 국가물류통합정보센터의 운영자로 지정할 수 있다. ★☆☆
  ㉠ 중앙행정기관
  ㉡ 대통령령으로 정하는 공공기관(단위물류정보망의 전담기관과 동일 : 시행령 제20조 제5항)
  ㉢ 정부출연연구기관
  ㉣ **물류관련협회**
  ㉤ 자본금 2억원 이상, 업무능력 등 대통령령으로 정하는 기준과 자격*을 갖춘 「상법」상의 주식회사

> **＊ 자본금 2억원 이상, 업무능력 등 대통령령으로 정하는 기준과 자격**
> 1. 자본금이 **2억원** 이상일 것
> 2. 다음 각 목의 시설장비를 갖출 것
>   가. 물류정보 및 이와 관련된 전자문서의 송신·수신·중계 및 보관 시설장비
>   나. 국가물류통합정보센터를 안전하게 운영하기 위한 보호 시설장비
>   다. 국가물류통합정보센터의 정보시스템 관리 및 복제·저장 시설장비
>   라. 국가물류통합정보센터에 보관된 물류정보와 전자문서의 송신·수신의 일자·시각 및 자취 등을 기록·관리하는 시설장비
>   마. 단위물류정보망 및 외국의 물류정보망과의 정보연계에 필요한 시설장비
> 3. 다음 각 목의 인력을 보유할 것
>   가. **물류관리사 1명 이상**
>   나. 「국가기술자격법」에 따른 정보통신기사·정보처리기사 또는 전자계산기조직응용기사 이상의 국가기술자격이나 이와 동등한 자격이 있다고 국토교통부장관이 정하여 고시하는 사람 1명 이상
>   다. 「국가기술자격법」에 따른 정보통신분야(기술·기능 분야)에서 3년 이상 근무한 경력이 있는 사람 1명 이상

라. 물류정보의 처리·보관 및 전송 등을 위한 표준전자문서의 개발 또는 전자문서의 송신·수신 및 중계방식과 관련된 기술 분야에서 3년 이상 근무한 경력이 있는 사람 1명 이상

마. 국가물류통합정보센터의 시스템을 운영하고, 국가물류통합정보센터가 제공하는 물류정보의 이용자에 대한 상담이 가능한 전문요원 1명 이상

③ 국토교통부장관은 해양수산부장관·산업통상자원부장관 및 관세청장과 협의하여 국가물류통합정보센터의 효율적인 운영을 위하여 국가물류통합정보센터운영자에게 필요한 지원을 할 수 있다.

④ **지정의 취소사유** : 국토교통부장관은 국가물류통합정보센터운영자가 다음의 어느 하나에 해당하는 경우에는 그 지정을 취소할 수 있다.

㉠ 거짓이나 그 밖의 부정한 방법으로 지정을 받은 경우 ➡ **절대적 취소사유**

㉡ 지정기준에 미달하게 된 경우

㉢ 국가물류통합정보센터운영자가 국가물류통합데이터베이스의 물류정보를 영리 목적으로 사용한 경우

(6) 전자문서 및 물류정보의 보안 ★☆☆

① 금지행위(법 제33조)

㉠ 누구든지 단위물류정보망 또는 국가물류통합정보센터의 전자문서를 위작 또는 변작하거나 위작 또는 변작된 전자문서를 행사하여서는 아니 된다. ➡ **10년 이하의 징역 또는 1억원 이하의 벌금(가장 강력한 행정형벌)**

㉡ 누구든지 국가물류통합정보센터 또는 단위물류정보망에서 처리·보관 또는 전송되는 물류정보를 훼손하거나 그 비밀을 침해·도용 또는 누설해서는 아니 된다. ➡ **5년 이하의 징역 또는 5천만원 이하의 벌금**

㉢ 국가물류통합정보센터운영자 또는 단위물류정보망 전담기관은 전자문서 및 물류정보의 보안에 필요한 보호조치를 강구하여야 한다.

㉣ 누구든지 불법 또는 부당한 방법으로 보호조치를 침해하거나 훼손하여서는 아니 된다.

② 전자문서 및 물류정보의 보관기간 : **2년**

➡ **위반시** : 1년 이하의 징역 또는 1천만원 이하의 벌금

(7) 전자문서 및 물류정보의 공개 ★☆☆

① **원칙** : 국가물류통합정보센터운영자 또는 단위물류정보망 전담기관은 대통령령으로 정하는 경우를 제외하고는 전자문서 또는 물류정보를 공개하여서는 아니 된다.

➡ **위반시** : 3천만원 이하의 벌금

② **대통령령으로 정하는 예외적 공개사유** : 대통령령으로 정하는 경우란 국가의 안전보장에 위해가 없고 기업의 영업비밀을 침해하지 아니하는 경우로서 다음의 어느 하나에 해당하는 경우를 말한다.

1. 관계 중앙행정기관 또는 지방자치단체가 행정목적상의 필요에 따라 신청하는 경우
2. 수사기관이 수사목적상의 필요에 따라 신청하는 경우

3. 법원의 제출명령에 따른 경우
4. 다른 법률에 따라 공개하도록 되어 있는 경우
5. 그 밖에 국가물류통합정보센터운영자 또는 단위물류정보망 전담기관의 요청에 따라 국토교통부장관이 공개할 필요가 있다고 인정하는 경우

③ **공개절차** : 국가물류통합정보센터운영자 또는 단위물류정보망 전담기관은 전자문서 또는 물류정보를 공개하려는 때에는 **신청 등이 있은 날부터 60일** 이내에 서면(전자문서를 포함한다)으로 **이해관계인의 동의**를 받아야 한다.

6 국가 물류보안 시책의 수립 및 지원 ★☆☆

(1) 물류보안 시책의 수립 · 시행

국토교통부장관은 관계 중앙행정기관의 장과 협의하여 국가 물류보안 수준을 향상시키기 위하여 물류보안 관련 제도 및 물류보안 기술의 표준을 마련하는 등 국가 물류보안 시책을 수립 · 시행하여야 한다.

(2) 지원사항

국토교통부장관은 관계 중앙행정기관의 장과 협의하여 물류기업 또는 화주기업이 다음의 어느 하나에 해당하는 활동을 하는 경우에는 **행정적 · 재정적 지원을 할 수 있다.**

1. 물류보안 관련 시설 · 장비의 개발 · 도입
2. 물류보안 관련 제도 · 표준 등 국가 물류보안 시책의 준수
3. 물류보안 관련 교육 및 프로그램의 운영
4. 물류보안 관련 시설 · 장비의 유지 · 관리
5. 물류보안 사고발생에 따른 사후복구조치
6. 그 밖에 국토교통부장관이 정하여 고시하는 활동

(3) 물류보안 관련 국제협력 증진(법 제35조의3)

① 국토교통부장관은 관계 중앙행정기관의 장과 협의하여 물류보안 관련 국제협력의 증진을 위한 시책을 수립 · 시행하여야 한다.
② 국토교통부장관 및 해양수산부장관은 물류보안 관련 국제협력에 필요한 경비를 예산의 범위에서 지원할 수 있다.

4 물류산업의 경쟁력 강화

1 물류산업의 육성 및 경쟁력 강화

(1) 물류산업의 육성(법 제36조)

① 국토교통부장관 및 해양수산부장관은 화주기업에 대하여 운송·보관·하역 등의 물류서비스를 일관되고 통합된 형태로 제공하는 물류기업을 우선적으로 육성하는 등 물류산업의 경쟁력을 강화하는 시책을 강구하여야 한다.

② 국토교통부장관·해양수산부장관 또는 산업통상자원부장관은 물류기업의 육성을 위하여 다음의 조치를 할 수 있다.

㉠ 이 법 또는 대통령령으로 정하는 물류 관련 법률에 따라 국가 또는 지방자치단체의 지원을 받는 물류시설에의 우선 입주를 위한 지원

㉡ 물류시설·장비의 확충, 물류 표준화·정보화 등 물류효율화에 필요한 자금의 원활한 조달을 위하여 필요한 지원

(2) 제3자물류의 촉진(법 제37조)

① 국토교통부장관은 해양수산부장관 및 산업통상자원부장관과 협의하여 화주기업과 물류기업의 제3자물류 촉진을 위한 시책을 수립·시행하고 지원하여야 한다.

② 국토교통부장관은 해양수산부장관 및 산업통상자원부장관과 협의하여 화주기업 또는 물류기업이 다음의 어느 하나에 해당하는 활동을 하는 때에는 행정적·재정적 지원을 할 수 있다.

> 1. 제3자물류를 활용하기 위한 목적으로 화주기업이 물류시설을 매각·처분하거나 물류기업이 물류시설을 인수·확충하려는 경우
> 2. 제3자물류를 활용하기 위한 목적으로 물류컨설팅을 받으려는 경우
> 3. 그 밖에 제3자물류 촉진을 위하여 필요하다고 인정하는 경우

③ 국토교통부장관은 해양수산부장관 및 산업통상자원부장관과 협의하여 제3자물류 활용을 촉진하기 위하여 제3자물류 활용의 우수사례를 발굴하고 홍보할 수 있다.

(3) 물류신고센터의 설치(법 제37조의2)

① 설치 및 운영

㉠ 국토교통부장관 또는 해양수산부장관은 물류시장의 건전한 거래질서를 조성하기 위하여 **물류신고센터를 설치·운영**할 수 있다.

㉡ 물류신고센터의 장은 국토교통부 또는 해양수산부의 물류정책을 총괄하는 부서의 장으로서 국토교통부장관 또는 해양수산부장관이 지명하는 사람이 된다(시행령 제27조의2).

② 신고대상 분쟁 : 누구든지 물류시장의 건전한 거래질서를 해치는 다음의 행위로 분쟁이 발생하는 경우 그 사실을 물류신고센터에 신고할 수 있다.

    ㉠ 화물의 운송·보관·하역 등에 관하여 체결된 계약을 정당한 사유 없이 이행하지 아니하거나 일방적으로 계약을 변경하는 행위

    ㉡ 화물의 운송·보관·하역 등의 단가를 인하하기 위하여 고의적으로 재입찰하거나 계약단가 정보를 노출하는 행위

    ㉢ 화물의 운송·보관·하역 등에 관하여 체결된 계약의 범위를 벗어나 과적·금전 등을 제공하도록 강요하는 행위

    ㉣ 화물의 운송·보관·하역 등에 관하여 유류비의 급격한 상승 등 비용 증가분을 계약단가에 반영하는 것을 지속적으로 회피하는 행위

③ 물류신고센터의 업무

    ㉠ 신고의 접수, 신고 내용에 대한 사실관계 확인 및 조사

    ㉡ 조정의 권고

    ㉢ 자료의 제출 또는 보고의 요구

    ㉣ 그 밖에 신고업무 처리에 필요한 사항

(4) 보고 및 조사 등(법 제37조의3)

① 조정 권고 : 국토교통부장관 또는 해양수산부장관은 신고의 내용이 타인이나 국가 또는 지역 경제에 피해를 발생시키거나 발생시킬 우려가 있다고 인정하는 때에는 국토교통부령 또는 해양수산부령으로 정하는 바에 따라 해당 화주기업 또는 물류기업 등 이해관계인에게 다음의 사항을 명시하여 서면으로 통지하여 조정을 권고할 수 있다.

> 1. 신고의 주요 내용
> 2. 조정권고 내용
> 3. 조정권고에 대한 수락 여부 통보기한
> 4. 향후 신고 처리에 관한 사항

② 국토교통부장관 또는 해양수산부장관은 신고의 내용이 「독점규제 및 공정거래에 관한 법률」, 「하도급거래 공정화에 관한 법률」, 「대리점거래의 공정화에 관한 법률」 등 다른 법률을 위반하였다고 판단되는 때에는 **관계부처에 신고의 내용을 통보**하여야 한다.

③ 국토교통부장관 또는 해양수산부장관은 조정의 권고를 위하여 필요한 경우 해당 화주기업 또는 물류기업 등 이해관계인에게 국토교통부령 또는 해양수산부령으로 정하는 자료를 제출하게 하거나 보고하게 할 수 있다.

2 우수물류기업의 인증 ★★☆

(1) 우수물류기업의 인증(법 제38조) ★☆☆

① 국토교통부장관 및 해양수산부장관은 물류기업의 육성과 물류산업 발전을 위하여 소관 물류기업을 각각 우수물류기업으로 인증할 수 있다.

② 우수물류기업의 인증은 물류사업별로 운영할 수 있으며, 각 사업별 인증의 주체와 대상 등에 필요한 사항은 대통령령(아래 별표)으로 정한다.

[별표 1의2] 사업별 우수물류기업 인증의 주체와 대상(시행령 제27조의4 관련)

물류사업	인증 대상 물류기업	인증 주체
1. 화물운송업	화물자동차운송기업	국토교통부장관
2. 물류시설 운영업	물류창고기업	국토교통부장관 또는 해양수산부장관(「항만법」 제2조 제4호에 따른 항만구역에 있는 창고를 운영하는 기업의 경우만 해당한다)
3. 물류 서비스업	가. 국제물류주선기업	국토교통부장관
	나. 화물정보망기업	국토교통부장관
4. 종합물류 서비스업	종합물류서비스업	국토교통부장관·해양수산부장관 공동

③ 점검

㉠ 국토교통부장관 또는 해양수산부장관은 인증우수물류기업이 인증의 기준·절차·방법·점검 및 인증 표시의 방법 등의 요건을 유지하는지에 대하여 국토교통부와 해양수산부의 공동부령으로 정하는 바에 따라 **3년마다** 점검하여야 한다(시행령 제28조).

㉡ 국토교통부장관 또는 해양수산부장관은 공동부령으로 정하는 바에 따라 우수물류기업 인증심사대행기관으로 하여금 인증우수물류기업에 대한 점검을 하게 할 수 있다.

(2) 인증우수물류기업 인증의 취소(법 제39조)

① 인증의 취소사유 : 국토교통부장관 또는 해양수산부장관은 소관 인증우수물류기업이 다음의 어느 하나에 해당하는 경우에는 그 인증을 취소할 수 있다. 다만, 제1호에 해당하는 때에는 인증을 취소하여야 한다.

1. **거짓이나 그 밖의 부정한 방법으로 인증을 받은 경우 ➜ 절대적 취소**
2. 물류사업으로 인하여 공정거래위원회로부터 시정조치 또는 과징금 부과 처분을 받은 경우
3. 제38조 제3항에 따른 점검을 정당한 사유 없이 3회 이상 거부한 경우
4. 제38조 제4항의 인증기준에 맞지 아니하게 된 경우
5. 등록증 대여 등의 금지를 위반하여 다른 사람에게 자기의 성명 또는 상호를 사용하여 영업을 하게 하거나 인증서를 대여한 때

② **취소의 효과** : 인증우수물류기업은 우수물류기업의 인증이 취소된 경우에는 인증서를 반납하고, 인증마크의 사용을 중지하여야 한다.

(3) 인증심사대행기관(법 제40조)

① 인증심사대행기관의 업무범위 : 국토교통부장관 및 해양수산부장관은 우수물류기업의 인증과 관련하여 우수물류기업 인증심사대행기관을 공동으로 지정하여 다음의 업무를 하게 할 수 있다.
   ㉠ 인증신청의 접수
   ㉡ 인증요건에 맞는지에 대한 심사
   ㉢ 인증에 따른 점검의 대행
   ㉣ 그 밖에 인증업무를 원활히 수행하기 위하여 대통령령으로 정하는 지원업무
② 인증심사대행기관의 지정 ★☆☆ : 심사대행기관은 대통령령으로 정하는 바에 따라 공공기관, 정부출연연구기관 중에서 지정한다.
③ 인증심사대행기관의 지정취소 : 국토교통부장관 및 해양수산부장관은 심사대행기관이 거짓 또는 부정한 방법으로 지정을 받은 경우(절대적 취소), 고의 또는 중대한 과실로 인증 기준 및 절차를 위반한 경우, 정당한 사유 없이 인증업무를 거부한 경우에는 취소할 수 있다.

(4) 인증서와 인증마크(법 제41조)

① 국토교통부장관 또는 해양수산부장관은 소관 인증우수물류기업에 대하여 인증서를 교부하고, 인증을 나타내는 표시를 제정하여 인증우수물류기업이 사용하게 할 수 있다.
② 벌칙 : 인증우수물류기업이 아닌 자는 거짓의 인증마크를 제작·사용하거나 그 밖의 방법으로 인증우수물류기업임을 사칭하여서는 아니 된다.
   ➜ **위반시 : 3,000만원 이하의 벌금**

3 국제물류주선업 ★☆☆

체크 Point

✪ **물류법규상 규정된 사업의 경영요건 및 휴·폐업 등의 절차**

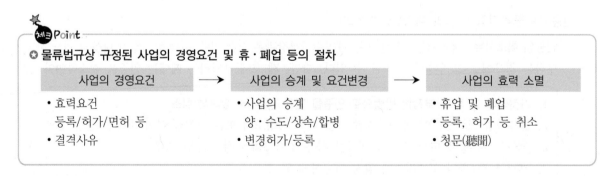

사업의 경영요건	→	사업의 승계 및 요건변경	→	사업의 효력 소멸

• 효력요건
  등록/허가/면허 등
• 결격사유
		• 사업의 승계
		  양·수도/상속/합병
		• 변경허가/등록
				• 휴업 및 폐업
				• 등록, 허가 등 취소
				• 청문(聽聞)

(1) 개념

국제물류주선업이란 **타인의 수요**에 따라 **자기의 명의와 계산**으로 **타인의** 물류시설·장비 등을 **이용**하여 수출입화물의 물류를 주선하는 사업을 말한다.

(2) 국제물류주선업의 등록

① **규정**(법 제43조) : 국제물류주선업을 경영하려는 자는 **국토교통부령**으로 정하는 바에 따라 **시·도지사**에게 **등록**하여야 한다.*

  ＊ **등록 위반시** : 무등록 경영(1년 이하의 징역 또는 1천만원 이하의 벌금)

② **등록기준** : 등록을 하려는 자는 **3억원 이상**의 자본금(법인이 아닌 경우 : **6억원** 이상 자산평가액)을 보유하고, 다음의 어느 하나에 해당하는 경우를 제외하고는 **1억원 이상의 보증보험**에 가입하여야 한다.

> 1. 자본금 또는 자산평가액이 10억원 이상인 경우
> 2. 컨테이너장치장을 소유하고 있는 경우
> 3. 「은행법」에 따른 은행으로부터 1억원 이상의 지급보증을 받은 경우
> 4. 1억원 이상의 화물배상책임보험에 가입한 경우

③ **등록기준 신고의무**(변경등록도 동일)

  ㉠ 국제물류주선업자는 등록기준에 관한 사항을 **3년이 경과**할 때마다 국토교통부령으로 정하는 바에 따라 **신고**하여야 한다.

  ㉡ 국제물류주선업자는 국제물류주선업을 등록한 날부터 3년이 경과할 때부터 **60일** 이내에 등록기준 신고서에 첨부서류를 갖추어 **시·도지사**에게 제출하여야 한다.

④ **등록의 결격사유** : 다음의 어느 하나에 해당하는 자는 국제물류주선업의 등록을 할 수 없으며, 외국인 또는 외국의 법령에 따라 설립된 법인의 경우에는 해당 국가의 법령에 따라 다음의 어느 하나에 해당하는 경우에도 또한 같다.

> 1. 피성년후견인 또는 피한정후견인
> 2. 「물류정책기본법」, 「화물자동차 운수사업법」, 「항공사업법」, 「항공안전법」, 「공항시설법」 또는 「해운법」을 위반하여 금고 이상의 실형을 선고받고 그 집행이 종료(집행이 종료된 것으로 보는 경우 포함)되거나 집행이 면제된 날부터 **2년**이 지나지 아니한 자(「유통산업발전법」 ×))
> 3. 「물류정책기본법」, 「화물자동차 운수사업법」, 「항공사업법」, 「항공안전법」, 「공항시설법」 또는 「해운법」을 위반하여 금고 이상의 형의 집행유예를 선고받고 그 유예기간 중에 있는 자
> 4. 「물류정책기본법」, 「화물자동차 운수사업법」, 「항공사업법」, 「항공안전법」, 「공항시설법」 또는 「해운법」을 위반하여 벌금형을 선고받고 **2년**이 지나지 아니한 자
> 5. 국제물류주선업의 등록취소처분을 받은 후 **2년**이 지나지 아니한 자(거짓이나 그 밖의 부정한 방법으로 등록을 한 경우는 제외)

6. 법인으로서 대표자가 제1호부터 제5호까지의 어느 하나에 해당하는 경우
7. 법인으로서 대표자가 아닌 임원 중에 제2호부터 제5호까지의 어느 하나에 해당하는 자가 있는 경우

확인하기

▶ **물류정책기본법상 국제물류주선업의 등록을 할 수 있는 자는?**

① 피한정후견인
②「물류정책기본법」을 위반하여 금고 이상의 실형을 선고받고 그 집행이 종료되거나 집행이 면제된 날부터 2년이 지나지 아니한 자
③「유통산업발전법」을 위반하여 금고 이상의 형의 집행유예를 선고받고 그 유예기간 중에 있는 자
④「화물자동차 운수사업법」을 위반하여 벌금형을 선고받고 2년이 지나지 아니한 자
⑤ 대표자가 피성년후견인인 법인

정답 ③

⑤ 변경등록
　　㉠ 국제물류주선업을 등록한 자(이하 "국제물류주선업자"라 한다)가 등록한 사항 중 **국토교통부령으로 정하는 중요한 사항**을 변경하려는 경우에는 국토교통부령으로 정하는 바에 따라 변경등록을 하여야 한다.
　　㉡ 국토교통부령으로 정하는 중요 사항의 변경 ★☆☆
　　　　ⓐ 다음의 어느 하나에 해당하는 사항을 변경하려는 경우

1. 상호
2. 성명(법인인 경우에는 임원의 성명) 및 주민등록번호(법인인 경우에는 법인등록번호)
3. 주사무소 소재지
4. 국적 또는 소속 국가명

　　　　ⓑ 자본금 또는 자산평가액이 감소되는 경우

(3) 사업의 승계

① 국제물류주선업자가 그 **사업을 양도**하거나 **사망한 때** 또는 **법인이 합병**한 때에는 그 양수인·상속인 또는 합병 후 존속하는 법인이나 합병으로 설립되는 법인은 국제물류주선업의 등록에 따른 권리·의무를 승계한다.
② 국제물류주선업의 등록에 따른 권리·의무를 승계한 자는 국토교통부령으로 정하는 바에 따라 **시·도지사**에게 **신고**하여야 한다.
③ 국제물류주선업의 양도·양수를 신고하려는 자는 양도·양수신고서를, 상속을 신고하려는 자는 상속신고서를, 국제물류주선업자인 법인의 합병을 신고하려는 자는 법인합병신고서를 그 권리·의무를 승계한 날부터 **30일 이내**에 **시·도지사**에게 제출하여야 한다.

(4) 사업의 휴업·폐업 관련 정보의 제공 요청

시·도지사는 국제물류주선업자의 휴업·폐업 사실을 확인하기 위하여 필요한 경우에는 관할 세무관서의 장에게 대통령령으로 정하는 바에 따라 휴업·폐업에 관한 과세정보의 제공을 요청할 수 있다. 이 경우 요청을 받은 세무관서의 장은 정당한 사유가 없으면 그 요청에 따라야 한다.

(5) 등록의 취소(법 제47조)

① 시·도지사는 국제물류주선업자가 다음의 어느 하나에 해당하는 경우에는 등록을 취소하거나 **6개월 이내**의 기간을 정하여 사업의 전부 또는 일부의 정지를 명할 수 있다. 다만, 제1호·제4호·제5호에 해당하는 경우에는 등록을 취소하여야 한다.

> 1. **거짓이나 그 밖의 부정한 방법으로 등록을 한 때 → 절대적 취소**
> 2. 국제물류주선업의 자본금 등록기준(법인 3억원, 법인이 아닌 경우 자산평가액 6억원)에 못 미치게 된 경우
> 3. 등록기준 신고의무(3년)를 위반하여 신고를 하지 아니하거나 거짓으로 신고한 때
> 4. **등록결격사유의 어느 하나에 해당하게 된 경우.** 다만, 그 지위를 승계받은 상속인이 등록결격사유의 어느 하나에 해당하는 경우에 상속일부터 **3개월** 이내에 그 사업을 다른 사람에게 양도한 경우와 법인이 그 사유가 발생한 날부터 **3개월** 이내에 해당 임원을 개임한 경우에는 그러하지 아니하다(등록 취소 유예기간 : 3개월). **→ 절대적 취소**
> 5. **등록증 대여 등의 금지를 위반하여 다른 사람에게 자기의 성명 또는 상호를 사용하여 영업을 하게 하거나 등록증을 대여한 때 → 절대적 취소**

> **✚ 취소해야만 하는 공통적 사항**
> • 거짓이나 그 밖에 부정한 방법으로 ~
> • 영업의 정지기간 중 영업한 경우
> • 결격사유에 해당하는 경우

② 시·도지사는 등록을 취소하는 경우에는 그 내용을 공보 또는 인터넷 홈페이지에 20일 이상 공고하여야 한다.

(6) 자금의 지원(법 제49조)

국가는 국제물류주선업의 육성을 위하여 필요하다고 인정하는 경우에는 국제물류주선업자에게 그 사업에 필요한 소요자금의 융자 등 필요한 지원을 할 수 있다.

4 물류인력의 양성(법 제50조)

(1) 물류인력양성사업

국토교통부장관·해양수산부장관 또는 시·도지사는 대통령령으로 정하는 물류분야의 기능인력 및 전문인력을 양성하기 위하여 다음의 사업을 할 수 있다.

① 화주기업 및 물류기업에 종사하는 물류인력의 역량강화를 위한 교육·연수
② 물류체계 효율화 및 국제물류 활성화를 위한 선진기법, 교육프로그램 및 교육교재의 개발·보급
③ 외국 물류대학의 국내유치활동 지원 및 국내대학과 외국대학 간의 물류교육 프로그램의 공동 개발활동 지원
④ 물류시설의 운영과 물류장비의 조작을 담당하는 기능인력의 양성·교육
⑤ 그 밖에 신규 물류인력 양성, 물류관리사 재교육 또는 외국인 물류인력 교육을 위하여 필요한 사업

(2) 지원사항

국토교통부장관·해양수산부장관 또는 시·도지사는 정부출연연구기관, 대학이나 대학원, 물류연수기관이 물류인력양성사업을 하는 경우에는 예산의 범위에서 사업수행에 필요한 경비의 전부나 일부를 지원할 수 있다.

5 물류관리사 제도(법 제51조 내지 제54조)

(1) 개념

물류관리사란 물류관리에 관한 전문지식을 가진 자로서 제51조에 따른 자격을 취득한 자를 말한다(법 제2조 제12호).

(2) 물류관리사 자격시험

① 시험의 실시 : 매년 1회 실시하되, 국토교통부장관이 수급상 특히 필요하다고 인정하는 경우에는 2년마다 실시할 수 있다.
② 시험방법 : 시험은 필기의 방식으로 실시하며, 선택형을 원칙으로 하되, 기입형을 가미할 수 있다.
③ 시험의 공고 : 국토교통부장관은 시험을 시행하려는 때에는 시험내용, 일시, 장소 및 합격자 결정방법 등의 사항을 시험시행일 **90일 전**까지 주요 **일간신문 및 국토교통부의 인터넷 홈페이지**에 공고하여야 한다.
④ 물류관리사 자격시험
　㉠ 물류관리사가 되려는 자는 국토교통부장관이 실시하는 시험에 합격하여야 한다.
　㉡ 시험에 응시하여 부정행위를 한 자에 대하여는 그 시험을 무효로 한다.
　㉢ ㉡에 따른 처분을 받은 자와 자격이 취소된 자는 그 처분을 받은 날 또는 자격이 취소된 날부터 3년간 시험에 응시할 수 없다.
⑤ 물류관리사 자격의 취소 : 국토교통부장관은 물류관리사가 다음의 어느 하나에 해당하는 때에는 그 자격을 취소하여야 한다.

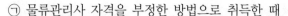

    ㉠ 물류관리사 자격을 부정한 방법으로 취득한 때

    ㉡ 다른 사람에게 자기의 성명을 사용하여 영업을 하게 하거나 자격증을 대여한 때

    ㉢ 물류관리사의 성명의 사용이나 물류관리사 자격증 대여를 알선한 때

(3) 우선지원 ★☆☆

① 국토교통부장관 또는 시·도지사는 물류관리사를 고용한 물류관련 사업자에 대하여 다른 사업자보다 우선하여 행정적·재정적 지원을 할 수 있다.

② 시·도지사는 ①에 따른 지원을 하려는 경우에는 중복을 방지하기 위하여 미리 국토교통부장관과 협의하여야 한다.

6 물류 관련 단체의 육성

(1) 물류관련협회(법 제55조) ★☆☆

① 물류기업, 화주기업, 그 밖에 물류활동과 관련된 자는 **물류체계를 효율화하고 업계의 건전한 발전 및 공동이익을 도모**하기 위하여 필요할 경우 대통령령으로 정하는 바에 따라 협회(이하 "물류관련협회"라 한다)를 설립할 수 있다.

② 물류관련협회를 설립하려는 경우 해당 협회의 회원이 될 자격이 있는 기업 **100개** 이상이 발기인으로 정관을 작성하여 해당 협회의 회원이 될 자격이 있는 기업 **200개** 이상이 참여한 창립총회의 의결을 거친 후 국토교통부장관 또는 해양수산부장관의 **설립인가**를 받아야 한다.

③ 물류관련협회는 설립인가를 받아 **설립등기**를 함으로써 성립한다.

④ 물류관련협회는 법인으로 한다.

⑤ 물류관련협회에 관하여 이 법에 규정한 것 외에는 「**민법**」 중 **사단법인**에 관한 규정을 준용한다.

⑥ 국토교통부장관 및 해양수산부장관은 물류관련협회의 발전을 위하여 필요한 경우에는 물류관련협회를 행정적·재정적으로 지원할 수 있다.

(2) 민·관 합동 물류지원센터(법 제56조)

① 국토교통부장관·해양수산부장관·산업통상자원부장관 및 대통령령으로 정하는 물류관련협회 및 물류관련 전문기관·단체는 공동으로 물류체계 효율화를 통한 국가경쟁력을 강화하고 국제물류사업을 효과적으로 추진하기 위하여 물류지원센터를 설치·운영할 수 있다.

② 물류지원센터의 업무

    ㉠ 국내물류기업의 해외진출 및 해외물류기업의 국내투자유치 지원

    ㉡ 물류산업의 육성·발전을 위한 조사·연구

    ㉢ 그 밖에 물류 공동화 및 정보화 지원 등 물류체계 효율화를 위하여 필요한 업무

5 물류의 선진화 및 국제화

1 물류 관련 신기술·기법의 연구개발 및 보급 촉진(법 제57조) ★☆☆

(1) 국토교통부장관·해양수산부장관 또는 시·도지사는 첨단화물운송체계·**클라우드컴퓨팅·무선주파수인식 및 정온물류 등** 물류 관련 신기술·기법의 연구개발 및 이를 통한 첨단 물류시설·장비·운송수단(이하 "첨단물류시설등")의 보급·촉진을 위한 시책을 마련하여야 한다.

(2) 국토교통부장관·해양수산부장관 또는 시·도지사는 물류기업이 다음의 활동을 하는 경우에는 이에 필요한 행정적·재정적 지원을 할 수 있다.

> 1. 물류신기술을 연구개발하는 경우
> 2. 기존 물류시설·장비·운송수단을 첨단물류시설등으로 전환하거나 첨단물류시설등을 새롭게 도입하는 경우
> 3. 그 밖에 물류신기술 및 첨단물류시설등의 개발·보급을 위하여 대통령령으로 정하는 사항

(3) 국토교통부장관 또는 해양수산부장관은 물류신기술·첨단물류시설등 중 성능 또는 품질이 우수하다고 인정되는 경우 우수한 물류신기술·첨단물류시설등으로 지정하여 이의 보급·활용에 필요한 행정적·재정적 지원을 할 수 있다.

(4) 시·도지사는 (1) 또는 (2)의 조치를 하려는 경우에는 중복을 방지하기 위하여 미리 국토교통부장관 및 해양수산부장관과 협의하고, 그 내용을 지역물류기본계획과 지역물류시행계획에 반영하여야 한다.

2 환경친화적 물류의 촉진 ★☆☆

(1) **환경친화적 물류의 촉진**(법 제59조)
① 국토교통부장관·해양수산부장관 또는 시·도지사는 물류활동이 환경친화적으로 추진될 수 있도록 관련 시책을 마련하여야 한다.
② 국토교통부장관·해양수산부장관 또는 시·도지사는 ㉠ 물류기업, ㉡ 화주기업 또는 「화물자동차 운수사업법」에 따른 ㉢ 개인 운송사업자가 환경친화적 물류활동을 위하여 다음의 활동을 하는 경우에는 행정적·재정적 지원을 할 수 있다.

> 1. 환경친화적인 운송수단 또는 포장재료의 사용
> 2. 기존 물류시설·장비·운송수단을 환경친화적인 물류시설·장비·운송수단으로 변경
> 3. 환경친화적인 물류시스템의 도입 및 개발

4. 물류활동에 따른 폐기물 **감량**
5. 그 밖에 물류자원을 절약하고 재활용하는 활동으로서 국토교통부장관 및 해양수산부장관이 정하여 고시하는 사항

(2) 환경친화적 운송수단으로의 전환촉진(법 제60조 : Modal shift)

국토교통부장관·해양수산부장관 또는 시·도지사는 물류기업 및 화주기업에 대하여 환경친화적인 운송수단으로의 전환을 권고하고 지원할 수 있다.

1. 화물자동차·철도차량·선박·항공기 등의 배출가스를 저감하거나 배출가스를 저감할 수 있는 운송수단으로 전환하는 경우 및 이를 위한 시설·장비투자를 하는 경우
2. 환경친화적인 연료를 사용하는 운송수단으로 전환하는 경우 및 이를 위한 시설·장비투자를 하는 경우

(3) 지원내용

① 환경친화적 운송수단으로의 전환에 필요한 자금의 보조·융자 및 융자 알선
② 환경친화적 운송수단으로의 전환에 필요한 교육, 컨설팅 및 정보의 제공
③ 그 밖에 환경친화적 운송수단으로의 전환을 지원하기 위하여 국토교통부장관이 해양수산부장관 및 관계 행정기관의 장과 협의하여 고시하는 사항

(4) 우수녹색물류실천기업의 지정(법 제60조의3 내지 제60조의6)

① **지정권자** : 국토교통부장관
   국토교통부장관은 환경친화적 물류활동을 모범적으로 하는 물류기업과 화주기업을 우수기업으로 지정할 수 있다.
② **지정기준의 정기점검** : 국토교통부장관은 지정받은 자가 지정기준을 적합하게 유지하고 있는지를 **3년**마다 정기적으로 점검하여야 한다.
③ **우수녹색물류실천기업 지정증과 지정표시**
   국토교통부장관은 우수녹색물류실천기업에 지정증을 발급하고, 지정표시를 정하여 우수녹색물류실천기업이 사용하게 할 수 있다.
④ **우수녹색물류실천기업의 지정취소** : 국토교통부장관은 우수녹색물류실천기업이 다음의 어느 하나에 해당하는 경우에는 그 지정을 취소할 수 있다. 다만, ㉠에 해당할 때에는 지정을 취소하여야 한다.
   ㉠ 거짓이나 그 밖의 부정한 방법으로 지정을 받은 경우 ➜ **절대적 취소**
   ㉡ 지정기준 요건을 충족하지 아니하게 된 경우
   ㉢ 점검을 정당한 사유 없이 3회 이상 거부한 경우

(5) 우수녹색물류실천기업 지정심사대행기관(법 제60조의7)

① **지정심사대행기관의 업무** : 국토교통부장관은 우수녹색물류실천기업 지정과 관련하여 우수녹색물류실천기업 지정심사대행기관을 지정하여 다음의 업무를 하게 할 수 있다.

> 1. 우수녹색물류실천기업 지정신청의 접수
> 2. 우수녹색물류실천기업의 지정기준에 충족하는지에 대한 심사
> 3. 우수녹색물류실천기업에 대한 점검
> 4. 우수녹색물류실천기업에 대한 홍보

② **지정심사대행기관의 지정** : 지정심사대행기관은 대통령령으로 정하는 바에 따라 공공기관, 정부출연연구기관 중에서 지정한다.

③ **지정심사대행기관의 취소**(법 제60조의8) : 국토교통부장관은 지정심사대행기관이 다음의 어느 하나에 해당하는 경우에는 그 지정을 취소할 수 있다. 다만, ㉠에 해당하는 경우에는 지정을 취소하여야 한다.

㉠ 거짓 또는 부정한 방법으로 지정을 받은 경우 ➜ **절대적 취소**
㉡ 고의 또는 중대한 과실로 지정 기준 및 절차를 위반한 경우
㉢ 정당한 사유 없이 지정업무를 거부한 경우

3 국제물류의 촉진 및 지원

(1) 국제물류사업의 촉진 및 지원

① **시책의 마련** : **국토교통부장관·해양수산부장관** 또는 **시·도지사**는 국제물류협력체계 구축, 국내 물류기업의 해외진출, 해외 물류기업의 유치 및 환적화물의 유치 등 국제물류 촉진을 위한 시책을 마련하여야 한다.

② **지원사항** : 국토교통부장관·해양수산부장관 또는 시·도지사는 대통령령으로 정하는 물류기업 또는 관련 전문기관·단체가 추진하는 다음의 국제물류사업에 대하여 행정적인 지원을 하거나 예산의 범위에서 필요한 경비의 전부나 일부를 지원할 수 있다.

> 1. 물류 관련 정보·기술·인력의 국제교류
> 2. 물류 관련 국제 표준화, 공동조사, 연구 및 기술협력
> 3. 물류 관련 국제학술대회, 국제박람회 등의 개최
> 4. 해외 물류시장의 조사·분석 및 수집정보의 체계적인 배분
> 5. 국가 간 물류활동을 촉진하기 위한 지원기구의 설립
> 6. 외국 물류기업의 유치
> 7. 국내 물류기업의 해외 물류기업 인수 및 해외 물류 인프라 구축
> 8. 그 밖에 국제물류사업의 촉진 및 지원을 위하여 필요하다고 인정되는 사항

③ 국토교통부장관 및 해양수산부장관은 범정부차원의 지원이 필요한 국가 간 물류협력체의 구성 또는 정부 간 협정의 체결 등에 관하여는 미리 국가물류정책위원회의 심의를 거쳐야 한다.

④ 국토교통부장관·해양수산부장관 또는 시·도지사는 물류기업 및 국제물류 관련 기관·단체의 국제물류활동을 촉진하기 위하여 필요한 행정적·재정적 지원을 할 수 있다.

(2) 공동투자유치활동(법 제62조)

① **국토교통부장관·해양수산부장관 또는 시·도지사**는 물류시설에 외국인투자기업 및 환적화물을 효과적으로 유치하기 위하여 필요한 경우에는 해당 물류시설관리자 또는 국제물류 관련 기관·단체와 공동으로 투자유치활동을 수행할 수 있다.

② 협조의무 : 물류시설관리자와 국제물류 관련 기관·단체는 공동투자유치활동에 대하여 특별한 사유가 없는 한 적극 협조하여야 한다.

③ 협조요청 : 국토교통부장관·해양수산부장관 또는 시·도지사는 효율적인 투자유치를 위하여 필요하다고 인정되는 경우에는 재외공관 등 관계 행정기관 및 「대한무역투자진흥공사법」에 따른 대한무역투자진흥공사 등 관련 기관·단체에 협조를 요청할 수 있다.

(3) 투자유치활동의 평가(법 제63조)

① 국토교통부장관 및 해양수산부장관은 물류시설관리자의 외국인투자기업 및 환적화물에 대한 적극적인 유치활동을 촉진하기 위하여 필요한 경우에는 해당 물류시설관리자의 투자유치활동에 대한 평가를 할 수 있다.

② 국토교통부장관 및 해양수산부장관은 다음의 물류시설에 대한 소유권 또는 관리·운영권을 인정받은 자에 대하여 투자유치활동에 대한 평가를 할 수 있다.

ㄱ 「공항시설법」에 따른 공항 중 국제공항 및 그 배후지에 위치한 물류시설

ㄴ 「항만법」에 따른 무역항 및 그 배후지에 위치한 물류시설

③ 국토교통부장관 및 해양수산부장관은 평가를 위하여 필요한 경우에는 평가대상기관에 대하여 관련 자료의 제출을 요청할 수 있다.

④ 국토교통부장관 및 해양수산부장관은 평가대상기관에 대하여 그 평가 결과에 따라 행정적·재정적 지원을 달리할 수 있다.

6 보칙 및 벌칙

1 등록증 대여 등의 금지(법 제66조)

(1) 인증우수물류기업·국제물류주선업자 및 **우수녹색물류실천기업**은 다른 사람에게 자기의 성명 또는 상호를 사용하여 사업을 하게 하거나 그 인증서·등록증 또는 지정증을 대여하여서는 안 된다.

(2) **물류관리사 자격증 대여 금지**(법 제66조의2)

① 물류관리사는 다른 사람에게 자기의 성명을 사용하여 사업을 하게 하거나 물류관리사 자격증을 대여하여서는 안 된다.

② 누구든지 물류관리사로부터 그 성명을 빌려 사업을 하거나 물류관리사 자격증을 대여 받아서는 아니 되며, 이를 알선하여서도 안 된다.

2 과징금(법 제67조) ★★☆

(1) **과징금의 개념**

과징금이란 일정한 행정상 책임과 의무를 위반 또는 불이행시 행정청이 의무자에게 부과하는 금전적인 제재로 물류관련법규에서는 영업정지와 같은 징벌적 처분으로 인하여 발생할 수 있는 국민의 불편 등을 고려하여 이에 갈음하여 금전으로 부과하는 제재조치를 말한다.

(2) **과징금 부과의 내용 및 절차**

① 부과권자 및 부과사유 : **시·도지사**는 국제물류주선업자에게 사업의 정지를 명하여야 하는 경우로서 그 사업의 정지가 해당 사업의 이용자 등에게 심한 불편을 주는 경우에는 그 사업정지 처분을 갈음하여 1천만원 이하의 과징금을 부과할 수 있다.

② 과징금액 : 시·도지사는 국제물류주선업자의 사업규모, 사업지역의 특수성, 위반행위의 정도 및 횟수 등을 고려하여 과징금의 금액의 1/2의 범위에서 이를 늘리거나 줄일 수 있다. 이 경우 과징금을 늘리더라도 과징금의 총액은 **1천만원**을 초과할 수 없다.

③ 소상공인에 대한 감경규정 : 시·도지사는 고의 또는 중과실이 없는 위반행위자가 「소상공인기본법」에 따른 소상공인에 해당하고, 과징금을 체납하고 있지 않은 경우에는 다음의 사항을 고려하여 과징금의 **70/100** 범위에서 그 금액을 줄여 부과할 수 있다. 다만, ②의 감경과 중복하여 적용하지 않는다.

㉠ 위반행위자의 현실적인 부담능력

㉡ 경제위기 등으로 위반행위자가 속한 시장·산업 여건이 현저하게 변동되거나 지속적으로 악화된 상태인지 여부

④ 징수 : 과징금을 기한 내에 납부하지 아니한 때에는 시·도지사는 「**지방행정제재·부과금의 징수 등에 관한 법률**」에 따라 징수한다.

(3) 과징금의 납부

① 시·도지사는 위반행위를 한 자에 대하여 과징금을 부과하려는 경우에는 해당 위반행위를 조사·확인한 후 위반사실·이의방법·이의기간 등을 서면으로 명시하여 이를 낼 것을 과징금 부과대상자에게 통지하여야 한다.

② 통지를 받은 자는 통지를 받은 날부터 **20일** 이내에 시·도지사가 정하는 수납기관에 과징금을 내야 한다.

3 청문(법 제68조) ★☆☆

(1) 청문의 개념

청문이란 행정절차에 참여한 참가자가 국가공권력에 의하여 불이익을 받게 되는 경우 자신의 의견을 밝히거나 자신을 방어할 수 있는 기회를 말한다. 우리나라 「행정절차법」 제2조 제5호에서는 행정청이 어떠한 처분을 하기 전에 당사자 등의 의견을 직접 듣고 증거를 조사하는 절차로 정의하고 있다.

(2) 청문의 대상 ★☆☆

국토교통부장관, 해양수산부장관, 시·도지사 및 행정기관은 다음의 어느 하나에 해당하는 취소를 하려면 청문을 하여야 한다.

1. 단위물류정보망 전담기관에 대한 지정의 취소
2. 국가물류통합정보센터운영자에 대한 지정의 취소
3. 인증우수물류기업에 대한 인증의 취소
4. 우수물류기업 인증심사대행기관 지정의 취소
5. 국제물류주선업자에 대한 등록의 취소
6. 물류관리사 자격의 취소
7. 우수녹색물류실천기업의 지정취소
8. 우수녹색물류실천기업 지정심사대행기관의 지정취소

4 벌칙(법 제71조) ★☆☆

(1) 전자문서의 위작 또는 변작

제33조 제1항을 위반하여 전자문서를 위작 또는 변작하거나 그 사정을 알면서 위작 또는 변작된 전자문서를 행사한 자는 10년 이하의 징역 또는 1억원 이하의 벌금에 처한다. 이 경우 미수범은 본죄에 준하여 처벌한다.

(2) 비밀의 침해·도용 또는 누설

제33조 제2항을 위반하여 국가물류통합정보센터 또는 단위물류정보망에 의하여 처리·보관 또는 전송되는 물류정보를 훼손하거나 그 비밀을 침해·도용 또는 누설한 자는 5년 이하의 징역 또는 5천만원 이하의 벌금에 처한다.

(3) 국가물류통합정보센터 또는 단위물류정보망의 보호조치 침해 또는 훼손

제33조 제5항을 위반하여 국가물류통합정보센터 또는 단위물류정보망의 보호조치를 침해하거나 훼손한 자는 3년 이하의 징역 또는 3천만원 이하의 벌금에 처한다.

(4) 1년 이하의 징역 또는 1천만원 이하의 벌금

① 위험물질운송안전관리센터의 운영에 필요한 정보를 수집·관리·활용하는 자가 취득한 정보를 목적 외의 용도로 사용한 경우
② 전자문서 또는 물류정보를 대통령령으로 정하는 기간(2년) 동안 보관하지 아니한 자
③ 국제물류주선업의 등록을 하지 아니하고 국제물류주선업을 경영한 자
④ 자신의 성명을 사용하여 사업을 하게 하거나 물류관리사 자격증을 대여한 자
⑤ 물류관리사로부터 그 성명을 빌려 사업을 하거나 물류관리사 자격증을 대여받은 자 또는 이를 알선한 자

(5) 3천만원 이하의 벌금

① 제34조 제1항을 위반하여 전자문서 또는 물류정보를 공개한 자
② 제41조 제3항을 위반하여 거짓의 인증마크를 제작·사용하거나 그 밖의 방법으로 인증받은 기업임을 사칭한 자

(6) 1천만원 이하의 벌금

① 제29조의3 제2항에 따른 위험물질 운송차량의 운행중지 명령에 따르지 아니한 자
② 제37조의3 제3항에 따른 자료 제출 및 보고를 하지 아니하거나 거짓으로 한 자
③ 제37조의3 제4항에 따른 조사를 거부·방해 또는 기피한 자
④ 제60조의4 제3항(우수녹색물류실천기업의 지정)을 위반하여 지정을 받지 아니하고 지정표시 또는 이와 유사한 표시를 사용한 자
⑤ 제66조(등록증 대여 등의 금지)를 위반하여 성명 또는 상호를 다른 사람에게 사용하게 하거나 인증서·등록증 또는 지정증을 대여한 자

5 **과태료**(행정질서벌) : 200만원 이하

① 물류현황조사, 국가·지역물류기본계획 수립을 위한 자료를 제출하지 아니하거나 거짓의 자료를 제출한 자

② 국제물류주선업의 변경등록을 하지 아니한 자

③ 국제물류주선업의 권리·의무 승계신고를 하지 아니한 자

④ 우수물류기업의 인증이 취소되었으나 인증마크를 계속 사용한 자

⑤ 우수녹색물류실천기업의 지정취소를 위반하여 지정표시를 계속 사용한 자

⑥ 위험물질 운송차량의 위치정보 수집 단말장치를 장착하지 아니한 자

⑦ 단말장치를 점검·관리하지 아니하거나 단말장치의 작동을 유지하지 아니한 자

⑧ 운송계획정보를 입력하지 아니하거나 거짓으로 입력한 자

⑨ 단말장치 위반 관련 조사에 정당한 사유 없이 출입·조사를 거부·방해 또는 기피한 자

물류시설의 개발 및 운영에 관한 법률

◀ 물류시설의 개발 및 운영에 관한 법률의 흐름 ▶

1. 총칙
- 법의 목적 및 이념
- 용어의 정의 : 물류시설/물류터미널/물류단지시설

2. 물류시설개발종합계획의 수립
- 물류시설개발종합계획 : 수립권자/수립주기
- 계획에 포함될 사항
- 계획의 수립절차

3. 물류터미널사업
- 물류터미널 공사 : 공사인가/토지의 사용·수용
- (복합)물류터미널사업 : 등록기준/등록결격사유/등록취소
- 사업의 승계(양·수도, 합병) 및 사업의 휴·폐업

4. 물류단지의 개발 및 운영
- 일반물류단지시설/지원시설의 구분
- 물류단지 실수요 검증
- 물류단지의 지정/해제
- 물류단지개발사업
  - 개발지침/실시계획의 승인·고시
  - 토지의 수용·사용·환지, 토지 등 귀속
- 물류단지의 개발비용
  - 물류단지개발사업의 지원
  - 물류단지개발특별회계
  - 선수금
  - 개발한 토지 등의 처분
    - 분양가격
    - 조성원가
    - 이행강제금
    - 물류단지의 재정비
- 물류단지의 관리
  - 관리기관
  - 물류단지관리계획
- 지정·승인·인가의 취소

5. 물류 교통·환경 정비지구
- 물류 교통·환경정비지구의 지정 및 해제
- 물류 교통·환경 정비사업의 지원

6. 물류창고업
- 창고업의 개념 및 창고업의 등록/스마트물류센터의 인증
- 창고업에 대한 재정적 지원

7. 보칙 및 벌칙
- 청문
- 과징금/행정형벌/과태료

1 총칙

1 법의 목적

이 법은 물류시설을 합리적으로 배치·운영하고 물류시설 용지를 원활히 공급하여 물류산업의 발전을 촉진함으로써 국가경쟁력을 강화하고 국토의 균형 있는 발전과 국민경제의 발전에 이바지함을 목적으로 한다(법 제1조).

2 「물류시설의 개발 및 운영에 관한 법률」상 중요 용어의 정의 ★☆☆

(1) 물류시설

물류시설이란 다음의 시설을 말한다.

> 1. 화물의 운송·보관·하역을 위한 시설
> 2. 화물의 운송·보관·하역과 관련된 가공·조립·분류·수리·포장·상표부착·판매·정보통신 등의 활동을 위한 시설
> 3. 물류의 공동화·자동화 및 정보화를 위한 시설
> 4. 상기의 시설이 모여 있는 물류터미널 및 물류단지

(2) 물류터미널 및 물류터미널사업의 개념 ★☆☆

① 물류터미널 : 화물의 집화·하역 및 이와 관련된 분류·포장·보관·가공·조립 또는 통관 등에 필요한 기능을 갖춘 시설물을 말한다. 다만, 가공·조립 시설은 대통령령으로 정하는 규모 이하의 것(가공·조립 시설의 전체 바닥면적 합계가 **물류터미널의 전체 바닥면적 합계의 4분의 1 이하**)이어야 한다.

② 물류터미널사업 : 물류터미널을 경영하는 사업으로서 복합물류터미널사업과 일반물류터미널사업을 말한다. 다만, 다음의 시설물을 경영하는 사업은 **제외**한다.
　㉠ 「항만법」 제2조 제5호의 항만시설 중 항만구역 안에 있는 화물하역시설 및 화물보관·처리 시설
　㉡ 「공항시설법」 제2조 제7호의 공항시설 중 공항구역 안에 있는 화물운송을 위한 시설과 그 부대시설 및 지원시설
　㉢ 「철도사업법」 제2조 제8호에 따른 철도사업자가 그 사업에 사용하는 화물운송·하역 및 보관 시설
　㉣ 「유통산업발전법」 제2조 제15호 및 제16호의 집배송시설 및 공동집배송센터

(3) 물류단지

① 물류단지 : 물류단지시설과 지원시설을 집단적으로 설치·육성하기 위하여 제22조 또는 제22조의2에 따라 지정·개발하는 일단(一團)의 토지 및 시설로서 도시첨단물류단지와 일반물류단지를 말한다.

② 도시첨단물류단지 : 도시 내 물류를 지원하고 물류·유통산업 및 물류·유통과 관련된 산업의 육성과 개발을 촉진하려는 목적으로 도시첨단물류단지시설과 지원시설을 집단적으로 설치하기 위하여 「국토의 계획 및 이용에 관한 법률」에 따른 도시지역에 제22조의2에 따라 지정·개발하는 일단의 토지 및 시설을 말한다.

③ 일반물류단지 : 물류단지 중 도시첨단물류단지를 제외한 것을 말한다.

④ 물류단지시설 : 일반물류단지시설과 도시첨단물류단지시설을 말한다.

(4) 스마트물류센터

첨단물류시설 및 설비, 운영시스템 등을 도입하여 저비용·고효율·안전성·친환경성 등에서 우수한 성능을 발휘할 수 있는 물류창고로서 국토교통부장관의 **인증**을 받은 물류창고를 말한다.

2 물류시설개발종합계획의 수립

1 계획의 수립(법 제4조) ★★☆

(1) **국토교통부장관**은 물류시설의 합리적 개발·배치 및 물류체계의 효율화 등을 위하여 물류시설개발종합계획을 **5년** 단위로 수립하여야 한다.

> **TIP**
> • 국가물류기본계획 : 10년 단위 계획을 5년마다
> • 유통산업발전기본계획 : 5년
> • 화물자동차휴게소종합계획 : 5년

(2) 물류시설개발종합계획은 물류시설을 다음의 기능별 분류에 따라 체계적으로 수립한다. 이 경우 다음의 물류시설의 기능이 서로 관련되어 있는 때에는 이를 고려하여 수립하여야 한다.

① 단위물류시설 : 창고 및 집배송센터 등 물류활동을 **개별적으로** 수행하는 최소 단위의 물류시설

② 집적[클러스터(cluster)]물류시설 : 물류터미널 및 물류단지 등 **둘 이상의** 단위물류시설 등이 함께 설치된 물류시설

③ 연계물류시설 : 물류시설 **상호 간의** 화물운송이 원활히 이루어지도록 제공되는 도로 및 철도 등 교통시설

2 계획에 포함될 사항 ★☆☆

물류시설개발종합계획에는 다음의 사항이 포함되어야 한다.

> 1. 물류시설의 장래수요에 관한 사항
> 2. 물류시설의 공급정책 등에 관한 사항
> 3. 물류시설의 지정·개발에 관한 사항
> 4. 물류시설의 지역별·규모별·연도별 배치 및 우선순위에 관한 사항
> 5. 물류시설의 기능개선 및 효율화에 관한 사항
> 6. 물류시설의 공동화·집단화에 관한 사항
> 7. 물류시설의 국내 및 국제 연계수송망 구축에 관한 사항
> 8. 물류시설의 **환경보전**·관리에 관한 사항
> 9. 도심지에 위치한 물류시설의 정비와 교외이전에 관한 사항
> 10. 용수·에너지·통신시설 등 기반시설에 관한 사항

3 계획의 수립절차(법 제5조) ★☆☆

① **계획의 수립** : **국토교통부장관**은 물류시설개발종합계획을 수립하는 때에는 ㉠ 관계 행정기관의 장으로부터 소관별 계획을 제출받아 이를 기초로 ㉡ 물류시설개발종합계획안을 작성하여 ㉢ 특별시장·광역시장·특별자치시장·도지사 또는 특별자치도지사(이하 "시·도지사")의 의견을 듣고 ㉣ 관계 중앙행정기관의 장과 협의한 후 ㉤ 물류시설분과위원회의 심의를 거쳐야 한다. 물류시설개발종합계획 중 **대통령령으로 정하는 사항을 변경하려는 때***에도 또한 같다.
> * **대통령령으로 정하는 사항을 변경하려는 때** : 물류시설별 물류시설용지면적의 100분의 10 이상으로 물류시설의 수요·공급계획을 변경하려는 때를 말한다.

② **고시** : 국토교통부장관은 ①에 따라 물류시설개발종합계획을 수립하거나 변경한 때에는 이를 관보에 고시하여야 한다.

③ **계획변경의 요청** : **관계 중앙행정기관의 장**은 필요한 경우 국토교통부장관에게 물류시설개발종합계획을 변경하도록 요청할 수 있다.

④ **자료제출 및 협조요청** : 국토교통부장관은 대통령령으로 정하는 바에 따라 관계 기관에 물류시설개발종합계획을 수립하거나 변경하는 데에 필요한 자료의 제출을 요구하거나 협조를 요청할 수 있으며, 그 요구나 요청을 받은 관계 기관은 정당한 사유가 없으면 이에 따라야 한다.

⑤ **물류시설의 조사** : 국토교통부장관은 물류시설개발종합계획을 효율적으로 수립하기 위하여 필요하다고 인정하는 때에는 물류시설에 대하여 조사할 수 있다.

⑥ **물류시설개발종합계획과 다른 계획과의 관계** : 물류시설개발종합계획은 「물류정책기본법」의 국가물류기본계획과 조화를 이루어야 한다(법 제6조).

3 물류터미널사업

1 복합물류터미널사업 ★★★

(1) 사업의 등록(법 제7조) ★☆☆

① 용어의 정의
  ㉠ "복합물류터미널사업"이란 두 종류 이상의 운송수단 간의 연계운송을 할 수 있는 규모 및 시설을 갖춘 물류터미널사업을 말한다.
  ㉡ "일반물류터미널사업"이란 물류터미널사업 중 복합물류터미널사업을 제외한 것을 말한다.

② 등록
  ㉠ 복합물류터미널사업을 경영하려는 자는 국토교통부령으로 정하는 바에 따라 **국토교통부장관**에게 **등록**하여야 한다.
  ㉡ 복합물류터미널사업의 등록을 하려는 자는 등록신청서에 등록기준에 적합함을 증명하는 서류, 복합물류터미널의 부지 및 설비의 배치를 표시한 축척 1/500 이상의 평면도 등을 첨부하여 국토교통부장관에게 제출하여야 한다(시행규칙 제4조).

③ 복합물류터미널사업의 등록을 할 수 있는 자
  ㉠ 국가 또는 지방자치단체
  ㉡ 「공공기관의 운영에 관한 법률」에 따른 공공기관 중 대통령령으로 정하는 공공기관(한국철도공사, 한국토지주택공사, 한국도로공사, 한국수자원공사, 한국농어촌공사, 항만공사)
  ㉢ 「지방공기업법」에 따른 지방공사
  ㉣ 특별법에 따라 설립된 법인
  ㉤ 「민법」 또는 「상법」에 따라 설립된 법인

④ 변경등록
  ㉠ 복합물류터미널사업자가 그 등록한 사항 중 대통령령으로 정하는 사항*을 변경하려는 경우에는 대통령령으로 정하는 바에 따라 변경등록을 하여야 한다.

> **＊대통령령으로 정하는 사항 : 다음 각 호 외의 사항을 말한다**(시행령 제4조).
> 1. 복합물류터미널의 부지 면적의 변경(변경 횟수에 불구하고 통산하여 부지 면적의 1/10 미만의 변경만 해당)
> 2. 복합물류터미널의 구조 또는 설비의 변경
> 3. 영업소의 명칭 또는 위치의 변경

  ㉡ 복합물류터미널사업자가 변경등록신청을 하려는 때에는 변경등록신청서에 변경사실을 증명하는 서류를 첨부하여 국토교통부장관에게 제출하여야 한다.

⑤ 복합물류터미널사업의 등록기준

> 1. 복합물류터미널이 해당 지역 운송망의 중심지에 위치하여 **다른 교통수단과 쉽게 연계될 것**
> 2. 부지 면적이 **3만3천제곱미터** 이상일 것
> 3. 다음의 시설을 갖출 것
>   가. **주차장**
>   나. **화물취급장**
>   다. **창고 또는 배송센터**
> 4. 물류시설개발종합계획 및 「물류정책기본법」 제11조의 국가물류기본계획상의 물류터미널의 개발 및 정비계획 등에 배치되지 아니할 것

⑥ 복합물류터미널사업 등록의 결격사유(법 제8조)

> 1. 이 법을 위반하여 **벌금형** 이상을 선고받은 후 **2년**이 지나지 아니한 자
> 2. 복합물류터미널사업 등록이 취소된 후 **2년**이 지나지 아니한 자(다만, 법인으로서 임원 중에 피성년후견인 또는 파산선고를 받고 복권되지 아니한 자에 해당하여 등록이 취소된 경우는 제외)
> 3. 법인으로서 그 임원 중에 제1호 또는 다음의 어느 하나에 해당하는 자가 있는 경우
>   가. **피성년후견인** 또는 **파산선고**를 받고 복권되지 아니한 자
>   나. 이 법을 위반하여 금고 이상의 실형을 선고받고 그 집행이 종료(집행이 종료된 것으로 보는 경우를 포함한다)되거나 집행이 면제된 날부터 **2년**이 지나지 아니한 자
>   다. 이 법을 위반하여 금고 이상의 형의 집행유예를 선고받고 그 유예기간 중에 있는 자

(2) 사업의 승계(법 제14조)

① 승계의 신고 : 복합물류터미널사업자가 그 사업을 양도하거나 법인이 합병한 때에는 그 양수인 또는 합병 후 존속하는 법인이나 합병에 의하여 설립되는 법인은 복합물류터미널사업의 등록에 따른 권리·의무를 승계한다.

② 신고절차 : 복합물류터미널사업의 양도·양수를 신고하려는 자는 양도·양수신고서를, 복합물류터미널사업자인 법인의 합병신고를 하려는 자는 법인합병신고서를 그 권리·의무의 승계일부터 **30일 이내**에 **국토교통부장관**에게 제출하여야 한다.

③ 당사자 통지 : 국토교통부장관은 신고를 받은 날부터 **10일 이내**에 신고수리 여부를 신고인에게 통지하여야 한다.

④ 신고수리의 의제 : 국토교통부장관이 10일 내에 신고수리 여부 또는 민원 처리 관련 법령에 따른 처리기간의 연장을 신고인에게 통지하지 아니하면 그 기간이 끝난 날의 다음 날에 신고를 수리한 것으로 본다.

(3) 사업의 휴업·폐업(법 제15조)

① 복합물류터미널사업자는 복합물류터미널사업의 전부 또는 일부를 휴업하거나 폐업하려는 때에는 미리 **국토교통부장관**에게 **신고**하여야 한다.
② 복합물류터미널사업자인 법인이 합병 외의 사유로 해산한 경우에는 그 청산인은 지체 없이 그 사실을 국토교통부장관에게 **신고**하여야 한다.
③ 휴업기간은 **6개월**을 초과할 수 없다.
④ 복합물류터미널사업자가 사업의 전부 또는 일부를 휴업하거나 폐업하려는 때에는 미리 그 취지를 영업소나 그 밖에 일반 공중(公衆)이 보기 쉬운 곳에 게시하여야 한다.

(4) 등록증 대여 등의 금지(법 제16조)

복합물류터미널사업자는 다른 사람에게 자기의 성명 또는 상호를 사용하여 사업을 하게 하거나 그 등록증을 대여하여서는 아니 된다.

(5) 등록의 취소(법 제17조) ★☆☆

국토교통부장관은 복합물류터미널사업자가 다음의 어느 하나에 해당하는 때에는 등록을 취소하거나 6개월 이내의 기간을 정하여 사업의 정지를 명할 수 있다. 다만, **제1호·제4호·제7호 또는 제8호**에 해당하는 때에는 등록을 **취소하여야 한다**(절대적 등록취소).

> 1. 거짓이나 그 밖의 부정한 방법으로 등록을 한 때
> 2. 변경등록을 하지 아니하고 등록사항을 변경한 때
> 3. 등록기준에 맞지 아니하게 된 때. 다만, 3개월 이내에 그 기준을 충족시킨 때에는 그러하지 아니하다.
> 4. 제8조 등록의 결격사유의 어느 하나에 해당하게 된 때. 다만, 같은 조 제3호에 해당하는 경우로서 그 사유가 발생한 날부터 3개월 이내에 해당 임원을 개임한 경우에는 그러하지 아니하다.
> 5. 인가 또는 변경인가를 받지 아니하고 공사를 시행하거나 변경한 때
> 6. 사업의 전부 또는 일부를 휴업한 후 정당한 사유 없이 제15조 제1항에 따라 신고한 휴업기간이 지난 후에도 사업을 재개하지 아니한 때
> 7. 다른 사람에게 자기의 성명 또는 상호를 사용하여 사업을 하게 하거나 등록증을 대여한 때
> 8. 사업정지명령을 위반하여 그 사업정지기간 중에 영업을 한 때

(6) 과징금(법 제18조) ★☆☆

① 국토교통부장관은 복합물류터미널사업자가 등록의 취소사유(제1호·제4호·제7호 및 제8호는 제외)의 어느 하나에 해당하여 사업의 정지를 명하여야 하는 경우로서 그 사업의 정지가 그 사업의 이용자 등에게 심한 불편을 주는 경우에는 그 사업정지처분을 갈음하여 **5천만원** 이하의 과징금을 부과할 수 있다.
② 국토교통부장관은 과징금을 내야 할 자가 납부기한까지 과징금을 내지 아니하면 대통령령으로 정하는 바에 따라 **국세강제징수의 예**에 따라 징수한다.

③ 국토교통부장관은 과징금을 부과하려는 경우에는 해당 위반행위를 조사·확인한 후 위반사실과 이의제기의 방법 및 기간 등을 서면으로 명시하여, 이를 납부할 것을 과징금 부과대상자에게 알려야 한다.

④ 과징금 납부통지를 받은 자는 그 통지를 받은 날부터 **20일** 이내에 국토교통부장관이 정하는 수납기관에 과징금을 내야 한다.

⑤ 국토교통부장관은 과징금의 납부통지를 받은 자가 납부기한까지 과징금을 내지 아니한 경우에는 납부기한이 지난 날부터 **7일** 이내에 독촉장을 보내야 한다. 이 경우 납부기한은 독촉장을 보낸 날부터 **10일** 이내로 한다.

(7) 물류터미널사업협회(법 제19조)

① 복합물류터미널사업자 및 일반물류터미널을 경영하는 자는 물류터미널사업의 건전한 발전과 사업자의 공동이익을 도모하기 위하여 물류터미널사업협회를 설립할 수 있다.

② 물류터미널사업협회를 설립하려는 경우에는 해당 협회의 회원의 자격이 있는 자 중 **5분의 1** 이상의 발기인이 정관을 작성하여 해당 협회의 회원 자격이 있는 자의 **3분의 1** 이상이 출석한 창립총회의 의결을 거친 후 국토교통부장관의 설립인가를 받아야 한다.

③ 물류터미널사업협회는 설립인가를 받아 **설립등기**를 함으로써 성립한다.

④ 물류터미널사업협회는 법인으로 한다.

⑤ 이 법에서 규정한 것 외에는 「민법」 중 **사단법인**에 관한 규정을 준용한다.

⑥ 물류터미널사업협회의 업무 및 정관 등에 필요한 사항은 대통령령으로 정한다.

⑦ 협회의 업무
  ㉠ 물류터미널사업의 건전한 발전과 사업자의 공동이익을 도모하는 사업
  ㉡ 물류터미널사업의 진흥·발전에 필요한 통계의 작성·관리와 외국자료의 수집·조사·연구사업
  ㉢ 경영자와 종업원의 교육훈련
  ㉣ 물류터미널사업의 경영개선에 관한 지도
  ㉤ 국토교통부장관으로부터 위탁받은 업무
  ㉥ ㉠부터 ㉤까지의 사업에 딸린 사업

2 물류터미널 공사

(1) 물류터미널사업

물류터미널을 경영하는 사업으로서 복합물류터미널사업과 일반물류터미널사업을 말한다.

(2) 공사의 인가(법 제9조) ★☆☆

① 공사시행 인가 신청
  ㉠ **복합물류터미널사업자**는 건설하려는 물류터미널의 구조 및 설비 등에 관한 공사계획을 수립하여 **국토교통부장관**의 공사시행인가를 받아야 한다.

ⓛ **일반물류터미널사업**을 경영하려는 자는 물류터미널 건설에 관하여 필요한 경우 **시·도지사**의 공사시행 인가를 받을 수 있다.

② **변경인가**

㉠ 인가받은 공사계획 중 대통령령으로 정하는 사항을 변경하는 경우와 복합물류터미널사업자가 「산업집 적활성화 및 공장설립에 관한 법률」에 따른 제조시설 및 그 부대시설과 「유통산업발전법」에 따른 대규 모점포 및 준대규모점포의 매장과 그 매장에 포함되는 용역의 제공장소를 설치하는 경우에는 해당 인가 권자의 변경인가를 받아야 한다.

㉡ 변경인가를 받아야 하는 경우

> 1. 공사의 기간을 변경하는 경우
> 2. 물류터미널의 부지 면적을 1/10 이상 변경하는 경우
> 3. 물류터미널 안의 건축물의 연면적(하나의 건축물의 각 층의 바닥면적의 합계)을 1/10 이상 변경 하는 경우
> 4. 물류터미널 안의 공공시설 중 도로·철도·광장·녹지나 그 밖에 국토교통부령으로 정하는 시설 (주차장, 운하, 부두, 오·폐수시설, 상·하수도, 유수지, 공동구)을 변경하는 경우

㉢ 국토교통부장관 또는 시·도지사는 공사시행인가 또는 변경인가를 하려는 때에는 관할 특별자치시장· 특별자치도지사·시장·군수 또는 구청장의 의견을 들어야 한다.

③ **물류터미널 개발의 지원**(법 제20조) ★☆☆

㉠ 국가 또는 지방자치단체는 물류터미널사업자가 다음의 어느 하나에 해당하는 사업을 수행하는 경우에 는 소요자금의 일부를 융자하거나 부지의 확보를 위한 지원을 할 수 있다.

ⓐ 물류터미널의 건설
ⓑ 물류터미널 위치의 변경
ⓒ 물류터미널의 규모·구조 및 설비의 확충 또는 개선

㉡ 국가 또는 지방자치단체는 물류터미널사업자가 설치한 물류터미널의 원활한 운영에 필요한 도로·철도· 용수시설 등 다음에 해당하는 기반시설의 설치 또는 개량에 필요한 예산을 지원할 수 있다.

ⓐ 「도로법」에 따른 도로
ⓑ 「철도산업발전기본법」에 따른 철도
ⓒ 「수도법」에 따른 수도시설
ⓓ 「물환경보전법」에 따른 수질오염방지시설

㉢ 국토교통부장관은 ㉠의 사업 또는 ㉡의 운영을 위하여 필요하다고 인정하는 경우에는 시·도지사에게 부지의 확보 및 도시·군계획시설의 설치 등에 관한 협조를 요청할 수 있다.

(3) 토지 등의 사용·수용(법 제10조) ★☆☆

① 공사시행인가를 받은 자(물류터미널사업자)가 물류터미널(「국토의 계획 및 이용에 관한 법률」에 따른 도시· 군계획시설에 해당하는 물류터미널에 한정)을 건설하는 경우에는 이에 필요한 토지 등을 수용하거나 사용

할 수 있다. 다만, 다음에 해당하지 아니하는 자가 토지 등을 수용하거나 사용하려면 사업대상 토지(국유지·공유지는 제외)면적의 2/3 이상에 해당하는 토지를 소유하고, 토지소유자 총수의 1/2 이상에 해당하는 자의 동의를 받아야 한다.

> 1. 국가 또는 지방자치단체
> 2. 대통령령으로 정하는 공공기관
> 3. 그 밖에 공익 목적을 위하여 개발사업을 시행하는 자로서 대통령령으로 정하는 자

② 토지 등을 수용하거나 사용할 때 공사시행인가의 고시가 있는 때에는 「공익사업을 위한 토지 등의 취득 및 보상에 관한 법률」에 따른 사업인정 및 사업인정의 고시를 한 것으로 보며, 재결의 신청은 **공사시행인가에서 정한 사업의 시행기간 내**에 할 수 있다.
③ 토지매수업무 등의 위탁(법 제11조) : 물류터미널사업자는 물류터미널의 건설을 위한 토지매수업무·손실보상업무 및 이주대책에 관한 업무를 「공익사업을 위한 토지 등의 취득 및 보상에 관한 법률」 제81조 제1항 각 호의 기관(지방자치단체, 보상실적이 있거나 보상업무에 관한 전문성이 있는 「공공기관의 운영에 관한 법률」에 따른 공공기관 또는 「지방공기업법」에 따른 지방공사)에 위탁하여 시행할 수 있다.

(4) 토지 출입(법 제12조)

물류터미널사업자는 물류터미널의 건설을 위하여 필요한 때에는 **다른 사람의 토지에 출입**하거나 이를 **일시 사용**할 수 있으며, 나무, 토석, 그 밖의 장애물을 변경하거나 제거할 수 있다.

(5) 국·공유지의 처분제한(법 제13조)

① 물류터미널을 건설하기 위한 부지 안에 있는 국가 또는 지방자치단체 소유의 토지로서 물류터미널 건설사업에 필요한 토지는 해당 물류터미널 건설사업 목적이 아닌 **다른 목적으로 매각하거나 양도할 수 없다.**
② 물류터미널을 건설하기 위한 부지 안에 있는 국가 또는 지방자치단체 소유의 재산은 법령에도 불구하고 물류터미널사업자에게 **수의계약으로 매각**할 수 있다. 이 경우 그 재산의 용도폐지(**행정재산**인 경우에 한정함) 및 매각에 관하여는 국토교통부장관 또는 시·도지사가 미리 관계 행정기관의 장과 협의하여야 한다.
③ 협의요청이 있는 때에는 관계 행정기관의 장은 그 요청을 받은 날부터 **30일** 이내에 용도폐지 및 매각, 그 밖에 필요한 조치를 하여야 한다.
④ 물류터미널사업자에게 매각하려는 재산 중 **관리청이 불분명한 재산**은 다른 법령에도 불구하고 **기획재정부장관**이 이를 관리하거나 처분한다.

4 물류단지의 개발 및 운영

◀ 물류단지의 개발 및 운영에 관한 절차 ▶

물류단지의 실수요 검증 → 물류단지개발계획 수립 → 물류단지의 지정 및 해제 → 물류단지개발사업의 시행 및 개발 → 물류단지개발사업의 준공인가 및 사용허가 → 물류단지의 처분(분양 및 임대) → 물류단지의 사후관리

1 물류단지의 개념 ★★★

(1) 물류단지시설 ★☆☆

물류단지시설이란 일반물류단지시설과 도시첨단물류단지시설을 말한다(법 제2조 제6의4호).

① 일반물류단지시설 : 화물의 운송·집화·하역·분류·포장·가공·조립·통관·보관·판매·정보처리 등을 위하여 일반물류단지 안에 설치되는 다음의 시설을 말한다.

> 1. 물류터미널 및 창고
> 2. 「유통산업발전법」의 대규모점포·전문상가단지·공동집배송센터 및 중소유통공동도매물류센터
> 3. 「농수산물 유통 및 가격안정에 관한 법률」의 농수산물도매시장·농수산물공판장 및 **농수산물종합유통센터**
> 4. 「궤도운송법」에 따른 궤도사업을 경영하는 자가 그 사업에 사용하는 화물의 운송·하역 및 보관 시설
> 5. 「축산물위생관리법」의 작업장
> 6. 「농업협동조합법」·「수산업협동조합법」·「산림조합법」·「중소기업협동조합법」 또는 「협동조합 기본법」에 따른 조합 또는 그 중앙회가 설치하는 구매사업 또는 판매사업 관련 시설
> 7. 「화물자동차 운수사업법」의 화물자동차운수사업에 이용되는 차고, 화물취급소, 그 밖에 화물의 처리를 위한 시설
> 8. 「약사법」의 의약품 도매상의 창고 및 영업소시설
> 9. 그 밖에 물류기능을 가진 시설로서 대통령령으로 정하는 시설
>
> > 가. 「관세법」에 따른 **보세창고**
> > 나. 「수산식품산업의 육성 및 지원에 관한 법률」에 따른 수산물가공업시설(**냉동·냉장업 시설만 해당**)
> > 다. 「항만법」의 항만시설 중 항만구역에 있는 화물하역시설 및 화물보관·처리 시설
> > 라. 「공항시설법」의 공항시설 중 공항구역에 있는 화물운송을 위한 시설과 그 부대시설 및 지원시설
> > 마. 「철도사업법」에 따른 철도사업자가 그 사업에 사용하는 화물운송·하역 및 보관 시설
> > 바. 「자동차관리법」에 따른 자동차매매업을 영위하려는 자 또는 자동차매매업자가 공동으로 사용하려는 사업장

사. 「자동차관리법」에 따른 **자동차경매장**

10. '1.'부터 '9.'까지의 시설에 딸린 시설

② **도시첨단물류단지시설** : 도시 내 물류를 지원하고 물류·유통산업 및 물류·유통과 관련된 산업의 육성과 개발을 목적으로 도시첨단물류단지 안에 설치되는 다음의 시설을 말한다.

1. 일반물류단지시설 중에서 도시 내 물류·유통기능 증진을 위한 시설
2. 「산업입지 및 개발에 관한 법률」에 따른 공장, 지식산업 관련 시설, 정보통신산업 관련 시설, 교육·연구시설 중 첨단산업과 관련된 시설로서 국토교통부령으로 정하는 물류·유통 관련 시설
3. 그 밖에 도시 내 물류·유통기능 증진을 위한 시설로서 대통령령으로 정하는 시설
4. '1.'부터 '3.'까지의 시설에 딸린 시설

(2) 지원시설

물류단지시설의 운영을 효율적으로 지원하기 위하여 물류단지 안에 설치되는 다음의 시설을 말한다. 다만, 대통령령으로 정하는 가공·제조 시설 또는 정보처리시설로서 일반물류단지시설과 동일한 건축물에 설치되는 시설은 제외한다.

① 대통령령으로 정하는 가공·제조 시설

1. 「농수산물 유통 및 가격안정에 관한 법률」에 따른 **농수산물산지유통센터**
2. 「산업집적활성화 및 공장설립에 관한 법률」에 따른 **공장**
3. 「수산식품산업의 육성 및 지원에 관한 법률」에 따른 수산가공품 생산공장 및 수산물가공업시설(**냉동·냉장업** 시설 및 선상가공업시설은 **제외**)
4. 「양곡관리법」에 따라 농업협동조합 등이 설치하는 미곡의 건조·보관·가공 시설

② 정보처리시설
③ 금융·보험·의료·교육·연구·업무 시설
④ 물류단지의 종사자 및 이용자의 생활과 편의를 위한 시설
⑤ 그 밖에 물류단지의 기능 증진을 위한 시설로서 대통령령으로 정하는 시설

1. 「건축법 시행령」에 따른 문화 및 집회시설
2. 입주기업체 및 지원기관에서 발생하는 **폐기물의 처리를 위한 시설**(재활용시설을 포함)
3. 물류단지의 종사자 및 이용자의 주거를 위한 단독주택, 공동주택 등의 시설
4. 그 밖에 물류단지의 기능 증진을 위한 시설로서 국토교통부령으로 정하는 시설(단독주택, 공동주택, 숙박시설, 운동시설, 위락시설 및 근린생활시설)

확인하기

▶ 물류시설의 개발 및 운영에 관한 법령상 "지원시설"에 해당하지 않는 것은?

① 금융·보험 시설
② 의료시설
③ 물류단지 종사자의 주거를 위한 공동주택
④ 「농업협동조합법」에 따른 조합이 설치하는 판매사업 관련 시설
⑤ 입주기업체에서 발생하는 폐기물의 처리를 위한 시설

정답 ④

2 물류단지의 실수요 검증

(1) 물류단지 실수요 검증(법 제22조의7) ★☆☆

① 실수요 검증의 목적 : 물류단지를 지정하는 국토교통부장관 또는 시·도지사(이하 "물류단지지정권자"라 한다)는 무분별한 물류단지 개발을 방지하고 국토의 효율적 이용을 위하여 물류단지 **지정 전(前)**에 물류단지 실수요 검증을 실시하여야 한다. 이 경우 물류단지지정권자는 실수요 검증 대상사업에 대하여 관계 행정기관과 협의하여야 한다.

② 실수요 검증위원회 : 물류단지지정권자는 실수요 검증을 실시하기 위하여 필요한 경우 구성·운영할 수 있다. **도시첨단물류단지개발사업의 경우에는** 실수요 검증을 실수요검증위원회의 자문으로 갈음할 수 있다.

③ 실수요 검증 절차 : 국토교통부장관 또는 시·도지사는 실수요 검증을 실시하는 경우에는 실수요검증위원회의 심의·의결을 거쳐야 한다.

④ 실수요 검증 결과 통보 : 국토교통부장관 또는 시·도지사는 심의·의결을 마친 날부터 **14일** 이내에 그 심의결과를 물류단지 지정요청자 등에게 서면으로 알려야 한다. 다만, 심의결과 물류단지 실수요가 없다고 인정되는 경우에는 그 사유와 평가항목별 평균점수를 알려야 한다.

⑤ 물류단지지정권자는 실수요검증위원회의 구성 목적을 달성하였다고 인정하는 경우에는 실수요검증위원회를 해산할 수 있다.

(2) 실수요검증위원회의 기능 및 구성

① 실수요검증위원회는 다음의 사항을 심의·의결한다.

> 1. 입주기업체 등의 입주 수요 등 물류단지 수요의 타당성에 관한 사항
> 2. 지정요청자 등의 사업수행능력에 관한 사항
> 3. 주변 물류단지에 미치는 영향에 관한 사항
> 4. 그 밖에 국토교통부장관이 필요하다고 인정하는 사항

② 국토교통부장관 또는 시·도지사는 심의·의결을 마친 날부터 **14일** 이내에 그 심의결과를 물류단지 지정요

청자 등에게 서면으로 알려야 한다.

③ 실수요검증위원회는 위원장 1명과 부위원장 1명을 포함하여 **20명 이상 40명 이하의 위원**으로 구성하되, 성별을 고려하여 구성한다.

④ 실수요검증위원회의 위원장 및 부위원장은 공무원이 아닌 위원 중에서 각각 호선한다.

⑤ 실수요검증위원회의 위원은 다음의 어느 하나에 해당하는 사람 중에서 국토교통부장관이 위촉한다.

  ㉠ 물류, 교통 또는 도시계획 분야에서 5년 이상 연구경력이나 실무경력이 있는 사람

  ㉡ 금융 또는 회계 분야에서 5년 이상 연구경력이나 실무경력이 있는 사람

⑥ 위원의 임기는 2년으로 하며, 한 차례만 연임할 수 있다. 다만, 위원의 사임 등으로 인하여 새로 위촉된 위원의 임기는 전임위원 임기의 남은 기간으로 한다.

⑦ 실수요검증위원회에 위원회의 사무를 처리할 간사 및 서기를 둔다. 이 경우 간사 및 서기는 국토교통부 소속 공무원 중에서 국토교통부장관이 지명한다.

3 물류단지의 지정 및 해제

(1) 일반물류단지의 지정(법 제22조 제1항) ★☆☆

일반물류단지는 다음의 구분에 따른 자가 지정한다.

> 1. **국가정책사업**으로 물류단지를 개발하거나 물류단지개발사업의 **대상지역이 2개 이상**의 특별시 · 광역시 · 특별자치시 · 도 또는 특별자치도(이하 "시 · 도"라 한다)에 걸쳐 있는 경우 : 국토교통부장관
> 2. 제1호 외의 경우 : 시 · 도지사

(2) 일반물류단지의 지정절차 ★☆☆

① 지정권자가 지정하는 경우(법 제22조 제2항 내지 제3항)

  ㉠ 국토교통부장관의 지정 : 국토교통부장관은 일반물류단지를 지정하려는 때에는 일반물류단지개발계획을 수립하여 ⓐ 관할 시 · 도지사 및 시장 · 군수 · 구청장의 의견을 듣고 ⓑ 관계 중앙행정기관의 장과 협의한 후 ⓒ 「물류정책기본법」의 물류시설분과위원회의 심의를 거쳐야 한다. 일반물류단지개발계획 중 **대통령령으로 정하는 중요 사항***을 변경하려는 때에도 또한 같다.

> * **대통령령으로 정하는 중요 사항**
> 1. 일반물류단지지정 면적의 변경(1/10 이상의 면적을 변경하는 경우)
> 2. 일반물류단지시설용지 면적의 변경(1/10 이상의 면적을 변경하는 경우) 또는 일반물류단지시설용지의 용도변경
> 3. 기반시설(구거를 포함)의 부지 면적의 변경(1/10 이상의 면적을 변경하는 경우만) 또는 그 시설의 위치 변경
> 4. 일반물류단지개발사업 시행자의 변경

ⓒ 시·도지사의 지정 : 시·도지사는 일반물류단지를 지정하려는 때에는 일반물류단지개발계획을 수립하여 관계 행정기관의 장과 협의한 후 「물류정책기본법」의 **지역물류정책위원회의 심의**를 거쳐야 한다.

ⓒ 지정요건 : 국토교통부장관 또는 시·도지사는 일반물류단지를 지정할 때에는 일반물류단지개발계획과 물류단지개발지침에 적합한 경우에만 일반물류단지를 지정하여야 한다.

② 지정요청에 의한 지정의 경우(법 제22조 제4항)

ⓒ 일반물류단지 지정 요청 : 관계 행정기관의 장과 **물류단지 지정을 요청할 수 있는 자***는 일반물류단지의 지정이 필요하다고 인정하는 때에는 대상지역을 정하여 국토교통부장관 또는 시·도지사에게 일반물류단지의 지정을 요청할 수 있다. 이 경우 중앙행정기관의 장 이외의 자는 일반물류단지개발계획안을 작성하여 제출하여야 한다.

> ＊ **일반물류단지의 지정을 요청할 수 있는 자**
> 1. 대통령령으로 정하는 공공기관(한국토지주택공사, 한국도로공사, 한국수자원공사, 한국농어촌공사, 항만공사)
> 2. 「지방공기업법」에 따른 지방공사
> 3. 특별법에 따라 설립된 법인
> 4. 「민법」 또는 「상법」에 따라 설립된 법인
> 5. 물류단지 예정지역의 토지소유자 또는 그 토지소유자가 물류단지개발을 위하여 설립한 조합

ⓒ 지정의 적합성에 대한 고지 : 국토교통부장관 또는 시·도지사는 일반물류단지지정 요청이 있는 지역이 일반물류단지로 지정하기에 적합하지 아니하다고 인정되는 경우에는 그 이유를 요청한 자에게 알려야 한다.

③ **일반물류단지개발계획**(법 제22조 제5항) : 지정권자가 물류단지를 지정하는 경우(위 ①의 ㉠, ㉡)에 따른 일반물류단지개발계획에는 다음의 사항이 포함되어야 한다. 일반물류단지개발계획을 수립할 때까지 시행자가 확정되지 아니하였거나 세부목록의 작성이 곤란한 경우에는 일반물류단지의 **지정 후**에 이를 일반물류단지개발계획에 포함시킬 수 있다.

> 1. 일반물류단지의 명칭·위치 및 면적
> 2. 일반물류단지의 지정목적
> 3. 일반물류단지개발**사업의 시행자**
> 4. 일반물류단지개발사업의 시행기간 및 시행방법
> 5. 토지이용계획 및 주요 기반시설계획
> 6. 주요 유치시설 및 그 설치기준에 관한 사항
> 7. 재원조달계획
> 8. 수용하거나 사용할 토지, 건축물, 그 밖의 물건이나 권리가 있는 경우에는 그 **세부목록**
> 9. 일반물류단지의 개발을 위한 주요시설의 지원계획
> 10. 환지의 필요성이 있는 경우 그 **환지계획**

④ 주민 의견청취 절차(법 제24조)

　　㉠ 물류단지지정권자(국토교통부장관 또는 시·도지사)는 물류단지를 지정하려는 때에는 주민 및 관계 전문가의 의견을 들어야 하고 타당하다고 인정하는 때에는 그 의견을 반영하여야 한다. 다만, **국방상 기밀 사항이거나 대통령령으로 정하는 다음의 경미한 사항**인 경우에는 **의견청취를 생략할 수 있다.**

> 1. 물류단지지정 면적의 변경(1/10 미만)
> 2. 물류단지시설용지 면적의 변경(1/10 미만) 또는 물류단지시설용지의 용도변경
> 3. 기반시설(구거 포함)의 부지 면적의 변경(1/10 미만) 또는 그 시설의 위치 변경

　　㉡ **의견청취 절차의 생략** : 물류단지지정권자는 주민 및 관계 전문가의 의견청취를 생략하려는 경우에는 미리 관계 행정기관의 장과 협의하여야 한다.

(3) 도시첨단물류단지의 지정(법 제22조의2 내지 제22조의5)

① **지정지역**(법 제22조의2) : 도시첨단물류단지는 국토교통부장관 또는 시·도지사가 다음의 어느 하나에 해당하는 지역에 지정하며, 시·도지사(특별자치도지사는 제외)가 지정하는 경우에는 **시장·군수·구청장의 신청**을 받아 지정할 수 있다.

> 1. 노후화된 일반물류터미널 부지 및 인근 지역
> 2. 노후화된 유통업무설비 부지 및 인근 지역
> 3. 그 밖에 국토교통부장관이 필요하다고 인정하는 지역

② 시장·군수·구청장은 시·도지사에게 도시첨단물류단지의 지정을 신청하려는 경우에는 도시첨단물류단지개발계획안을 작성하여 제출하여야 한다.

③ 도시첨단물류단지의 지정 절차 및 개발계획에 관하여는 일반물류단지의 지정(법 제22조 제2항, 제3항, 제5항)을 준용한다. 다만, 도시첨단물류단지개발계획에는 층별·시설별 용도, 바닥면적 등 건축계획 및 복합용지이용계획이 포함되어야 한다.

④ 도시첨단물류단지개발사업의 시행자는 대통령령으로 정하는 바에 따라 대상 부지 토지가액의 **100분의 40**의 범위에서 물류산업 창업보육센터 등 해당 도시첨단물류단지를 활용한 일자리 창출을 위한 시설 등에 해당하는 시설 또는 그 운영비용의 일부를 국가나 지방자치단체에 제공하여야 한다. 다만, 「개발이익 환수에 관한 법률」에 따라 개발부담금이 부과·징수되는 경우에는 대상 부지의 토지가액에서 개발부담금에 상당하는 금액은 제외한다.

⑤ **토지소유자 등의 동의**(법 제22조의3) : 국토교통부장관 또는 시·도지사는 도시첨단물류단지를 지정하려면 도시첨단물류단지 예정지역 토지면적의 **2분의 1** 이상에 해당하는 토지소유자의 동의와 토지소유자 총수 및 건축물 소유자 총수 각 **2분의 1** 이상의 동의를 받아야 한다.

(4) 물류단지지정의 고시(법 제23조 및 시행령 제16조)

① 지정고시 : 물류단지지정권자가 물류단지를 지정하거나 지정내용을 변경한 때에는 **대통령령으로 정하는 사항**을 관보 또는 시·도의 공보에 고시하고, 관계 서류의 사본을 관할 시장·군수·구청장에게 보내야 한다.

② 물류단지로 지정되는 지역에 수용하거나 사용할 토지, 건축물, 그 밖의 물건이나 권리가 있는 경우에는 고시내용에 그 토지 등의 세부목록을 포함시켜야 한다.

③ 관계 서류를 받은 시장·군수·구청장은 이를 14일 이상 일반인이 열람할 수 있도록 해야 한다.

(5) 행위제한 및 행위허가의 대상 등(법 제25조 및 시행령 제18조) ★☆☆

① 허가(許可)의 개념 : 허가는 법으로 정해진 상대적 금지사항에 대하여 특정 요건을 갖춘 경우 이를 해제시켜 적법하게 금지행위를 할 수 있도록 하는 명령적 행정행위이다.

② 허가대상 행위 : 물류단지 안에서 건축물의 건축(가설건축물·대수선·용도변경 포함), 공작물의 설치, 토지의 형질변경, 토석의 채취, 토지분할, 물건을 쌓아놓는 행위(1개월 이상), 죽목의 벌채 및 식재 등 행위를 하려는 자는 **시장·군수·구청장의 허가**를 받아야 한다. 허가받은 사항을 변경하려는 때에도 또한 같다.

> * **허가 없이 가능한 행위**
> 1. 재해복구 또는 재난수습에 필요한 응급조치를 위하여 하는 행위
> 2. 농림수산물의 생산에 직접 이용되는 것으로서 국토교통부령으로 정하는 간이공작물의 설치(비닐하우스, 양잠장, 버섯재배사, 고추 등의 건조장, 종묘배양장 등)
> 3. 경작을 위한 토지의 형질변경
> 4. 물류단지의 개발에 지장을 주지 아니하고 자연경관을 손상하지 아니하는 범위에서의 토석의 채취
> 5. 물류단지에 존치하기로 결정된 대지 안에서 물건을 쌓아놓는 행위
> 6. 관상용 죽목의 임시 식재(경작지에서의 임시 식재는 제외)

③ 예외 사항 : 허가를 받아야 하는 행위로서 물류단지의 지정 및 고시 당시 이미 관계 법령에 따라 행위허가를 받았거나 허가를 받을 필요가 없는 행위에 관하여 그 공사 또는 사업에 착수한 자는 대통령령으로 정하는 바에 따라 시장·군수·구청장에게 신고한 후 이를 계속 시행할 수 있다.

④ 위반시 조치 : 시장·군수·구청장은 허가사항을 위반한 자에게 원상회복을 명할 수 있다. 이 경우 명령을 받은 자가 그 의무를 이행하지 아니하면 시장·군수·구청장은 「행정대집행법」에 따라 대집행할 수 있다.

(6) 물류단지 지정의 해제(법 제26조)

① 해제사유 ★☆☆

㉠ 물류단지로 지정·고시된 날부터 **5년 이내**에 그 물류단지의 전부 또는 일부에 대하여 물류단지개발실시계획의 승인을 신청하지 아니하면 **그 기간이 지난 다음 날** 해당 지역에 대한 물류단지의 지정이 해제된 것으로 **본다.**

㉡ 물류단지지정권자는 다음의 어느 하나에 해당하는 경우에는 해당 지역에 대한 물류단지 지정의 전부 또는 일부를 해제할 수 있다.

ⓐ 물류단지의 전부 또는 일부에 대한 개발전망이 없게 된 경우

ⓑ 개발이 완료된 물류단지가 준공(부분 준공을 포함한다)된 지 **20년 이상** 된 것으로서 주변상황과 물류산업 여건이 변화되어 물류단지재정비사업을 하더라도 물류단지 기능수행이 어려울 것으로 판단되는 경우

② 해제절차 및 고시 : 물류단지의 지정이 해제된 것으로 보거나 해제된 경우 물류단지지정권자는 그 사실을 관계 중앙행정기관의 장 및 시·도지사에게 통보하고 고시하여야 한다. 통보를 받은 시·도지사는 지체 없이 시장·군수·구청장으로 하여금 이를 14일 이상 일반인이 열람할 수 있도록 하여야 한다.

③ 지정해제의 효과

㉠ 해당 물류단지에 대한 용도지역은 변경·결정되기 전의 용도지역으로 환원된 것으로 **본다**. 다만, 물류단지의 개발이 완료되어 물류단지의 지정이 해제된 경우에는 변경·결정되기 전의 용도지역으로 환원되지 아니한다.

㉡ **시장·군수·구청장**은 용도지역이 환원된 경우에는 **즉시** 그 사실을 고시하여야 한다.

4 물류단지개발사업

(1) 물류단지개발사업의 개념(법 제2조 제9호~11호) ★★☆

① **물류단지개발사업** : 물류단지를 조성하기 위하여 시행하는 다음의 사업으로서 도시첨단물류단지개발사업과 일반물류단지개발사업을 말한다.

> 1. 물류단지시설 및 지원시설의 용지조성사업과 건축사업
> 2. 도로·철도·궤도·항만 또는 공항 시설 등의 건설사업
> 3. 전기·가스·용수 등의 공급시설과 전기통신설비의 건설사업
> 4. 하수도, 폐기물처리시설, 그 밖의 환경오염방지시설 등의 건설사업
> 5. 그 밖에 '가'부터 '라'까지의 사업에 딸린 사업

② **일반물류단지개발사업** : 물류단지개발사업 중 도시첨단물류단지사업을 제외한 것을 말한다.

(2) 물류단지개발지침(법 제22조의6) ★☆☆

① **지침의 작성** : **국토교통부장관**은 물류단지개발지침을 작성하여 관보에 고시하여야 한다.

② **작성절차** : 국토교통부장관은 물류단지개발지침을 작성할 때에는 ㉠ 미리 시·도지사의 의견을 듣고 ㉡ 관계 중앙행정기관의 장과 협의한 후 ㉢ 물류시설분과위원회의 심의를 거쳐야 한다. 물류단지개발지침을 변경할 때('토지가격의 안정을 위하여 필요한 사항'을 변경할 때는 제외)에도 또한 같다.

③ **작성기준** : 물류단지개발지침은 지역 간의 균형 있는 발전을 위하여 물류단지시설용지의 배분이 적정하게 이루어지도록 작성되어야 한다.

④ **물류단지개발지침 포함사항**(시행령 제15조) : 물류단지개발지침에는 다음의 사항이 포함되어야 한다.

> 1. 물류단지의 계획적 · 체계적 개발에 관한 사항
> 2. 물류단지의 지정 · 개발 · 지원에 관한 사항
> 3. 「환경영향평가법」에 따른 전략환경영향평가, 소규모 환경영향평가 및 환경영향평가 등 환경보전에 관한 사항
> 4. 지역 간의 균형발전을 위하여 고려할 사항
> 5. 국가유산의 보존을 위하여 고려할 사항
> 6. 토지가격의 안정을 위하여 필요한 사항(물류시설분과위원회 심의 제외)
> 7. 분양가격의 결정에 관한 사항
> 8. 토지 · 시설 등의 공급에 관한 사항

(3) 물류단지개발사업의 시행자(법 제27조)

① 시행자의 지정신청

㉠ 물류단지개발사업을 시행하려는 자는 대통령령으로 정하는 바에 따라 물류단지지정권자(국토교통부장관 또는 시 · 도지사)로부터 시행자 지정을 받아야 한다.

㉡ 시행자 지정시 고려사항 : 물류단지지정권자는 시행자를 지정할 때에는 사업계획의 타당성 및 재원조달 능력과 다른 법률에 따라 수립된 개발계획과의 관계 등을 고려하여야 한다.

② 시행자로 지정받을 수 있는 자 ★☆☆

㉠ 국가 또는 **지방자치단체**

㉡ **대통령령으로 정하는 공공기관(한국토지주택공사, 한국도로공사, 한국수자원공사, 한국농어촌공사, 항만공사)**

㉢ 「지방공기업법」에 따른 지방공사

㉣ 특별법에 따라 설립된 법인

㉤ 「민법」 또는 「상법」에 따라 설립된 법인

㉥ 물류단지 예정지역의 토지소유자 또는 그 토지소유자가 물류단지개발을 위하여 설립한 조합

(4) 물류단지개발실시계획의 승인 및 고시(법 제28조 내지 제29조)

① 실시계획의 승인절차 : 시행자는 물류단지개발실시계획을 수립하여 **물류단지지정권자**(국토교통부장관 또는 시 · 도지사)의 **승인**을 받아야 한다. 승인을 받은 사항 중 **대통령령으로 정하는 중요 사항**을 변경하려는 경우에도 같다. 또한 실시계획에는 개발한 토지 · 시설 등의 처분에 관한 사항이 포함되어야 한다.

② 실시계획승인의 고시사항

㉠ 사업의 명칭

㉡ 시행자의 성명(법인인 경우에는 그 명칭 및 대표자의 성명)

㉢ 사업의 목적 및 개요

㉣ 사업시행지역의 위치 및 면적

    ⓜ 사업시행기간(착공 및 준공예정일을 포함한다)
    ⓗ 도시·군계획시설에 대한「국토의 계획 및 이용에 관한 법률 시행령」규정

5 물류단지개발사업의 위탁시행

(1) 위탁시행(법 제31조)

시행자는 물류단지개발사업 중 항만, 용수시설, 그 밖에 대통령령으로 정하는 공공시설(도로·상수도·철도·공동구·공공폐수처리시설·폐기물처리시설·집단에너지공급시설·제방·호안·방조제·하굿둑 및 녹지시설)의 건설과 공유수면의 매립에 관한 사항을 대통령령으로 정하는 바에 따라 **국가·지방자치단체 또는 대통령령으로 정하는 공공기관(한국토지주택공사, 한국도로공사, 한국수자원공사, 한국농어촌공사, 항만공사)**에 위탁하여 시행할 수 있다.

(2) 위탁시행자와의 협의

시행자는 물류단지개발사업의 일부를 국가·지방자치단체 또는 공공기관에 위탁하여 시행하려는 경우에는 이를 위탁받아 시행할 자와 협의하여야 한다.

6 물류단지개발에 필요한 토지 등의 수용·사용 및 환지 ★☆☆

(1) 토지 등의 수용·사용(법 제32조)

① **시행자**(물류단지 예정지역의 토지소유자 또는 그 토지소유자가 물류단지개발을 위하여 설립한 조합은 제외)는 물류단지개발사업에 필요한 토지 등을 수용하거나 사용할 수 있다. 다만,「**민법**」또는「**상법**」에 의해 설립된 법인인 경우에는 사업대상 **토지면적의 3분의 2 이상을 매입**하여야 토지 등을 수용하거나 사용할 수 있다.
② 토지 등을 수용하거나 사용하는 경우에 물류단지 지정 고시를 한 때에는「공익사업을 위한 토지 등의 취득 및 보상에 관한 법률」에 따른 **사업인정 및 그 고시**를 한 것으로 본다.
③ 국토교통부장관이 지정하는 물류단지 안의 토지 등에 대한 재결은 중앙토지수용위원회가 관장하고, 시·도지사가 지정하는 물류단지 안의 토지 등에 대한 재결은 관할 지방토지수용위원회가 관장한다. 이 경우 재결의 신청은 **물류단지개발계획에서 정하는 사업시행기간** 내에 할 수 있다.

(2) 토지소유자에 대한 환지(법 제34조)

◀ 환지개념도 ▶

사업시행 전

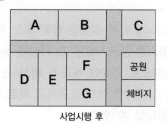
사업시행 후

① **시행자**는 물류단지 안의 토지를 소유하고 있는 자가 물류단지개발계획에서 정한 물류단지시설 또는 대통령령으로 정하는 지원시설을 운영하려는 경우에는 그 토지를 포함하여 물류단지개발사업을 시행할 수 있으며, 해당 사업이 완료된 후 대통령령으로 정하는 바에 따라 해당 토지소유자에게 **환지하여 줄 수 있다.**

② 환지대상자 : **환지를 받을 수 있는 토지소유자**는 물류단지의 지정·고시일 현재 물류단지 안에 물류단지개발계획에서 정한 **최소공급면적** 이상의 토지를 소유한 자로서 해당 토지에 물류단지개발계획에서 정한 유치업종에 적합한 물류단지시설 또는 법령에 정한 시설을 설치하려는 자로 한다.

③ 환지를 받으려는 자는 환지신청서에 시설설치계획서를 첨부하여 **시행자**에게 제출하여야 한다. 환지신청은 시행자가 해당 물류단지에 관한 **보상공고에서 정한 협의기간**에 하여야 한다.

④ 시행자는 다음의 기준에 따라 환지의 방법 및 절차 등을 물류단지개발계획에서 정하여야 한다.

> 1. 환지의 대상이 되는 종전 토지의 가액 : 보상공고시 시행자가 제시한 **협의를 위한 보상금액**
>   환지의 가액 : 해당 물류단지의 용지별 **분양가격**을 기준
> 2. 환지면적 : 종전의 토지면적을 기준으로 하되, 지역 여건 및 물류단지의 수급상황 등을 고려하여 그 면적을 늘리거나 줄일 수 있다.
> 3. 종전의 토지가액과 환지가액과의 차액 : **현금정산**

(3) 타인토지 등의 출입(법 제35조)

시행자는 물류단지개발을 위하여 필요한 때에는 다른 사람의 토지에 출입하거나 이를 일시 사용할 수 있으며, 나무, 토석, 그 밖의 장애물을 변경하거나 제거할 수 있다.

(4) 공공시설 및 토지 등의 귀속(법 제36조) ★☆☆

① 국가 등 공공사업자가 시행하는 경우 : **국가 등 공공시행자**가 물류단지개발사업의 시행으로 새로 공공시설을 설치하거나 기존의 공공시설에 대체되는 공공시설을 설치한 경우에는 「국유재산법」 및 「공유재산 및 물품 관리법」에도 불구하고 **종래의 공공시설은 시행자에게 무상으로 귀속되고 새로 설치된 공공시설은 그 시설을 관리할 국가 또는 지방자치단체에 무상으로 귀속된다.**

> **+ 공공시설의 범위**(시행령 제26조)
> 도로, 공원, 광장, 주차장(국가 또는 지방자치단체가 설치한 것만 해당), 철도, 하천, 녹지, 운동장(국가 또는 지방자치단체가 설치한 것만 해당), 공공공지, 수도(한국수자원공사가 설치하는 수도의 경우에는 관로만 해당), 하수도, 공동구, 유수지시설, 구거

② 「민법」 또는 「상법」에 따라 설립된 법인 또는 제27조 제2항 제6호의 조합이 시행하는 경우 : **민간시행자의** 시행으로 **새로 설치한 공공시설은 그 시설을 관리할 국가 또는 지방자치단체에 무상으로 귀속되고,** 물류단지개발사업의 시행으로 인하여 용도가 폐지되는 국가 또는 지방자치단체 소유의 재산은 「국유재산법」 및 「공유재산 및 물품 관리법」에도 불구하고 **새로 설치한 공공시설의 설치비용에 상당하는 범위에서 그 시행자에게 무상으로 양도할 수 있다.**

③ 귀속 공공시설의 통지 : **시행자**는 국가 또는 지방자치단체에 귀속될 공공시설과 시행자에게 귀속되거나 양
도될 재산의 종류와 토지의 세부목록을 그 물류단지개발사업의 **준공 전에** 관리청에 통지하여야 하며, 해당
공공시설과 재산은 그 사업이 준공되어 시행자에게 준공인가통지를 한 때에 국가 또는 지방자치단체에 귀
속되거나 시행자에게 귀속 또는 양도된 것으로 본다.

(5) 국 · 공유지 처분제한(법 제37조)

① 처분제한 : 물류단지 안에 있는 국가 또는 지방자치단체 소유의 토지로서 물류단지개발사업에 필요한 토지
는 해당 물류단지개발사업 목적이 아닌 다른 목적으로 매각하거나 양도할 수 없다.

② 처분제한의 예외 : 물류단지 안에 있는 국가 또는 지방자치단체 소유의 재산은 다른 법령에도 불구하고 시
행자 · 입주기업체 또는 지원기관에게 수의계약으로 매각할 수 있다. 이 경우 그 재산의 용도폐지(행정재산
인 경우에 한함) 및 매각에 관하여는 물류단지지정권자가 미리 관계 행정기관의 장과 협의하여야 한다.

③ 필요조치 : 협의요청이 있은 때에는 관계 행정기관의 장은 그 요청을 받은 날부터 30일 이내에 용도폐지
및 매각, 그 밖에 필요한 조치를 하여야 한다. 시행자 · 입주기업체 또는 지원기관에게 매각하려는 재산 중
관리청이 불분명한 재산은 다른 법령에도 불구하고 **기획재정부장관**이 이를 관리하거나 처분한다.

7 물류단지의 개발비용

(1) 비용부담의 원칙(법 제38조) ★☆☆

① 물류단지개발사업에 필요한 비용은 **시행자가 부담한다**.

② 물류단지에 필요한 **전기시설 · 전기통신설비 · 가스공급시설 또는 지역난방시설**은 대통령령으로 정하는 범
위에서 해당 지역에 전기 · 전기통신 · 가스 또는 난방을 **공급하는 자가 비용을 부담**하여 설치하여야 한다.
다만, **전기간선시설을 땅속에 설치**하는 경우에는 전기를 공급하는 자와 땅속에 설치할 것을 요청하는 자가
각각 100분의 50의 비율로 그 설치비용을 부담한다.

(2) 물류단지개발사업의 지원(법 제39조 및 시행령 제28조, 제29조)

① 비용의 보조 또는 융자 ★☆☆ : 국가 또는 지방자치단체는 물류단지개발사업에 필요한 다음 비용의 일부를
보조하거나 융자할 수 있다.

> 1. 물류단지의 **간선도로의 건설비**
> 2. 물류단지의 녹지의 건설비
> 3. **이주대책사업비**
> 4. 물류단지시설용지와 지원시설용지의 조성비 및 매입비
> 5. 용수공급시설 · 하수도 및 공공폐수처리시설의 건설비
> 6. **국가유산 조사비**

② 기반시설의 설치지원 : 국가 또는 지방자치단체는 물류단지의 원활한 개발을 위하여 필요한 도로・철도・항만・용수시설 등 기반시설의 설치를 우선적으로 지원하여야 한다.
   ㉠ 도로・철도 및 항만시설
   ㉡ 용수공급시설 및 통신시설
   ㉢ **하수도시설 및 폐기물처리시설**
   ㉣ 물류단지 안의 **공동구**
   ㉤ 집단에너지공급시설
   ㉥ **유수지 및 광장**

확인하기

▶ 물류시설의 개발 및 운영에 관한 법령상 국가 또는 지방자치단체가 우선적으로 지원하여야 하는 기반시설로 명시된 것을 모두 고른 것은?

ㄱ. 하수도처리시설 및 폐기물처리시설	ㄴ. 보건위생시설
ㄷ. 집단에너지공급시설	ㄹ. 물류단지 안의 공동구

① ㄱ   ② ㄴ, ㄹ
③ ㄱ, ㄴ, ㄷ   ④ ㄱ, ㄷ, ㄹ
⑤ ㄴ, ㄷ, ㄹ

정답 ④

(3) 물류단지개발특별회계(법 제40조 내지 제41조) ★☆☆

① 설치자 : **시・도지사 또는 시장・군수**는 물류단지개발사업을 촉진하기 위하여 지방자치단체에 물류단지개발특별회계를 설치할 수 있다.

> ＊ **특별회계의 재원**
> 1. 해당 지방자치단체의 일반회계로부터의 전입금
> 2. 정부의 보조금
> 3. 부과・징수된 과태료
> 4. 「개발이익환수에 관한 법률」에 따라 지방자치단체에 귀속되는 개발부담금 중 해당 지방자치단체의 조례로 정하는 비율의 금액
> 5. 「국토의 계획 및 이용에 관한 법률」에 따른 수익금
> 6. 「지방세법」에 따라 부과・징수되는 재산세의 징수액 중 대통령령으로 정하는 비율의 금액(➔ 10%). 다만, 해당 지방자치단체의 조례로 달리 정하는 경우에는 그 비율
> 7. 차입금
> 8. 해당 특별회계자금의 융자회수금・이자수입금 및 그 밖의 수익금

② 특별회계의 운용

> 1. 물류단지개발사업의 시행자에 대한 공사비의 보조 또는 융자
> 2. 물류단지개발사업에 따른 도시·군계획시설사업에 관한 보조 또는 융자
> 3. 지방자치단체가 시행하는 물류단지개발사업에 따른 도시·군계획시설의 설치사업비
> 4. 물류단지지정, 물류시설의 개발계획수립 및 제도발전을 위한 조사·연구비
> 5. 차입금의 원리금 상환
> 6. 특별회계의 조성·운용 및 관리를 위한 경비
> 7. 지방자치단체가 시행하는 물류단지개발사업의 사업비
> 8. 해당 지방자치단체의 조례로 정하는 사항

2교시

4

5

물류관련법규

③ 특별회계의 운용 및 관리(시행령 제32조)
  ㉠ 물류단지개발특별회계에서 보조할 수 있는 범위
    ⓐ 해당 지방자치단체의 장이 시행하는 물류단지개발사업의 공사비, 물류단지개발사업과 관련된 「국토의 계획 및 이용에 관한 법률」에 따른 도시·군계획시설사업의 공사비 및 사유대지의 보상비
    ⓑ 해당 지방자치단체의 장 외의 자가 시행하는 다음의 사업비의 **1/2** 이하
      ㉮ 물류단지개발사업 중 도시·군계획시설의 설치에 필요한 공사비
      ㉯ 물류단지개발사업과 관련된 「국토의 계획 및 이용에 관한 법률」에 따른 도시·군계획시설사업의 공사비
    ⓒ 물류단지지정, 물류시설의 개발계획수립 및 제도발전을 위한 조사·연구비
    ⓓ 특별회계의 조성·운용 및 관리를 위한 경비
  ㉡ 물류단지개발특별회계에서 융자할 수 있는 범위
    ⓐ 물류단지개발사업과 관련된 해당 지방자치단체의 장이 시행하는 「국토의 계획 및 이용에 관한 법률」에 따른 도시·군계획시설사업의 공사비의 **1/2** 이하
    ⓑ 해당 지방자치단체의 장 외의 자가 시행하는 다음의 사업비의 **1/3** 이하
      ㉮ 물류단지개발사업 중 도시·군계획시설의 설치에 필요한 공사비
      ㉯ 물류단지개발사업과 관련된 「국토의 계획 및 이용에 관한 법률」에 따른 도시·군계획시설사업의 공사비

(4) 선수금(법 제43조) ★☆☆

시행자는 그가 **조성하는 용지**를 분양·임대받거나 시설을 이용하려는 자로부터 대통령령으로 정하는 바에 따라 대금의 전부 또는 일부를 미리 받을 수 있다.

> * **선수금의 요건 → 공통요건 : 실시계획 승인을 받을 것**
> 1. 공공시행자(국가 또는 지방자치단체, 공공기관, 지방공사) : 실시계획 승인을 받을 것
> 2. 법 제27조 제2항 제4호 및 제5호에 해당하는 시행자 : 다음의 요건을 모두 갖출 것

가. 실시계획 승인을 받을 것
나. 분양하려는 토지에 대한 소유권을 확보하고 해당 토지에 설정된 저당권을 말소하였을 것
다. 분양하려는 토지에 대한 개발사업의 공사진척률이 100분의 10 이상에 달하였을 것
라. 분양계약을 이행하지 아니하는 경우 선수금의 환불을 담보하기 위하여 보증서 등을 물류단지지 정권자에게 제출할 것

(5) 이주대책 등(법 제45조)
① **시행자**는 「공익사업을 위한 토지 등의 취득 및 보상에 관한 법률」로 정하는 바에 따라 물류단지개발사업으로 인하여 생활의 근거를 상실하게 되는 자(이하 "이주자"라 한다)에 대한 이주대책 등을 수립·시행하여야 한다.
② 입주기업체 및 지원기관은 특별한 사유가 없으면 이주자 또는 인근지역의 주민을 우선적으로 고용하여야 한다.

8 물류단지개발사업의 준공인가와 사용허가

① 시행자는 물류단지개발사업의 전부 또는 일부를 완료하면 물류단지지정권자의 **준공인가**를 받아야 한다.
② 시행자가 준공인가를 신청한 경우에 물류단지지정권자는 관계 중앙행정기관, 지방자치단체 등의 장에게 준공인가에 필요한 검사를 의뢰할 수 있다.
③ 물류단지지정권자는 준공검사를 한 결과 실시계획대로 완료된 경우에는 준공인가를 하고 이를 공고한 후 시행자 및 관리청에 통지하여야 하며, 실시계획대로 완료되지 아니한 경우에는 지체 없이 보완시공 등 필요한 조치를 명하여야 한다.
④ 시행자가 준공인가를 받은 때에는 실시계획 승인으로 의제되는 인·허가 등에 따른 해당 사업의 준공에 관한 검사·인가·신고·확인 등을 받은 것으로 본다.
⑤ 준공인가 전에는 물류단지개발사업으로 개발된 토지나 설치된 시설을 사용할 수 없다. 다만, 대통령령으로 정하는 바에 따라 물류단지지정권자의 **사용허가**를 받은 경우에는 그러하지 아니하다.
⑥ 물류단지지정권자는 사용허가의 신청을 받은 날부터 **15일** 이내에 허가 여부를 신청인에게 통지하여야 한다.

9 개발한 토지·시설 등의 처분 등 ★★☆

① 시행자는 물류단지개발사업에 따라 개발한 토지·시설 등(도시첨단물류단지개발사업의 경우에는 시설의 설치가 완료되지 아니한 토지는 제외한다)을 분양 또는 임대할 수 있다(법 제50조 제1항).
② 입주기업체 또는 지원기관은 시행자와 분양계약을 체결한 날부터 **4년** 안에 그 물류단지시설 또는 지원시설의 건설공사에 착수하거나 토지·시설 등을 처분하여야 한다. 다만, 국토교통부령으로 정하는 다음의 **정당한 사유가 있는 경우**에는 그러하지 아니하다(법 제50조의2 제1항).

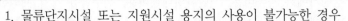
> 1. 물류단지시설 또는 지원시설 용지의 사용이 불가능한 경우
> 2. 입주기업체 또는 지원기관의 책임이 없는 사유로 인하여 건설공사 착수가 지연된 경우

(1) 분양가격의 결정(시행령 제39조)

① 분양가격 = 조성원가 + 적정이윤

시행자가 개발한 토지·시설 등을 물류단지시설용지 또는 도시첨단물류단지시설로서 국토교통부장관이 정하는 시설로 분양하는 경우 그 분양가격은 조성원가에 적정이윤을 합한 금액으로 한다. 다만, 시행자가 필요하다고 인정하는 경우에는 분양가격을 그 이하의 금액(공유재산인 경우에는 「공유재산 및 물품관리법」에 따른 금액)으로 할 수 있다.

> ㉠ 시행자는 상기 규정에 불구하고 **대규모점포, 전문상가단지** 등 판매를 목적으로 사용될 토지·시설 등의 분양가격은 「감정평가 및 감정평가사에 관한 법률」에 따른 **감정평가액**을 예정가격으로 하여 실시한 **경쟁입찰**에 따라 정할 수 있다.
> ㉡ 조성원가는 용지비, 용지부담금, 조성비, 기반시설 설치비, 직접인건비, 이주대책비, 판매비, 일반관리비, 자본비용 및 그 밖의 비용을 합산한 금액으로 한다.
> ㉢ 시행자는 **준공인가 전**에 물류단지시설용지 또는 도시첨단물류단지시설로서 국토교통부장관이 정하는 시설을 **분양한 경우**에는 해당 물류단지개발사업을 위하여 투입된 총사업비 및 적정이윤을 기준으로 준공인가 후에 분양가격을 정산할 수 있다.
> ㉣ 선수금을 낸 자에 대하여 정산을 하는 경우에는 선수금 납부일부터 정산일까지의 시중은행의 **1년** 만기 정기예금 이자율에 해당하는 금액을 정산금에서 **빼야** 한다.

② 조성원가(시행령 별표2)

조성원가항목	내역
용지비	용지매입비, 지장물 등 보상비, 조사비, 등기비 및 그 부대비용
용지부담금	토지 등의 취득과 관련하여 부담하는 각종 부담금
조성비	해당 물류단지 조성에 들어간 직접비로서 조성공사비·설계비 및 그 부대비용
기반시설 설치비	해당 물류단지 조성에 필요한 기반시설 설치비용
직접인건비	해당 사업을 직접 수행하거나 지원하는 직원의 인건비 및 복리후생비
이주대책비	이주대책의 시행에 따른 비용 및 손실액
판매비	광고선전비 그 밖에 판매에 들어간 비용
일반관리비	인건비, 임차료, 연구개발비, 훈련비, 그 밖에 일반관리에 들어간 비용
자본비용	물류단지개발사업의 시행을 위하여 필요한 사업비의 조달에 들어간 비용으로서 최초 실시계획에서 정하여진 사업기간까지의 비용

③ **적정이윤** : 적정이윤은 산정한 조성원가에서 자본비용, 개발사업대행비용, 선수금을 각각 제외한 금액의 **100분의 5**를 초과하지 아니하는 범위에서 해당 물류단지의 입주 수요와 지역 간 균형발전의 촉진 등 지역 여건을 고려하여 시행자가 정한다.

(2) 임대료 산정기준(시행령 제40조)

시행자가 물류단지개발사업으로 개발한 토지·시설 등을 임대하는 경우 그 임대료의 산정기준은 다음과 같다. 다만, 시행자가 필요하다고 인정하는 경우에는 그 **이하**의 금액으로 할 수 있다.

> 1. 임대하려는 토지·시설 등의 최초 임대료 : **산정한 분양가격** × 국토교통부령으로 정하는 임대요율
> 2. 임대기간의 만료 등으로 인하여 재계약을 하는 경우의 임대료
>   가. 토지만을 임대하는 경우 : **개별공시지가** × 국토교통부령으로 정하는 임대요율
>   나. 토지와 시설 등을 함께 임대하거나 시설 등만을 임대하는 경우 : **감정평가액** × 국토교통부령으로 정하는 임대요율

(3) 토지·시설 등의 공급방법 등(시행령 제41조)

토지·시설 등의 공급은 시행자가 미리 정한 가격으로 추첨의 방법에 따른다. 다만, 대규모점포, 전문상가단지 등 판매를 목적으로 사용될 토지·시설 등(주민의 당초 토지 등의 소유상황과 생업 등을 고려하여 생활대책에 필요한 토지·시설 등을 대체하여 공급하는 경우는 제외한다)은 **경쟁입찰**의 방법에 따른다.

(4) 수의계약에 의한 토지 등의 공급 ★☆☆

시행자는 다음의 어느 하나에 해당하는 경우에는 수의계약의 방법으로 토지·시설 등을 공급할 수 있다(시행령 제41조 제4항).

> 1. 학교용지·공공청사용지 등 일반에게 분양할 수 없는 공공시설용지를 국가·지방자치단체나 그 밖에 관계 법령에 따라 해당 공공시설을 설치할 수 있는 자에게 공급하는 경우
> 2. 고시한 실시계획에 따라 존치하는 시설물의 유지·관리에 필요한 최소한의 토지를 공급하는 경우
> 3. 협의에 응하여 자신이 소유하는 물류단지의 토지 등의 전부를 시행자에게 양도한 자에게 국토교통부령으로 정하는 기준에 따라 토지를 공급하는 경우
> 4. 토지상환채권에 따라 토지를 상환하는 경우
> 5. 토지의 규모 및 형상, 입지조건 등에 비추어 토지의 이용가치가 현저히 낮은 토지로서 인접 토지소유자 등에게 공급하는 것이 불가피하다고 인정되는 경우
> 6. 시행자가 물류산업의 발전을 위하여 물류단지에서 복합적이고 입체적인 개발이 필요하여 국토교통부령으로 정하는 절차와 방법에 따라 선정된 자에게 토지를 공급하는 경우
> 7. 유치업종배치계획에 포함된 기업에 대하여 물류단지지정권자와 협의하여 그 기업이 직접 사용할 물류시설(판매시설은 제외한다) 용지를 공급하는 경우

(5) 이행강제금(법 제50조의3)

① 물류단지지정권자는 물류단지시설 등의 건설공사 착수 등과 관련된 의무불이행자에 대하여 의무이행기간 이 끝난 날부터 **6개월**까지 그 의무를 이행할 것을 명하여야 하며, 미이행시 해당 토지·시설 등 **감정평가액 의 20/100**에 해당하는 금액을 부과할 수 있다.

② 물류단지지정권자는 이행강제금을 부과하기 전에 **미리 문서로** 알려야 한다.

③ 물류단지지정권자는 이행강제금을 부과하려는 경우에는 이행강제금의 금액, 부과 사유, 납부기한, 수납기 관, 이의제기방법 및 이의제기기관 등을 명시한 문서로써 하여야 한다.

④ 물류단지지정권자는 정한 기간이 만료한 다음 날을 기준으로 하여 **매년 1회 그 의무가 이행될 때까지 반복** 하여 이행강제금을 부과하고 징수할 수 있다.

⑤ 물류단지지정권자는 의무가 있는 자가 그 의무를 이행한 경우에는 새로운 이행강제금의 부과를 중지하되, **이미 부과된 이행강제금은 징수**하여야 한다.

(6) 물류단지의 재정비(법 제52조의2) ★☆☆

① 물류단지지정권자는 준공(부분 준공을 포함)된 날부터 **20년**이 지나서 물류산업구조의 변화 및 물류시설의 노후화 등으로 물류단지를 재정비할 필요가 있는 경우에는 직접 또는 관계 중앙행정기관의 장이나 시장· 군수·구청장의 요청에 따라 물류단지재정비사업을 할 수 있다. 다만, 준공된 날부터 20년이 지나지 아니 한 물류단지에 대하여도 **업종의 재배치 등이 필요한 경우**에는 물류단지재정비사업을 할 수 있다.

② 재정비사업의 구분

　㉠ 물류단지의 전부 재정비사업은 토지이용계획 및 주요 기반시설계획의 변경을 수반하는 경우로서 지정 된 물류단지 면적의 **50/100** 이상을 재정비(단계적 재정비를 포함한다)하는 사업을 말한다.

　㉡ 물류단지의 부분 재정비사업은 ㉠ 이외의 물류단지재정비사업을 말한다.

③ 재정비계획의 포함사항 : 재정비계획에는 다음의 사항이 포함되어야 한다.

> 1. 물류단지의 명칭·위치 및 면적
> 2. 물류단지재정비사업의 목적
> 3. 물류단지재정비사업의 시행자
> 4. 물류단지재정비사업의 시행방법
> 5. 주요 유치시설 및 그 설치기준에 관한 사항
> 6. 당초 토지이용계획 및 주요 기반시설의 변경계획
> 7. 재원조달방안
> 8. 물류단지재정비사업의 시행기간
> 9. 지원시설의 확충계획
> 10. 입주 수요에 대한 조사자료
> 11. 물류단지재정비계획에 포함된 토지의 세목과 소유자 및 관계인의 성명 및 주소

④ **승인절차** : 물류단지지정권자는 재정비시행계획을 승인하려면 미리 입주업체 및 관계 지방자치단체의 장의 의견을 듣고 관계 행정기관의 장과 협의하여야 한다.

⑤ **사업의 실시요청** : 관계 중앙행정기관의 장 또는 시장·군수·구청장이 물류단지지정권자에게 물류단지재 정비사업의 실시를 요청할 때에는 국토교통부장관이 정하는 바에 따라 물류단지재정비사업의 기본방향 및 재원조달방안 등을 제출하여야 한다.

확인하기

▶ **물류시설의 개발 및 운영에 관한 법령상 물류단지재정비사업에 관한 설명으로 옳지 않은 것은?**

① 물류단지의 부분 재정비사업은 지정된 물류단지 면적의 3분의 2 미만을 재정비하는 사업을 말한다.

② 물류단지지정권자는 준공된 날부터 20년이 지나서 물류산업구조의 변화 및 물류시설의 노후화 등으로 물류단지를 재정비할 필요가 있는 경우에는 물류단지재정비사업을 할 수 있다.

③ 물류단지의 부분 재정비사업에서는 물류단지재정비계획 고시를 생략할 수 있다.

④ 물류단지지정권자는 물류단지재정비시행계획을 승인하려면 미리 입주업체 및 관계 지방자치단체의 장의 의견을 듣고 관계 행정기관의 장과 협의하여야 한다.

⑤ 승인받은 재정비시행계획에서 사업비의 100분의 10을 넘는 사업비 증감을 하고자 하면 그에 대하여 물류단지지정권자의 승인을 받아야 한다.

정답 ①

10 지정·승인·인가의 취소(법 제52조의3)

국토교통부장관 또는 시·도지사는 시행자가 다음의 어느 하나에 해당하는 경우에는 이 법에 따른 지정·승인 또는 인가를 취소하거나 공사의 중지, 공작물의 개축, 이전, 그 밖에 필요한 조치를 할 수 있다. **다만, 제1호부터 제5호까지의 경우에는 그 지정·승인 또는 인가를 취소하여야 한다.**

1. 거짓이나 그 밖의 부정한 방법으로 물류단지의 지정을 받은 경우
2. 거짓이나 그 밖의 부정한 방법으로 시행자의 지정을 받은 경우
3. 거짓이나 그 밖의 부정한 방법으로 실시계획의 승인을 받은 경우
4. 거짓이나 그 밖의 부정한 방법으로 준공인가를 받은 경우
5. 거짓이나 그 밖의 부정한 방법으로 재정비시행계획의 승인을 받은 경우
6. 사정이 변경되어 물류단지개발사업을 계속 시행하는 것이 불가능하게 된 경우

11 물류단지의 관리 ★☆☆

(1) 관리기관(법 제53조)

① **물류단지관리기관** : 물류단지지정권자는 효율적인 관리를 위하여 **대통령령으로 정하는 관리기구** 또는 입주기업체협의회에 물류단지를 관리하도록 하여야 한다.

② **입주기업체협의회의 구성 및 운영**

㉠ 입주기업체협의회는 그 구성 당시에 해당 물류단지 입주기업체의 **75%** 이상이 회원으로 가입되어 있어야 한다.

㉡ 입주기업체협의회의 일반회원은 입주기업체의 대표자로 하고, 특별회원은 일반회원 외의 자 중에서 정하되 회원자격은 입주기업체협의회의 **정관**으로 정하는 바에 따른다.

㉢ 입주기업체협의회는 매 사업연도 개시일부터 **2개월** 이내에 정기총회를 개최하여야 하며, 필요한 경우에는 임시총회를 개최할 수 있다.

㉣ **회의의결** : 입주기업체협의회의 회의는 정관에 다른 규정이 있는 경우를 제외하고는 **회원 과반수의 출석**과 출석회원 **과반수의 찬성**으로 의결한다.

(2) 물류단지의 관리지침(법 제54조)

① **작성** : **국토교통부장관**은 물류단지관리지침을 작성하여 관보에 고시하여야 한다.

② **작성절차** : 국토교통부장관은 물류단지관리지침을 작성하려는 때에는 시·도지사의 의견을 듣고 관계 중앙행정기관의 장과 협의한 후 **물류시설분과위원회의 심의**를 거쳐야 한다.

③ **물류단지관리지침의 내용**(시행령 제44조)

㉠ 물류단지관리계획의 수립에 관한 사항

㉡ 물류단지의 유치업종 및 기준에 관한 사항

㉢ 물류단지의 용지 및 시설을 유지·보수·개량하는 등의 물류단지관리업무에 필요한 사항

(3) 물류단지관리계획(법 제55조)

① **수립** : **물류단지관리기관**(관리기구 또는 입주기업체협의회)은 물류단지관리계획을 수립하여 물류단지지정권자에게 제출하여야 한다.

② **물류단지관리계획의 포함내용**

㉠ 관리할 **물류단지의 면적 및 범위**에 관한 사항

㉡ **물류단지시설**과 **지원시설의 설치·운영**에 관한 사항

㉢ 그 밖에 물류단지의 관리에 필요한 사항

(4) 공동부담금(법 제56조)

관리기관은 물류단지 안의 폐기물처리장, 가로등, 그 밖에 **대통령령으로 정하는 공동시설***의 설치·유지 및 보수를 위하여 필요하면 입주기업체 및 지원기관으로부터 **공동부담금**을 받을 수 있다. "공동시설"이란 다음의 시설을 말한다.

> * **대통령령으로 정하는 공동시설**
> 1. 단지의 도로
> 2. 수질오염방지시설
> 3. 그 밖에 국토교통부령으로 정하는 시설

5 물류 교통·환경 정비지구

1 물류 교통·환경 정비지구의 지정 신청(법 제59조의4)

① 물류 교통·환경 정비사업과 관련된 사항에 대하여는 다른 법률에 우선하여 이 법을 적용한다(법 제3조 제3항).
② **시장·군수·구청장**은 물류시설의 밀집으로 도로 등 기반시설의 정비와 소음·진동·미세먼지 저감 등 생활환경의 개선이 필요한 경우로서 대통령령으로 정하는 요건에 해당하는 경우 **시·도지사**에게 물류 교통·환경 정비지구의 **지정을 신청**할 수 있다. 정비지구를 변경하려는 경우에도 또한 같다.
③ 정비지구의 지정 또는 변경을 신청하려는 시장·군수·구청장은 다음의 사항을 포함한 물류 교통·환경 정비계획을 수립하여 시·도지사에게 제출하여야 한다. 이 경우 정비지구가 둘 이상의 시·군·구의 관할 지역에 걸쳐 있는 경우에는 관할 시장·군수·구청장이 공동으로 이를 수립·제출한다.

> 1. 위치·면적·정비기간 등 정비계획의 개요
> 2. 정비지구의 현황(인구수, 물류시설의 수와 면적·교통량·물동량 등)
> 3. 도로의 신설·확장·개량 및 보수 등 교통정비계획
> 4. 소음·진동 방지, 대기오염 저감 등 환경정비계획
> 5. 물류 교통·환경 정비사업의 비용분담계획
> 6. 그 밖에 대통령령으로 정하는 사항

④ **신청절차** : **시장·군수·구청장**은 정비지구의 지정 또는 변경을 신청하려는 경우에는 주민설명회를 열고, 그 내용을 **14일** 이상 주민에게 공람하여 의견을 들어야 하며, 지방의회의 의견을 들은 후(이 경우 지방의회는 시장·군수·구청장이 정비지구의 지정 또는 변경 신청서를 통지한 날부터 **60일** 이내에 의견을 제시하여야 하며, 의견제시 없이 60일이 지난 때에는 이의가 없는 것으로 본다) 그 의견을 첨부하여 신청하여야 한다. 다만, 대통령령으로 정하는 경미한 사항의 변경을 신청하려는 경우에는 주민설명회, 주민 공람, 주민의 의견청취 및 지방의회의 의견청취 절차를 거치지 아니할 수 있다.

2 물류 교통 · 환경 정비지구의 지정(법 제59조의5)

① **시 · 도지사**는 정비지구의 지정을 신청받은 경우에는 관계 행정기관의 장과 협의하고 대통령령으로 정하는 바에 따라 물류단지계획심의위원회와 「국토의 계획 및 이용에 관한 법률」에 따른 지방도시계획위원회가 공동으로 하는 심의를 거쳐 정비지구를 지정한다. 정비지구의 지정을 변경하려는 경우에도 또한 같다.

② 협의를 요청받은 관계 행정기관의 장은 특별한 사유가 없으면 그 요청을 받은 날부터 **30일** 이내에 의견을 제시하여야 한다.

③ 시 · 도지사는 정비지구를 지정하거나 변경할 때에는 대통령령으로 정하는 바에 따라 그 내용을 지체 없이 해당 지방자치단체의 공보에 고시하여야 한다.

④ 시 · 도지사가 정비지구를 지정하거나 변경하였을 때에는 국토교통부령으로 정하는 바에 따라 국토교통부장관에게 보고하여야 한다.

3 물류 교통 · 환경 정비지구 지정의 해제(법 제59조의6)

① 시 · 도지사는 물류 교통 · 환경 정비사업의 추진 상황으로 보아 정비지구의 지정목적을 달성하였거나 달성할 수 없다고 인정하는 경우에는 대통령령으로 정하는 바에 따라 물류단지계획심의위원회와 「국토의 계획 및 이용에 관한 법률」에 따른 지방도시계획위원회가 공동으로 하는 심의를 거쳐 정비지구의 지정을 해제할 수 있다.

② 정비지구의 지정을 해제하려는 시 · 도지사는 물류단지계획심의위원회와 「국토의 계획 및 이용에 관한 법률」에 따른 지방도시계획위원회가 공동으로 하는 심의 전에 주민설명회를 열고, 그 내용을 14일 이상 주민에게 공람하여 의견을 들어야 하며, 지방의회의 의견을 들어야 한다. 이 경우 지방의회는 의견을 요청받은 날부터 60일 이내에 의견을 제시하여야 하며, 의견제시 없이 60일이 지난 때에는 이의가 없는 것으로 본다.

③ 시 · 도지사는 정비지구의 지정을 해제할 때에는 대통령령으로 정하는 바에 따라 그 내용을 지체 없이 해당 지방자치단체의 공보에 고시하여야 한다.

④ 시 · 도지사가 정비지구의 지정을 해제하였을 때에는 국토교통부령으로 정하는 바에 따라 국토교통부장관에게 보고하여야 한다.

4 물류 교통 · 환경 정비사업의 지원(법 제59조의7)

국가 또는 시 · 도지사는 지정된 정비지구에서 시장 · 군수 · 구청장에게 다음의 사업에 대한 행정적 · 재정적 지원을 할 수 있다.

> 1. 도로 등 기반시설의 신설·확장·개량 및 보수
> 2. 「화물자동차 운수사업법」에 따른 공영차고지 및 화물자동차 휴게소의 설치
> 3. 「소음·진동관리법」에 따른 방음·방진시설의 설치
> 4. 「환경친화적 자동차 개발 및 보급 촉진에 관한 법률」에 따른 전기자동차의 충전시설 및 수소연료공급시설의 설치·정비 또는 개량

6 물류창고업 ★

1 물류창고의 개념

(1) 물류창고

"물류창고"란 화물의 저장·관리, 집화·배송 및 수급조정 등을 위한 보관시설(주문 수요를 예측하여 소형·경량 위주의 화물을 미리 보관하고 소비자의 주문에 대응하여 즉시 배송하기 위한 주문배송시설을 포함한다)·보관장소 또는 이와 관련된 하역·분류·포장·상표부착 등에 필요한 기능을 갖춘 시설을 말한다.

(2) 물류창고업

물류창고업은 화주의 수요에 따라 유상으로 물류창고에 화물을 보관하거나 이와 관련된 하역·분류·포장·상표부착 등을 하는 사업을 말한다. 다만, 다음의 어느 하나에 해당하는 것은 **제외한다**.

> 1. 「주차장법」에 따른 주차장에서 자동차의 보관, 「자전거 이용 활성화에 관한 법률」에 따른 자전거주차장에서 자전거의 보관
> 2. 「철도사업법」에 따른 철도사업자가 여객의 수하물 또는 소화물을 보관하는 것
> 3. 그 밖에 「위험물안전관리법」에 따른 위험물저장소에 보관하는 것 등 국토교통부와 해양수산부의 공동부령으로 정하는 것
>   가. 「위험물안전관리법」에 따른 위험물저장소
>   나. 「고압가스 안전관리법」에 따른 고압가스 저장소
>   다. 「도시가스 사업법」에 따른 도시가스 저장시설
>   라. 「석유 및 석유대체연료 사업법」에 따른 석유저장시설
>   마. 「액화석유가스의 안전관리 및 사업법」에 따른 액화석유가스 저장소
>   바. 「총포·도검·화약류 등 단속법의 안전관리에 관한 법률」에 따른 화약류저장소

2 물류창고업의 등록 ★☆☆

(1) 다음의 어느 하나에 해당하는 물류창고를 소유 또는 임차하여 물류창고업을 경영하려는 자는 **국토교통부와 해양수산부의 공동부령**으로 정하는 바에 따라 국토교통부장관(「항만법」에 따른 항만구역은 제외), 해양수산부장관(「항만법」에 따른 항만구역 중 국가관리무역항 및 국가관리연안항 구역만 해당) 또는 시·도지사(「항만법」에 따른 항만구역 중 지방관리무역항 및 지방관리연안항 구역만 해당)에게 등록하여야 한다.

> 1. 전체 바닥면적의 합계가 **1천제곱미터** 이상인 보관시설(하나의 필지를 기준으로 해당 물류창고업을 등록하고자 하는 자가 직접 사용하는 바닥면적만을 산정하되, 필지가 서로 연접한 경우에는 연접한 필지를 합산하여 산정한다). 다만, 주문배송시설로서 「건축법」에 따른 제2종 근린생활시설을 설치하는 경우에는 본문의 바닥면적 기준을 적용하지 아니한다.
> 2. 전체 면적의 합계가 **4천500제곱미터** 이상인 보관장소(보관시설이 차지하는 토지면적을 포함하고 하나의 필지를 기준으로 물류창고업을 등록하고자 하는 자가 직접 사용하는 면적만을 산정하되, 필지가 서로 연접한 경우에는 연접한 필지를 합산하여 산정한다)

(2) 변경등록

물류창고업의 등록을 한 자가 그 등록한 사항 중 **대통령령으로 정하는 사항***을 변경하려는 경우에는 국토교통부와 해양수산부의 공동부령으로 정하는 바에 따라 변경등록의 사유가 발생한 날부터 30일 이내에 변경등록을 하여야 한다.

> *** 대통령령으로 정하는 변경등록 사항**
> 1. 물류창고업자 성명(법인인 경우에는 그 대표자의 성명) 및 상호
> 2. 물류창고의 소재지
> 3. 물류창고 면적의 10/100 이상의 증감

(3) 물류창고의 구조, 설비, 입지기준 등 물류창고업의 등록 기준에 필요한 사항은 국토교통부와 해양수산부의 **공동부령**으로 정한다.

3 스마트물류센터

(1) 스마트물류센터의 인증(법 제21조의4)

① **국토교통부장관**은 스마트물류센터의 보급을 촉진하기 위하여 스마트물류센터를 인증할 수 있다. 이 경우 인증의 유효기간은 인증을 받은 날부터 **3년**으로 한다.

② 국토교통부장관은 스마트물류센터의 인증 및 점검업무를 수행하기 위하여 인증기관을 지정할 수 있다.

③ 스마트물류센터의 인증을 받으려는 자는 인증기관에 신청하여야 한다.

④ 국토교통부장관은 스마트물류센터의 인증을 신청한 자가 그 인증을 받은 경우 국토교통부령으로 정하는 바에 따라 인증서를 교부하고, 인증마크를 사용하게 할 수 있다.

⑤ 인증을 받지 않은 자는 거짓의 인증마크를 제작·사용하거나 스마트물류센터임을 사칭해서는 아니 된다.

⑥ 국토교통부장관은 인증을 받은 자가 기준을 유지하는지 여부를 국토교통부령으로 정하는 바에 따라 점검할 수 있다.

⑦ 국토교통부장관은 인증기관을 지도·감독하고, 인증 및 점검업무에 소요되는 비용의 일부를 지원할 수 있다.

(2) 인증의 취소(법 제21조의5)

① 국토교통부장관은 인증을 받은 자가 다음의 어느 하나에 해당하는 경우에는 대통령령으로 정하는 바에 따라 그 인증을 취소할 수 있다. 다만, 제1호에 해당하는 경우 그 인증을 취소하여야 한다.

> 1. 거짓이나 그 밖의 부정한 방법으로 인증을 받은 경우
> 2. 인증의 전제나 근거가 되는 중대한 사실이 변경된 경우
> 3. 점검을 정당한 사유 없이 3회 이상 거부한 경우
> 4. 인증기준에 맞지 아니하게 된 경우
> 5. 인증받은 자가 인증서를 반납하는 경우

② 스마트물류센터의 소유자 또는 대표자는 인증이 취소된 경우 인증서를 반납하고, 인증마크의 사용을 중지하여야 한다.

(3) 인증기관의 지정 취소(법 제21조의6)

국토교통부장관은 지정된 인증기관이 다음의 어느 하나에 해당하면 인증기관의 지정을 취소하거나 1년 이내의 기간을 정하여 업무의 전부 또는 일부를 정지하도록 명할 수 있다. 다만, 제1호에 해당하는 경우에는 그 지정을 취소하여야 한다.

> 1. 거짓이나 부정한 방법으로 지정을 받은 경우
> 2. 지정기준에 적합하지 아니하게 된 경우
> 3. 고의 또는 중대한 과실로 인증 기준 및 절차를 위반한 경우
> 4. 정당한 사유 없이 인증 및 점검업무를 거부한 경우
> 5. 정당한 사유 없이 지정받은 날부터 2년 이상 계속하여 인증 및 점검업무를 수행하지 아니한 경우
> 6. 그 밖에 인증기관으로서 업무를 수행할 수 없게 된 경우

4 재정적 지원 ★☆☆

(1) 재정지원(법 제21조의7)

① 국가 또는 지방자치단체는 물류창고업자 또는 그 사업자단체가 다음의 어느 하나에 해당하는 사업을 수행하는 경우로서 재정적 지원이 필요하다고 인정하면 자금의 일부를 보조 또는 융자할 수 있다.

> 1. 물류창고의 건설
> 2. 물류창고의 보수·개조 또는 개량
> 3. 물류장비의 투자
> 4. 물류창고 관련 기술의 개발
> 5. 그 밖에 물류창고업의 경영합리화를 위한 사항으로서 국토교통부령으로 정하는 사항
>   가. 물류창고업의 경영구조 개선에 관한 사항
>   나. 물류창고 시설·장비의 효율적 개선에 관한 사항
>   다. 물류창고업자 및 관련 종사자에 대한 교육·훈련
>   라. 물류창고업의 국제동향에 대한 조사·연구

② 스마트물류센터에 대한 우선지원 : 국가·지방자치단체 또는 공공기관은 스마트물류센터에 대하여 공공기관 등이 운영하는 기금·자금의 우대 조치 등 대통령령으로 정하는 바에 따라 행정적·재정적으로 우선 지원할 수 있다.

(2) 재정지원에 따른 보조금 등의 사용

① 보조금 또는 융자금 등은 보조 또는 융자받은 목적 외의 용도로 사용하여서는 아니 된다.

② 국토교통부장관·해양수산부장관 또는 지방자치단체의 장은 보조 또는 융자 등을 받은 자가 그 자금을 적정하게 사용하도록 지도·감독하여야 한다.

③ 국토교통부장관·해양수산부장관 또는 지방자치단체의 장은 다음의 어느 하나에 해당하는 경우 물류창고업자 또는 그 사업자단체에 보조금이나 융자금의 반환을 명하여야 하며 이에 따르지 아니하면 국세강제징수의 예 또는 「지방행정제재·부과금의 징수 등에 관한 법률」에 따라 회수할 수 있다.

> 1. 거짓이나 부정한 방법으로 보조금 또는 융자금을 교부받은 경우
> 2. 보조금 또는 융자금을 목적 외의 용도로 사용한 경우

(3) 과징금

① 국토교통부장관, 해양수산부장관 또는 시·도지사는 물류창고업자가 준용하는 등록의 취소[법 제17조 제1항(제1호·제4호·제7호 및 제8호는 제외)]의 어느 하나에 해당하여 사업의 정지를 명하여야 하는 경우로서 그 사업의 정지가 그 사업의 이용자 등에게 심한 불편을 주는 경우에는 그 사업정지처분을 갈음하여 1천만원 이하의 과징금을 부과할 수 있다.

② **과징금**을 부과하는 위반행위의 종류와 위반 정도에 따른 과징금의 금액 등에 필요한 사항은 대통령령으로 정한다.

③ 국토교통부장관, 해양수산부장관 또는 시·도지사는 과징금을 내야 할 자가 납부기한까지 과징금을 내지 아니하면 대통령령으로 정하는 바에 따라 **국세강제징수의 예** 또는 「지방행정제재·부과금의 징수 등에 관한 법률」에 따라 징수한다.

7 보칙 및 벌칙

1 청문

국토교통부장관·해양수산부장관 또는 시·도지사는 다음의 어느 하나에 해당하는 경우에는 청문을 실시하여야 한다.

> 1. 제17조 제1항(제21조의10에서 준용하는 경우를 포함한다)에 따른 복합물류터미널사업 등록의 취소
> 2. 물류창고업 등록의 취소
> 3. 스마트물류센터 인증의 취소 또는 인증기관 지정의 취소
> 4. 다음의 물류단지개발 관련 사업 및 물류단지재정비사업의 지정·승인 또는 인가의 취소
>   가. 물류단지의 지정취소
>   나. 물류단지개발사업시행자의 지정취소
>   다. 물류단지개발실시계획의 승인취소
>   라. 물류단지개발사업, 물류단지재정비사업의 준공인가취소
>   마. 물류단지재정비시행계획의 승인취소
>   바. 사정이 변경되어 물류단지개발사업을 계속 시행하는 것이 불가능하게 된 경우

2 벌칙규정(법 제65조)

(1) 다음의 어느 하나에 해당하는 자는 1년 이하의 징역 또는 1천만원 이하의 벌금에 처한다. 다만, 제7호에 해당하는 자로서 그 처분행위로 얻은 이익이 3천만원 이상인 경우에는 1년 이하의 징역 또는 그 이익에 상당하는 금액 이하의 벌금에 처한다.

> 1. 등록을 하지 아니하고 복합물류터미널사업을 경영한 자
> 2. 복합물류터미널사업자가 공사시행인가 또는 변경인가를 받지 아니하고 공사를 시행한 자

3. 복합물류터미널사업자와 물류창고업자가 성명 또는 상호를 다른 사람에게 사용하게 하거나 등록증을 대여한 자
4. 등록을 하지 아니하고 물류창고업을 경영한 자. 다만, 제21조의2 제4항(등록의제)의 어느 하나에 해당하는 물류창고업을 경영한 자는 제외한다.
5. 행위제한을 위반하여 건축물의 건축 등을 한 자
6. 거짓이나 그 밖의 부정한 방법으로 물류단지개발사업 또는 물류단지개발실시계획에 따른 지정 또는 승인을 받은 자
7. 개발한 토지·시설 등의 처분제한을 위반하여 토지 또는 시설을 처분한 자

(2) 스마트물류센터의 인증을 위반하여 거짓의 인증마크를 제작·사용하거나 스마트물류센터임을 사칭한 자는 3천만원 이하의 벌금에 처한다.

유통산업발전법

◀ 유통산업발전법의 흐름 ▶

1. 총칙
— 법의 목적 및 이념
— 용어의 정의 : 유통산업/대규모점포/공동집배송센터 등
— 유통산업시책의 기본방향
— 적용 배제

2. 유통산업발전계획
— 유통산업발전기본계획 : 수립권자/수립주기/계획의 내용
— 유통산업발전시행계획
— 기본계획 vs 시행계획 비교
— 유통업상생발전협의회

3. 대규모점포등
— 대규모점포 : 대규모점포의 종류
— 대규모점포등의 개설등록 : 결격사유/등록취소/휴・폐업신고
— 대규모점포등에 대한 영업시간 제한

4. 유통산업의 경쟁력 강화
— 분야별 발전시책
— 체인사업 : 정의 및 유형/경영개선사항
— 중소유통공동도매물류센터
— 상점가진흥조합 : 조합결성 조건
— 전문상가단지

5. 유통산업발전기반의 조성
— 유통정보화시책
— 유통표준전자문서 및 보안 : 「물류정책기본법」과의 비교
— 유통전문인력 양성
— 유통산업의 국제화 촉진

6. 유통기능의 효율화
— 유통기능효율화 시책
— 공동집배송센터 ┌ 지정요건/시설 및 운영 기준/시정명령
              └ 개발촉진지구/요건

7. 상거래질서의 확립
— 유통분쟁조정위원회
— 분쟁의 조정 : 분쟁범위/분쟁조정절차/조정비용의 분담

8. 보칙 및 벌칙

1 총칙

1 법의 목적

이 법은 유통산업의 효율적인 진흥과 균형 있는 발전을 꾀하고, 건전한 상거래질서를 세움으로써 소비자를 보호하고 국민경제의 발전에 이바지함을 목적으로 한다(법 제1조).

2 「유통산업발전법」상 중요 용어의 정의 ★☆☆

(1) 유통산업

농산물·임산물·축산물·수산물(가공물 및 조리물을 포함한다) 및 공산품의 도매·소매 및 이를 경영하기 위한 보관·배송·포장과 이와 관련된 정보·용역의 제공 등을 목적으로 하는 산업을 말한다.

(2) 매장

매장이란 상품의 판매와 이를 지원하는 용역의 제공에 직접 사용되는 장소를 말한다. 이 경우 매장에 포함되는 용역의 제공장소의 범위는 대통령령으로 정한다.
① 「건축법 시행령」별표 1의 규정에 따른 제1종 및 제2종 근린생활시설
② 같은 표 제5호에 따른 문화 및 집회시설
③ 같은 표 제13호에 따른 운동시설
④ 같은 표 제14호 나목에 따른 일반업무시설(오피스텔은 제외)

(3) 대규모점포

다음의 요건을 모두 갖춘 매장을 보유한 점포의 집단으로서 별표에 규정된 것을 말한다.
① 하나 또는 대통령령으로 정하는 둘 이상의 연접되어 있는 건물 안에 하나 또는 여러 개로 나누어 설치되는 매장일 것
② 상시 운영되는 매장일 것
③ 매장면적의 합계가 3천제곱미터 이상일 것

(4) 체인사업 ★☆☆

체인사업이란 같은 업종의 여러 소매점포를 직영(자기가 소유하거나 임차한 매장에서 자기의 책임과 계산하에 직접 매장을 운영하는 것을 말함)하거나 같은 업종의 여러 소매점포에 대하여 계속적으로 경영을 지도하고 상품·원재료 또는 용역을 공급하는 다음의 어느 하나에 해당하는 사업을 말한다.
① **직영점형 체인사업** : 체인본부가 주로 소매점포를 직영하되, 가맹계약을 체결한 가맹점에 대하여 상품의 공급 및 경영지도를 계속하는 형태의 체인사업

② **프랜차이즈형 체인사업** : 독자적인 상품 또는 판매·경영 기법을 개발한 체인본부가 상호·판매방법·매장 운영 및 광고방법 등을 결정하고, 가맹점으로 하여금 그 결정과 지도에 따라 운영하도록 하는 형태의 체인사업

③ **임의가맹점형 체인사업** : 체인본부의 계속적인 경영지도 및 체인본부와 가맹점 간의 **협업**에 의하여 가맹점의 취급품목·영업방식 등의 **표준화사업**과 공동구매·공동판매·공동시설활용 등 공동사업을 수행하는 형태의 체인사업

④ **조합형 체인사업** : 같은 업종의 소매점들이 「중소기업협동조합법」에 따른 중소기업협동조합, 「협동조합 기본법」에 따른 협동조합, 같은 법 제71조에 따른 협동조합연합회, 같은 법 제85조에 따른 사회적협동조합 또는 같은 법 제114조에 따른 사회적협동조합연합회를 설립하여 공동구매·공동판매·공동시설활용 등 사업을 수행하는 형태의 체인사업

(5) 공동집배송센터

여러 유통사업자 또는 제조업자가 공동으로 사용할 수 있도록 집배송시설 및 부대업무시설이 설치되어 있는 지역 및 시설물을 말한다.

(6) 전문상가단지

같은 업종을 경영하는 여러 도매업자 또는 소매업자가 일정 지역에 점포 및 부대시설 등을 집단으로 설치하여 만든 상가단지를 말한다.

(7) 임시시장

다수의 수요자와 공급자가 일정한 기간 동안 상품을 매매하거나 용역을 제공하는 일정한 장소를 말한다. 임시시장의 개설방법·시설기준과 그 밖에 임시시장의 운영·관리에 관한 사항은 특별자치시·시·군·구의 조례로 정하며, 지방자치단체의 장은 임시시장의 활성화를 위하여 임시시장을 체계적으로 육성·지원하여야 한다.

(8) 무점포판매

상시 운영되는 매장을 가진 점포를 두지 아니하고 상품을 판매하는 것으로서 다음의 산업통상자원부령(시행규칙)으로 정하는 것을 말한다.

1. 방문판매 및 가정 내 진열판매
2. 다단계판매
3. 전화권유판매
4. 카탈로그판매
5. 텔레비전홈쇼핑
6. 인터넷 멀티미디어 방송(IPTV)을 통한 상거래
7. 인터넷쇼핑몰 또는 사이버몰 등 전자상거래

8. 온라인 오픈마켓 등 전자상거래중개
9. 이동통신기기를 이용한 판매
10. 자동판매기를 통한 판매

(9) 유통표준코드

상품·상품포장·포장용기 또는 운반용기의 표면에 표준화된 체계에 따라 표기된 숫자와 바코드 등으로서 산업통상자원부령으로 정하는 것을 말한다.

(10) 유통표준전자문서

「전자문서 및 전자거래 기본법」제2조 제1호에 따른 전자문서 중 유통부문에 관하여 표준화되어 있는 것으로서 산업통상자원부령으로 정하는 것을 말한다.

(11) 판매시점 정보관리시스템

상품을 판매할 때 활용하는 시스템으로서 광학적 자동판독방식에 따라 상품의 판매·매입 또는 배송 등에 관한 정보가 수록된 것을 말한다.

(12) 물류설비

화물의 수송·포장·하역·운반과 이를 관리하는 물류정보처리활동에 사용되는 물품·기계·장치 등의 설비를 말한다.

3 유통산업시책의 기본방향(법 제3조)

정부는 이 법의 목적을 달성하기 위하여 다음의 시책을 마련하여야 한다.

1. 유통구조의 선진화 및 유통기능의 효율화 촉진
2. 유통산업에서의 소비자 편익의 증진
3. 유통산업의 지역별 균형발전의 도모
4. 유통산업의 종류별 균형발전의 도모
5. 중소유통기업(유통산업을 경영하는 자로서「중소기업기본법」규정에 따른 중소기업자에 해당하는 자를 말한다)의 구조개선 및 경쟁력의 강화
6. 유통산업의 국제경쟁력 제고
7. 유통산업에서의 건전한 상거래질서의 확립 및 공정한 경쟁여건의 조성
8. 그 밖에 유통산업의 발전을 촉진하기 위하여 필요한 사항

4 **적용 배제**(법 제4조) ★☆☆

다음의 시장·사업장 및 매장에 대하여는 이 법을 적용하지 아니한다.

> 1. 「농수산물 유통 및 가격안정에 관한 법률」에 따른 농수산물도매시장, 농수산물공판장, 민영농수산물도매시장, 농수산물종합유통센터
> 2. 「축산법」 제34조에 따른 가축시장

2 유통산업발전계획 ★★☆

1 유통산업발전기본계획 ★☆☆

(1) 기본계획의 수립·시행(법 제5조)

산업통상자원부장관은 유통산업의 발전을 위하여 **5년**마다 유통산업발전기본계획을 관계 중앙행정기관의 장과 협의를 거쳐 세우고 시행하여야 한다.

(2) 기본계획의 포함 내용

기본계획에는 다음 각 호의 사항이 포함되어야 한다.

> 1. 유통산업 발전의 기본방향
> 2. 유통산업의 국내외 여건 변화 전망
> 3. 유통산업의 현황 및 평가
> 4. 유통산업의 지역별·종류별 발전 방안
> 5. 산업별·지역별 유통기능의 효율화·고도화 방안
> 6. 유통전문인력·부지 및 시설 등의 수급 변화에 대한 전망
> 7. 중소유통기업의 구조개선 및 경쟁력 강화 방안
> 8. 대규모점포와 중소유통기업 및 중소제조업체 사이의 건전한 상거래질서의 유지 방안
> 9. 그 밖에 유통산업의 규제완화 및 제도개선 등 유통산업의 발전을 촉진하기 위하여 필요한 사항

(3) 자료제출 요청 및 계획의 고지

① **자료제출 요청** : 산업통상자원부장관은 기본계획을 세우기 위하여 필요하다고 인정하는 경우에는 관계 중앙행정기관의 장에게 필요한 자료를 요청할 수 있다. 이 경우 자료를 요청받은 관계 중앙행정기관의 장은 특별한 사정이 없으면 요청에 따라야 한다.

② **제출요청일** : 산업통상자원부장관은 관계 중앙행정기관의 장에게 기본계획의 수립을 위하여 필요한 자료를 해당 기본계획 개시연도의 전년도 10월 말일까지 제출하여 줄 것을 요청할 수 있다.

③ **고지의무** : 산업통상자원부장관은 기본계획을 특별시장·광역시장·특별자치시장·도지사·특별자치도지사(이하 "시·도지사")에게 알려야 한다.

2 유통산업발전시행계획 ★☆☆

(1) 계획의 수립·시행(법 제6조)

① **산업통상자원부장관**은 기본계획에 따라 **매년** 유통산업발전시행계획을 관계 중앙행정기관의 장과 협의를 거쳐 세워야 한다.

② 산업통상자원부장관은 시행계획을 세우기 위하여 필요하다고 인정하는 경우에는 관계 중앙행정기관의 장에게 필요한 자료를 요청할 수 있다. 이 경우 자료를 요청받은 관계 중앙행정기관의 장은 특별한 사정이 없으면 요청에 따라야 한다.

③ 산업통상자원부장관 및 관계 중앙행정기관의 장은 시행계획 중 소관 사항을 시행하고 이에 필요한 재원을 확보하기 위하여 노력하여야 한다.

④ 산업통상자원부장관은 시행계획을 시·도지사에게 알려야 한다.

(2) 자료의 제출요청

① **자료제출의 요청** : 산업통상자원부장관은 관계 중앙행정기관의 장에게 시행계획의 수립을 위하여 필요한 다음의 사항이 포함된 자료를 매년 3월 말일까지 제출하여 줄 것을 요청할 수 있다.

> 1. 유통산업발전시책의 기본방향
> 2. 사업주체 및 내용
> 3. 필요한 자금과 그 조달방안
> 4. 사업의 시행방법
> 5. 그 밖에 시행계획의 수립에 필요한 사항

② **시행계획의 집행실적 제출** : 관계 중앙행정기관의 장은 시행계획의 집행실적을 다음 연도 2월 말일까지 산업통상자원부장관에게 제출하여야 한다.

(3) 지역별 시행계획(법 제7조) ★☆☆

① **시·도지사**는 기본계획 및 시행계획에 따라 다음의 사항을 포함하는 지역별 시행계획을 세우고 시행하여야 한다. 이 경우 시·도지사(특별자치시장은 제외)는 미리 시장(「제주특별자치도 설치 및 국제자유도시 조성을 위한 특별법」에 따른 행정시장을 포함)·군수·구청장(자치구의 구청장)의 의견을 들어야 한다.

1. 지역유통산업발전의 기본방향
2. 지역유통산업의 여건변화 전망
3. 지역유통산업의 현황 및 평가
4. 지역유통산업의 종류별 발전 방안
5. 지역유통기능의 효율화·고도화 방안
6. 유통전문인력·부지 및 시설 등의 수급 방안
7. 지역중소유통기업의 구조개선 및 경쟁력 강화 방안
8. 그 밖에 지역유통산업의 규제완화 및 제도개선 등 지역유통산업의 발전을 촉진시키기 위해 필요한 사항

② 관계 중앙행정기관의 장은 유통산업의 발전을 위하여 필요하다고 인정하는 경우에는 시·도지사 또는 시장·군수·구청장에게 시행계획의 시행에 필요한 조치를 할 것을 요청할 수 있다.

(4) 유통산업의 실태조사(법 제7조의4)

① 조사권자 : **산업통상자원부장관**은 기본계획 및 시행계획 등의 효율적인 수립·추진을 위하여 유통산업에 대한 실태조사를 할 수 있다.

② 정기조사 : 유통산업에 관한 계획 및 정책수립과 집행에 활용하기 위하여 **3년마다** 실시하는 조사
수시조사 : 산업통상자원부장관이 기본계획 및 시행계획 등의 효율적인 수립을 위하여 필요하다고 인정하는 경우 특정 업태 및 부문 등을 대상으로 실시하는 조사

③ 실태조사의 범위(시행령 제6조의4)
   ㉠ 대규모점포, 무점포판매 및 도·소매점포의 현황, **영업환경**, **물품구매**, 영업실태 및 사업체 특성 등에 관한 사항
   ㉡ 지역별·업태별 유통기능 효율화를 위한 물류표준화·정보화 및 **물류공동화**에 관한 사항
   ㉢ 그 밖에 산업통상자원부장관이 유통산업발전 정책수립을 위하여 실태조사가 필요하다고 인정하는 사항

3 유통업상생발전협의회(법 제7조의5) ★☆☆

(1) 소속

대규모점포 및 준대규모점포와 지역중소유통기업의 균형발전을 협의하기 위하여 **특별자치시장·시장·군수·구청장** 소속으로 유통업상생발전협의회를 둔다.

(2) 협의회 구성

유통업상생발전협의회는 성별 및 분야별 대표성 등을 고려하여 **회장 1명을 포함한 11명 이내의 위원**으로 구성하며, 위원의 임기는 2년으로 한다(시행규칙 제4조의2).

(3) 위원의 임명

회장은 부시장·부군수·부구청장이 되고, 위원은 특별자치시장·시장(「제주특별자치도 설치 및 국제자유도시 조성을 위한 특별법」에 따른 행정시장 포함)·군수·구청장(자치구의 구청장)이 임명하거나 위촉하는 다음의 자가 된다.

> 1. 해당 지역에 대규모점포등을 개설하였거나 또는 개설하려는 대형유통기업의 대표 3명
> 2. 해당 지역의 전통시장, 슈퍼마켓, 상가 등 중소유통기업의 대표 3명
> 3. 다음의 어느 하나에 해당하는 자
>   가. 해당 지역의 소비자단체의 대표 또는 주민단체의 대표
>   나. 해당 지역의 유통산업분야에 관한 학식과 경험이 풍부한 자
>   다. 그 밖에 대·중소유통 협력업체·납품업체·농어업인 등 이해관계자
> 4. 해당 특별자치시·시·군·구의 유통업무를 담당하는 과장급 공무원

(4) 협의회의 운영

① 협의회의 회의는 재적위원 **2/3** 이상의 출석으로 개의하고, 출석위원 **2/3** 이상의 찬성으로 의결한다.
② 회장은 회의를 소집하려는 경우에는 회의 개최일 5일 전까지 회의의 날짜·시간·장소 및 심의 안건을 각 위원에게 통지하여야 한다. 다만, 긴급한 경우나 부득이한 사유가 있는 경우에는 그러하지 아니하다.
③ 협의회의 사무를 처리하기 위하여 간사 1명을 두되, 간사는 유통업무를 담당하는 공무원으로 한다.
④ 협의회는 분기별로 1회 이상 개최하는 것을 원칙으로 한다.

(5) 협의회의 의견제시

협의회는 대형유통기업과 지역중소유통기업의 균형발전을 촉진하기 위하여 다음의 사항에 대해 특별자치시장·시장·군수·구청장에게 의견을 제시할 수 있다.

> 1. 대형유통기업과 지역중소유통기업 간의 상생협력촉진을 위한 지역별 시책의 수립에 관한 사항
> 1의2. 상권영향평가서 및 지역협력계획서 검토에 관한 사항
> 2. 대규모점포등에 대한 영업시간의 제한 등에 관한 사항
> 3. 전통상업보존구역의 지정에 관한 사항
> 4. 그 밖에 대·중소유통기업 간의 상생협력촉진, 공동조사연구, 지역유통산업발전, 전통시장 또는 전통상점가 보존을 위한 협력 및 지원에 관한 사항

3 대규모점포등 ★★★

1 대규모점포 ★☆☆

(1) 대규모점포의 개념

> **"대규모점포"**라 함은 다음의 요건을 모두 갖춘 매장을 보유한 점포의 집단으로서 별표에 규정된 것(대형마트 · 전문점 · 백화점 · 쇼핑센터 · 복합쇼핑몰 등)을 말한다.
> 1. 하나 또는 건물 간의 가장 가까운 거리가 50미터 이내이고 소비자가 통행할 수 있는 지하도 또는 지상통로가 설치되어 있어 하나의 대규모점포로 기능할 수 있는 둘 이상의 연접되어 있는 건물 안에 하나 또는 여러 개로 나누어 설치되는 매장일 것
> 2. 상시 운영되는 매장일 것
> 3. 매장면적의 합계가 **3천제곱미터** 이상일 것

① 대규모점포의 종류(법 제2조 제3호 관련 별표)
  - ㉠ 대형마트 : 대통령령으로 정하는 용역의 제공장소(이하 "용역의 제공장소")를 제외한 매장면적의 합계가 3천제곱미터 이상인 점포의 집단으로서 <u>식품 · 가전 및 생활용품을 중심으로 점원의 도움 없이</u> 소비자에게 소매하는 점포의 집단
  - ㉡ 전문점 : 용역의 제공장소를 제외한 매장면적의 합계가 3천제곱미터 이상인 점포의 집단으로서 <u>의류 · 가전 또는 가정용품 등 특정 품목에 특화한</u> 점포의 집단
  - ㉢ 백화점 : 용역의 제공장소를 제외한 매장면적의 합계가 3천제곱미터 이상인 점포의 집단으로서 다양한 상품을 구매할 수 있도록 현대적 판매시설과 소비자 편익시설이 설치된 점포로서 <u>직영의 비율이 30퍼센트 이상인</u> 점포의 집단
  - ㉣ 쇼핑센터 : 용역의 제공장소를 제외한 매장면적의 합계가 3천제곱미터 이상인 점포의 집단으로서 다수의 <u>대규모점포 또는 소매점포와 각종 편의시설이 일체적으로 설치된</u> 점포로서 직영 또는 임대의 형태로 운영되는 점포의 집단
  - ㉤ 복합쇼핑몰 : 용역의 제공장소를 제외한 매장면적의 합계가 3천제곱미터 이상인 점포의 집단으로서 <u>쇼핑, 오락 및 업무 기능 등이 한 곳에 집적되고, 문화 · 관광 시설로서의 역할을 하며, 1개의 업체가 개발 · 관리 및 운영하는</u> 점포의 집단
② 준대규모점포
  - ㉠ 대규모점포를 경영하는 회사 또는 그 계열회사(「독점규제 및 공정거래에 관한 법률」에 따른 계열회사)가 직영하는 점포
  - ㉡ 「독점규제 및 공정거래에 관한 법률」에 따른 상호출자제한기업집단의 계열회사가 직영하는 점포
  - ㉢ ㉠ 및 ㉡의 회사 또는 계열회사가 직영점형 체인사업 및 프랜차이즈형 체인사업의 형태로 운영하는 점포

(2) 대규모점포등의 개설등록(법 제8조)

① 대규모점포등의 사업요건 : 개설등록

대규모점포를 개설하거나 전통상업보존구역에 준대규모점포를 개설하려는 자는 영업을 시작하기 전에 산업통상자원부령으로 정하는 바에 따라 상권영향평가서 및 지역협력계획서를 첨부하여 **특별자치시장·시장·군수·구청장에게 등록**하여야 한다. 등록한 내용을 변경하려는 경우에도 또한 같다.

② 개설등록 신청시 제출서류

㉠ **개설등록시 제출서류** : 대규모점포등의 개설등록을 하려는 자는 대규모점포등개설등록신청서에 다음의 서류 등을 첨부하여 특별자치시장·시장·군수 또는 구청장에게 제출하여야 한다.

> 1. 사업계획서
> 2. 상권영향평가서
> 3. 지역협력계획서
> 4. 대지 또는 건축물의 소유권 또는 그 사용에 관한 권리를 증명하는 서류

㉡ **지역협력계획서의 검토**(법 제8조 제7항) : 특별자치시장·시장·군수·구청장은 제출받은 상권영향평가서 및 지역협력계획서를 검토하는 경우 협의회의 의견을 청취하여야 하며, 필요한 때에는 대통령령으로 정하는 전문기관에 이에 대한 조사를 하게 할 수 있다.

③ **제출서류의 보완** : 특별자치시장·시장·군수·구청장은 제출받은 상권영향평가서 및 지역협력계획서가 미진하다고 판단하는 경우에는 제출받은 날부터 **30일 내**에 그 사유를 명시하여 보완을 요청할 수 있다(법 제8조 제2항).

④ **등록 제한 및 조건의 부착** : 특별자치시장·시장·군수·구청장은 개설등록 또는 변경등록[점포의 소재지를 변경하거나 매장면적이 개설등록(매장면적을 변경등록한 경우에는 변경등록) 당시의 매장면적보다 **1/10** 이상 증가하는 경우로 한정]을 하려는 대규모점포등의 위치가 전통상업보존구역에 있을 때에는 등록을 제한하거나 조건을 붙일 수 있다.

⑤ 개설등록 신청의 통보

㉠ 특별자치시장·시장·군수·구청장은 개설등록 또는 변경등록하려는 점포의 소재지로부터 **산업통상자원부령으로 정하는 거리** 이내의 범위 일부가 인접 특별자치시·시·군·구에 속하여 있는 경우 인접지역의 특별자치시장·시장·군수·구청장에게 개설등록 또는 변경등록을 신청받은 사실을 통보하여야 한다.

㉡ 신청 사실을 통보받은 인접지역의 특별자치시장·시장·군수·구청장은 신청 사실을 통보받은 날로부터 20일 이내에 개설등록 또는 변경등록에 대한 의견을 제시할 수 있다.

⑥ **변경등록**(시행규칙 제5조 제4항) : 변경등록을 하여야 하는 사항은 다음의 어느 하나의 사항을 말한다.

㉠ 법인의 명칭, 개인 또는 법인 대표자의 성명, 개인 또는 법인의 주소

㉡ 개설등록(매장면적을 변경등록한 경우에는 변경등록) 당시 매장면적의 **1/10** 이상의 변경

㉢ 업태 변경(대규모점포만 해당한다)

㉣ 점포의 소재지·상호

(3) 대규모점포등의 개설계획 예고(법 제8조의3)

① 개설계획예고일 : 대규모점포를 개설하려는 자는 영업을 개시하기 **60일** 전까지, 준대규모점포를 개설하려는 자는 영업을 시작하기 **30일** 전까지 산업통상자원부령으로 정하는 바에 따라 개설 지역 및 시기 등을 포함한 개설계획을 예고하여야 한다.

② 개설계획의 예고

㉠ 대규모점포등을 개설하려는 자는 개설계획을 예고하기 위하여 해당 지역을 관할하는 특별자치시장·시장·군수 또는 구청장에게 개설자(법인 : 그 명칭과 대표자 성명), 개설지역(주소), 영업개시예정일, 대규모점포등의 종류, 매장면적(m^2)이 포함된 개설계획을 해당 지방자치단체의 인터넷 홈페이지에 게재하여 줄 것을 신청하여야 한다.

㉡ 신청을 받은 특별자치시장·시장·군수 또는 구청장은 신청일로부터 **5일** 이내에 해당 지방자치단체의 인터넷 홈페이지에 대규모점포등의 개설계획 또는 변경된 개설계획을 게재해야 한다.

(4) 등록의 결격사유(법 제10조) ★☆☆

다음의 어느 하나에 해당하는 자는 대규모점포등의 등록을 할 수 없다.

1. 피성년후견인 또는 **미성년자**
2. 파산선고를 받고 복권되지 아니한 자
3. 이 법을 위반하여 징역의 실형을 선고받고 그 집행이 끝나거나(집행이 끝난 것으로 보는 경우를 포함한다) 집행이 면제된 날부터 **1년**이 지나지 아니한 사람
4. 이 법을 위반하여 징역형의 집행유예선고를 받고 그 유예기간 중에 있는 사람
5. 등록이 취소(제1호 또는 제2호에 해당하여 등록이 취소된 경우는 제외)된 후 **1년**이 지나지 아니한 자
6. 대표자가 위의 결격사유의 어느 하나에 해당하는 법인

(5) 등록의 취소(법 제11조) ★☆☆

① 절대적 등록취소 : 특별자치시장·시장·군수·구청장은 대규모점포등의 개설등록을 한 자(이하 "대규모점포등개설자")가 **다음의 어느 하나에 해당하는 경우에는 그 등록을 취소하여야 한다.**

1. 대규모점포등개설자가 정당한 사유 없이 **1년** 이내에 영업을 시작하지 아니한 경우(대규모점포등의 건축에 정상적으로 소요되는 기간은 이를 산입하지 아니한다)
2. 대규모점포등의 영업을 정당한 사유 없이 **1년 이상** 계속하여 휴업한 경우
3. 등록결격사유에 해당하게 된 경우
4. 제8조 제3항에 따른 **조건**을 이행하지 아니한 경우(대규모점포등의 위치가 전통상업보존구역에 있을 때에는 등록을 제한하거나 **조건**을 붙일 수 있다)

② 등록취소의 예외 : 다음의 어느 하나에 해당하는 경우에는 법인대표자가 등록결격사유에 해당하게 된 날 또는 상속을 개시한 날부터 **6개월(등록취소 유예기간)**이 지난 날까지는 ①의 규정을 적용하지 아니한다.

㉠ 법인대표자가 결격사유에 해당하게 된 경우
㉡ 대규모점포등개설자의 지위를 승계한 상속인이 결격사유에 해당하는 경우

(6) 대규모점포등개설자의 업무(법 제12조)

① 대규모점포등개설자는 다음의 업무를 수행한다.
  ㉠ 상거래질서의 확립
  ㉡ 소비자의 안전유지와 소비자 및 인근 지역주민의 피해·불만의 신속한 처리
  ㉢ 그 밖에 대규모점포등을 유지·관리하기 위하여 필요한 업무
② 대규모점포등 개설자의 업무를 수행하는 자 : 매장이 분양된 대규모점포 및 등록 준대규모점포에서는 대규모점포등관리자가 ①의 업무를 수행한다.

매장의 구분	업무수행자
매장면적의 1/2 이상을 직영하는 자가 有	그 직영하는 자
매장면적의 1/2 이상을 직영하는 자가 無	㉠ 해당 대규모점포등 입점상인 2/3 이상이 동의(동의를 얻은 입점상인이 운영하는 매장 면적의 합은 전체 매장면적의 1/2 이상)하여 설립한 「민법」 또는 「상법」에 따른 법인 ㉡ 입점상인 2/3 이상이 동의하여 설립한 협동조합 또는 사업협동조합 ㉢ 입점상인 2/3 이상이 동의하여 조직한 자치관리단체 ㉣ ㉠~㉢에 해당하는 자가 없는 경우 입점상인 **1/2 이상**이 동의하여 지정하는 자

③ 대규모점포등관리자는 산업통상자원부령으로 정하는 바에 따라 특별자치시장·시장·군수·구청장에게 신고를 하여야 한다. 신고한 사항을 변경하려는 경우에도 또한 같다.
④ 매장이 분양된 대규모점포 및 등록 준대규모점포에서는 ①의 업무 중 구분소유와 관련된 사항에 대하여는 「집합건물의 소유 및 관리에 관한 법률」에 따른다.

(7) 대규모점포등개설자의 지위승계 및 휴·폐업신고

① 대규모점포등개설자의 지위승계 : 다음의 어느 하나에 해당하는 자는 종전의 대규모점포등개설자의 지위를 승계한다. 지위를 승계한 자에 대하여는 제10조(등록의 결격사유)를 준용한다.
  ㉠ 대규모점포등개설자가 사망한 경우 그 상속인
  ㉡ 대규모점포등개설자가 대규모점포등을 양도한 경우 그 양수인
  ㉢ 법인인 대규모점포등개설자가 다른 법인과 합병한 경우 합병 후 존속하는 법인이나 합병으로 설립되는 법인
② 대규모점포등의 휴업·폐업신고 : 대규모점포등개설자가 대규모점포등을 휴업하거나 폐업하려는 경우에는 산업통상자원부령으로 정하는 바에 따라 특별자치시장·시장·군수·구청장에게 신고를 하여야 한다.
③ 벌칙규정(법 제49조 제2항) : 다음 어느 하나에 해당하는 경우 1년 이하의 징역 또는 3천만원 이하의 벌금에 처한다.
  ㉠ 등록을 하지 아니하고 대규모점포등을 개설하거나 거짓 그 밖의 부정한 방법으로 대규모점포등의 개설

등록을 한 자
  ○ 신고를 하지 아니하고 대규모점포등개설자의 업무를 수행하거나 거짓이나 그 밖의 부정한 방법으로 대규모점포등개설자의 업무수행신고를 한 자

(8) 대규모점포등에 대한 영업시간의 제한(법 제12조의2) ★☆☆

  ① 영업시간의 제한 내용
    ○ 특별자치시장·시장·군수·구청장은 건전한 유통질서 확립, 근로자의 건강권 및 대규모점포등과 중소유통업의 상생발전을 위하여 필요하다고 인정하는 경우 대형마트(대규모점포에 개설된 점포로서 대형마트의 요건을 갖춘 점포를 포함)와 준대규모점포에 대하여 다음의 영업시간 제한을 명하거나 의무휴업일을 지정하여 의무휴업을 명할 수 있다. 다만, 연간 총매출액 중 「농수산물 유통 및 가격안정에 관한 법률」에 따른 농수산물의 매출액 비중이 **55퍼센트 이상**인 대규모점포등으로서 해당 지방자치단체의 조례로 정하는 대규모점포등에 대하여는 그러하지 아니하다.

    > 1. 영업시간 제한
    > 2. 의무휴업일 지정

    ○ 특별자치시장·시장·군수·구청장은 ○ 제1호에 따라 **오전 0시부터 오전 10시**까지의 범위에서 영업시간을 제한할 수 있다.
    ○ 특별자치시장·시장·군수·구청장은 ○ 제2호에 따라 **매월 이틀**을 의무휴업일로 지정해야 한다. 이 경우 의무휴업일은 공휴일 중에서 지정하되, 이해당사자와 합의를 거쳐 공휴일이 아닌 날을 의무휴업일로 지정할 수 있다.
    ② 영업시간 제한 및 의무휴업일 지정에 필요한 사항은 해당 **지방자치단체의 조례**로 정한다.
  ② 영업정지 : 특별자치시장·시장·군수·구청장은 다음의 어느 하나에 해당하는 경우에는 **1개월 이내**의 기간을 정하여 영업의 정지를 명할 수 있다.
    ○ **대규모점포등에 대한 영업시간의 제한 및 의무휴업일 지정**에 따른 명령을 1년 이내에 **3회** 이상 위반하여 영업제한시간에 영업을 한 자 또는 명령을 1년 이내에 3회 이상 위반하여 의무휴업일에 영업을 한 자. 이 경우 각각의 명령위반의 횟수는 합산한다.
    ○ 영업정지명령을 위반하여 영업정지기간 중에 영업을 한 자

(9) 회계서류의 작성·보관(법 제12조의4)

  ① 대규모점포등관리자는 금전을 입점상인에게 청구·수령하거나 그 금원을 관리하는 행위 등 모든 거래행위에 관하여 장부를 월별로 작성하여 그 증빙서류와 함께 해당 회계연도 종료일부터 **5년간** 보관하여야 한다.
  ② 대규모점포등관리자가 1/2 이상 직영하는 자에 해당하는 대규모점포등관리자의 고유재산과 분리하여 회계처리를 하여야 한다.
  ③ 대규모점포등관리자는 입점상인이 장부나 증빙서류, 그 밖에 대통령령으로 정하는 정보의 열람을 요구하거나 자기의 비용으로 복사를 요구하는 때에는 다음의 정보는 제외하고 이에 응하여야 한다. 이 경우 관리규

정에서 열람과 복사를 위한 방법 등 필요한 사항을 정할 수 있다.

　㉠「개인정보 보호법」에 따른 고유식별정보 등 개인의 사생활의 비밀 또는 자유를 침해할 우려가 있는 정보

　㉡ 의사결정과정 또는 내부검토과정에 있는 사항 등으로서 공개될 경우 업무의 공정한 수행에 현저한 지장을 초래할 우려가 있는 정보

(10) 대규모점포등관리자의 회계감사(법 제12조의5)

① 대규모점포등관리자는 대통령령으로 정하는 바에 따라 「주식회사의 외부감사에 관한 법률」에 따른 감사인의 회계감사를 매년 **1회** 이상 받아야 한다. 다만, 입점상인의 **2/3 이상**이 서면으로 회계감사를 받지 아니하는 데 동의한 연도에는 회계감사를 받지 아니할 수 있다.

② 대규모점포등관리자는 회계감사결과를 제출받은 날부터 1개월 이내에 대규모점포등의 인터넷 홈페이지에 그 결과를 공개하여야 한다.

③ 대규모점포등관리자는 특별자치시장·시장·군수·구청장 또는 「공인회계사법」에 따른 한국공인회계사회에 감사인의 추천을 의뢰할 수 있다.

④ 회계감사를 받는 대규모점포등관리자는 다음의 어느 하나에 해당하는 행위를 하여서는 아니 된다.

　㉠ 정당한 사유 없이 감사인의 자료 열람·등사·제출 요구 또는 조사를 거부·방해·기피하는 행위

　㉡ 감사인에게 거짓 자료를 제출하는 등 부정한 방법으로 회계감사를 방해하는 행위

(11) 관리규정(법 제12조의6 및 시행령 제7조의7)

① 대규모점포등관리자는 대규모점포등의 관리 또는 사용에 관하여 입점상인의 **2/3 이상**의 동의를 얻어 관리규정을 제정하여야 하며 관리규정에 따라 대규모점포등을 관리하여야 한다.

② 관리규정을 제정하려는 대규모점포등관리자는 신고를 한 날부터 3개월 이내에 표준관리규정을 참조하여 관리규정을 제정하여야 한다.

③ 대규모점포등관리자는 입점상인이 관리규정의 열람이나 복사를 요구하는 때에는 이에 응하여야 한다.

④ 시·도지사는 이 법을 적용받는 대규모점포등의 효율적이고 공정한 관리를 위하여 대통령령으로 정하는 바에 따라 표준관리규정을 마련하여 보급하여야 한다.

(12) 전통상업보존구역의 지정(법 제13조의3)

① 특별자치시장·시장·군수·구청장은 지역 유통산업의 전통과 역사를 보존하기 위하여 「전통시장 및 상점가 육성을 위한 특별법」에 따른 전통시장이나 중소벤처기업부장관이 정하는 전통상점가의 경계로부터 **1킬로미터** 이내의 범위에서 해당 지방자치단체의 조례로 정하는 지역을 전통상업보존구역으로 지정할 수 있다.

② 전통상업보존구역을 지정하려는 특별자치시장·시장·군수·구청장은 관할구역 전통시장등의 경계로부터 1킬로미터 이내의 범위 일부가 인접 특별자치시·시·군·구에 속해 있는 경우에는 인접지역의 특별자치시장·시장·군수·구청장에게 해당 지역을 전통상업보존구역으로 지정할 것을 요청할 수 있다.

③ 요청을 받은 인접지역의 특별자치시장·시장·군수·구청장은 요청한 특별자치시장·시장·군수·구청장과 협의하여 해당 지역을 전통상업보존구역으로 지정하여야 한다.

④ 전통상업보존구역의 범위, 지정 절차 및 지정 취소 등에 관하여 필요한 사항은 해당 지방자치단체의 조례로 정한다.

(13) 임시시장의 개설(법 제14조)

① 임시시장의 개설방법·시설기준과 그 밖에 임시시장의 운영·관리에 관한 사항은 특별자치시·시·군·구의 조례로 정한다.

② 지방자치단체의 장은 임시시장의 활성화를 위하여 임시시장을 체계적으로 육성·지원하여야 한다.

4 유통산업의 경쟁력 강화

1 분야별 발전시책(법 제15조)

(1) 시책의 수립

① 시책에 포함될 사항 : 산업통상자원부장관은 유통산업의 경쟁력을 강화하기 위하여 체인사업의 발전시책, 무점포판매업의 발전시책, 그 밖에 유통산업의 분야별 경쟁력 강화를 위하여 필요한 시책을 수립·시행할 수 있다. 시책에는 다음의 사항이 포함되어야 한다.

> 1. 국내외 사업현황
> 2. 산업별·유형별 발전전략에 관한 사항
> 3. 유통산업에 대한 인식의 제고에 관한 사항
> 4. 전문인력의 양성에 관한 사항
> 5. 관련 정보의 원활한 유통에 관한 사항
> 6. 그 밖에 유통산업의 분야별 발전 또는 경쟁력 강화를 위해 필요한 사항

② 지원사항 : 정부는 재래시장의 활성화에 필요한 시책을 수립·시행하여야 하고, 정부 또는 지방자치단체의 장은 이에 필요한 행정적·재정적 지원을 할 수 있다.

(2) 중소유통기업 구조개선시책

정부 또는 지방자치단체는 다음의 사항이 포함된 중소유통기업의 구조개선 및 경쟁력 강화에 필요한 시책을 수립·시행할 수 있고, 이에 필요한 행정적·재정적 지원을 할 수 있다.

① 중소유통기업의 창업을 지원하기 위한 사항

② 중소유통기업에 대한 자금·경영·정보·기술·인력의 지원에 관한 사항

③ 선진유통기법의 도입·보급 등을 위한 중소유통기업자의 교육·연수지원에 관한 사항

④ 중소유통공동도매물류센터의 설립·운영 등 중소유통기업의 공동협력사업 지원에 관한 사항

⑤ 그 밖에 중소유통기업의 구조개선을 촉진하기 위하여 필요하다고 인정되는 사항으로서 대통령령으로 정하는 사항

2 체인사업(법 제16조) ★★☆

(1) 정의 및 유형

"**체인사업**"이라 함은 같은 업종의 여러 소매점포를 직영(자기가 소유하거나 임차한 매장에서 자기의 책임과 계산하에 직접 매장을 운영하는 것을 말함)하거나 같은 업종의 여러 소매점포에 대하여 계속적으로 경영을 지도하고 상품·원재료 또는 용역을 공급하는 직영점형 체인사업, 프랜차이즈형 체인사업, 임의가맹점형 체인사업, 조합형 체인사업에 해당하는 사업을 말한다.

(2) 체인사업자의 경영개선사항 ★☆☆

① 체인사업자는 직영하거나 체인에 가입되어 있는 점포(이하 "체인점포")의 경영을 개선하기 위하여 다음의 사항을 추진하여야 한다.
  ㉠ 체인점포의 시설 **현대화**
  ㉡ 체인점포에 대한 원재료·상품 또는 용역 등의 원활한 공급
  ㉢ 체인점포에 대한 점포관리·품질관리·판매촉진 등 경영활동 및 영업활동에 관한 지도
  ㉣ 체인점포 종사자에 대한 유통교육·훈련의 실시
  ㉤ 체인사업자와 체인점포 간의 유통정보시스템의 구축
  ㉥ 집배송시설의 설치 및 공동물류사업의 추진
  ㉦ 공동브랜드 또는 자기부착상표의 개발·보급
  ㉧ **유통관리사의 고용 촉진**
  ㉨ 그 밖에 중소벤처기업부장관이 체인사업의 경영개선을 위하여 필요하다고 인정하는 사항
② 산업통상자원부장관, 중소벤처기업부장관 또는 지방자치단체의 장은 체인사업자 또는 체인사업자단체가 ①의 사업을 추진하는 경우에는 예산의 범위에서 필요한 자금 등을 지원할 수 있다.

3 중소유통공동도매물류센터

(1) 중소유통공동도매물류센터에 대한 지원 ★☆☆

산업통상자원부장관, 중소벤처기업부장관 또는 지방자치단체의 장은 「중소기업기본법」에 따른 중소기업자 중 대통령령으로 정하는 소매업자 50인 또는 도매업자 10인 이상의 자(중소유통기업자단체)가 공동으로 중소유통기업의 경쟁력 향상을 위하여 다음의 사업을 하는 중소유통공동도매물류센터를 건립하거나 운영하는 경우에는 필요한 행정적·재정적 지원을 할 수 있다.

1. 상품의 보관·배송·포장 등 공동물류사업
2. 상품의 전시
3. 유통·물류정보시스템을 이용한 정보의 수집·가공·제공
4. 중소유통공동도매물류센터를 이용하는 중소유통기업의 서비스능력 향상을 위한 교육 및 연수
5. 그 밖에 중소유통공동도매물류센터 운영의 고도화를 위하여 산업통상자원부장관이 필요하다고 인정하여 공정거래위원회와 협의를 거친 사업

(2) 운영의 위탁

지방자치단체의 장은 중소유통공동도매물류센터를 건립하여 중소유통기업자단체 또는 중소유통공동도매물류센터를 운영하기 위하여 지방자치단체와 중소유통기업자단체가 출자하여 설립한 법인에 그 운영을 위탁할 수 있다.

(3) 지방자치단체가 중소유통공동도매물류센터를 건립하여 운영을 위탁하는 경우에는 운영주체와 협의하여 해당 중소유통공동도매물류센터의 매출액의 **1천분의 5** 이내에서 시설 및 장비의 이용료를 징수하여 시설물 및 장비의 유지·관리 등에 드는 비용에 충당할 수 있다.

(4) 중소유통공동도매물류센터의 건립, 운영 및 관리 등에 필요한 사항은 중소벤처기업부장관이 정하여 고시한다.

4 상점가진흥조합 ★☆☆

(1) 상점가의 정의

"상점가"란 일정 범위의 가로 또는 지하도에 대통령령으로 정하는 수 이상의 도매점포·소매점포 또는 용역점포가 밀집하여 있는 지구를 말한다(법 제2조 제7호).

> **＊상점가의 범위**
> 1. 2,000m² 이내의 가로 또는 지하도에 30개 이상의 도매점포·소매점포 또는 용역점포가 밀집하여 있는 지구
> 2. 상품 또는 영업활동의 특성상 전시·판매 등을 위하여 넓은 면적이 필요한 동일 업종의 도매점포 또는 소매점포(이하 "특성업종도소매점포"라 한다)를 포함한 점포가 밀집하여 있다고 특별자치시장·시장·군수·구청장이 인정하는 지구로서 다음의 요건을 모두 충족하는 지구
>   가. 가로 또는 지하도의 면적이 특성업종도소매점포의 평균면적에 도매점포 또는 소매점포의 수를 합한 수를 곱한 면적과 용역점포의 면적을 합한 면적 이내일 것
>   나. 도매점포·소매점포 또는 용역점포가 30개 이상 밀집하여 있을 것
>   다. 특성업종도소매점포의 수가 '나'에 따른 점포 수의 100분의 50 이상일 것

(2) 상점가진흥조합의 결성

① 상점가진흥조합의 조합원이 될 수 있는 자는 법 제18조 제1항의 자로서「중소기업기본법」에 따른 중소기업 자(도매업·소매업·용역업자)에 해당하는 자로 한다.

② **조합결성 조건** : 상점가진흥조합은 조합원의 자격이 있는 자의 **3분의 2** 이상의 동의를 받아 결성한다. 다만, 조합원의 자격이 있는 자 중 같은 업종을 경영하는 자가 **2분의 1** 이상인 경우에는 그 같은 업종을 경영하는 자의 **5분의 3** 이상의 동의를 받아 결성할 수 있다.

③ 상점가진흥조합은 협동조합 또는 사업조합으로 설립한다.

④ 상점가진흥조합의 구역은 다른 상점가진흥조합의 구역과 **중복되어서는 아니 된다**.

(3) 지원(법 제19조) ★☆☆

지방자치단체의 장은 상점가진흥조합이 다음의 사업을 하는 경우에는 예산의 범위에서 필요한 자금을 지원할 수 있다.

1. 점포시설의 표준화 및 현대화
2. 상품의 매매·보관·수송·검사 등을 위한 공동시설의 설치
3. 주차장·휴게소 등 공공시설의 설치
4. 조합원의 판매촉진을 위한 공동사업
5. 가격표시 등 상거래질서의 확립
6. 조합원과 그 종사자의 자질 향상을 위한 연수사업 및 정보제공
7. 그 밖에 지방자치단체의 장이 상점가 진흥을 위하여 필요하다고 인정하는 사업

5 전문상가단지 건립의 지원(법 제20조)

(1) 개념

"전문상가단지"란 같은 업종을 경영하는 여러 도매업자 또는 소매업자가 일정 지역에 점포 및 부대시설 등을 집단으로 설치하여 만든 상가단지를 말한다(법 제2조 제8호).

(2) 행정적·재정적 지원

① **지원자** : 산업통상자원부장관, 관계 중앙행정기관의 장 또는 지방자치단체의 장은 필요한 행정적·재정적 지원을 할 수 있다.

② **지원대상자 요건**

1. 도매업자 또는 소매업자로 구성되는「중소기업협동조합법」에 규정된 협동조합·사업협동조합·협 동조합연합회 또는 중소기업중앙회로서 ㉠ **5천제곱미터** 이상의 부지를 확보하고 있을 것, ㉡ 단지 내에 입주하는 조합원이 **50인** 이상일 것에 해당하는 자

2. 제1호에 해당하는 자와 신탁계약을 체결한 「자본시장과 금융투자업에 관한 법률」에 따른 신탁업자로서 자본금 또는 연간 매출액이 **100억원** 이상인 자

③ 지원을 받으려는 자는 전문상가단지 조성사업계획을 작성하여 산업통상자원부장관, 관계 중앙행정기관의 장 또는 지방자치단체의 장에게 제출하여야 한다.

5 유통산업발전기반의 조성

1 유통정보화시책 ★☆☆

(1) 시책의 수립 및 시행(법 제21조)

산업통상자원부장관은 유통정보화의 촉진 및 유통부문의 전자거래기반을 넓히기 위하여 다음 사항이 포함된 유통정보화시책을 세우고 시행하여야 한다.

1. 유통표준코드의 보급
2. 유통표준전자문서의 보급
3. 판매시점 정보관리시스템(POS)의 보급
4. 점포관리의 효율화를 위한 재고관리시스템·매장관리시스템 등의 보급
5. 상품의 전자적 거래를 위한 전자장터(e-Market place) 등의 시스템의 구축 및 보급
6. 다수의 유통·물류기업 간 기업정보시스템의 연동을 위한 시스템의 구축 및 보급
7. 유통·물류의 효율적 관리를 위한 무선주파수 인식시스템(RFID)의 적용 및 실용화 촉진
8. 유통정보 또는 유통정보시스템의 표준화 촉진
9. 그 밖에 유통정보화를 촉진하기 위하여 필요하다고 인정되는 사항

(2) 예산의 지원

산업통상자원부장관은 유통사업자·제조업자 또는 유통 관련 단체가 위 (1) 각 호의 사업을 추진하는 경우에는 예산의 범위에서 필요한 자금을 지원할 수 있다.

2 유통표준전자문서 및 유통정보의 보안 ★★☆

(1) 위작 또는 변작금지(법 제22조)

누구든지 유통표준전자문서를 위작 또는 변작하거나 위작 또는 변작된 전자문서를 사용하거나 유통시켜서는 아니 된다(위반시 : 10년 이하의 징역 또는 1억원 이하의 벌금).

(2) 유통정보 공개금지

유통정보화서비스를 제공하는 자는 유통표준전자문서 또는 컴퓨터 등 정보처리조직의 파일에 기록된 유통정보를 공개하여서는 아니 된다. 다만, 국가의 안전보장에 위해가 없고 타인의 비밀을 침해할 우려가 없는 정보로서 **대통령령으로 정하는 것***은 그러하지 아니하다.

> ＊ **대통령령으로 정하는 유통정보의 예외적 공개사유**
> 1. 관계 행정기관의 장, 특별시장·광역시장·도지사 또는 특별자치도지사가 행정목적상 필요에 의하여 신청하는 정보
> 2. 수사기관이 수사목적상 필요에 의하여 신청하는 정보
> 3. 법원이 제출을 명하는 정보

(3) 유통표준전자문서의 보관

유통정보화서비스를 제공하는 자는 유통표준전자문서를 **3년** 동안 보관하여야 한다.

3 유통전문인력의 양성(법 제23조)

(1) 사업의 실시

산업통상자원부장관 또는 중소벤처기업부장관은 유통전문인력을 양성하기 위하여 다음의 사업을 할 수 있다.
① 유통산업에 종사하는 사람의 자질 향상을 위한 교육·연수
② 유통산업에 종사하려는 사람의 취업·재취업 또는 창업의 촉진을 위한 교육·연수
③ 선진유통기법의 개발·보급
④ 그 밖에 유통전문인력을 양성하기 위하여 필요하다고 인정되는 사업

(2) 지원사항

산업통상자원부장관 또는 중소벤처기업부장관은 다음의 기관이 (1)의 사업을 하는 경우에는 예산의 범위에서 그 사업에 필요한 경비의 전부 또는 일부를 지원할 수 있다.

> 1. 「정부출연연구기관 등의 설립·운영 및 육성에 관한 법률」 또는 「과학기술분야 정부출연연구기관 등의 설립·운영 및 육성에 관한 법률」에 따른 정부출연연구기관
> 2. 「고등교육법」 제2조 제1호에 따른 대학 또는 같은 법 제29조에 따른 대학원
> 3. 유통연수기관(※ 유통연수기관으로 지정을 받으려는 자는 유통연수기관지정신청서에 서류를 갖추어 **산업통상자원부장관**에게 제출하여야 함)

(3) 유통연수기관

① "유통연수기관"이란 다음의 어느 하나에 해당하는 기관을 말한다.

> 1. 「상공회의소법」 제34조에 따른 대한상공회의소
> 2. 「산업발전법」 제32조에 따른 한국생산성본부
> 3. 유통인력 양성을 위한 대통령령으로 정하는 시설·인력 및 연수 실적의 기준에 적합한 법인으로서 **산업통상자원부장관이 지정**하는 기관

② 유통연수기관의 지정기준(시행령 제9조의2 관련 별표 2의2)

구분	구비요건
1. 시설기준	가. 강의실 면적 : 100m² 이상 나. 사무실 면적 : 16m² 이상 다. 휴게실 면적 : 10m² 이상
3. 연수실적	지정신청일 기준으로 1년 이내에 2회(1회당 20시간 이상) 이상의 유통연수강좌를 실시한 실적이 있을 것

③ 산업통상자원부장관은 지정유통연수기관이 제1호에 해당하는 경우에는 그 지정을 취소하여야 하고, 제2호에 해당하는 경우에는 그 지정을 취소하거나 3개월 이내의 기간을 정하여 지정의 효력을 정지할 수 있다.

> 1. 거짓이나 그 밖의 부정한 방법으로 지정받은 경우
> 2. 제3항 제3호에 따른 지정기준에 적합하지 아니한 경우

4 유통산업의 국제화 촉진

산업통상자원부장관은 유통사업자 또는 유통사업자단체가 다음의 사업을 추진하는 경우에는 예산의 범위에서 필요한 경비의 전부 또는 일부를 지원할 수 있다.

> 1. 유통 관련 정보·기술·인력의 국제교류
> 2. 유통 관련 국제 표준화·공동조사·연구·기술 협력
> 3. 유통 관련 국제학술대회·국제박람회 등 개최
> 4. 해외유통시장의 조사·분석 및 수집정보의 체계적 유통
> 5. 해외유통시장에 공동으로 진출하기 위한 공동구매·공동판매망의 구축 등 공동협력사업
> 6. 그 밖에 유통산업의 국제화를 위하여 필요하다고 인정되는 사업

6 유통기능의 효율화

1 유통기능효율화 시책 ★☆☆

(1) 유통기능효율화 시책의 마련

산업통상자원부장관은 유통기능을 효율화하기 위하여 다음의 사항에 관한 시책을 마련하여야 한다(법 제26조).

> 1. 물류표준화의 촉진
> 2. 물류정보화 기반의 확충
> 3. 물류공동화의 촉진
> 4. 물류기능의 외부위탁 촉진
> 5. **물류기술·기법의 고도화 및 선진화**
> 6. 집배송시설 및 공동집배송센터의 확충 및 효율적 배치
> 7. 그 밖에 유통기능의 효율화를 촉진하기 위하여 필요하다고 인정되는 사항

(2) 물류기술·기법의 고도화 및 선진화 사업

산업통상자원부장관은 위 (1)의 제5호에 따른 물류기술·기법의 고도화 및 선진화를 위하여 다음의 사업을 할 수 있다.
① 국내외 물류기술 수준의 조사
② 물류기술·기법의 연구개발 및 개발된 물류기술·기법의 활용
③ 물류에 관한 기술협력·기술지도 및 기술이전
④ 그 밖에 물류기술·기법의 개발 및 그 수준의 향상을 위하여 필요하다고 인정되는 사업

(3) 자금의 지원

산업통상자원부장관은 유통사업자·제조업자·물류사업자 또는 관련 단체가 위의 (1) 및 (2)의 각 사업을 하는 경우에는 산업통상자원부령으로 정하는 바에 따라 예산의 범위에서 필요한 자금을 지원할 수 있다.

2 공동집배송센터 ★☆☆

(1) 개념

"공동집배송센터"란 여러 유통사업자 또는 제조업자가 공동으로 사용할 수 있도록 집배송시설 및 부대업무시설이 설치되어 있는 지역 및 시설물을 말한다(법 제2조 제16호).

(2) 지정(법 제29조)

① 지정권자 : 산업통상자원부장관

㉠ **산업통상자원부장관**은 물류공동화를 촉진하기 위하여 필요한 경우에는 <u>시 · 도지사의 추천</u>을 받아 부지면적, 시설면적 및 유통시설로의 접근성 등 산업통상자원부령으로 정하는 지정요건에 해당하는 지역 및 시설물을 공동집배송센터로 지정할 수 있다.

> 1. 부지면적이 **3만m²** 이상(「국토의 계획 및 이용에 관한 법률」에 따른 상업지역 또는 공업지역의 경우에는 2만m² 이상)이고, 집배송시설면적이 **1만m²** 이상일 것
> 2. 도시 내 유통시설로의 접근성이 우수하여 집배송기능이 효율적으로 이루어질 수 있는 지역 및 시설물

㉡ 산업통상자원부장관은 공동집배송센터를 지정하거나 변경지정하려면 미리 **관계 중앙행정기관의 장과 협의**하여야 한다.

② **지정 추천의 신청** : 지정 추천자(시 · 도지사)

공동집배송센터의 지정을 받으려는 자는 산업통상자원부령으로 정하는 바에 따라 공동집배송센터의 조성 · 운영에 관한 사업계획을 첨부하여 시 · 도지사에게 공동집배송센터 지정추천을 신청하여야 한다.

③ **변경지정** : 지정받은 공동집배송센터사업자는 지정받은 사항 중 산업통상자원부령으로 정하는 중요 사항(공동집배송센터의 배치계획 및 주요 시설, 공동집배송센터사업자)을 변경하려면 산업통상자원부장관의 변경지정을 받아야 한다.

④ **지정고시** : 산업통상자원부장관은 공동집배송센터를 지정하였을 때에는 산업통상자원부령으로 정하는 바에 따라 고시하여야 한다.

(3) 시설기준 및 운영기준

> 1. 공동집배송센터의 시설기준(시행규칙 제23조 제1항 관련 별표 6)
>   1) **주요시설** : 다음에 해당하는 집배송시설을 갖추어야 하며, 그 연면적이 공동집배송센터 전체 연면적의 **100분의 50** 이상이 되도록 하여야 한다.
>   가. 보관 · 하역시설
>   나. 분류 · 포장 및 가공시설
>   다. 수송 · 배송시설
>   라. 정보 및 주문처리시설 : 전자주문시스템(EOS), 전자문서교환(EDI), 판매시점관리시스템(POS) 등
>   2) **부대시설** : 집배송시설의 기능을 원활히 하기 위한 다음에 해당하는 시설이 우선적으로 설치 · 운영되도록 노력하여야 한다.
>   소매점 및 휴게음식점, 일반음식점, 휴게음식점, 금융업소, 사무소, 부동산중개업소, 결혼상담소 등 소개업소, 출판사, 제조업소, 수리점, 세탁소 또는 이와 유사한 것, 전시장, 도매시장, 소매시장, 상점, 일반업무시설, 그 밖의 **후생복리시설**

2. 공동집배송센터의 운영기준(시행규칙 제23조 제2항 관련 별표 7)
- • 공동집배송센터사업자의 업무
- 가. 공동집배송센터 내 공공시설·지원시설 및 공동시설의 설치·운영
- 나. 공동집배송센터 내 잔여용지의 개발
- 다. 용지의 매각·분양·임대 및 관리
- 라. 입주업체 및 지원업체를 위한 시설물의 설치와 매각·임대
- 마. 공동집배송센터 내 용지 및 시설의 설치·이용·유지·보수 또는 개량 등에 따른 입주업체 및 지원업체로부터의 비용징수
- 바. 입주업체 및 지원업체를 위한 용수·전기·가스 및 유류의 공급
- 사. 공동집배송센터 내 시설의 경비 및 오염방지
- 아. 그 밖에 입주 및 지원업체 간 협력 등 공동집배송센터의 효율적 관리를 위하여 필요한 사항

(4) 의견제출(법 제30조 제2항)

산업통상자원부장관은 공동집배송센터를 지정하려는 경우 그 지정내용에 인·허가 의제사항에 해당하는 사항이 포함되어 있을 때에는 관계 행정기관의 장과 협의하여야 한다. 이 경우 관계 행정기관의 장은 산업통상자원부장관의 협의 요청을 받은 날부터 **30일** 이내에 의견을 제출하여야 한다.

(5) 공동집배송센터의 지원(법 제31조)

① 산업통상자원부장관은 공동집배송센터의 조성에 필요한 자금 등을 지원할 수 있다.
② 산업통상자원부장관은 공동집배송센터의 조성을 위하여 필요하다고 인정하는 경우에는 부지의 확보, 도시·군계획의 변경 또는 도시·군계획시설의 설치 등에 관하여 시·도지사에게 협조를 요청할 수 있다.

(6) 공동집배송센터의 신탁개발(법 제32조)

① 공동집배송센터사업자는 「자본시장과 금융투자업에 관한 법률」에 따른 신탁업자와 신탁계약을 체결하여 공동집배송센터를 신탁개발할 수 있다.
② 신탁계약을 체결한 신탁업자는 공동집배송센터사업자의 지위를 승계한다. 이 경우 공동집배송센터사업자는 계약체결일부터 14일 이내에 신탁계약서 사본을 산업통상자원부장관에게 제출하여야 한다.

(7) 시정명령 및 지정취소(법 제33조)

① 산업통상자원부장관은 제29조 제1항 및 제7항에 따른 공동집배송센터의 지정요건 및 시설·운영 기준에 미달하는 경우에는 산업통상자원부령으로 정하는 바에 따라 공동집배송센터사업자에 대하여 **시정명령**을 할 수 있다.
② 산업통상자원부장관은 다음의 어느 하나에 해당하는 경우에는 공동집배송센터의 지정을 취소할 수 있다. 다만, 제1호에 해당하는 경우에는 그 지정을 취소하여야 한다.

1. 거짓이나 그 밖의 부정한 방법으로 공동집배송센터의 지정을 받은 경우
2. 공동집배송센터의 지정을 받은 날부터 정당한 사유 없이 **3년** 이내에 시공을 하지 아니하는 경우
3. ①의 규정에 의한 시정명령을 이행하지 아니하는 경우
4. 공동집배송센터사업자의 파산 등 대통령령으로 정하는 다음의 사유로 인하여 **정상적인 사업추진이 곤란하다고 인정되는 경우** ➜ 공동집배송센터사업자가 파산한 경우, 공동집배송센터사업자인 법인·조합 등이 해산된 경우, 공동집배송센터의 시공 후 정당한 사유 없이 공사가 **6개월** 이상 중단된 경우, 공동집배송센터의 지정을 받은 날부터 **5년** 이내에 준공되지 아니한 경우(시행령 제15조)

(8) 공동집배송센터 개발촉진지구의 지정(법 제34조)

① 촉진지구 지정절차

ㄱ 시·도지사는 집배송시설의 집단적 설치를 촉진하고 집배송시설의 효율적 배치를 위하여 공동집배송센터 개발촉진지구의 지정을 산업통상자원부장관에게 요청할 수 있다.

ㄴ 산업통상자원부장관은 시·도지사가 요청한 지역이 산업통상자원부령으로 정하는 요건에 적합하다고 판단하는 경우에는 촉진지구로 지정하고, 그 내용을 산업통상자원부령으로 정하는 바에 따라 고시하여야 한다.

ㄷ 산업통상자원부장관은 촉진지구를 지정하려면 미리 관계 중앙행정기관의 장과 협의하여야 한다.

② 지정요건(시행규칙 제24조)

1. 부지의 면적이 **10만제곱미터** 이상일 것
2. 다음의 어느 하나에 해당하는 지역일 것
   가. 「외국인투자촉진법」에 따른 **외국인투자지역**
   나. 「자유무역지역의 지정 및 운영에 관한 법률」에 따른 **자유무역지역**
   다. 「경제자유구역의 지정 및 운영에 관한 특별법」에 따른 **경제자유구역**
   라. 「물류시설의 개발 및 운영에 관한 법률」에 따른 물류단지
   마. 「산업입지 및 개발에 관한 법률」에 따른 **국가산업단지, 일반산업단지 및 도시첨단산업단지**
   바. 「공항시설법」에 따른 공항 및 배후지
   사. 「항만법」에 따른 항만 및 배후지
3. 집배송시설 또는 공동집배송센터가 **2 이상** 설치되어 있을 것

③ 지원사항(법 제35조)

ㄱ 산업통상자원부장관 또는 시·도지사는 촉진지구의 개발을 활성화하기 위하여 촉진지구에 설치되거나 촉진지구로 이전하는 집배송시설에 대하여 자금이나 그 밖의 필요한 사항을 지원할 수 있다.

ㄴ 산업통상자원부장관은 **촉진지구의 집배송시설**에 대하여는 **시·도지사의 추천이 없더라도** 공동집배송센터로 **지정할 수 있다.**

7 상거래질서의 확립 ★★★

1 유통분쟁조정위원회

(1) 설치(법 제36조)

유통에 관한 다음의 분쟁을 조정하기 위하여 특별시·광역시·특별자치시·도·특별자치도(이하 "시·도") 및 시(행정시를 포함)·군·구에 각각 유통분쟁조정위원회를 둘 수 있다.

> 1. 등록된 대규모점포등과 인근 지역의 도·소매업자 사이의 영업활동에 관한 분쟁. 다만,「독점규제 및 공정거래에 관한 법률」을 적용받는 사항은 제외한다.
> 2. 등록된 대규모점포등과 중소제조업체 사이의 영업활동에 관한 사항. 다만,「독점규제 및 공정거래에 관한 법률」을 적용받는 사항은 제외한다.
> 3. 등록된 대규모점포등과 인근 지역의 주민 사이의 생활환경에 관한 분쟁
> 4. 대규모점포등개설자의 업무 수행과 관련한 분쟁

(2) 구성

① 위원회는 위원장 1명을 포함하여 11명 이상 15명 이하의 위원으로 구성한다.
② 위원회의 위원장은 위원 중에서 **호선**한다.
③ 공무원이 아닌 위원의 임기는 2년으로 하며, 규정한 사항 외에 위원회의 조직 및 운영 등에 필요한 사항은 해당 지방자치단체의 조례로 정한다.

2 분쟁의 조정 ★★☆

(1) 분쟁조정신청(법 제37조)

대규모점포등과 관련된 분쟁의 조정을 원하는 자는 특별자치시·시·군·구의 위원회에 분쟁의 조정을 신청할 수 있다.

(2) 분쟁조정절차 ★☆☆

① 분쟁의 조정(법 제37조)
  ㉠ 유통분쟁조정위원회는 유통분쟁조정신청을 받은 경우 신청일부터 **3일** 이내에 신청인 외의 관련 당사자에게 분쟁의 조정신청에 관한 사실과 그 내용을 통보하여야 한다. 분쟁의 조정신청을 받은 위원회는 신청을 받은 날부터 **60일** 이내에 이를 심사하여 조정안을 작성하여야 한다. 다만, 부득이한 사정이 있는 경우에는 위원회의 의결로 그 기간을 연장할 수 있다.

ⓛ 시(특별자치시는 제외)·군·구의 위원회의 조정안에 불복하는 자는 조정안을 제시받은 날부터 **15일** 이내에 시·도의 위원회에 조정을 신청할 수 있다.

© 조정신청을 받은 **시·도의 위원회**는 그 신청내용을 시·군·구의 위원회 및 신청인 외의 당사자에게 통지하고, 조정신청을 받은 날부터 **30일** 이내에 이를 심사하여 조정안을 작성하여야 한다. 다만, 부득이한 사정이 있는 경우에는 위원회의 의결로 그 기간을 연장할 수 있다.

② 유통분쟁조정위원회는 조정이 성립되거나 조정의 거부 또는 중지가 있는 경우에는 그 내용을 지체 없이 당사자 및 시장·군수 또는 구청장에게 통보하여야 한다(시행령 제16조 제2항).

② 자료 요청(법 제38조)

ⓣ 위원회는 분쟁조정을 위하여 필요한 자료를 제공하여 줄 것을 당사자 또는 참고인에게 요청할 수 있다. 이 경우 해당 당사자는 정당한 사유가 없으면 요청에 따라야 한다.

ⓛ 위원회는 필요하다고 인정하는 경우에는 당사자 또는 참고인으로 하여금 위원회에 출석하게 하여 그 의견을 들을 수 있다.

③ 조정의 효력(법 제39조)

ⓣ **통보** : 위원회는 조정안을 작성하였을 때에는 지체 없이 조정안을 각 당사자에게 제시하여야 한다. 조정안을 제시받은 당사자는 그 제시를 받은 날부터 15일 이내에 그 수락 여부를 위원회에 통보하여야 한다.

ⓛ **조정서의 작성** : 당사자가 조정안을 수락하였을 때에는 위원회는 즉시 조정서를 작성하여야 하며, 위원장 및 각 당사자는 조정서에 기명날인하거나 서명하여야 한다.

© **합의의 성립** : 당사자가 조정안을 수락하고 조정서에 기명날인하거나 서명하였을 때에는 당사자 간에 조정서와 동일한 내용의 합의가 성립된 것으로 **본다.**

확인하기

▶ 유통산업발전법령상 유통분쟁조정위원회(이하 "위원회"라 함)에 관한 설명으로 옳지 않은 것은?

① 위원회는 위원장 1명을 포함하여 11명 이상 15명 이하의 위원으로 구성한다.

② 유통분쟁조정신청을 받은 위원회는 신청일부터 7일 이내에 신청인 외의 관련 당사자에게 분쟁의 조정신청에 관한 사실과 그 내용을 통보하여야 한다.

③ 분쟁의 조정신청을 받은 위원회는 원칙적으로 조정신청을 받은 날부터 60일 이내에 이를 심사하여 조정안을 작성하여야 한다.

④ 당사자가 조정안을 수락하고 조정서에 기명날인하거나 서명하였을 때에는 당사자 간에 조정서와 동일한 내용의 합의가 성립된 것으로 본다.

⑤ 위원회는 동일한 시기에 동일한 사안에 대하여 다수의 분쟁조정이 신청된 경우에는 그 다수의 분쟁조정신청을 통합하여 조정할 수 있다.

해설 ② 7일 → 3일(시행령 제16조 제1항)

정답 ②

④ 조정의 거부 및 중지(법 제40조)
   ㉠ 위원회는 분쟁의 성질상 위원회에서 조정함이 적합하지 아니하다고 인정하거나 부정한 목적으로 신청되었다고 인정하는 경우에는 조정을 거부할 수 있다. 이 경우 조정거부의 사유 등을 당사자에게 통보하여야 한다.
   ㉡ 위원회는 신청된 조정사건에 대한 처리절차의 진행 중에 한쪽 당사자가 소(訴)를 제기한 때에는 그 조정의 처리를 중지하고 그 사실을 당사자에게 통보하여야 한다.

◀ 분쟁조정절차도 ▶

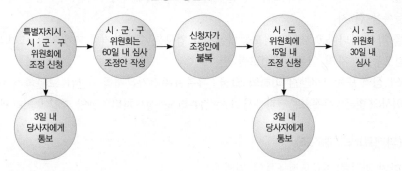

(3) 조정신청의 통합 및 조정비용의 분담

① 유통분쟁조정위원회는 **동일한 시기에 동일한 사안**에 대하여 다수의 분쟁조정이 신청된 경우에는 그 다수의 분쟁조정신청을 **통합하여 조정할 수 있다.**
② 유통분쟁의 조정을 위한 연구용역이 필요한 경우로서 당사자가 그 용역의뢰에 합의한 경우 그에 필요한 비용은 당사자가 **같은 비율로 부담**한다. 다만, 당사자 간 비용분담에 대하여 다른 약정이 있는 경우에는 그 약정에 따른다.

8 보칙 및 벌칙

1 청문

산업통상자원부장관, 중소벤처기업부장관 또는 특별자치시장·시장·군수·구청장은 다음의 어느 하나에 해당하는 처분시 청문을 하여야 한다.

> 1. 대규모점포등 개설등록의 취소
> 2. 지정유통연수기관의 취소 **cf** 유통연수기관의 지정권자 : 산업통상자원부장관
> 3. 유통관리사 자격의 취소
> 4. 공동집배송센터 지정의 취소

2 벌칙 ★☆☆

(1) 행정형벌

① 10년 이하의 징역 또는 1억원 이하의 벌금 : 유통표준전자문서를 위작 또는 변작하거나 위작 또는 변작된 전자문서를 사용하거나 유통시킨 자

② 1년 이하의 징역 또는 3천만원 이하의 벌금

    ㉠ 등록을 하지 아니하고 대규모점포등을 개설하거나 거짓이나 그 밖의 부정한 방법으로 대규모점포등의 개설등록을 한 자

    ㉡ 신고를 하지 아니하고 대규모점포등개설자의 업무를 수행하거나 거짓이나 그 밖의 부정한 방법으로 대규모점포등개설자의 업무수행신고를 한 자

③ 1년 이하의 징역 또는 1천만원 이하의 벌금 : 유통표준전자문서를 3년간 보관하지 아니한 자

④ 1천만원 이하의 벌금 : 유통표준전자문서 또는 컴퓨터 등 정보처리조직의 파일에 기록된 유통정보를 공개한 자

(2) 행정질서벌(과태료)(법 제52조)

① 1억원 이하의 과태료(대규모점포등의 영업제한)

    ㉠ 제12조의2 제1항 제1호에 따른 명령을 위반하여 영업제한시간에 영업을 한 자

    ㉡ 제12조의2 제1항 제2호에 따른 의무휴업 명령을 위반한 자

② 1천만원 이하의 과태료

    ㉠ 회계감사를 받지 아니하거나 부정한 방법으로 받은 자

    ㉡ 회계감사를 방해하는 등 행위를 한 자

③ 500만원 이하의 과태료

    ㉠ 대규모점포등의 변경등록을 하지 아니하거나 거짓이나 그 밖의 부정한 방법으로 변경등록을 한 자

    ㉡ 대규모점포등개설자의 업무를 수행하지 아니한 자

    ㉢ 관리비 등의 내역을 공개하지 아니하거나 거짓으로 공개한 자

    ㉣ 제12조의3 제5항을 위반하여 계약을 체결한 자

    ㉤ 계약서를 공개하지 아니하거나 거짓으로 공개한 자

    ㉥ 장부 및 증빙서류를 작성 또는 보관하지 아니하거나 거짓으로 작성한 자

    ㉦ 제12조의4 제2항을 위반하여 회계처리를 한 자

    ㉧ 장부나 증빙서류 등의 정보에 대한 열람, 복사의 요구에 응하지 아니하거나 거짓으로 응한 자

    ㉨ 회계감사의 결과를 공개하지 아니하거나 거짓으로 공개한 자

    ㉩ 관리규정에 대한 열람이나 복사의 요구에 응하지 아니하거나 거짓으로 응한 자

    ㉪ 제14조 제1항을 위반하여 임시시장을 개설한 자

    ㉫ 제29조 제4항을 위반하여 변경지정을 받지 아니한 자

    ㉬ 제33조 제1항에 따른 시정명령을 이행하지 아니한 공동집배송센터사업자

    ㉭ 제45조 제2항에 따른 보고를 거짓으로 한 자

화물자동차 운수사업법

◀ 화물자동차 운수사업법의 흐름 ▶

1. 총칙
  - 법의 목적
  - 용어의 정의 : 화물자동차/사업의 개념/화물자동차 안전운임

2. 화물자동차 운송사업
  - 자동차 및 화물의 분류
  - 사업의 내용 : 허가기준/권리의무승계/허가취소 등
  - 운임 및 요금/운송약관/손해배상책임 규정
  - 운송사업자 준수사항/직접운송의무
  - 개선명령 및 업무개시명령 : 명령의 사유/절차/사후조치
  - 운전업무종사자 자격 : 검사/교육

3. 화물자동차 운송주선사업
  - 정의 및 사업의 허가
  - 준수사항(운송업의 준용규정 검토)
  - 운송주선업자의 화물위탁증제도

4. 화물자동차 운송가맹사업
  - 정의 및 사업의 허가
  - 개선명령 및 준수사항(운송사업의 준용규정 검토)
  - 화물정보망

5. 적재물배상보험
  - 보험가입의무자 및 제외 대상/가입범위/해제

6. 경영합리화
  - 위·수탁계약
  - 화물운송사업분쟁조정협의회의 구성 등
  - 재정지원/유가보조금 지급 및 지급정지
  - 공영차고지의 설치/화물자동차 휴게소 계획

7. 사업자단체
  - 운수사업자 협회 : 사업/공제조합(공제사업 등 관련 문제)

8. 자가용 화물자동차의 사용
  - 자가용 화물자동차 : 신고/유상운송의 예외적 허가

9. 벌칙 등
  - 신고포상금제도
  - 청문절차/행정형벌

1 총칙

1 법의 목적

이 법은 화물자동차 운수사업을 효율적으로 관리하고 건전하게 육성하여 화물의 원활한 운송을 도모함으로써 공공복리의 증진에 기여함을 목적으로 한다(법 제1조).

2 「화물자동차 운수사업법」상 중요 용어의 정의

(1) 화물자동차

화물자동차란 「자동차관리법」 제3조에 따른 화물자동차 및 특수자동차로서 국토교통부령으로 정하는 자동차 (일반형·덤프형·밴형 및 특수용도형 화물자동차와 견인형·구난형 및 특수용도형 특수자동차)를 말한다.

(2) 화물자동차 운수사업 ★☆☆

화물자동차 운송사업, 화물자동차 운송주선사업 및 화물자동차 운송가맹사업을 말한다.

화물자동차 운송사업 (법 제3조)	일반화물자동차 운송사업	20대 이상의 범위에서 대통령령으로 정하는 대수 이상(20대 이상)의 화물자동차를 사용하여 화물을 운송하는 사업
	개인화물자동차 운송사업	화물자동차 1대를 사용하여 화물을 운송하는 사업으로서 대통령령으로 정하는 사업
화물자동차 운송주선사업 (법 제2조 제4호)		다른 사람의 요구에 응하여 유상으로 화물운송계약을 중개·대리하거나 화물자동차 운송사업 또는 화물자동차 운송가맹사업을 경영하는 자의 화물운송수단을 이용하여 자기 명의와 계산으로 화물을 운송하는 사업 (화물이 이사화물인 경우 포장 및 보관 등 부대서비스를 함께 제공하는 사업을 포함)을 말한다.
화물자동차 운송가맹사업 (법 제2조 제5호)		다른 사람의 요구에 응하여 자기 화물자동차를 사용하여 유상으로 화물을 운송하거나 화물정보망을 통하여 소속 화물자동차 운송가맹점(제3조 제3항에 따른 운송사업자 및 제40조 제1항에 따라 화물자동차 운송사업의 경영의 일부를 위탁받은 사람인 운송가맹점만을 말한다)에 의뢰하여 화물을 운송하게 하는 사업을 말한다.

(3) 화물자동차 운송가맹사업자

법 제29조 제1항에 따라 화물자동차 운송가맹사업의 **허가**를 받은 자를 말한다.

(4) 영업소

주사무소 외의 장소에서 다음의 어느 하나에 해당하는 사업을 영위하는 곳을 말한다.

① 화물자동차 운송사업의 허가를 받은 자 또는 화물자동차 운송가맹사업자가 화물자동차를 배치하여 그 지역의 화물을 운송하는 사업

② 화물자동차 운송주선사업의 허가를 받은 자가 화물운송을 주선하는 사업

(5) 운수종사자

화물자동차의 운전자, 화물의 운송 또는 운송주선에 관한 사무를 취급하는 사무원 및 이를 보조하는 보조원, 그 밖에 화물자동차 운수사업에 종사하는 자를 말한다.

2 화물자동차 운송사업

1 화물자동차 운송사업

(1) 정의

"화물자동차 운송사업"이란 **다른** 사람의 요구에 응하여 화물자동차를 사용하여 화물을 유상으로 운송하는 사업을 말한다. 이 경우 화주가 화물자동차에 함께 탈 때의 화물은 중량, 용적, 형상 등이 여객자동차 운송사업용 자동차에 신기 부적합한 것으로서 그 기준과 대상차량 등은 아래의 국토교통부령으로 정한다.

(2) 국토교통부령으로 정한 화주가 함께 탈 때 화물의 기준 및 대상차량

① 화물의 기준

㉠ 화주 1명당 화물의 중량이 **20킬로그램** 이상일 것

㉡ 화주 1명당 화물의 용적이 **4만** 세제곱센티미터 이상일 것

㉢ 화물이 다음의 어느 하나에 해당하는 물품일 것

ⓐ 불결하거나 악취가 나는 농산물·수산물 또는 축산물

ⓑ 혐오감을 주는 동물 또는 식물

ⓒ 기계·기구류 등 공산품

ⓓ 합판·각목 등 건축기자재

ⓔ 폭발성·인화성 또는 부식성 물품

② 대상차량 : 대상차량은 밴형 화물자동차로 한다.

2 화물자동차 운송사업의 허가(법 제3조 및 시행령 제3조)

(1) 허가의 내용 ★☆☆

① 운송사업의 허가 : 화물자동차 운송사업을 경영하려는 자는 다음의 구분에 따라 **국토교통부장관**의 **허가**를 받아야 한다. 다만, **화물자동차 운송가맹사업의 허가를 받은 자는 허가를 받지 아니한다.**
  ㉠ **일반화물자동차 운송사업** : 20대 이상의 화물자동차를 사용하여 화물을 운송하는 사업
  ㉡ **개인화물자동차 운송사업** : 화물자동차 1대를 사용하여 화물을 운송하는 사업으로서 대통령령으로 정하는 사업

② 허가절차
  ㉠ 화물자동차 운송사업의 허가를 받으려는 자는 화물자동차 운송사업 허가신청서를 관할관청에 제출하여야 한다.
  ㉡ 관할관청은 화물자동차 운송사업의 허가신청을 받았을 때에는 법정 제출 서류가 구비되었는지와 공급기준에 맞는지를 심사한 후 화물자동차 운송사업 예비허가증을 발급하여야 한다.
  ㉢ 관할관청은 화물자동차 운송사업 예비허가증을 발급하였을 때에는 신청일부터 **20일** 이내에 다음의 사항을 확인한 후 화물자동차 운송사업 허가증을 발급하여야 한다.
    ⓐ 법 제4조 각 호의 결격사유의 유무
    ⓑ 화물자동차의 등록 여부
    ⓒ 차고지 설치 여부 등 제13조에 따른 허가기준에 맞는지 여부
    ⓓ 법 제35조에 따른 적재물배상보험 등의 가입 여부
    ⓔ 화물자동차 운전업무에 종사하는 자의 화물운송 종사자격 보유 여부
  ㉣ 관할관청은 화물자동차 운송사업 허가증을 발급하였을 때에는 그 사실을 협회에 통지(전자문서에 의한 통지를 포함)하고 화물자동차 운송사업 허가대장에 기록하여 관리하여야 한다.

③ 변경허가(법 제3조 제3항)
  ㉠ 변경허가 또는 신고사항 : 화물자동차 운송사업의 허가를 받은 자가 허가사항을 변경하려면 국토교통부령으로 정하는 바에 따라 국토교통부장관의 **변경허가**를 받아야 한다. 다만, **대통령령으로 정하는 경미한 사항***을 **변경**하려면 국토교통부령으로 정하는 바에 따라 **국토교통부장관에게 신고**하여야 한다.

> * **대통령령으로 정하는 경미한 사항**
> 1. 상호의 변경
> 2. 대표자의 변경(법인인 경우만 해당한다)
> 3. 화물취급소의 설치 또는 폐지
> 4. 화물자동차의 대폐차
> 5. 주사무소·영업소 및 화물취급소의 이전. 다만, 주사무소의 경우 관할관청의 행정구역 내에서의 이전만 해당한다.

ⓒ 변경허가 금지 : 국토교통부장관은 운송사업자가 사업정지처분을 받은 경우에는 주사무소를 이전하는 변경
허가를 하여서는 아니 된다.

ⓔ 변경허가의 사후관리 : 관할관청은 변경허가를 하였을 때에는 그 사실을 협회에 통지하고 화물자동차
운송사업 허가대장에 기록하여 관리하여야 한다.

ⓜ 허가사항의 변경신고 절차

  ⓐ 변경신고서 제출 : 운송사업자는 허가사항 변경신고를 할 때에는 화물자동차 운송사업 허가사항 변경
신고서를 협회에 제출하여야 한다. 다만, 상호의 변경, 대표자의 변경(법인), 주사무소·영업소 및
화물취급소의 이전(다만, 주사무소의 경우 관할관청의 행정구역 내에서의 이전만 해당)의 경우에는
그 변경사유가 발생한 날부터 30일 이내에 제출하여야 한다.

  ⓑ 신고수리의 통지 : 국토교통부장관은 변경신고를 받은 날부터 **3일** 이내에 신고수리 여부를 신고인에
게 통지하여야 한다.

> **✚ 신고수리일 통지**
> - 화물자동차운송사업 : 3일 이내
> - 화물자동차운송주선사업 : 5일 이내
> - 화물자동차운송가맹사업 : 20일 이내

  ⓒ 신고수리 의제 : 국토교통부장관이 3일 이내에 신고수리 여부 또는 민원 처리 관련 법령에 따른 처리
기간의 연장 여부를 신고인에게 통지하지 아니하면 <u>그 기간이 끝난 날의 다음 날</u>에 신고를 수리한
것으로 본다.

(2) 화물자동차 운송사업의 허가기준

① 허가 또는 증차 수반 변경허가의 기준 ★☆☆

  ㉠ 화물자동차 운송사업의 허가 또는 증차를 수반하는 변경허가의 기준은 다음과 같다.

> 1. 국토교통부장관이 화물의 운송 수요를 고려하여 업종별로 고시하는 공급기준에 맞을 것. 다만, 다음의
>   어느 하나에 해당하는 경우는 제외
>   가. 6개월 이내로 기간을 한정하여 허가를 하는 경우
>   나. 임시허가를 신청한 경우
>   다. 「환경친화적 자동차의 개발 및 보급 촉진에 관한 법률」에 따른 전기자동차 또는 수소전기자
>   동차로서 국토교통부령으로 정하는 최대 적재량 이하인 화물자동차에 대하여 해당 차량과
>   그 경영을 다른 사람에게 위탁하지 아니하는 것을 조건으로 변경허가를 신청하는 경우
> 2. 화물자동차의 대수, 차고지 등 운송시설, 그 밖에 국토교통부령으로 정하는 기준에 맞을 것

[별표 1] 화물자동차 운송사업의 허가기준(시행규칙 제13조 관련)

구분＼업종	일반화물자동차 운송사업	개인화물자동차 운송사업
허가기준 대수	20대 이상	1대
사무실 및 영업소	영업에 필요한 면적	없음
최저보유 차고면적	화물자동차 1대당 해당 화물자동차의 길이와 너비를 곱한 면적	해당 화물자동차의 길이와 너비를 곱한 면적. 다만, 예외적으로 차고지를 설치하지 않을 수 있는 단서 규정 있음

ⓛ 차고지 설치의무 : 화물자동차 운송사업의 허가를 받으려는 자는 주사무소 또는 영업소가 있는 특별시·광역시·특별자치시·특별자치도·시·군(광역시의 군은 제외) 또는 같은 도 내에 있는 이에 맞닿은 시·군에 차고지를 설치하여야 한다. 다만, **다음의 어느 하나에 해당하는 경우에는 그러하지 아니하다.**

> 1. **주사무소 또는 영업소가 특별시·광역시에 있는 경우** 그 특별시·광역시·특별자치시와 맞닿은 특별시·광역시·특별자치시 또는 도에 있는 공동차고지, 공영차고지, 화물자동차 휴게소, 화물터미널 또는 지방자치단체의 조례로 정한 시설을 차고지로 이용하는 경우
>   예 주사무소가 서울특별시에 있는 경우 맞닿은 경기도 구리시에 있는 공영차고지를 이용하는 경우
> 2. **주사무소 또는 영업소가 시·군에 있는 경우** 그 시·군이 속하는 도에 있는 공동차고지, 공영차고지, 화물자동차 휴게소, 화물터미널 또는 지방자치단체의 조례로 정한 시설을 차고지로 이용하는 경우
>   예 영업소가 창원시에 있는 경우 창원시가 속하는 경상남도에 있는 공동차고지를 이용하는 경우
> 3. **주사무소 또는 영업소가 시·군에 있는 경우** 그 시·군이 속하는 도와 맞닿은 특별시·광역시·특별자치시 또는 도에 있는 공동차고지, 공영차고지, 화물자동차 휴게소, 화물터미널 또는 지방자치단체의 조례로 정한 시설을 차고지로 이용하는 경우
>   예 영업소가 부천시에 있는 경우 맞닿은 인천광역시에 있는 공동차고지를 이용하는 경우

② 증차수반 변경허가금지 : 운송사업자는 다음의 어느 하나에 해당하면 증차를 수반하는 허가사항을 변경할 수 없다(법 제3조 제8항).
  ㉠ 개선명령을 받고 이를 이행하지 아니한 경우
  ㉡ 감차 조치 명령을 받은 후 **1년**이 지나지 아니한 경우
③ 허가기준의 신고 : 운송사업자는 허가받은 날부터 **5년마다** 허가기준에 관한 사항을 **국토교통부장관**에게 **신고**하여야 한다.
④ 조건 또는 기한의 부착 : 국토교통부장관은 화물자동차 운수사업의 질서를 확립하기 위하여 화물자동차 운송사업의 허가 또는 증차를 수반하는 변경허가에 조건 또는 기한을 붙일 수 있다.

(3) 임시허가 및 영업소의 설치허가

① 임시허가(법 제3조 제12항)

  ㉠ 임시허가 대상자

   ⓐ 국토교통부장관은 **해지된 위·수탁계약의 위·수탁차주**였던 자가 허가취소 또는 감차 조치가 있는 날부터 3개월 내에 허가를 신청하는 경우 6개월 이내로 기간을 한정하여 임시허가를 할 수 있다. 다만, 운송사업자의 허가취소 또는 감차 조치의 사유와 직접 관련이 있는 화물자동차의 위·수탁차주였던 자는 **제외**한다.

   ⓑ 임시허가를 받은 자가 허가기간 내에 다른 운송사업자와 위·수탁계약을 체결하지 못하고 임시허가 기간이 만료된 경우 3개월 내에 허가를 신청할 수 있다.

  ㉡ 임시허가증의 발급 : 관할관청은 화물자동차 운송사업의 허가신청을 받았을 때에는 신청일부터 **10일 이내**에 다음의 사항을 확인한 후 화물자동차 운송사업 임시허가증을 발급하여야 한다.

   ⓐ 화물자동차의 등록 여부

   ⓑ 차고지 설치 여부 등 허가기준에 맞는지 여부

   ⓒ 화물운송 종사자격 보유 여부

   ⓓ 적재물배상보험 등의 가입 여부

② 영업소의 설치 : 운송사업자는 주사무소 외의 장소에서 상주하여 영업하려면 국토교통부령으로 정하는 바에 따라 국토교통부장관의 **허가**를 받아 영업소를 설치해야 한다. 다만, 개인 운송사업자의 경우에는 **그러하지 아니하다.**

(4) 허가의 결격사유 ★☆☆

> 1. 피성년후견인 또는 피한정후견인
> 2. 파산선고를 받고 복권되지 아니한 자
> 3. 이 법을 위반하여 징역 이상의 실형을 선고받고 그 집행이 끝나거나(집행이 끝난 것으로 보는 경우를 포함한다) 집행이 면제된 날부터 **2년**이 지나지 아니한 자
> 4. 이 법을 위반하여 징역 이상의 형의 집행유예를 선고받고 그 유예기간 중에 있는 자
> 5. 허가가 취소된 후 **2년**이 지나지 아니한 자
> 6. 부정한 방법으로 허가를 받은 경우, 부정한 방법으로 변경허가를 받거나, 변경허가를 받지 아니하고 허가사항을 변경한 경우에 해당하여 허가가 취소된 후 **5년이 지나지 아니한 자**

3 운임 및 요금 등의 신고(법 제5조) ★☆☆

(1) 운임·요금의 신고대상

① 운송사업자는 운임과 요금을 정하여 미리 국토교통부장관에게 신고하여야 한다. 이를 변경하려는 때에도 또한 같다.

> 운임 및 요금을 신고하여야 하는 화물자동차 운송사업의 허가를 받은 자(이하 "운송사업자"라 한다) 또
> 는 화물자동차 운송가맹사업의 허가를 받은 자(이하 "운송가맹사업자"라 한다)는 다음의 어느 하나에
> 해당하는 운송사업자 또는 운송가맹사업자를 말한다(시행령 제4조).
> 1. **구난형** 특수자동차를 사용하여 고장차량·사고차량 등을 운송하는 운송사업자 또는 운송가맹사업자
> 2. 밴형 화물자동차를 사용하여 화주와 화물을 함께 운송하는 운송사업자 및 운송가맹사업자

② 국토교통부장관은 신고 또는 변경신고를 받은 날부터 **14일 이내**에 신고수리 여부를 신고인에게 통지하여야
한다.

(2) 운임·요금의 신고

① 운송사업자는 화물자동차 운송사업의 운임 및 요금을 신고하거나 변경신고할 때에는 운송사업 운임 및 요
금신고서를 국토교통부장관에게 제출하여야 한다.
② 운임 및 요금의 신고 또는 변경신고는 연합회로 하여금 대리하게 할 수 있다.

4 운송약관(법 제6조) ★☆☆

(1) 운송약관의 신고규정

① **운송사업자**는 운송약관을 정하여 **국토교통부장관에게 신고**하여야 한다.
② 국토교통부장관은 협회 또는 연합회가 작성한 것으로서 공정거래위원회의 심사를 거친 화물운송에 관한
표준약관이 있으면 운송사업자에게 그 사용을 **권장할 수 있다**.
③ 운송사업자가 화물자동차 운송사업의 허가(변경허가를 포함)를 받는 때에 표준약관의 사용에 동의하면 신
고한 것으로 **본다**.
④ 국토교통부장관은 신고 또는 변경신고를 받은 날부터 **3일 이내**에 신고수리 여부를 신고인에게 통지하여야
한다.
⑤ 국토교통부장관이 ④에서 정한 기간 내에 신고수리 여부 또는 민원 처리 관련 법령에 따른 처리기간의 연장
여부를 신고인에게 통지하지 아니하면 그 기간이 끝난 날의 다음 날에 신고를 수리한 것으로 본다.

(2) 운송약관의 기재사항

① 사업의 종류
② 운임 및 요금의 수수 또는 환급에 관한 사항
③ 화물의 인도·인수·보관 및 취급에 관한 사항
④ 운송책임이 시작되는 시기 및 끝나는 시기
⑤ 손해배상 및 면책에 관한 사항
⑥ 그 밖에 화물자동차 운송사업을 경영하는 데에 필요한 사항

(3) 대리 신고

운송약관의 신고 또는 변경신고는 **협회로 하여금 대리**하게 할 수 있다.

5 운송사업자의 책임

(1) 화물의 멸실·훼손·인도지연으로 인한 손해배상(법 제7조) ★☆☆

① 화물의 멸실·훼손 또는 인도의 지연(이하 "적재물사고")으로 발생한 운송사업자의 손해배상 책임에 관하여는 「상법」 제135조를 준용한다.

② 화물이 인도기한이 지난 후 **3개월 이내**에 인도되지 아니하면 그 화물은 멸실된 것으로 본다.

(2) 분쟁의 조정

① **국토교통부장관**은 손해배상에 관하여 화주가 요청하면 국토교통부령으로 정하는 바에 따라 이에 관한 분쟁을 조정(調停)할 수 있다.

② 국토교통부장관은 분쟁조정업무를 「소비자기본법」에 따른 **한국소비자원** 또는 등록된 소비자단체에 **위탁할 수** 있다.

③ 국토교통부장관은 화주가 분쟁조정을 요청하면 **지체 없이** 그 사실을 확인하고 손해내용을 조사한 후 조정안을 작성하여야 한다.

④ 당사자 쌍방이 조정안을 수락하면 당사자 간에 조정안과 동일한 **합의가 성립**된 것으로 본다.

6 준수사항

(1) 운송사업자의 준수사항(법 제11조) ★☆☆

화물자동차 운송사업자의 준수사항
① 운송사업자는 허가받은 사항의 범위에서 사업을 성실하게 수행하여야 하며, 부당한 운송조건을 제시하거나 정당한 사유 없이 운송계약의 인수를 거부하거나 그 밖에 **화물운송 질서**를 현저하게 해치는 행위를 하여서는 아니 된다.
② 운송사업자는 화물자동차 운전자의 과로를 방지하고 안전운행을 확보하기 위하여 운전자를 **과도하게 승차근무**하게 하여서는 아니 된다.
③ 운송사업자는 **제2조 제3호 후단**에 따른 화물의 기준에 맞지 아니하는 화물을 운송하여서는 아니 된다.
④ 운송사업자는 고장 및 사고차량 등 화물의 운송과 관련하여 자동차관리사업자와 부정한 금품을 주고받아서는 아니 된다. ➜ 위반시 운송사업자 및 운송가맹사업자는 2년 이하의 징역 또는 2천만원 이하의 벌금형
⑤ 운송사업자는 해당 화물자동차 운송사업에 종사하는 운수종사자가 제12조에 따른 준수사항을 성실히 이행하도록 **지도·감독**하여야 한다.

⑥ 운송사업자는 화물운송의 대가로 받은 운임 및 요금의 전부 또는 일부에 해당하는 금액을 부당하게 화주, 다른 운송사업자 또는 화물자동차 운송주선사업을 경영하는 자에게 되돌려주는 행위를 하여서는 아니 된다. **➜ 금품 Rebate 행위 금지**

⑦ 운송사업자는 택시(「여객자동차 운수사업법」에 따른 구역 여객자동차운송사업에 사용되는 승용자동차를 말함) 요 금미터기의 장착 등 국토교통부령으로 정하는 택시 유사표시행위를 하여서는 아니 된다.

⑧ 운송사업자는 운임 및 요금과 운송약관을 영업소 또는 화물자동차에 갖추어 두고 이용자가 요구하면 이를 내보여 야 한다.

⑨ 위・수탁차주나 개인 운송사업자에게 화물운송을 위탁한 운송사업자는 해당 위・수탁차주나 개인 운송사업자가 요구하면 화물적재요청자와 화물의 종류・중량 및 운임 등 국토교통부령으로 정하는 사항을 적은 화물위탁증을 내주어야 한다. 다만, 운송사업자가 최대 적재량 1.5톤 이상의 「자동차관리법」에 따른 화물자동차를 소유한 위・ 수탁차주나 개인 운송사업자에게 화물운송을 위탁하는 경우 "국토교통부령으로 정하는 화물"을 제외하고는 화물위 탁증을 발급하여야 하며, 위・수탁차주나 개인 운송사업자는 화물위탁증을 수령하여야 한다.

⑩ 운송사업자는 화물자동차 운송사업을 양도・양수하는 경우에는 양도・양수에 소요되는 비용을 위・수탁차주에게 부담시켜서는 아니 된다.

⑪ 운송사업자는 위・수탁차주가 현물출자한 차량을 위・수탁차주의 동의 없이 타인에게 매도하거나 저당권을 설정 하여서는 아니 된다. 다만, 보험료 납부, 차량 할부금 상환 등 위・수탁차주가 이행하여야 하는 차량관리 의무의 해태로 인하여 운송사업자의 채무가 발생하였을 경우에는 위・수탁차주에게 저당권을 설정한다는 사실을 사전에 통지하고 그 채무액을 넘지 아니하는 범위에서 저당권을 설정할 수 있다.

⑫ 운송사업자는 위・수탁계약으로 차량을 현물출자 받은 경우에는 위・수탁차주를 「자동차관리법」에 따른 자동차등 록원부에 현물출자자로 기재하여야 한다.

⑬ 운송사업자는 위・수탁차주가 다른 운송사업자와 동시에 1년 이상의 운송계약을 체결하는 것을 제한하거나 이를 이유로 불이익을 주어서는 아니 된다.

⑭ 운송사업자는 화물운송을 위탁하는 경우 「도로법」 제77조 또는 「도로교통법」 제39조에 따른 기준을 위반하는 화 물의 운송을 위탁하여서는 아니 된다.

⑮ 운송사업자는 운송가맹사업자의 화물정보망이나 「물류정책기본법」 제38조에 따라 인증받은 화물정보망을 통하여 위탁받은 물량을 재위탁하는 등 화물운송질서를 문란하게 하는 행위를 하여서는 아니 된다.

⑯ 운송사업자는 적재된 화물이 떨어지지 아니하도록 국토교통부령으로 정하는 기준 및 방법에 따라 덮개・포장・고 정장치 등 필요한 조치를 하여야 한다.

⑰ 제3조 제7항 제1호 다목에 따라 같은 조 제1항의 허가 또는 같은 조 제3항의 변경허가를 받은 운송사업자는 허가 또는 변경허가의 조건을 위반하여 다른 사람에게 차량이나 그 경영을 위탁하여서는 아니 된다.

⑱ 운송사업자는 화물자동차의 운전업무에 종사하는 운수종사자가 교육을 받는 데에 필요한 조치를 하여야 하며, 그 교육을 받지 아니한 화물자동차의 운전업무에 종사하는 운수종사자를 화물자동차 운수사업에 종사하게 하여서는 아니 된다.

⑲ 운송사업자는 전기・전자장치(최고속도제한장치에 한정한다)를 무단으로 해체하거나 조작해서는 아니 된다.

⑳ 국토교통부장관은 상기의 준수사항 외에 다음의 사항을 국토교통부령(시행규칙 제21조)으로 정할 수 있다.
  1. 화물자동차 운송사업의 차고지 이용과 운송시설에 관한 사항
  2. 그 밖에 수송의 안전과 화주의 편의를 도모하기 위하여 운송사업자가 지켜야 할 사항

+ 그 밖의 운송사업자의 준수사항(시행규칙 제21조)

국토교통부장관은 위 ①부터 ⑳까지의 준수사항 외에 다음의 사항을 국토교통부령으로 정할 수 있다.

2. 개인화물자동차 운송사업자의 경우 주사무소가 있는 특별시·광역시·특별자치시 또는 도와 이와 맞닿은 특별시·광역시·특별자치시 또는 도 외의 지역에 상주하여 화물자동차 운송사업을 경영하지 아니할 것

3. 밤샘주차(0시부터 4시까지 사이에 하는 1시간 이상의 주차를 말함)하는 경우에는 다음의 어느 하나에 해당하는 시설 및 장소에서만 할 것

> 가. 해당 운송사업자의 차고지
> 나. 다른 운송사업자의 차고지
> 다. 공영차고지
> 라. 화물자동차 휴게소
> 마. 화물터미널
> 바. 그 밖에 지방자치단체의 조례로 정하는 시설 또는 장소

4. 최대 적재량 1.5톤 이하의 화물자동차의 경우에는 주차장, 차고지 또는 지방자치단체의 조례로 정하는 시설 및 장소에서만 밤샘주차할 것

5. 신고한 운임 및 요금 또는 화주와 합의된 운임 및 요금이 아닌 부당한 운임 및 요금을 받지 아니할 것

6. 화주로부터 부당한 운임 및 요금의 환급을 요구받았을 때에는 환급할 것

7. 신고한 운송약관을 준수할 것

⋮

11. 적재물배상보험등에 가입하지 아니한 상태로 화물자동차를 운행하거나 그 가입이 실효된 상태로 화물자동차를 운행하지 아니할 것

12. 화물자동차(영 제5조의2에 따른 차령 이상의 화물자동차는 제외)를 「자동차관리법」에 따른 정기검사 또는 자동차종합검사를 받지 않은 상태로 운행하거나 운행하게 하지 않을 것

⋮

23. 휴게시간 없이 2시간 연속운전한 운수종사자에게 15분 이상의 휴게시간을 보장할 것. 다만, 다음의 어느 하나에 해당하는 경우에는 1시간까지 연장운행을 하게 할 수 있으며 운행 후 30분 이상의 휴게시간을 보장해야 한다.

> 가. 운송사업자 소유의 다른 화물자동차가 교통사고, 차량고장 등의 사유로 운행이 불가능하여 이를 일시적으로 대체하기 위하여 수송력 공급이 긴급히 필요한 경우
> 나. 천재지변이나 이에 준하는 비상사태로 인하여 수송력 공급을 긴급히 증가할 필요가 있는 경우
> 다. 교통사고, 차량고장 또는 교통정체 등 불가피한 사유로 2시간 연속운전 후 휴게시간 확보가 불가능한 경우

26. 위·수탁계약서에 명시된 금전 외의 금전을 위·수탁차주에게 요구하지 않을 것

(2) 운송사업자의 직접운송의무(법 제11조의2)

① 국토교통부령으로 정하는 운송사업자(**일반화물자동차 운송사업자**)는 화주와 운송계약을 체결한 화물에 대하여 국토교통부령으로 정하는 비율(**연간 운송계약 화물의 100분의 50**) 이상을 해당 운송사업자에게 소속된 차량으로 직접 운송하여야 한다. 다만, **국토교통부령으로 정하는 차량**으로 운송하는 경우에는 이를 직접 운송한 것으로 본다.

② 운송사업자가 운송주선사업을 동시에 영위하는 경우 : 연간 운송계약 및 운송주선계약 화물의 **100분의 30** 이상을 직접 운송하여야 한다.

③ 운송의 위탁금지 : 운송사업자는 직접 운송하는 화물 이외의 화물에 대하여 다음의 자 외의 자에게 운송을 위탁하여서는 아니 된다.
  ㉠ 다른 운송사업자
  ㉡ 다른 운송사업자에게 소속된 위·수탁차주

④ 다른 운송사업자나 운송주선사업자로부터 화물운송을 위탁받은 운송사업자와 운송가맹사업자로부터 화물운송을 위탁받은 운송사업자(**운송가맹점인 운송사업자만 해당**)는 해당 운송사업자에게 소속된 차량으로 직접 화물을 운송하여야 한다. 다만, 다른 운송사업자나 운송주선사업자로부터 화물운송을 위탁받은 운송사업자가 국토교통부령으로 정하는 차량으로 운송하는 경우에는 이를 직접 운송한 것으로 본다.

⑤ 화물정보망을 이용하는 경우
  ㉠ 운송사업자(다른 운송사업자나 운송주선사업자로부터 화물운송을 위탁받은 운송사업자를 포함한다)가 **국토교통부령으로 정하는 바에 따라** 운송가맹사업자의 화물정보망이나 인증받은 화물정보망을 이용하여 운송을 위탁하면 직접 운송한 것으로 본다.
  ㉡ 이 경우 직접운송의 인정기준은 위탁운송 화물의 **100분의 80**에서 **100분의 100**의 범위에서 국토교통부장관이 정하여 고시하는 기준에 따른다.

7 개선명령과 업무개시명령(법 제13조 및 제14조) ★★☆

(1) 개선명령

국토교통부장관은 **안전운행을 확보**하고, **운송질서를 확립**하며, **화주의 편의를 도모**하기 위하여 필요하다고 인정되면 운송사업자에게 다음의 사항을 명할 수 있다.

화물자동차 운송사업
1. 운송약관의 변경
2. 화물자동차의 구조변경 및 운송시설 개선
3. 화물의 안전운송을 위한 조치
4. 적재물배상보험 등의 가입과 운송사업자가 의무적으로 가입해야 하는 보험·공제에 가입
5. 위·수탁계약에 따라 운송사업자 명의로 등록된 차량의 자동차등록번호판이 훼손 또는 분실된 경우 위·수탁차주의 요청을 받은 즉시 「자동차관리법」에 따른 등록번호판의 부착 및 봉인을 신청하는 등 운행이 가능하도록 조치

6. 위·수탁계약에 따라 운송사업자 명의로 등록된 차량의 노후, 교통사고 등으로 대폐차가 필요한 경우 위·수탁차주의 요청을 받은 즉시 운송사업자가 대폐차 신고 등 절차를 진행하도록 조치
7. 위·수탁계약에 따라 운송사업자 명의로 등록된 차량의 사용본거지를 다른 시·도로 변경하는 경우 즉시 자동차등록번호판의 교체 및 봉인을 신청하는 등 운행이 가능하도록 조치
8. 운송사업자가 위·수탁계약을 체결하면서 정당한 사유 없이 계약서에 명시하여야 할 사항을 계약서에 명시하지 아니하거나 위·수탁계약의 기간을 준수하지 아니하는 경우 그 위반사항을 시정하도록 하는 조치

(2) 업무개시명령(법 제14조) ★☆☆

① 업무개시명령의 사유 : 국토교통부장관은 **운송사업자나 운수종사자가** 정당한 사유 없이 집단으로 화물운송을 거부하여 화물운송에 커다란 지장을 주어 국가경제에 매우 심각한 위기를 초래하거나 초래할 우려가 있다고 인정할 만한 상당한 이유가 있으면 그 운송사업자 또는 운수종사자에게 업무개시를 명할 수 있다.

② 업무개시명령의 절차
  ㉠ 국토교통부장관은 운송사업자 또는 운수종사자에게 업무개시를 명하려면 **국무회의의 심의를** 거쳐야 한다.
  ㉡ 국토교통부장관은 업무개시를 명한 때에는 구체적 이유 및 향후 대책을 국회 소관 상임위원회에 보고하여야 한다.

③ 관련 의무 및 제재조치
  ㉠ 운송사업자 또는 운수종사자는 정당한 사유 없이 명령을 거부할 수 없다.
  ㉡ **정당한 사유 없이 거부시 제재조치 : 3년 이하의 징역 또는 3,000만원 이하의 벌금**

8 권리·의무의 승계 ★★☆

(1) 사업의 양도·양수 및 합병(법 제16조) : 신고사항

① 화물자동차 운송사업을 양도·양수하려는 경우에는 **양수인은 국토교통부장관에게 신고**하여야 한다.
② 운송사업자인 법인이 서로 합병하려는 경우(운송사업자인 법인이 운송사업자가 아닌 법인을 흡수 합병하는 경우는 제외)에는 국토교통부령으로 정하는 바에 따라 합병으로 **존속하거나 신설되는 법인**은 국토교통부장관에게 **신고**하여야 한다.
  cf 국제물류주선업 : 신고, 「철도사업법」 : 인가
③ 국토교통부장관은 신고를 받은 날부터 **5일** 이내에 신고수리 여부를 신고인에게 통지하여야 한다.
④ **신고의 효력 : 신고가 있으면** 화물자동차 운송사업을 양수한 자는 화물자동차 운송사업을 양도한 자의 운송사업자로서의 지위를 승계하며, 합병으로 설립되거나 존속되는 법인은 합병으로 소멸되는 법인의 운송사업자로서의 지위를 **승계**한다.
⑤ 양수인, 합병으로 존속하거나 신설되는 법인의 결격사유에 관하여는 **법 제4조**를 준용한다.
⑥ 사업의 양도·양수 및 합병의 신고가 있으면 화물자동차 운송사업을 양도한 자와 위·수탁계약을 체결한 위·수탁차주는 그 동일한 내용의 위·수탁계약을 화물자동차 운송사업을 양수한 자와 체결한 것으로 보며, 합병으로 소멸되는 법인과 위·수탁계약을 체결한 위·수탁차주는 그 동일한 내용의 위·수탁계약을 합병으로 존속하거나 신설되는 법인과 체결한 것으로 본다.

(2) 사업의 상속(법 제17조) ★☆☆

① 운송사업자가 사망한 경우 상속인이 그 화물자동차 운송사업을 계속하려면 피상속인이 사망한 후 **90일 이내**에 국토교통부장관에게 **신고**하여야 한다. 국토교통부장관은 신고를 받은 날부터 **5일** 이내에 신고수리 여부를 신고인에게 통지하여야 한다.

② 상속인이 신고를 하면 피상속인이 사망한 날부터 신고한 날까지 피상속인에 대한 화물자동차 운송사업의 허가는 **상속인에 대한 허가로 본다.**

③ **신고한 상속인은 피상속인의 운송사업자로서의 지위를 승계**한다.

④ 상속인의 결격사유에 관하여는 법 제4조를 준용한다. 다만, 상속인이 피상속인의 사망일부터 **3개월** 이내에 그 화물자동차 운송사업을 다른 사람에게 양도하면 피상속인의 사망일부터 양도일까지 피상속인에 대한 화물자동차 운송사업의 허가는 상속인에 대한 허가로 **본다.**

9 화물자동차 운송사업의 휴업 · 폐업

(1) 휴업 · 폐업의 신고(법 제18조)

① 신고

㉠ 운송사업자가 화물자동차 운송사업의 전부 또는 일부를 휴업하거나 화물자동차 운송사업의 전부를 폐업하려면 국토교통부령으로 정하는 바에 따라 미리 **국토교통부장관**에게 **신고**하여야 한다.

㉡ 신고서의 기재사항 및 첨부서류에 흠이 없고, 법령 등에 규정된 형식상의 요건을 충족하는 경우에는 신고서가 접수기관에 도달된 때에 신고의무가 이행된 것으로 본다.

② **신고서 제출** : 화물자동차 운송사업의 휴업 또는 폐업 신고를 하려는 자는 사업 휴업 또는 폐업 신고서를 **관할관청**에 제출하여야 한다.

③ 관할관청은 화물자동차 운송사업의 휴업 또는 폐업 신고를 받은 경우 그 사실을 관할 협회에 통지하여야 한다.

(2) 화물자동차 등록증과 등록번호판의 반납(법 제20조 제1항)

운송사업자는 다음의 어느 하나에 해당하면 해당 화물자동차의 자동차등록증과 자동차등록번호판을 **국토교통부장관**에게 **반납**하여야 한다.

1. 화물자동차 운송사업의 **휴업 · 폐업신고**를 한 경우
2. 허가취소 또는 사업정지처분을 받은 경우
3. 감차를 목적으로 허가사항을 변경한 경우(감차 조치 명령에 따른 경우 포함)
4. 임시허가기간이 만료된 경우

10 화물자동차 운송사업의 허가취소(법 제19조)

(1) 허가취소사유

국토교통부장관은 운송사업자가 다음 각 호의 어느 하나에 해당하면 그 **허가를 취소하거나 6개월 이내의 기간을** 정하여 그 사업의 전부 또는 일부의 정지를 명령하거나 감차 조치를 명할 수 있다.

1. **부정한 방법**으로 **허가를 받은 경우** ➡ **절대적 취소**
2. 허가를 받은 후 6개월간의 운송실적이 **국토교통부령으로 정하는 기준**에 미달한 경우
   [시행규칙 제28조의2 : "국토교통부령으로 정하는 기준"이란 국토교통부장관이 매년 고시하는 연간 시장평균운송매출액(화물자동차의 종류별 연평균 운송매출액의 합계액)의 **100분의 5** 이상에 해당하는 운송매출액을 말한다]
3. 부정한 방법으로 **변경허가**를 받거나, 변경허가를 받지 아니하고 허가사항을 변경한 경우
4. 화물자동차 운송사업의 허가 또는 증차를 수반하는 변경허가의 기준을 충족하지 못하게 된 경우
5. 5년마다 운송사업의 허가신고를 하지 아니하였거나 거짓으로 신고한 경우
6. 화물자동차 소유대수가 2대 이상인 운송사업자가 영업소 설치 허가를 받지 아니하고 주사무소 외의 장소에서 상주하여 영업한 경우
7. 화물자동차 운송사업의 허가 또는 증차를 수반하는 변경허가에 따른 조건 또는 기한을 위반한 경우
8. **허가의 결격사유에 해당하게 된 경우.** 다만, 법인의 임원 중 결격사유에 해당하는 자가 있는 경우에 3개월 이내에 그 임원을 개임하면 허가를 취소하지 아니한다. ➡ **절대적 취소**
9. 화물운송 종사자격이 없는 자에게 화물을 운송하게 한 경우
10. **운송사업자**의 준수사항을 위반한 경우
11. 직접운송 의무 등을 위반한 경우
12. 1대의 화물자동차를 본인이 직접 운전하는 운송사업자, 운송사업자가 채용한 운수종사자 또는 위·수탁차주가 과태료처분을 1년 동안 3회 이상 받은 경우
13. 정당한 사유 없이 개선명령을 이행하지 아니한 경우
14. 정당한 사유 없이 업무개시명령을 이행하지 아니한 경우
15. 임시허가를 받은 운송사업자가 양도금지 규정을 위반하여 그 사업을 양도한 경우
16. 사업정지처분 또는 감차 조치 명령을 위반한 경우
17. **중대한 교통사고** 또는 **빈번한 교통사고**로 1명 이상의 사상자를 발생하게 한 경우
18. **보조금의 지급이 정지된 자가 그날부터 5년 이내에 다시 보조금 지급 정지사유에 해당하게 된 경우**
19. 실적신고 및 관리등에 따른 신고를 하지 아니하였거나 거짓으로 신고한 경우

> 이때 '실적신고 및 관리등에 따른 신고'란 운수사업자가 국토교통부장관이 정하여 고시하는 기준과 절차에 따라 **다음의 형태에 따른 실적을 관리하고 국토교통부장관에게 신고하는 것을** 말한다.
> 가. 운수사업자가 화주와 계약한 실적
> 나. 운수사업자가 다른 운수사업자와 계약한 실적

> 다. 운수사업자가 다른 운송사업자 소속의 위·수탁차주와 계약한 실적
> 라. 운송가맹사업자가 소속 운송가맹점과 계약한 실적
> 마. 운수사업자가 직접 운송한 실적

20. 직접운송의무 있는 운송사업자가 법 제47조의2 제2항에 따른 기준을 충족하지 못하게 된 경우(국토교통부장관이 매년 고시하는 연간 시장평균운송매출액의 20/100 이상에 해당하는 운송매출액에 충족하지 못한 경우)
21. 화물자동차 교통사고와 관련하여 **거짓이나 그 밖의 부정한 방법으로 보험금을 청구하여 금고 이상의 형을** 선고받고 그 형이 확정된 경우 ➜ **절대적 취소**
22. 차령 13년 이상의 화물자동차를 「자동차관리법」에 따른 정기검사 또는 자동차종합검사를 받지 아니한 상태로 운행하거나 운행하게 한 경우

(2) 처분의 가중 또는 경감

공공복리의 침해 정도, 교통사고로 인한 피해의 정도, 위반행위의 내용·횟수 등을 고려하여 시행령 [별표 1] 제2호의 개별기준에 따른 처분기준을 다음의 구분에 따라 늘리거나 줄일 수 있다.

① 사업 전부정지, 사업 일부정지 또는 위반차량 운행정지의 경우에는 처분기준 일수의 **2분의 1의 범위**에서 그 기간을 늘리거나 줄인다. 다만, 늘리는 경우에도 그 기간은 **6개월**을 초과할 수 없다.
② 허가취소(제2호 가목 및 아목 본문에 따른 허가취소는 제외)를 경감하는 경우에는 **2대 이상의 화물자동차**에 대한 감차 조치로 한다.
③ 2대 이상의 화물자동차에 대한 감차 조치를 가중하는 경우에는 **허가취소**로 하고, 경감하는 경우에는 **90일** 이상의 사업 전부정지 또는 사업 일부정지로 한다.
④ 위반차량 감차 조치를 경감하는 경우에는 **90일** 이상의 위반차량 운행정지로 한다.

(3) 허가취소 등 기록의 보존

관할관청은 허가취소, 감차 조치, 사업 전부정지, 사업 일부정지 또는 위반차량 운행정지 처분을 하였을 때에는 그 사실을 연합회에 통지하여야 하며, 화물자동차 행정처분 기록카드에 그 사실을 기록하여 **5년간 보존**하여야 한다.

11 화물자동차 운수사업의 운전업무 종사자

(1) 운전업무 종사자의 개념 및 결격사유

① 개념 : 운수종사자란 화물자동차의 운전자, 화물의 운송 또는 운송주선에 관한 사무를 취급하는 사무원 및 이를 보조하는 보조원, 그 밖에 화물자동차 운수사업에 종사하는 자를 말한다(법 제2조 제8호).

② 화물자동차 운수사업의 운전업무 종사자격(법 제8조)

ⓐ 화물자동차 운수사업의 운전업무에 종사하려는 자는 아래 제1호 및 제2호의 요건을 갖춘 후 제3호 또는 제4호의 요건을 갖추어야 한다.

> 1. 국토교통부령으로 정하는 연령·운전경력 등 운전업무에 필요한 요건을 갖출 것
>
> > 가. 화물자동차를 운전하기에 적합한 「도로교통법」에 따른 운전면허를 가지고 있을 것
> > 나. **20세** 이상일 것
> > 다. 운전경력이 **2년** 이상일 것. 다만, 여객자동차운수사업용 자동차 또는 화물자동차 운수사업용 자동차를 운전한 경력이 있는 경우에는 그 운전경력이 1년 이상이어야 한다.
>
> 2. 국토교통부령으로 정하는 운전적성에 대한 정밀검사기준에 맞을 것. 이 경우 운전적성에 대한 정밀검사는 **국토교통부장관**이 시행한다.
> 3. 화물자동차 운수사업법령, 화물취급요령 등에 관하여 국토교통부장관이 시행하는 시험에 합격하고 정하여진 교육을 받을 것
> 4. 「교통안전법」에 따른 교통안전체험에 관한 연구·교육시설에서 교통안전체험, 화물취급요령 및 화물자동차 운수사업법령 등에 관하여 국토교통부장관이 실시하는 이론 및 실기 교육을 이수할 것

ⓑ 국토교통부장관은 ⓐ에 따른 요건을 갖춘 자에게 화물운송 종사자격증을 내주어야 한다.

ⓒ 화물운송 종사자격증을 받은 사람은 다른 사람에게 그 자격증을 빌려주어서는 아니 된다.

ⓓ 누구든지 다른 사람의 화물운송 종사자격증을 빌려서는 아니 된다.

ⓔ 누구든지 ⓒ 또는 ⓓ에서 금지한 행위를 알선하여서는 아니 된다.

ⓕ 화물자동차 운수사업의 운전업무 종사자격에 따른 시험·교육·자격증의 교부 등에 필요한 사항은 **국토교통부령**으로 정한다.

③ **결격사유** : 다음의 어느 하나에 해당하는 자는 화물자동차 운전업무 종사자격에 따른 화물운송 종사자격을 취득할 수 없다(법 제9조).

ⓐ 이 법을 위반하여 징역 이상의 실형을 선고받고 그 집행이 끝나거나(집행이 끝난 것으로 보는 경우를 포함) 집행이 면제된 날부터 2년이 지나지 아니한 자

ⓑ 이 법을 위반하여 징역 이상의 형의 집행유예를 선고받고 그 유예기간 중에 있는 자

ⓒ 화물운송 종사자격의 취소에 따라 화물운송 종사자격이 취소(화물운송 종사자격을 취득한 자가 피성년후견인, 피한정후견인에 해당하여 허가가 취소된 경우는 제외)된 날부터 2년이 지나지 아니한 자

ⓓ 국토교통부장관이 시행하는 시험일 전 또는 교육일 전 5년간 다음 어느 하나에 해당하는 사람

ⓐ 「도로교통법」 제93조 제1항 제1호부터 제4호까지에 해당하여 운전면허가 취소된 사람

ⓑ 「도로교통법」 제43조를 위반하여 운전면허를 받지 아니하거나 운전면허의 효력이 정지된 상태로 자동차등을 운전하여 벌금형 이상의 형을 선고받거나 운전면허가 취소된 사람

ⓒ 운전 중 고의 또는 과실로 3명 이상이 사망(사고발생일부터 30일 이내에 사망한 경우를 포함)하거나 20명 이상의 사상자가 발생한 교통사고를 일으켜「도로교통법」에 따라 운전면허가 취소된 사람

ⓜ 국토교통부장관이 시행하는 시험일 전 또는 교육일 전 3년간「도로교통법」제93조 제1항 제5호 및 제5호의2에 해당하여 운전면허가 취소된 사람

(2) 화물자동차 운수사업의 운전업무 종사의 제한(법 제9조의2)

다음의 어느 하나에 해당하는 사람은 화물운송 종사자격의 취득에도 불구하고「생활물류서비스산업발전법」에 따른 택배서비스사업의 운전업무에는 종사할 수 없다.

① 다음의 어느 하나에 해당하는 죄를 범하여 금고 이상의 실형을 선고받고 그 집행이 끝나거나 면제된 날부터 **최대 20년의 범위에서** 범죄의 종류, 죄질, 형기의 장단 및 재범위험성 등을 고려하여 대통령령으로 정하는 기간이 지나지 아니한 사람

　　㉠「특정강력범죄의 처벌에 관한 특례법」제2조 제1항 각 호에 따른 죄

　　㉡「특정범죄 가중처벌 등에 관한 법률」제5조의2, 제5조의4, 제5조의5, 제5조의9 및 제11조에 따른 죄

　　㉢「마약류 관리에 관한 법률」에 따른 죄

　　㉣「성폭력범죄의 처벌 등에 관한 특례법」제2조 제1항 제2호부터 제4호까지, 제3조부터 제9조까지 및 제15조에 따른 죄

　　㉤「아동·청소년의 성보호에 관한 법률」제2조 제2호에 따른 죄

② ①에 따른 죄를 범하여 금고 이상의 형의 집행유예를 선고받고 그 유예기간 중에 있는 사람

(3) 화물자동차 운전자에 대한 관리

① 운전자 채용 및 경력 등 기록의 관리 : 운송사업자는 화물자동차의 운전자를 채용할 때에는 근무기간 등 운전경력증명서의 발급을 위하여 필요한 사항을 기록·관리하여야 한다.

② 운전자의 교통안전 기록·관리

　　㉠ 국토교통부장관은 화물자동차의 안전운전을 확보하기 위하여 화물자동차 운전자의 교통사고, 교통법규 위반사항과 범죄경력을 기록·관리하여야 한다.

　　㉡ 국토교통부장관은 국토교통부령으로 정하는 화물자동차 운전자의 인명사상사고 및 교통법규 위반사항에 대하여는 해당 시·도지사 및 사업자단체에 그 내용을 제공하여야 한다. 다만, 범죄경력에 대하여는 필요한 경우에 한정하여 시·도지사에게 그 내용을 제공할 수 있다.

③ 화물자동차 운전자의 교통안전 관리전산망의 구축·운영 : 한국교통안전공단은 화물자동차 운전자의 교통사고 및 교통법규 위반사항과 범죄경력의 기록·관리를 위하여 국토교통부장관이 정하여 고시하는 바에 따라 화물자동차 운전자의 교통안전 관리전산망을 구축·운영할 수 있다.

(4) 운수종사자의 준수사항(법 제12조)

화물자동차 운송사업에 종사하는 운수종사자는 다음의 어느 하나에 해당하는 행위를 하여서는 아니 된다.

1. 정당한 사유 없이 화물을 중도에서 내리게 하는 행위
2. 정당한 사유 없이 화물의 운송을 거부하는 행위
3. 부당한 운임 또는 요금을 요구하거나 받는 행위
4. 고장 및 사고차량 등 화물의 운송과 관련하여 자동차관리사업자와 부정한 금품을 주고받는 행위
5. 일정한 장소에 오랜 시간 정차하여 화주를 호객(呼客)하는 행위
6. 문을 완전히 닫지 아니한 상태에서 자동차를 출발시키거나 운행하는 행위
7. 택시 요금미터기의 장착 등 국토교통부령으로 정하는 택시 유사표시행위
8. 화물이 떨어지지 않도록 하는 조치를 하지 아니하고 화물자동차를 운행하는 행위
9. 전기·전자장치(최고속도제한장치에 한정)를 무단으로 해체하거나 조작하는 행위

 확인하기

▶ **화물자동차 운수사업법상 운수종사자의 준수사항이 아닌 것은?**

① 운송사업자에게 화물의 종류·무게 및 부피 등을 거짓으로 통보하는 행위를 하여서는 아니 된다.
② 고장 및 사고차량 등 화물의 운송과 관련하여 자동차관리사업자와 부정한 금품을 주고받는 행위를 하여서는 아니 된다.
③ 일정한 장소에 오랜 시간 정차하여 화주를 호객(呼客)하는 행위를 하여서는 아니 된다.
④ 문을 완전히 닫지 아니한 상태에서 자동차를 출발시키거나 운행하는 행위를 하여서는 아니 된다.
⑤ 택시 요금미터기의 장착 등 국토교통부령으로 정하는 택시 유사표시행위를 하여서는 아니 된다.

정답 ①

(5) 화물운송 종사자격의 취소(법 제23조) ★☆☆

① 종사자격의 취소 및 효력정지 : 국토교통부장관은 화물운송 종사자격을 취득한 자가 다음의 어느 하나에 해당하면 그 자격을 취소(청문대상)하거나 6개월 이내의 기간을 정하여 그 자격의 효력을 정지시킬 수 있다. 다만, **제1·2·5·6·7·10·11호의 경우에는 그 자격을 취소하여야 한다.**

1. 화물운송 종사자격의 결격사유에 해당하게 된 경우
2. 거짓이나 그 밖의 부정한 방법으로 화물운송 종사자격을 취득한 경우
3. 국토교통부장관의 업무개시명령을 정당한 사유 없이 거부한 경우
4. 화물운송 중에 **고의나 과실로** 교통사고를 일으켜 사람을 사망하게 하거나 다치게 한 경우
5. 화물운송 종사자격증을 다른 사람에게 빌려준 경우
6. 화물운송 종사자격 정지기간 중에 화물자동차 운수사업의 운전업무에 종사한 경우
7. 화물자동차를 운전할 수 있는 「도로교통법」에 따른 운전면허가 취소된 경우
8. 「도로교통법」을 위반하여 화물자동차를 운전할 수 있는 운전면허가 정지된 경우
9. 운수종사자의 부당한 운임의 요구나 받는 행위, 택시 요금미터기의 장착 등 택시 유사표시행위, 전기·전자장치를 무단으로 해체·조작하는 행위의 경우

10. 화물자동차 교통사고와 관련하여 거짓이나 그 밖의 부정한 방법으로 보험금을 청구하여 금고 이상
    의 형을 선고받고 그 형이 확정된 경우
11. 법 제9조의2 제1항(운수사업의 운전업무 종사의 제한)을 위반한 경우

② 관할관청은 화물운송 종사자격의 효력정지 처분을 하는 경우에는 위반행위의 동기·횟수 등을 고려하여
처분기준 일수의 **2분의 1**의 범위에서 줄이거나 늘릴 수 있다. 다만, 늘리는 경우에는 위반행위를 한 날을
기준으로 최근 1년 이내에 같은 위반행위를 2회 이상 한 경우만 해당한다.

12 과징금(법 제21조) ★☆☆

(1) 과징금의 부과

① 국토교통부장관은 운송사업자에게 사업정지처분을 하여야 하는 경우로서 그 사업정지처분이 해당 화물자
동차 운송사업의 이용자에게 심한 불편을 주거나 그 밖에 공익을 해칠 우려가 있으면 대통령령으로 정하는
바에 따라 사업정지처분을 갈음하여 **2천만원** 이하의 과징금을 부과·징수할 수 있다.

② 국토교통부장관은 과징금 부과처분을 받은 자가 과징금을 정한 기한에 내지 아니하면 **국세 체납처분**의 예
에 따라 징수한다.

③ 통지를 받은 자는 국토교통부령으로 정하는 수납기관에 납부통지일부터 30일 이내에 과징금을 내야 한다.

(2) 과징금의 운용계획 수립

① 국토교통부장관은 국토교통부령으로 정하는 바에 따라 과징금으로 징수한 금액의 운용계획을 수립·시행
해야 한다.

② 국토교통부장관 또는 관할관청은 매년 10월 31일까지 다음 해의 과징금운용계획을 수립하여 시행하여야
한다.

③ 시·도지사는 전년도의 과징금 부과 실적, 징수 실적 및 사용 실적을 매년 3월 31일까지 국토교통부장관에
게 제출하여야 한다.

(3) 과징금의 용도 ★★☆

징수한 과징금은 다음의 용도 이외에는 사용(보조 또는 융자 포함)할 수 없다.

1. **화물터미널의 건설과 확충**
2. **공동차고지**(사업자단체, 운송사업자 또는 운송가맹사업자가 운송사업자 또는 운송가맹사업자에게 공동
   으로 제공하기 위하여 설치하거나 임차한 차고지를 말한다)의 **건설과 확충**
3. 경영개선이나 그 밖에 화물에 대한 정보제공사업 등 화물자동차 운수사업의 발전을 위하여 필요한 사업
   ➜ 공영차고지의 설치·운영사업, 운수종사자의 교육시설에 대한 비용의 보조사업, 사업자단체가 실시하
   는 교육훈련사업
4. **신고포상금의 지급**

3 화물자동차 운송주선사업

1 개념(법 제2조 제4호) ★☆☆

화물자동차 운송주선사업이란 다른 사람의 요구에 응하여 유상으로 화물운송계약을 중개·대리하거나 화물자동차 운송사업 또는 화물자동차 운송가맹사업을 경영하는 자의 화물운송수단을 이용하여 **자기 명의와 계산**으로 화물을 운송하는 사업(화물이 이사화물인 경우에는 포장 및 보관 등 부대서비스를 함께 제공하는 사업을 포함)을 말한다.

2 허가(법 제24조 및 시행규칙 제38조) ★★☆

(1) 허가기준

① 화물자동차 운송주선사업을 경영하려는 자는 국토교통부령으로 정하는 바에 따라 국토교통부장관의 **허가**를 받아야 한다. **다만, 화물자동차 운송가맹사업의 허가를 받은 자는 허가를 받지 아니한다.**

② 허가기준 : 화물자동차 운송주선사업의 허가기준은 다음과 같다.
  ㉠ 국토교통부장관이 화물의 운송주선 수요를 고려하여 고시하는 공급기준에 맞을 것
  ㉡ 사무실의 면적 등 국토교통부령으로 정하는 기준에 맞을 것

항목	허가기준
사무실	영업에 필요한 면적(다만, 관리사무소 등 부대시설이 설치된 민영 노외주차장을 소유하거나 그 사용계약을 체결한 경우에는 사무실을 확보한 것으로 본다)

(2) 허가절차

① 허가신청서 제출 : 화물자동차 운송주선사업의 허가를 받으려는 자는 화물자동차 운송주선사업 허가신청서에 주사무소·영업소 및 화물취급소의 명칭·위치 및 규모를 적은 서류를 첨부하여 관할관청에 제출하여야 한다.

② 예비허가증 발급 : 관할관청은 화물자동차 운송주선사업의 허가신청을 받았을 때에는 위의 서류를 갖추었는지와 공급기준에 맞는지를 심사한 후 화물자동차 운송주선사업 예비허가증을 발급하여야 한다.

③ 허가증 발급
  ㉠ 관할관청은 화물자동차 운송주선사업 예비허가증을 발급하였을 때에는 신청일부터 **20일** 이내에 결격사유가 있는지, 허가기준에 맞는지와 적재물배상보험 등에 가입하였는지를 확인한 후 화물자동차 운송주선사업 허가증을 발급하여야 한다.
  ㉡ 관할관청은 화물자동차 운송주선사업 허가증을 발급하였을 때에는 그 사실을 협회에 통지하고 화물자동차 운송주선사업 허가대장에 기록하여 관리하여야 한다.

④ 영업소 설치 허가 : 운송주선사업자는 주사무소 외의 장소에서 상주하여 영업하려면 국토교통부령으로 정하는 바에 따라 국토교통부장관의 **허가**를 받아 영업소를 설치하여야 한다.

(3) 허가기준의 신고

운송주선사업자의 허가기준에 관한 사항의 신고는 5년마다 한다.

(4) 허가사항의 변경

① 화물자동차 운송주선사업의 허가를 받은 자가 허가사항을 변경하려면 국토교통부장관에게 **신고**하여야 한다.
② 국토교통부장관은 변경신고를 받은 날부터 **5일** 이내에 신고수리 여부를 신고인에게 통지하여야 한다. 미통지시 그 기간의 끝난 날의 다음 날에 신고를 수리한 것으로 본다.

3 운송주선사업자의 명의이용 금지(법 제25조)

운송주선사업자는 자기 명의로 다른 사람에게 화물자동차 운송주선사업을 경영하게 할 수 없다.

4 운송주선사업자의 준수사항(법 제26조) ★☆☆

① 운송주선사업자는 자기의 명의로 운송계약을 체결한 화물에 대하여 그 계약금액 중 일부를 제외한 나머지 금액으로 다른 운송주선사업자와 재계약하여 이를 운송하도록 하여서는 아니 된다. 다만, 화물운송을 효율적으로 수행할 수 있도록 위·수탁차주나 개인 운송사업자에게 화물운송을 직접 위탁하기 위하여 다른 운송주선사업자에게 중개 또는 대리를 의뢰하는 때에는 그러하지 아니하다.
② 운송주선사업자는 화주로부터 중개 또는 대리를 의뢰받은 화물에 대하여 다른 운송주선사업자에게 수수료나 그 밖의 대가를 받고 중개 또는 대리를 의뢰하여서는 아니 된다.
③ 운송주선사업자는 제28조에 따라 준용하여 신고하는 운송주선약관에 중개·대리서비스의 수수료 부과 기준 등 국토교통부령으로 정하는 사항을 포함하여야 한다.
④ 운송주선사업자는 운송사업자에게 화물의 종류·무게 및 부피 등을 거짓으로 통보하거나 「도로법」 제77조 또는 「도로교통법」 제39조에 따른 기준을 위반하는 화물의 운송을 주선하여서는 아니 된다.
⑤ 운송주선사업자가 운송가맹사업자에게 화물의 운송을 주선하는 행위는 재계약·중개 또는 대리로 보지 아니한다.
⑥ ①~④에서 규정한 사항 외에 화물운송질서의 확립 및 화주의 편의를 위하여 운송주선사업자가 준수하여야 할 사항은 다음과 같다.

1. 신고한 운송주선약관을 준수할 것
2. 적재물배상보험 등에 가입한 상태에서 운송주선사업을 영위할 것
3. 자가용 화물자동차의 소유자 또는 사용자에게 화물운송을 주선하지 아니할 것
4. 허가증에 기재된 상호만 사용할 것
5. 운송주선사업자가 이사화물운송을 주선하는 경우 화물운송을 시작하기 전에 다음의 사항이 포함된 견적서 또는 계약서(전자문서를 포함)를 화주에게 발급할 것. 다만, 화주가 견적서 또는 계약서의 발급을 원하지 아니하는 경우는 제외한다.
    가. 운송주선사업자의 성명 및 연락처
    나. 화주의 성명 및 연락처
    다. 화물의 인수 및 인도 일시, 출발지 및 도착지
    라. 화물의 종류, 수량
    마. 운송 화물자동차의 종류 및 대수, 작업인원, 포장 및 정리 여부, 장비사용 내역
    바. 운임 및 그 세부내역(포장 및 보관 등 부대서비스 이용 시 해당 부대서비스의 내용 및 가격을 포함한다)
6. 운송주선사업자가 이사화물운송을 주선하는 경우에 포장 및 운송 등 이사 과정에서 화물의 멸실, 훼손 또는 연착에 대한 사고확인서를 발급할 것(화물의 멸실, 훼손 또는 연착에 대하여 사업자가 고의 또는 과실이 없음을 증명하지 못한 경우로 한정한다)

5 허가의 취소(법 제27조)

(1) 국토교통부장관은 운송주선사업자가 다음의 어느 하나에 해당하면 그 허가를 취소하거나 6개월 이내의 기간을 정하여 그 사업의 정지를 명할 수 있다. 또한 관할관청은 위반행위를 적발하였을 때에는 특별한 사유가 없으면 적발한 날부터 30일 이내에 처분을 하여야 한다.

1. **결격사유의 어느 하나에 해당하게 된 경우.** 다만, 법인의 임원 중 결격사유의 하나에 해당하는 자가 있는 경우 3개월 이내에 그 임원을 개임한 경우에는 제외 ➜ **절대적 취소**
2. **거짓이나 그 밖의 부정한 방법**으로 허가를 받은 경우 ➜ **절대적 취소**
3. 허가기준을 충족하지 못하게 된 경우
4. 제24조 제7항에 따른 신고를 하지 아니하거나 거짓으로 신고한 경우
5. 제24조 제8항에 따른 영업소 설치 허가를 받지 아니하고 주사무소 외의 장소에서 상주하여 영업한 경우
6. 명의이용 금지를 위반한 경우
7. 운송주선사업자의 준수사항을 위반한 경우
8. 운송사업자의 준수사항을 위반한 경우
9. 개선명령을 이행하지 아니한 경우

10. 제47조의2 제1항에 따른 신고를 하지 아니하였거나 거짓으로 신고한 경우

11. 이 조에 따른 사업정지명령을 위반하여 그 **사업정지기간 중에 사업**을 한 경우 ➜ **절대적 취소**

(2) 사후관리

관할관청은 허가취소 또는 사업정지처분을 하였을 때에는 그 사실을 연합회에 통지하여야 하며, 화물자동차 운송주선사업 허가대장에 기록하여 **5년간** 보존하여야 한다.

---

4 화물자동차 운송가맹사업 및 화물정보망

1 사업의 허가

(1) 개념 ★☆☆

① 화물자동차 운송가맹사업 : ㉠ 다른 사람의 요구에 응하여 자기 화물자동차를 사용하여 유상으로 화물을 운송하거나 ㉡ 화물정보망을 통하여 소속 화물자동차 운송가맹점(운송사업자 및 화물자동차 운송사업의 경영의 일부를 위탁받은 사람인 **운송가맹점만을** 말함)에 의뢰하여 화물을 운송하게 하는 사업을 말한다(법 제2조 제5호).

② 화물자동차 운송가맹사업자 : 화물자동차 운송가맹사업의 허가를 받은 자를 말한다(법 제2조 제6호).

③ 화물자동차 운송가맹점 : 화물자동차 운송가맹사업자의 운송가맹점으로 가입한 자로서 다음의 어느 하나에 해당하는 자를 말한다.

㉠ 운송가맹사업자의 화물정보망을 이용하여 운송 화물을 배정받아 화물을 운송하는 운송사업자

㉡ 운송가맹사업자의 화물운송계약을 중개·대리하는 운송주선사업자

㉢ 운송가맹사업자의 화물정보망을 이용하여 운송 화물을 배정받아 화물을 운송하는 자로서 화물자동차 운송사업의 경영의 일부를 위탁받은 사람. **다만, 경영의 일부를 위탁한 운송사업자가 화물자동차 운송가맹점으로 가입한 경우는 제외**

(2) 사업의 허가(법 제29조) ★☆☆

① 운송가맹사업의 허가 : 화물자동차 운송가맹사업을 경영하려는 자는 국토교통부령으로 정하는 바에 따라 국토교통부장관에게 **허가**를 받아야 한다.

※ **화물자동차 운송가맹사업의 허가를 받은 자는 화물자동차 운송사업 또는 운송주선사업의 허가를 받지 않아도 된다.**

② 허가기준의 신고 : 운송가맹사업자는 허가받은 날부터 5년마다 국토교통부령으로 정하는 바에 따라 허가기준에 관한 사항을 국토교통부장관에게 신고하여야 한다.

③ 허가기준 ★☆☆ : 화물자동차 운송가맹사업의 허가 또는 증차를 수반하는 변경허가의 기준은 다음과 같다.

㉠ 국토교통부장관이 화물의 운송수요를 고려하여 고시하는 공급기준에 맞을 것

㉡ 화물자동차의 대수(운송가맹점이 보유하는 화물자동차의 대수를 포함), 운송시설, 그 밖에 아래표의 기준에 맞을 것

항목	허가기준
허가기준 대수	50대 이상(운송가맹점이 소유하는 화물자동차 대수를 포함하되, 8개 이상 시·도에 각각 5대 이상 분포되어야 함)
사무실 및 영업소	영업에 필요한 면적
최저보유차고면적	화물자동차 1대당 그 화물자동차의 길이와 너비를 곱한 면적(화물자동차를 직접 소유하는 경우만 해당)
화물자동차의 종류	시행규칙 제3조에 따른 화물자동차(화물자동차를 직접 소유하는 경우만 해당)
그 밖의 운송시설	**화물정보망을 갖출 것**

④ 허가사항 변경 : 허가를 받은 운송가맹사업자는 허가사항을 변경하려면 국토교통부령으로 정하는 바에 따라 국토교통부장관의 **변경허가**를 받아야 한다. 다만, 대통령령으로 정하는 경미한 사항을 변경하려면 국토교통부령으로 정하는 바에 따라 **국토교통부장관**에게 **신고**하여야 한다. ★☆☆

> 변경신고를 하여야 하는 경미한 사항(허가사항 변경신고 대상)
> 1. 대표자의 변경(법인인 경우만 해당)
> 2. 화물취급소의 설치 및 폐지
> 3. **화물자동차의 대폐차**(화물자동차를 직접 소유한 운송가맹사업자만 해당)
> 4. 주사무소·영업소 및 화물취급소의 이전
> 5. 화물자동차 운송가맹계약의 체결 또는 해제·해지

◀ 허가사항 변경신고 대상(변경신고를 하는 경미한 사항) ▶ ★☆☆

화물자동차 운송사업	화물자동차 운송가맹사업
1. 상호의 변경 2. **대표자**의 변경(**법인**인 경우만 해당) 3. 화물취급소의 설치 또는 폐지 4. **화물자동차의 대폐차**(代廢車) 5. 주사무소·영업소 및 화물취급소의 이전. 다만, 주사무소 이전의 경우에는 **관할관청의 행정구역 내에서의 이전만** 해당한다.	1. 대표자의 변경(법인인 경우만 해당) 2. 화물취급소의 설치 및 폐지 3. **화물자동차의 대폐차**(화물자동차를 직접 소유한 운송가맹사업자만 해당) 4. 주사무소·영업소 및 화물취급소의 이전 5. 화물자동차 운송가맹계약의 체결 또는 해제·해지

⑤ 허가신청의 확인 : 국토교통부장관은 예비변경허가를 하였을 때에는 신청일부터 **20일** 이내에 다음의 사항을 확인한 후 변경허가를 하여야 한다.

㉠ 결격사유의 유무

㉡ 화물자동차의 등록 여부

ⓒ 차고지 설치 여부 등 허가기준에 맞는지 여부

ⓔ 적재물배상보험 등의 가입 여부

⑥ 허가·변경 신고수리의 통지

　ⓐ 국토교통부장관은 허가·변경허가의 신청을 받거나 변경신고를 받은 날부터 **20일** 이내에 허가 또는 신고수리 여부를 신청인에게 통지하여야 한다.

　ⓑ 국토교통부장관이 정한 기간 내에 허가 또는 신고수리 여부나 민원 처리 관련 법령에 따른 처리기간의 연장 여부를 신청인에게 통지하지 아니하면 그 기간이 끝난 날의 다음 날에 허가 또는 신고수리를 한 것으로 본다.

⑦ 국토교통부장관은 화물자동차 운송가맹사업 허가증을 발급하였을 때에는 그 사실을 협회에 통지하고 화물자동차 운송가맹사업 허가대장에 기록하여 관리하여야 한다.

⑧ **영업소의 설치** : 운송가맹사업자는 주사무소 외의 장소에서 상주하여 영업하려면 국토교통부령으로 정하는 바에 따라 국토교통부장관의 허가를 받아 영업소를 설치하여야 한다.

2 운송가맹사업자 및 운송가맹점의 역할(법 제30조)

(1) 운송가맹사업자의 역할

운송가맹사업자는 화물자동차 운송가맹사업의 원활한 수행을 위하여 다음의 사항을 성실히 이행하여야 한다.

① 운송가맹사업자의 직접운송물량과 운송가맹점의 운송물량의 공정한 배정

② 효율적인 운송기법의 개발과 보급

③ 화물의 원활한 운송을 위한 **화물정보망의 설치·운영**

(2) 운송가맹점의 역할

① 운송가맹사업자가 정한 기준에 맞는 운송서비스의 제공(운송사업자 및 위·수탁 차주인 운송가맹점만 해당)

② 화물의 원활한 운송을 위한 차량위치의 통지(운송사업자 및 위·수탁 차주인 운송가맹점만 해당)

③ 운송가맹사업자에 대한 운송화물의 **확보·공급**(운송주선사업자인 운송가맹점만 해당)

3 개선명령(법 제31조)

국토교통부장관은 안전운행의 확보, 운송질서의 확립 및 화주의 편의를 도모하기 위하여 필요하다고 인정하면 운송가맹사업자에게 다음의 사항을 명할 수 있다.

① 운송약관의 변경

② 화물자동차의 구조변경 및 운송시설의 개선

③ 화물의 안전운송을 위한 조치

④ 「가맹사업거래의 공정화에 관한 법률」에 따른 정보공개서의 제공의무 등, 가맹금의 반환, 가맹계약서의 기재사항 등, 가맹계약의 갱신 등의 통지

⑤ 적재물배상보험 등과 「자동차손해배상 보장법」에 따라 운송가맹사업자가 의무적으로 가입하여야 하는 보험·공제의 가입

4 화물정보망의 이용(법 제34조의4)

① 운송사업자가 다른 운송사업자나 다른 운송사업자에게 소속된 위·수탁차주에게 화물운송을 위탁하는 경우에는 운송가맹사업자의 화물정보망이나 「물류정책기본법」에 따라 인증받은 화물정보망을 이용할 수 있다.
② 운송주선사업자가 운송사업자나 위·수탁차주에게 화물운송을 위탁하는 경우 운송가맹사업자의 화물정보망이나 「물류정책기본법」에 따라 인증받은 화물정보망을 이용할 수 있다.

5 화물자동차 운송가맹사업의 허가취소(법 제32조)

국토교통부장관은 운송가맹사업자가 다음의 어느 하나에 해당하면 그 허가를 취소하거나 6개월 이내의 기간을 정하여 그 사업의 전부 또는 일부의 정지를 명하거나 감차 조치를 명할 수 있다. 다만, 제1호 및 제4호의 경우에는 그 허가를 취소하여야 한다.

1. 결격사유(제4조)의 어느 하나에 해당하게 된 경우. 다만, 법인의 임원 중 제4조 각 호의 어느 하나에 해당하는 자가 있는 경우 3개월 이내에 그 임원을 개임하면 취소하지 아니한다. ➜ **절대적 취소**
2. 화물운송 종사자격이 없는 자에게 화물을 운송하게 한 경우
3. 업무개시 명령을 정당한 사유 없이 이행하지 아니한 경우
4. 거짓이나 그 밖의 부정한 방법으로 허가를 받은 경우 ➜ **절대적 취소**
5. 거짓이나 그 밖의 부정한 방법으로 변경허가를 받은 경우
6. 운송가맹사업의 허가 또는 변경허가의 기준을 충족하지 못하게 된 경우
7. 허가기준의 신고를 하지 아니하였거나 거짓으로 신고한 경우
7의2. 영업소 설치 허가를 받지 아니하고 주사무소 외의 장소에서 상주하여 영업한 경우
8. 정당한 사유 없이 개선명령을 이행하지 아니한 경우
9. 운송가맹사업자의 준수사항 및 명의이용 금지(소속 운송가맹점에 자기의 영업표지를 사용하게 하는 경우는 제외)를 위반한 경우
10. 「가맹사업거래의 공정화에 관한 법률」 제7조, 제9조~제11조, 제13조 및 제14조를 위반한 경우(개선명령을 받은 경우는 제외)
11. 사업정지명령 또는 감차 조치 명령을 위반한 경우(※ 반드시 취소해야 하는 사항 아님에 주의!)
12. 중대한 교통사고 또는 빈번한 교통사고로 1명 이상의 사상자를 발생하게 한 경우
13. 보조금의 지급이 정지된 자가 그 날부터 5년 이내에 다시 같은 항 각 호의 어느 하나에 해당하게 된 경우

13의2. 실적신고를 하지 아니하였거나 거짓으로 신고한 경우

14. 대통령령으로 정하는 연한 이상의 화물자동차를 「자동차관리법」에 따른 정기검사 또는 자동차종합검사를 받지 아니한 상태로 운행하거나 운행하게 한 경우

5 적재물배상보험 등 ★☆☆

1 보험 등의 의무가입

(1) 의무가입 대상자(법 제35조) ★☆☆

다음의 어느 하나에 해당하는 자는 손해배상책임을 이행하기 위하여 대통령령으로 정하는 바에 따라 적재물배상 책임보험 또는 공제(이하 "적재물배상보험 등")에 가입하여야 한다.

① 최대 적재량이 5톤 이상이거나 총중량이 10톤 이상인 화물자동차 중 국토교통부령으로 정하는 화물자동차 (일반형·밴형 및 특수용도형 화물자동차와 견인형 특수자동차)를 소유하고 있는 운송사업자

② 국토교통부령으로 정하는 화물(이사화물)을 취급하는 운송주선사업자

③ 운송가맹사업자

(2) 가입제외 대상(시행규칙 제41조의13)

① 건축폐기물·쓰레기 등 경제적 가치가 없는 화물을 운송하는 차량으로서 국토교통부장관이 정하여 고시하는 화물자동차

② 「대기환경보전법」 제2조 제17호에 따른 배출가스저감장치를 차체에 부착함에 따라 총중량이 10톤 이상이 된 화물자동차 중 최대 적재량이 5톤 미만인 화물자동차

③ 특수용도형 화물자동차 중 「자동차관리법」 제2조 제1호에 따른 피견인자동차

2 보험 등의 가입범위 ★☆☆

적재물배상보험 등에 가입하려는 자는 다음의 구분에 따라 사고 건당 **2천만원**(운송주선사업자가 이사화물운송만을 주선하는 경우에는 500만원) 이상의 금액을 지급할 책임을 지는 적재물배상보험 등에 가입하여야 한다 (시행령 제9조의7).

① **운송사업자 : 각 화물자동차별**로 가입

② **운송주선사업자** : 각 사업자별로 가입

③ **운송가맹사업자** : 화물자동차를 직접 소유한 자는 각 화물자동차별 및 각 사업자별로, 그 외의 자는 각 사업자별로 가입

3 보험 등의 계약의 체결의무(법 제36조)

(1) 「보험업법」에 따른 보험회사(적재물배상책임 공제 사업을 하는 자를 포함. 이하 "보험회사 등")는 적재물배상보험 등에 가입하여야 하는 자가 적재물배상보험 등에 가입하려고 하면 적재물배상보험 등의 계약체결을 **거부할 수 없다.**

(2) 보험 등 의무가입자가 적재물사고를 일으킬 개연성이 높은 경우 등 다음의 사유에 해당하면 (1)에도 불구하고 다수의 보험회사 등이 공동으로 책임보험계약 등을 체결할 수 있다.

① 운송사업자의 화물자동차 운전자가 그 운송사업자의 사업용 화물자동차를 운전하여 과거 2년 동안 다음의 어느 하나에 해당하는 사항을 2회 이상 위반한 경력이 있는 경우
ㄱ 무면허운전 등의 금지
ㄴ 술에 취한 상태에서의 운전금지
ㄷ 사고발생시 조치의무

② 보험회사가 「보험업법」에 따라 허가를 받거나 신고한 적재물배상보험요율과 책임준비금 산출기준에 따라 손해배상책임을 담보하는 것이 현저히 곤란하다고 판단한 경우

4 책임보험계약 등의 해제 ★☆☆

① 보험 등 의무가입자 및 보험회사 등은 다음의 어느 하나에 해당하는 경우 외에는 책임보험계약 등의 전부 또는 일부를 해제하거나 해지하여서는 아니 된다(법 제37조).

> 1. 화물자동차 **운송사업**의 허가사항이 변경(감차만을 말함)된 경우
> 2. 화물자동차 **운송사업**을 휴업하거나 폐업한 경우
> 3. 화물자동차 **운송사업**의 허가가 취소되거나 감차 조치 명령을 받은 경우
> 4. 화물자동차 운송주선사업의 허가가 취소된 경우
> 5. 화물자동차 **운송가맹사업**의 허가사항이 변경(감차만을 말함)된 경우
> 6. 화물자동차 **운송가맹사업**의 허가가 취소되거나 감차 조치 명령을 받은 경우
> 7. 적재물배상보험 등에 이중으로 가입되어 하나의 책임보험계약 등을 해제하거나 해지하려는 경우
> 8. 보험회사 등이 **파산** 등의 사유로 영업을 계속할 수 없는 경우
> 9. 「상법」에 따른 계약해제 또는 계약해지의 사유가 발생한 경우

② 보험회사 등은 자기와 책임보험계약 등을 체결하고 있는 보험 등 의무가입자에게 그 계약종료일 30일 전까지 그 계약이 끝난다는 사실을 통지해야 한다.

③ 보험회사 등은 자기와 책임보험계약 등을 체결한 보험 등 의무가입자가 그 계약이 끝난 후 새로운 계약을 체결하지 아니하면 그 사실을 지체 없이 국토교통부장관에게 알려야 한다.

6 경영합리화

1 경영합리화의 노력(법 제39조)

운수사업자는 화물운송 질서의 확립, 경영관리의 건전화, 화물운송기법의 개발 등 경영합리화와 수송서비스 향상을 위하여 노력하여야 한다.

2 경영의 위탁(법 제40조)

(1) 경영의 위탁 ★☆☆

① 경영의 위탁 : 운송사업자는 화물자동차 운송사업의 효율적인 수행을 위하여 필요하면 다른 사람(운송사업자를 제외한 개인)에게 차량과 그 경영의 일부를 위탁하거나 차량을 현물출자한 사람에게 그 경영의 일부를 위탁할 수 있다.

② 경영위탁의 제한 : 국토교통부장관은 화물운송시장의 질서유지 및 운송사업자의 운송서비스 향상을 유도하기 위하여 필요한 경우 운송사업의 허가 또는 증차를 수반하는 변경허가에 조건 또는 기한을 붙여 경영의 **위탁을 제한**할 수 있다.

(2) 위·수탁계약의 체결 ★☆☆

① 위·수탁계약의 개념 : 위·수탁계약이란 차주(개인)와 운송회사 간에 이뤄지는 계약으로 차주는 운송회사에게 차량 및 운영관리권을 위탁하고, 운송회사는 차주로부터 수탁을 받아 특정 기업체에서 일을 한다는 계약 사항을 담고 있는 사인 간의 계약이다. 따라서 지입으로 차량을 운전하기 위해서는 매우 중요한 계약이며, 그 계약서는 운송회사나 개인인 차주들의 기본적인 권리나 내용을 명시하고 차량의 소유권까지 입증할 수 있는 중요한 서류이다. 결국 위·수탁계약을 체결함으로써, 차량은 운송회사 명의로 등록되지만 실소유주는 개인 차주임을 증명하게 되는 것이다.

② 위·수탁계약의 체결 및 의무 : 운송사업자와 위·수탁차주(경영의 일부를 위탁받은 사람)는 대등한 입장에서 합의에 따라 공정하게 위·수탁계약을 체결하고, 신의에 따라 성실하게 계약을 이행하여야 한다. 위·수탁계약의 기간은 **2년** 이상으로 하여야 한다.

③ 위·수탁계약서 : 계약의 당사자는 그 계약을 체결하는 경우 차량소유자·계약기간, 그 밖에 국토교통부령으로 정하는 사항을 계약서에 명시하여야 하며, 서명날인한 계약서를 서로 교부하여 보관하여야 한다. 이 경우 국토교통부장관은 건전한 거래질서의 확립과 공정한 계약의 정착을 위하여 표준 위·수탁계약서를 고시하여야 하고, 이를 우선적으로 사용하도록 권고할 수 있다.

④ 화물운송사업분쟁조정협의회(법 제40조 제6항 및 시행령 제9조의9)

㉠ **시·도지사**는 위·수탁계약의 체결·이행으로 발생하는 분쟁의 해결을 지원하기 위하여 대통령령으로 정하는 바에 따라 화물운송사업분쟁조정협의회를 설치·운영할 수 있다.

　　ⓛ 심의·조정사항 : 시·도지사가 설치하는 화물운송사업분쟁조정협의회는 다음의 사항을 심의·조정한다.

　　　　ⓐ 운송사업자와 위·수탁차주 간 금전지급에 관한 분쟁

　　　　ⓑ 운송사업자와 위·수탁차주 간 차량의 소유권에 관한 분쟁

　　　　ⓒ 운송사업자와 위·수탁차주 간 차량의 대폐차에 관한 분쟁

　　　　ⓓ 운송사업자와 위·수탁차주 간 화물자동차 운송사업의 양도·양수에 관한 분쟁

　　　　ⓔ 그 밖에 분쟁의 성격·빈도 및 중요성 등을 고려하여 국토교통부장관이 정하여 고시하는 사항에 관한 분쟁

　　ⓒ 협의회의 구성 및 활동 내용

　　　　ⓐ 협의회는 위원장 1명을 포함하여 5명 이상 10명 이내의 위원으로 구성된다.

　　　　ⓑ 협의회는 매월 1회 개최한다. 다만, 시·도지사가 분쟁의 신속한 해결을 위하여 협의회의 개최를 요청하는 경우에는 수시로 개최할 수 있다.

　　　　ⓒ 협의회는 심의 결과 조정안을 작성하여 분쟁당사자에게 권고할 수 있다. 다만, 분쟁의 성격·빈도 및 중요성 등을 고려하여 필요하다고 인정하는 경우에는 분쟁당사자 간의 자율적인 분쟁해결을 권고할 수 있다.

　⑤ 위·수탁계약의 무효사유 ★☆☆ : 위·수탁계약의 내용이 **당사자 일방에게 현저하게 불공정한 경우**로서 다음의 어느 하나에 해당하는 경우에는 **그 부분에 한정하여 무효(無效)**로 한다.

> 1. 운송계약의 형태·내용 등 관련된 모든 사정에 비추어 계약체결 당시 예상하기 어려운 내용에 대하여 상대방에게 책임을 떠넘기는 경우
> 2. 계약내용에 대하여 구체적인 정함이 없거나 당사자 간 이견이 있는 경우 계약내용을 일방의 의사에 따라 정함으로써 상대방의 정당한 이익을 침해한 경우
> 3. 계약불이행에 따른 당사자의 손해배상책임을 과도하게 경감하거나 가중하여 정함으로써 상대방의 정당한 이익을 침해한 경우
> 4. 「민법」 및 이 법 등 관계 법령에서 인정하고 있는 상대방의 권리를 상당한 이유 없이 배제하거나 제한하는 경우
> 5. 그 밖에 위·수탁계약의 내용 중 일부가 당사자 일방에게 현저하게 불공정하여 해당 부분을 무효로 할 필요가 있는 경우로서 대통령령으로 정하는 경우

(3) 위·수탁계약의 갱신(법 제40조의2)

　① 운송사업자는 위·수탁차주가 위·수탁계약기간 만료 전 150일부터 60일까지 사이에 위·수탁계약의 갱신을 요구하는 때에는 다음의 어느 하나에 해당하는 경우를 제외하고는 이를 거절할 수 없다.

> **＊ 위·수탁계약 갱신의 예외적인 거절사유**
> 1. 최초 위·수탁계약기간을 포함한 전체 위·수탁계약기간이 6년 이하인 경우로서 다음의 어느 하나에 해당하는 경우(첫 계약 후 2번 갱신한 경우)
>   가. 위·수탁차주가 거짓이나 그 밖의 부정한 방법으로 위·수탁계약을 체결한 경우
>   나. 위·수탁차주가 계약기간 동안 운수종사자의 준수사항을 위반하여 법 제67조에 따른 처벌 또는 법 제70조에 따른 과태료 처분을 받은 경우
>   다. 위·수탁차주가 계약기간 동안 법 제23조에 따른 처분을 받은 경우
>   라. 다음의 어느 하나에 해당하는 운송사업자의 요청 또는 지도·감독을 위·수탁차주가 정당한 사유 없이 따르지 아니한 경우
>   • 허가기준에 대한 사항의 신고에 필요한 자료의 제출 요청
>   • 운수종사자의 준수사항 이행에 따른 지도·감독
> 2. 최초 위·수탁계약기간을 포함한 전체 위·수탁계약기간이 6년을 초과하는 경우로서 다음의 어느 하나에 해당하는 경우(첫 계약 후 3번 이상 갱신)
>   가. 위 1.의 어느 하나에 해당하는 경우
>   나. 위·수탁차주가 운송사업자에게 지급하기로 한 위·수탁계약상의 월지급액을 6회 이상 지급하지 아니한 경우
>   다. 표준 위·수탁계약서에 기재된 계약 조건을 위·수탁차주가 준수하지 아니한 경우
>   라. 운송사업자가 운송사업의 전부를 폐업하는 경우

② **갱신요구의 거절** : 운송사업자가 갱신요구를 거절하는 경우에는 그 요구를 받은 날부터 **15일** 이내에 운송사업자는 위·수탁차주에게 거절 사유를 서면으로 통지하여야 한다.

③ **위·수탁계약의 갱신의 의제** : 운송사업자가 거절 통지를 하지 아니하거나 위·수탁계약기간 만료 전 **150일부터 60일**까지 사이에 위·수탁차주에게 계약조건의 변경에 대한 통지나 위·수탁계약을 갱신하지 아니한다는 사실의 통지를 서면으로 하지 아니한 경우에는 계약만료 전의 위·수탁계약과 같은 조건으로 다시 위·수탁계약을 체결한 것으로 본다. 다만, 위·수탁차주가 계약이 만료되는 날부터 30일 전까지 이의를 제기하거나 운송사업자나 위·수탁차주에게 천재지변이나 그 밖에 대통령령으로 정하는 부득이한 사유가 있는 경우에는 그러하지 아니하다.

(4) 위·수탁계약의 해지(법 제40조의3)

① 위·수탁계약의 해지 ★☆☆
   ㉠ 운송사업자는 위·수탁계약을 해지하려는 경우에는 위·수탁차주에게 **2개월** 이상의 유예기간을 두고 계약의 위반 사실을 구체적으로 밝히고, 이를 시정하지 아니하면 그 계약을 해지한다는 사실을 서면으로 **2회 이상 통지**하여야 한다. 다만, 대통령령으로 정하는 바에 따라 **위·수탁계약을 지속하기 어려운 중대한 사유***가 있는 경우에는 그러하지 아니하다.

> ＊ 위·수탁계약을 지속하기 어려운 중대한 사유
> 1. 위·수탁차주가 화물운송 종사자격을 갖추지 아니한 경우
> 2. 위·수탁차주가 계약기간 동안 운수종사자의 준수사항을 위반하여 행정형벌 또는 과태료 처분을 받은 경우
> 3. 위·수탁차주가 계약기간 동안 화물운송 종사자격의 취소처분을 받은 경우
> 4. 위·수탁차주가 사고·질병 또는 국외 이주 등 일신상의 사유로 더 이상 위탁받은 운송사업을 경영할 수 없게 된 경우

　　ⓛ 위·수탁계약의 해지에 따른 절차를 거치지 않은 위·수탁계약의 해지는 그 **효력이 없다.**

② 운송사업자의 귀책사유에 의한 위·수탁계약 해지 : 운송사업자가 다음의 어느 하나에 해당하는 사유로 허가취소 또는 감차 조치(위·수탁차주의 화물자동차가 감차 조치의 대상이 된 경우에만 해당)를 받은 경우 해당 운송사업자와 위·수탁차주의 위·수탁계약은 해지된 것으로 본다.

> 1. 부정한 방법으로 운송사업의 허가를 받은 경우
> 2. 부정한 방법으로 운송사업의 변경허가를 받거나, 변경허가를 받지 아니하고 허가사항을 변경한 경우
> 3. 운송사업의 허가 또는 증차를 수반하는 변경허가에 따른 기준을 충족하지 못하게 된 경우
> 4. 결격사유의 어느 하나에 해당하게 된 경우. 다만, 법인의 임원 중 법 제4조 각 호의 어느 하나에 해당하는 자가 있는 경우에 3개월 이내에 그 임원을 개임(改任)하면 허가를 취소하지 아니한다.
> 5. 그 밖에 운송사업자의 귀책사유(위·수탁차주의 고의에 의하여 허가취소 또는 감차 조치될 수 있는 경우 제외)로 허가취소 또는 감차 조치되는 경우로서 대통령령으로 정하는 경우

③ 위·수탁차주에 대한 지원 : 국토교통부장관 또는 연합회는 상기 규정에 따라 해지된 위·수탁계약의 위·수탁차주였던 자가 다른 운송사업자와 위·수탁계약을 체결할 수 있도록 지원하여야 한다. 이 경우 해당 위·수탁차주였던 자와 위·수탁계약을 체결한 운송사업자는 위·수탁계약의 체결을 명목으로 부당한 금전지급을 요구하여서는 아니 된다.

(5) 위·수탁계약의 양도·양수(법 제40조의4)

① 위·수탁계약상의 지위 양도·양수 ➡ 운송사업자는 거절할 수 없음.

　　위·수탁차주는 운송사업자의 동의를 받아 위·수탁계약상의 지위를 타인에게 양도할 수 있다. 다만, 다음의 어느 하나에 해당하는 사유가 발생하는 경우에는 운송사업자는 양수인이 화물운송 종사자격을 갖추지 못한 경우 등 대통령령으로 정하는 경우를 제외하고는 위·수탁계약의 양도에 대한 동의를 거절할 수 없다.

　　㉠ 업무상 부상 또는 질병의 발생 등으로 자신이 위탁받은 경영의 일부를 수행할 수 없는 경우

　　㉡ 그 밖에 위·수탁차주에게 부득이한 사유가 발생하는 경우로서 대통령령으로 정하는 경우

② 위·수탁계약상의 지위를 양수한 자는 양도인의 위·수탁계약상 권리와 의무를 승계한다.

③ 위·수탁계약상의 지위를 양도하는 경우 위·수탁차주는 운송사업자에게 양도 사실을 서면으로 통지하여야 한다.

④ ③의 통지가 있은 날부터 1개월 이내에 운송사업자가 양도에 대한 동의를 거절하지 아니하는 경우에는 운송사업자가 양도에 동의한 것으로 본다.

(6) 위·수탁계약의 실태조사 등(법 제40조의5)

① 국토교통부장관 또는 시·도지사는 정기적으로 위·수탁계약서의 작성 여부에 대한 실태조사를 할 수 있다.
② 국토교통부장관 또는 시·도지사는 위·수탁계약의 당사자에게 계약과 관련된 자료를 요청할 수 있다. 이 경우 자료를 요청받은 계약의 당사자는 특별한 사정이 없으면 요청에 따라야 한다.
③ 실태조사의 시기 및 방법
  ㉠ 위·수탁계약서의 작성 여부에 대한 실태조사는 **매년 1회 이상** 실시한다.
  ㉡ 실태조사의 범위

> 1. 위·수탁계약서의 작성 여부에 관한 사항
> 2. 표준 위·수탁계약서의 사용에 관한 사항
> 3. 위·수탁계약 내용의 불공정성에 관한 사항
> 4. 위·수탁계약의 체결 절차·과정에 관한 사항
> 5. 그 밖에 화물운송시장의 질서 확립 및 건전한 발전을 위하여 조사가 필요한 사항

3 경영지도(법 제41조)

(1) 국토교통부장관 또는 시·도지사는 화물자동차 운수사업의 경영개선 또는 운송서비스의 향상을 위하여 다음의 어느 하나에 해당하는 경우 운수사업자를 지도할 수 있다.

① 제11조(제33조에서 준용하는 경우 포함), 제26조 등에 따른 운수사업자의 준수사항에 대한 지도가 필요한 경우
② 과로, 과속, 과적 운행의 예방 등 안전한 수송을 위한 지도가 필요한 경우
③ 그 밖에 화물자동차의 운송에 따른 안전 확보 및 운송서비스 향상에 필요한 경우

(2) 국토교통부장관 또는 시·도지사는 재무관리 및 사업관리 등 경영실태가 부실하다고 인정되는 운수사업자에게는 경영개선에 관한 권고를 할 수 있으며, 필요하면 경영개선에 관한 중·장기 또는 연차별 계획 등을 제출하게 할 수 있다.

(3) 국토교통부장관 또는 시·도지사는 운수사업자가 제출한 경영개선에 관한 계획 등이 불합리하다고 인정되면 변경할 것을 권고할 수 있다.

(4) 경영자 연수교육(법 제42조)

시·도지사는 운수사업자의 경영능력 향상을 위하여 필요하다고 인정하면 경영을 담당하는 임원(개인인 경우에는 운수사업자를 말한다)에게 경영자 연수교육을 실시할 수 있다.

4 재정지원(법 제43조)

국가는 지방자치단체, 「공공기관의 운영에 관한 법률」에 따른 공공기관 중 대통령령으로 정하는 공공기관, 「지방공기업법」에 따른 지방공사, 사업자단체 또는 운수사업자가 다음의 어느 하나에 해당하는 사업을 수행하는 경우로서 재정적 지원이 필요하다고 인정되면 대통령령으로 정하는 바에 따라 소요자금의 **일부를 보조하거나 융자**할 수 있다.

1. **공동**차고지 및 공영차고지 건설
2. **화물자동차 운수사업의 정보화**
3. 낡은 **차량**의 대체
4. 연료비가 절감되거나 **환경친화적인 화물자동차 등으로의 전환** 및 이를 위한 시설·장비의 투자
5. 화물자동차 휴게소의 건설
6. 화물자동차 운수사업의 서비스 향상을 위한 시설·장비의 확충과 개선
7. 화물자동차의 **감차**
8. 그 밖에 긴급한 공익적 목적을 위하여 일시적으로 화물운송에 대체 사용된 차량에 대한 피해의 보상

5 유가보조금의 지급 및 지급정지

(1) 보조금 지급규정(법 제43조 제2항 및 제44조)

① 특별시장·광역시장·특별자치시장·특별자치도지사·시장 또는 군수(광역시의 군수를 포함)는 운송사업자, 운송가맹사업자 및 화물자동차 운수사업을 위탁받은 자에게 유류에 부과되는 세액 등의 인상액에 상당하는 금액의 전부 또는 일부를 보조할 수 있다.

② 보조 또는 융자받은 자는 그 자금을 보조 또는 융자받은 목적 외의 용도로 사용하여서는 아니 된다.

③ 국토교통부장관·특별시장·광역시장·특별자치시장·특별자치도지사·시장 또는 군수는 거짓이나 부정한 방법으로 보조금이나 융자금을 교부받은 사업자단체 또는 운송사업자 등에게 보조금이나 융자금의 반환을 명하여야 하며, 이에 따르지 아니하면 국세 또는 지방세 체납처분의 예에 따라 회수할 수 있다.

(2) 보조금의 지급정지(법 제44조의2)

① 보조금의 지급정지사유 : 특별시장·광역시장·특별자치시장·특별자치도지사·시장 또는 군수는 운송사업자 등이 다음의 어느 하나에 해당하면 대통령령으로 정하는 바에 따라 **5년의 범위**에서 보조금의 지급을 정지하여야 한다.

1. 「석유 및 석유대체연료 사업법」에 따른 석유판매업자, 「액화석유가스의 안전관리 및 사업법」에 따른 액화석유가스 충전사업자 또는 「수소경제 육성 및 수소 안전관리에 관한 법률」에 따른 수소판매업자로부터 「부가가치세법」에 따른 세금계산서를 거짓으로 발급받아 보조금을 지급받은 경우

2. 주유업자 등으로부터 유류 또는 수소의 구매를 가장하거나 실제 구매금액을 초과하여 「여신전문금융업법」에 따른 신용카드, 직불카드, 선불카드 등으로서 보조금의 신청에 사용되는 카드로 거래를 하거나 이를 대행하게 하여 보조금을 지급받은 경우

3. 화물자동차 운수사업이 아닌 다른 목적에 사용한 유류분 또는 수소 구매분에 대하여 보조금을 지급받은 경우

4. 다른 운송사업자 등이 구입한 유류 또는 수소 사용량을 자기가 사용한 것으로 위장하여 보조금을 지급받은 경우

5. 그 밖에 대통령령으로 정하는 사항을 위반하여 거짓이나 부정한 방법으로 보조금을 지급받은 경우

6. 소명서 및 증거자료의 제출요구에 따르지 아니하거나, 검사나 조사를 거부·기피 또는 방해한 경우

② 유류구매카드의 거래기능 정지 : 특별시장·광역시장·특별자치시장·특별자치도지사·시장 또는 군수는 주유업자 등이 위 ①의 어느 하나에 해당하는 행위에 가담하였거나 이를 공모한 경우 대통령령으로 정하는 바에 따라 5년의 범위에서 해당 사업소에 대한 유류구매카드의 거래기능을 정지하여야 한다.

6 공영차고지의 설치(법 제45조)

(1) 개념(법 제2조 제9호) ★☆☆

"공영차고지"란 화물자동차 운수사업에 제공되는 차고지로서 다음의 어느 하나에 해당하는 자가 설치한 것을 말한다.

① 특별시장·광역시장·특별자치시장·도지사·특별자치도지사(이하 "시·도지사")

② 시장·군수·구청장(자치구의 구청장)

③ 「공공기관의 운영에 관한 법률」에 따른 공공기관 중 대통령령으로 정하는 공공기관

1. 「인천국제공항공사법」에 따른 인천국제공항공사
2. 「한국공항공사법」에 따른 한국공항공사
3. 「한국도로공사법」에 따른 한국도로공사
4. 「한국철도공사법」에 따른 한국철도공사
5. 「한국토지주택공사법」에 따른 한국토지주택공사
6. 「항만공사법」에 따른 항만공사

④ 「지방공기업법」에 따른 지방공사

(2) 공영차고지의 운영

법에서 정한 설치권자[(1)의 시·도지사 등]는 공영차고지를 설치하여 직접 운영하거나 다음의 어느 하나에 해당하는 자에게 임대(운영의 위탁을 포함)할 수 있다.

① 사업자단체

② 운송사업자

③ 운송가맹사업자

④ 운송사업자로 구성된 「협동조합 기본법」에 따른 협동조합

(3) 공영차고지를 설치한 자(이하 "차고지설치자")는 공영차고지를 설치하려면 공영차고지의 설치·운영에 관한 계획을 수립하여야 한다.

(4) 시·도지사를 제외한 차고지설치자가 설치·운영계획을 수립하는 경우에는 미리 **시·도지사의 인가**를 받아야 한다. 인가받은 계획을 변경하려는 경우에도 또한 같다.

(5) 차고지설치자가 규정에 따라 설치·운영계획을 수립·변경하는 경우 공영차고지의 설치·변경이 학생의 통학 안전에 미치는 영향에 대하여 시·도의 교육감과 협의하여야 한다.

7 화물자동차 휴게소의 확충(휴게소 종합계획) ★☆☆

(1) 종합계획의 수립

국토교통부장관은 화물자동차 운전자의 근로 여건을 개선하고 화물의 원활한 운송을 도모하기 위하여 운송경로 및 주요 물류거점에 화물자동차 휴게소를 확충하기 위한 종합계획을 **5년 단위**로 수립하여야 한다.

(2) 휴게소 종합계획의 내용

> 1. 화물자동차 휴게소의 현황 및 장래수요에 관한 사항
> 2. 화물자동차 휴게소의 계획적 공급에 관한 사항
> 3. 화물자동차 휴게소의 연도별·지역별 배치에 관한 사항
> 4. 화물자동차 휴게소의 기능 개선 및 효율화에 관한 사항
> 5. 국내 주요 물류시설의 현황 및 건설계획에 관한 사항
> 6. 화물자동차의 운행실태에 관한 사항
> 7. 화물자동차 교통량의 연구분석 및 변동예측에 관한 사항

(3) 휴게소 종합계획의 절차

① 의견청취 및 협의 : 국토교통부장관은 ㉠ 휴게소 종합계획을 수립하거나 ㉡ 화물자동차 휴게소의 계획적 공급에 관한 사항과 화물자동차 휴게소의 연도별·지역별 배치에 관한 사항을 변경하려는 경우 미리 시·도지사의 의견을 듣고 관계 중앙행정기관의 장과 협의하여야 한다.

② 종합계획의 변경요청 : 사업시행자는 필요한 경우 국토교통부장관에게 휴게소 종합계획을 변경하도록 요청할 수 있다.

③ **자료제출 및 협력요청** : 국토교통부장관은 휴게소 종합계획의 수립이나 변경을 위하여 필요하다고 인정하는 경우에는 물류 관련 기관이나 단체 또는 전문가 등에 대하여 의견 및 자료제출 또는 그 밖의 필요한 협력을 요청할 수 있다.

④ **고시** : 국토교통부장관은 휴게소 종합계획을 수립하거나 변경한 때에는 이를 관보에 고시하여야 한다.

(4) 화물자동차 휴게소 건설사업의 시행

① 화물자동차 휴게소 건설사업을 할 수 있는 자(사업시행자)

> 1. 국가 또는 지방자치단체
> 2. 「공공기관의 운영에 관한 법률」에 따른 공공기관 중 **대통령령으로 정하는 공공기관**(한국철도공사, 한국토지주택공사, 한국도로공사, 한국수자원공사, 한국농어촌공사, 항만공사, 인천국제공항공사, 한국공항공사, 한국교통안전공단, 국가철도공단)
> 3. 「지방공기업법」에 따른 지방공사
> 4. 대통령령으로 정하는 바에 따라 제1호부터 제3호까지의 자로부터 지정을 받은 법인

② **건설계획의 수립** : 화물자동차 휴게소 건설사업을 시행하려는 사업시행자는 사업의 명칭·목적, 사업을 시행하려는 위치와 면적 등 다음의 사항이 포함된 화물자동차 휴게소 건설계획을 수립하여야 한다.
  - ㉠ 사업의 명칭 및 목적
  - ㉡ 사업시행지의 위치와 면적
  - ㉢ 사업 시행시기 및 시행방법
  - ㉣ 사업에 대한 자금조달계획
  - ㉤ 수용 또는 사용할 토지 또는 건물 등에 관한 사항
  - ㉥ 설치 또는 폐지되는 공공시설 등에 관한 사항

③ **공고·열람절차** : 사업시행자는 건설계획을 수립한 때에는 이를 공고하고, 관계 서류의 사본을 **20일 이상** 일반인이 열람할 수 있도록 하여야 한다.

④ **의견제출 및 반영** : 화물자동차 휴게소 건설사업의 이해관계인은 열람기간에 사업시행자에게 건설계획에 대한 의견서를 제출할 수 있으며, 사업시행자는 제출된 의견이 타당하다고 인정하는 경우에는 이를 건설계획에 반영하여야 한다.

⑤ **계획의 승인권자** : 사업시행자는 공고 및 열람을 마친 후 그 건설계획에 대하여 **시·도지사의 승인**을 받아야 한다. 다만, 국가, 대통령령으로 정하는 공공기관 및 국가 또는 대통령령으로 정하는 공공기관인 사업시행자로부터 지정을 받은 자는 **국토교통부장관의 승인**을 받아야 한다.

(5) 화물자동차 휴게소의 건설 대상지역

> 1. 「항만법」 제2조 제1호에 따른 항만 또는 「산업입지 및 개발에 관한 법률」에 따른 산업단지 등이 위치한 지역으로서 화물자동차의 일일 평균 왕복 교통량이 **1만5천대** 이상인 지역

2. 「항만법」에 따른 국가관리항이 위치한 지역
3. 「물류시설의 개발 및 운영에 관한 법률」에 따른 물류단지 중 면적이 50만제곱미터 이상인 물류단지가 위치한 지역
4. 「도로법」제10조에 따른 고속국도, 일반국도, 지방도 또는 같은 법 제15조 제2항에 따른 국가지원지방 도에 인접한 지역으로서 화물자동차의 일일 평균 편도 교통량이 3천5백대 이상인 지역

(6) 화물자동차 휴게소 운영의 위탁

사업시행자는 화물자동차 휴게소의 운영을 사업자단체 등 <u>대통령령으로 정하는 자</u>에게 위탁할 수 있다(연합회 또는 협회, 대통령령으로 정하는 공공기관 10개, 「지방공기업법」에 따른 지방공기업, 「민법」 또는 「상법」에 따라 설립된 법인으로서 그 설립목적이 화물운수와 관련이 있는 법인).

8 화물운송 또는 주선의 실적관리(법 제47조의2)

(1) 실적 신고 및 관리(법 제47조의2)

① 운송사업자(개인 운송사업자는 제외), 운송주선사업자 및 운송가맹사업자는 국토교통부령으로 정하는 바에 따라 운송 또는 주선 실적을 관리하고 이를 국토교통부장관에게 **신고**하여야 한다.

> 운수사업자는 국토교통부장관이 정하여 고시하는 기준과 절차에 따라 다음의 형태에 따른 실적을 관리 하고 이를 화물운송실적관리시스템을 통해 국토교통부장관에게 신고하여야 한다.
> 1. 운수사업자가 화주와 계약한 실적
> 2. 운수사업자가 다른 운수사업자와 계약한 실적
> 3. 운수사업자가 다른 운송사업자 소속의 위·수탁차주와 계약한 실적
> 4. 운송가맹사업자가 소속 운송가맹점과 계약한 실적
> 5. 운수사업자가 직접 운송한 실적(법 제11조의2 제1항 단서에 따른 차량으로 운송한 실적 및 법 제11조 의2 제5항에 따른 정보망을 이용한 위탁운송실적을 포함)

② 직접운송의무가 있는 운송사업자는 국토교통부령으로 정하는 기준* 이상으로 화물을 운송하여야 한다. 이 경우 기준내역에 관하여는 국토교통부령으로 정한다.

> **＊국토교통부령으로 정하는 기준**
> 국토교통부장관이 매년 고시하는 연간 시장평균운송매출액(종류별·톤급별 화물자동차 1대당 연간 평균운송매출액을 말한다)에 소속 화물자동차(시행규칙 제21조의5 제2항에 따른 화물자동차로서 소 속된 운송사업자의 운송화물이 아닌 화물의 운송횟수가 연간 144회 이상인 화물자동차는 제외)의 대 수를 각각 곱하여 산출한 금액의 합계액의 100분의 20 이상에 해당하는 운송매출액을 말한다.

(2) 화물운송서비스평가(법 제47조의6)

① **평가기준** : 국토교통부장관은 화물운송서비스 증진과 이용자의 권익보호를 위하여 운수사업자가 제공하는 화물운송서비스에 대한 평가를 할 수 있으며, 화물운송서비스에 대한 평가의 기준은 다음과 같다.

> 1. 화물운송서비스의 이용자 만족도
> 2. 화물운송서비스의 신속성 및 정확성
> 3. 화물운송서비스의 안전성
> 4. 그 밖에 제1호부터 제3호까지에 준하는 사항으로서 국토교통부령으로 정하는 사항

② **평가 공표** : 국토교통부장관은 화물운송서비스의 평가를 한 후 평가항목별 평가 결과, 서비스 품질 등 세부 사항을 대통령령으로 정하는 바에 따라 공표하여야 한다.

③ **서비스에 대한 실지조사** : 국토교통부장관은 화물운송서비스의 평가를 할 경우 운수사업자에게 관련 자료 및 의견제출 등을 요구하거나 서비스에 대한 실지조사를 할 수 있다.

7 사업자단체

1 협회

(1) 협회의 설립(법 제48조)

운수사업자는 화물자동차 운수사업의 건전한 발전과 운수사업자의 공동이익을 도모하기 위하여 국토교통부장관의 **인가**를 받아 화물자동차 운송사업, 화물자동차 운송주선사업 및 화물자동차 운송가맹사업의 종류별 또는 시·도별로 협회를 설립할 수 있다.

① 협회는 법인으로 한다.
② 협회는 주된 사무소의 소재지에서 설립등기를 함으로써 성립한다.
③ 협회를 설립하려면 해당 협회 회원 자격이 있는 자의 **1/5** 이상이 발기하고, 회원 자격이 있는 자의 **1/3** 이상의 동의를 받아 창립총회에서 정관을 작성한 후 국토교통부장관에게 인가를 신청하여야 한다.
④ 회원의 자격, 임원의 정수 및 선출방법, 그 밖에 협회의 운영에 필요한 사항은 정관으로 정한다.
⑤ 정관을 변경하려면 국토교통부장관의 인가를 받아야 한다.
⑥ 협회에 관하여는 이 법에 규정된 사항 외에는 「민법」 중 사단법인에 관한 규정을 준용한다.

(2) 협회의 사업(법 제49조)

① 화물자동차 운수사업의 건전한 발전과 운수사업자의 공동이익을 도모하는 사업
② 화물자동차 운수사업의 진흥 및 발전에 필요한 통계의 작성 및 관리, 외국 자료의 수집·조사 및 연구사업

③ 경영자와 운수종사자의 교육훈련

④ 화물자동차 운수사업의 경영개선을 위한 지도

⑤ 이 법에서 협회의 업무로 정한 사항

⑥ 국가나 지방자치단체로부터 위탁받은 업무

(3) 연합회(법 제50조)

운송사업자로 구성된 협회, 운송주선사업자로 구성된 협회 및 운송가맹사업자로 구성된 협회는 그 공동목적을 달성하기 위하여 국토교통부령으로 정하는 바에 따라 각각 연합회를 설립할 수 있다. 이 경우 운송사업자로 구성된 협회, 운송주선사업자로 구성된 협회 및 운송가맹사업자로 구성된 협회는 각각 그 연합회의 회원이 된다.

2 공제조합 ★☆☆

(1) 공제사업

① 운수사업자가 설립한 협회의 연합회는 대통령령으로 정하는 바에 따라 국토교통부장관의 허가를 받아 운수사업자의 자동차 사고로 인한 손해배상책임의 보장사업 및 적재물배상 공제사업 등을 할 수 있다.

② 공제사업에 관한 회계는 다른 사업에 관한 회계와 구분하여 경리하여야 한다.

(2) 공제조합의 설립(법 제51조의2)

① 운수사업자는 상호 간의 협동조직을 통하여 조합원이 자주적인 경제활동을 영위할 수 있도록 지원하고 조합원의 자동차 사고로 인한 손해배상책임의 보장사업 및 적재물배상 공제사업을 하기 위하여 대통령령으로 정하는 바에 따라 국토교통부장관의 **인가**를 받아 공제조합을 설립할 수 있다.

② 공제조합은 법인으로 한다.

③ 공제조합은 주된 사무소의 소재지에 설립등기를 함으로써 성립된다.

④ 운수사업자는 정관으로 정하는 바에 따라 공제조합에 가입할 수 있다.

⑤ 공제조합의 조합원은 공제사업에 필요한 분담금을 부담하여야 한다.

(3) 공제조합의 설립인가 절차(법 제51조의3)

공제조합을 설립하려면 공제조합의 조합원 자격이 있는 자의 **10분의 1** 이상이 발기하고, 조합원 자격이 있는 자 **200인 이상**의 동의를 받아 창립총회에서 정관을 작성한 후 국토교통부장관에게 인가를 신청하여야 한다.

(4) 공제조합의 운영위원회

① 공제조합 운영위원회(법 제51조의4)

ㄱ 공제조합은 공제사업에 관한 사항을 심의·의결하고 그 업무집행을 감독하기 위하여 운영위원회를 둔다.

ⓒ 운영위원회 위원은 조합원, 운수사업·금융·보험·회계·법률 분야 전문가, 관계 공무원 및 그 밖에 화물자동차 운수사업 관련 이해관계자로 구성하되, 그 수는 25명 이내로 한다. 다만, 제51조에 따라 연합회가 공제사업을 하는 경우의 운영위원회 위원은 시·도별 협회의 대표 전원을 포함하여 37명 이내로 한다.

② 운영위원회 위원의 결격사유(법 제51조의5)

 ㉠ 미성년자, 피성년후견인 또는 피한정후견인

 ⓒ 파산선고를 받고 복권되지 아니한 사람

 ⓒ 이 법 또는 「보험업법」 등 대통령령으로 정하는 금융 관련 법률을 위반하여 금고 이상의 형의 집행유예를 선고받고 그 유예기간 중에 있는 사람

 ㉣ 이 법 또는 「보험업법」 등 대통령령으로 정하는 금융 관련 법률을 위반하여 벌금 이상의 형을 선고받고 그 집행이 끝나거나(집행이 끝난 것으로 보는 경우를 포함) 집행이 면제된 날부터 5년이 지나지 아니한 사람

 ㉤ 이 법에 따른 공제조합의 업무와 관련하여 벌금 이상의 형을 선고받고 그 집행이 끝나거나(집행이 끝난 것으로 보는 경우를 포함) 집행이 면제된 날부터 5년이 지나지 아니한 사람

 ㉥ 징계·해임의 요구 중에 있거나 징계·해임의 처분을 받은 후 3년이 지나지 아니한 사람

(5) 공제조합의 사업내용(법 제51조의6)

① 공제조합의 사업

 ㉠ 조합원의 사업용 자동차의 사고로 생긴 배상책임 및 적재물배상에 대한 공제

 ⓒ 조합원이 사업용 자동차를 소유·사용·관리하는 동안 발생한 사고로 그 자동차에 생긴 손해에 대한 공제

 ⓒ 운수종사자가 조합원의 사업용 자동차를 소유·사용·관리하는 동안에 발생한 사고로 입은 자기 신체의 손해에 대한 공제

 ㉣ 공제조합에 고용된 자의 업무상 재해로 인한 손실을 보상하기 위한 공제

 ㉤ 공동이용시설의 설치·운영 및 관리, 그 밖에 조합원의 편의 및 복지 증진을 위한 사업

 ㉥ 화물자동차 운수사업의 경영 개선을 위한 조사·연구사업

 ㉦ 위 ㉠~㉥의 사업에 딸린 사업으로서 정관으로 정하는 사업

② 공제규정의 인가 : 공제조합은 위 ㉠~㉣의 규정에 따른 공제사업을 하려면 공제규정을 정하여 국토교통부장관의 **인가**를 받아야 한다. 인가받은 사항을 변경하려는 경우에도 또한 같다.

③ 공제조합은 결산기마다 그 사업의 종류에 따라 책임준비금 및 지급준비금을 계상하고 이를 적립하여야 한다.

④ 공제사업 내용 중 위 ㉠~㉣의 규정에 따른 공제사업에는 「보험업법」을 적용하지 아니한다.

(6) 공제조합업무의 개선명령(법 제51조의8)

국토교통부장관은 공제조합의 업무 운영이 적정하지 아니하거나 자산상황이 불량하여 교통사고 피해자 및 공제 가입자 등의 권익을 해칠 우려가 있다고 인정하면 다음의 조치를 명할 수 있다.

> 1. 업무집행방법의 변경
> 2. 자산예탁기관의 변경
> 3. 자산의 장부가격의 변경
> 4. 불건전한 자산에 대한 적립금의 보유
> 5. 가치가 없다고 인정되는 자산의 손실처리

(7) 재무건전성의 유지(법 제51조의10)

① 공제조합은 공제금 지급능력과 경영의 건전성을 확보하기 위하여 다음 3가지 사항에 관하여 대통령령으로 정하는 재무건전성 기준을 지켜야 한다.

ㄱ 자본의 적정성에 관한 사항
ㄴ 자산의 건전성에 관한 사항
ㄷ 유동성의 확보에 관한 사항

② 공제조합이 준수하여야 하는 재무건전성 기준은 다음과 같다.

ㄱ 지급여력비율은 **100분의 100 이상**을 유지할 것
ㄴ 구상채권 등 보유자산의 건전성을 정기적으로 분류하고 대손충당금을 적립할 것

8 자가용 화물자동차의 사용

1 자가용 화물자동차 사용신고 ★☆☆

(1) 화물자동차 운송사업과 화물자동차 운송가맹사업에 이용되지 아니하고 자가용으로 사용되는 화물자동차로서 대통령령으로 정하는 화물자동차(국토교통부령으로 정하는 특수자동차, 특수자동차를 제외한 화물자동차로서 최대 적재량이 **2.5톤** 이상인 화물자동차)로 사용하려는 자는 국토교통부령으로 정하는 사항을 **시·도지사에게 신고**하여야 한다. 신고한 사항을 변경하려는 때에도 또한 같다.

(2) 시·도지사는 신고 또는 변경신고를 받은 날부터 **10일** 이내에 신고수리 여부를 신고인에게 통지하여야 한다.

2 유상운송 ★☆☆

(1) 유상운송의 금지

자가용 화물자동차의 소유자 또는 사용자는 자가용 화물자동차를 유상(그 자동차의 운행에 필요한 경비를 포함)으로 화물운송용으로 제공하거나 임대하여서는 아니 된다. 다만, 국토교통부령으로 정하는 사유에 해당되는 경우로서 **시·도지사의 허가**를 받으면 화물운송용으로 제공하거나 임대할 수 있다.

(2) 유상운송의 허가사유 ★☆☆

> 1. 천재지변이나 이에 준한 비상사태로 인하여 수송력 공급을 긴급히 증가시킬 필요가 있는 경우
> 2. 사업용 화물자동차·철도 등 화물운송수단의 운행이 불가능하여 이를 일시적으로 대체하기 위한 수송력 공급이 긴급히 필요한 경우
> 3. 「농어업경영체 육성 및 지원에 관한 법률」에 따라 설립된 영농조합법인이 그 사업을 위하여 화물자동차를 직접 소유·운영하는 경우

(3) 영농조합법인에 대한 유상운송 허가조건

① 유상운송 허가조건

> 1. 자동차의 운행으로 사람이 사망하거나 부상한 경우의 손해배상책임을 보장하는 보험에 계속 가입할 것
> 2. 차량안전점검과 정비를 철저히 하고 각종 교통관련법규를 성실히 준수할 것

② 허가기간 : 유상운송 허가기간은 3년 이내로 하여야 한다.
③ 허가기간의 연장 : 시·도지사는 영농조합법인의 신청에 의하여 유상운송 허가기간의 연장을 허가할 수 있다. 이 경우 영농조합법인은 허가기간 만료일 30일 전까지 시·도지사에게 유상운송 허가기간의 연장을 신청하여야 한다.

(4) 자가용 화물자동차 사용의 제한 또는 금지 ★☆☆

시·도지사는 자가용 화물자동차의 소유자 또는 사용자가 다음의 어느 하나에 해당하면 **6개월** 이내의 기간을 정하여 그 자동차의 사용을 제한하거나 금지할 수 있다.
① 자가용 화물자동차를 사용하여 화물자동차 운송사업을 경영한 경우
② 허가를 받지 아니하고 자가용 화물자동차를 유상으로 운송에 제공하거나 임대한 경우

9 보칙 및 벌칙

1 압류금지(법 제58조)

위·수탁계약의 체결에 따른 계약으로 운송사업자에게 현물출자된 차량 및 화물자동차 운수사업의 정보화에 따라 지급된 금품과 이를 받을 권리는 압류하지 못한다. 다만, 현물출자된 차량에 대한 세금 또는 벌금·과태료 미납 및 저당권의 설정으로 인하여 해당 차량을 압류하는 경우에는 그러하지 아니하다.

2 청문(법 제22조)

1. 화물자동차 운송사업의 허가취소
2. 화물자동차 운송주선사업의 허가취소
3. 화물자동차 운송가맹사업의 허가취소
4. 화물운송 종사자격의 취소(화물자동차를 운전할 수 있는 「도로교통법」에 따른 운전면허가 취소된 경우는 제외한다)

3 행정형벌

(1) 5년 이하의 징역 또는 2천만원 이하의 벌금(법 제66조)

적재된 화물이 떨어지지 아니하도록 국토교통부령으로 정하는 기준 및 방법에 따라 덮개·포장·고정장치 등 필요한 조치를 하지 아니하여 사람을 상해 또는 사망에 이르게 한 운송사업자 또는 운수종사자

(2) 3년 이하의 징역 또는 3천만원 이하의 벌금(법 제66조의2)

① 정당한 사유 없이 업무개시명령을 위반한 자
② 거짓이나 부정한 방법으로 유가보조금 또는 수소구매비 보조금을 교부받은 자
③ 유가보조금 지급정지사유 중 어느 하나에 해당하는 행위에 가담하였거나 이를 공모한 주유업자 등

(3) 2년 이하의 징역 또는 2천만원 이하의 벌금(법 제67조)

1. 화물자동차 운송사업을 위한 허가를 받지 아니하거나 거짓이나 그 밖의 부정한 방법으로 허가를 받고 화물자동차 운송사업을 경영한 자
2. 제5조의5 제4항을 위반하여 서로 부정한 금품을 주고받은 자
3. 제11조 제4항(제33조에서 준용하는 경우를 포함한다)을 위반하여 자동차관리사업자와 부정한 금품을 주고받은 **운송사업자**
4. 제12조 제1항 제4호(제33조에서 준용하는 경우를 포함한다)를 위반하여 자동차관리사업자와 부정한 금품을 주고받은 **운수종사자**
5. 개선명령을 이행하지 아니한 자
6. 제16조 제9항(허가를 받은 운송사업자, 변경허가를 받은 운송사업자)을 위반하여 사업을 양도한 자
7. 화물자동차 운송주선사업을 위한 허가를 받지 아니하거나 거짓이나 그 밖의 부정한 방법으로 허가를 받고 화물자동차 운송주선사업을 경영한 자
8. 명의이용 금지 의무를 위반한 자

9. 화물자동차 운송가맹사업을 위한 허가를 받지 아니하거나 거짓이나 그 밖의 부정한 방법으로 허가를 받고 화물자동차 운송가맹사업을 경영한 자

10. 화물운송실적관리시스템의 정보를 변경, 삭제하거나 그 밖의 방법으로 이용할 수 없게 한 자 또는 권한 없이 정보를 검색, 복제하거나 그 밖의 방법으로 이용한 자

11. 직무와 관련하여 알게 된 화물운송실적관리자료를 다른 사람에게 제공 또는 누설하거나 그 목적 외의 용도로 사용한 자

12. 자가용 화물자동차를 유상으로 화물운송용으로 제공하거나 임대한 자

(4) 1년 이하의 징역 또는 1천만원 이하의 벌금(법 제68조)

① 다른 사람에게 자신의 화물운송 종사자격증을 빌려준 사람

② 다른 사람의 화물운송 종사자격증을 빌린 사람

③ 위 ① 또는 ②의 금지하는 행위를 알선한 사람

CHAPTER 05 철도사업법

1 총칙

1 법의 목적

이 법은 철도사업에 관한 질서를 확립하고 효율적인 운영 여건을 조성함으로써 철도사업의 건전한 발전과 철도 이용자의 편의를 도모하여 국민경제의 발전에 이바지함을 목적으로 한다(법 제1조).

2 「철도사업법」상 중요 용어의 정의

(1) 철도

여객 또는 화물을 운송하는 데 필요한 철도시설과 철도차량 및 이와 관련된 운영·지원체계가 유기적으로 구성된 운송체계를 말한다.

(2) 철도사업

다른 사람의 수요에 응하여 철도차량을 사용하여 유상(有償)으로 여객이나 화물을 운송하는 사업을 말한다.

(3) 철도사업자 ★☆☆

「한국철도공사법」에 따라 설립된 한국철도공사 및 철도사업 **면허**를 받은 자를 말한다.

(4) 전용철도운영자

법 제34조에 따라 전용철도 **등록**을 한 자를 말한다.

(5) 전용철도 ★☆☆

다른 사람의 수요에 따른 **영업을 목적으로 하지 아니하고** 자신의 수요에 따라 특수 목적을 수행하기 위하여 설치하거나 운영하는 철도를 말한다.

2 철도사업의 관리

1 사업용철도노선의 고시

(1) 국토교통부장관은 사업용철도노선의 노선번호, 노선명, 기점, 종점, 중요 경과지(정차역을 포함한다)와 그 밖에 필요한 사항을 국토교통부령으로 정하는 바에 따라 지정·고시하여야 한다(법 제4조).

(2) 국토교통부장관은 「철도의 건설 및 철도시설 유지관리에 관한 법률」에 따른 철도건설사업실시계획을 승인·고시한 날부터 **1월** 이내에 사업용철도노선을 지정한다. 이 경우 철도건설사업실시계획을 구간별 또는 시설별로 승인·고시하는 때에는 당해 철도건설사업실시계획을 전부 승인·고시한 날부터 1월 이내에 사업용철도노선을 지정할 수 있다(시행규칙 제2조).

(3) 국토교통부장관은 사업용철도노선을 지정·고시하는 경우 사업용철도노선을 다음의 구분에 따라 분류할 수 있다.

> 1. 운행지역과 운행거리에 따른 분류 : 간선철도, 지선철도
> 2. 운행속도에 따른 분류 : 고속철도노선, 준고속철도노선, 일반철도노선

2 철도사업의 면허 ★☆☆

(1) 면허 및 관련 서류(법 제5조 및 시행규칙 제3조)

① 철도사업을 경영하려는 자는 법 제4조 제1항에 따라 지정·고시된 사업용철도노선을 정하여 국토교통부장관의 **면허**를 받아야 한다. 이 경우 국토교통부장관은 철도의 공공성과 안전을 강화하고 이용자 편의를 증진시키기 위하여 국토교통부령으로 정하는 바에 따라 필요한 부담을 붙일 수 있다.

② 면허를 받으려는 자는 국토교통부령으로 정하는 바에 따라 사업계획서를 첨부한 면허신청서를 국토교통부장관에게 제출하여야 한다.

> 1. 사업계획서
> 2. 법인설립계획서(설립예정법인인 경우에 한한다)
> 3. 당해 철도사업을 경영하고자 하는 취지를 설명하는 서류
> 4. 신청인이 결격사유에 해당하지 아니함을 증명하는 서류

③ 철도사업의 면허를 받을 수 있는 자는 **법인**(法人)으로 한다(법인만 가능).

(2) 면허의 기준

철도사업의 면허기준은 다음과 같다.

> 1. 해당 사업의 시작으로 철도교통의 안전에 지장을 줄 염려가 없을 것
> 2. 해당 사업의 운행계획이 그 운행구간의 철도 수송 수요와 수송력 공급 및 이용자의 편의에 적합할 것
> 3. 신청자가 해당 사업을 수행할 수 있는 재정적 능력이 있을 것
> 4. 해당 사업에 사용할 철도차량의 대수, 사용연한 및 규격이 국토교통부령으로 정하는 기준에 맞을 것

(3) 철도사업 면허의 결격사유(법 제7조)

① 법인의 임원 중 다음의 어느 하나에 해당하는 사람이 있는 법인

> 가. 피성년후견인 또는 피한정후견인
> 나. 파산선고를 받고 복권되지 아니한 사람
> 다. 이 법 또는 대통령령으로 정하는 **철도 관계 법령***을 위반하여 금고 이상의 실형을 선고받고 그 집행이 끝나거나 면제된 날부터 2년이 지나지 아니한 사람
> 라. 이 법 또는 대통령령으로 정하는 철도 관계 법령을 위반하여 금고 이상의 형의 집행유예를 선고받고 그 유예기간 중에 있는 사람
> * **철도 관계 법령** : 「철도산업발전기본법」, 「철도안전법」, 「도시철도법」, 「국가철도공단법」, 「한국철도공사법」

② 철도사업의 면허가 취소된 후 그 취소일부터 **2년**이 지나지 아니한 법인(다만, 위의 제1호 또는 제2호에 해당하여 철도사업의 면허가 취소된 경우는 제외)

(4) 운송 시작의 의무(법 제8조)

철도사업자는 국토교통부장관이 지정하는 날 또는 기간에 운송을 시작하여야 한다. 다만, 천재지변이나 그 밖의 불가피한 사유로 철도사업자가 국토교통부장관이 지정하는 날 또는 기간에 운송을 시작할 수 없는 경우에는 국토교통부장관의 승인을 받아 날짜를 연기하거나 기간을 연장할 수 있다.

3 철도운임 · 요금의 신고

(1) 여객 운임 · 요금의 신고(법 제9조 및 시행령 제3조)

① 운임 · 요금
　㉠ 철도사업자는 여객에 대한 운임(**여객운송에 대한 직접적인 대가를 말하며, 여객운송과 관련된 설비 · 용역에 대한 대가는 제외**) · 요금을 **국토교통부장관에게 신고**(申告)하여야 한다. 이를 변경하려는 경우에도 같다.
　㉡ 철도사업자는 여객 운임 · 요금의 신고 또는 변경신고를 하려는 경우에는 국토교통부령으로 정하는 여객 운임 · 요금신고서 또는 변경신고서에 여객 운임 · 요금표, 여객 운임 · 요금 신 · 구대비표 및 변경사유를 기재한 서류를 첨부하여 국토교통부장관에게 제출하여야 한다.

ⓒ 철도사업자는 사업용철도를 「도시철도법」에 의한 도시철도운영자가 운영하는 도시철도와 연결하여 운행하려는 때에는 여객 운임·요금의 신고 또는 변경신고를 하기 전에 여객 운임·요금 및 그 변경시기에 관하여 미리 당해 도시철도운영자와 협의하여야 한다.

② 운임·요금의 책정 : 철도사업자는 여객 운임·요금을 정하거나 변경하는 경우에는 원가와 버스 등 다른 교통수단의 여객 운임·요금과의 형평성 등을 고려하여야 한다. 이 경우 여객에 대한 운임은 사업용철도노선의 분류, 철도차량의 유형 등을 고려하여 국토교통부장관이 지정·고시한 상한을 초과하여서는 아니 된다.

③ 여객 운임 상한의 지정

ㄱ 국토교통부장관은 여객 운임의 상한을 지정하려면 미리 **기획재정부장관**과 협의하여야 한다.

ㄴ 국토교통부장관은 여객 운임의 상한을 지정하기 위하여 「철도산업발전기본법」에 따른 철도산업위원회 또는 철도나 교통 관련 전문기관 및 전문가의 의견을 들을 수 있다.

ㄷ 국토교통부장관이 여객 운임의 상한을 지정하려는 때에는 철도사업자로 하여금 원가계산 그 밖에 여객 운임의 산출기초를 기재한 서류를 제출하게 할 수 있다.

ㄹ 국토교통부장관이 사업용철도노선과 「도시철도법」에 의한 도시철도가 연결되어 운행되는 구간에 대하여 여객 운임의 상한을 지정하는 경우에는 「도시철도법」에 따라 특별시장·광역시장·특별자치시장·도지사 또는 특별자치도지사가 정하는 도시철도 운임의 범위와 조화를 이루도록 하여야 한다.

④ 게시의무 : 철도사업자는 신고 또는 변경신고를 한 여객 운임·요금을 그 시행 **1주일** 이전에 인터넷 홈페이지, 관계 역·영업소 및 사업소 등 일반인이 잘 볼 수 있는 곳에 게시하여야 한다.

(2) 여객 운임·요금의 감면(법 제9조의2)

① 철도사업자는 재해복구를 위한 긴급지원, 여객 유치를 위한 기념행사, 그 밖에 철도사업의 경영상 필요하다고 인정되는 경우에는 일정한 기간과 대상을 정하여 신고한 여객 운임·요금을 감면할 수 있다.

② 철도사업자는 여객 운임·요금을 감면하는 경우에는 그 **시행 3일 이전**에 감면사항을 인터넷 홈페이지, 관계 역·영업소 및 사업소 등 일반인이 잘 볼 수 있는 곳에 게시하여야 한다. **다만, 긴급한 경우에는 미리 게시하지 아니할 수 있다.**

(3) 부가운임의 징수(법 제10조) ★☆☆

① 무임승차시 **부가운임** : 철도사업자는 열차를 이용하는 여객이 정당한 운임·요금을 지급하지 아니하고 열차를 이용한 경우에는 승차구간에 해당하는 운임 외에 그의 **30배의 범위**에서 부가운임을 징수할 수 있다.

② 운송장 운임 과소기재시 **부가운임** : 철도사업자는 송하인이 운송장에 적은 화물의 품명·중량·용적 또는 개수에 따라 계산한 운임이 정당한 사유 없이 정상운임보다 적은 경우에는 송하인에게 그 부족운임 외에 그 부족운임의 **5배의 범위**에서 부가운임을 징수할 수 있다.

③ 철도사업자는 부가운임을 징수하려는 경우에는 사전에 부가운임의 징수 대상 행위, 열차의 종류 및 운행구간 등에 따른 부가운임 산정기준을 정하고 철도사업약관에 포함하여 **국토교통부장관**에게 **신고**하여야 한다.

4 철도사업약관과 신고(법 제11조)

(1) 철도사업약관

① 신고 : 철도사업자는 철도사업약관을 정하여 국토교통부장관에게 **신고**하여야 한다. 이를 변경하려는 경우에도 같다. 철도사업약관의 기재사항 등에 필요한 사항은 국토교통부령으로 정한다.

② 신고수리의 통지 : 국토교통부장관은 신고 또는 변경신고를 받은 날부터 3일 이내에 신고수리 여부를 신고인에게 통지하여야 한다.

(2) 약관의 기재사항(시행규칙 제7조 제2항)

> 1. 철도사업약관의 적용범위
> 2. 여객 운임·요금의 수수 또는 환급에 관한 사항
> 3. 부가운임에 관한 사항
> 4. 운송책임 및 배상에 관한 사항
> 5. 면책에 관한 사항
> 6. 여객의 금지행위에 관한 사항
> 7. 화물의 인도·인수·보관 및 취급에 관한 사항
> 8. 그 밖에 이용자의 보호 등을 위하여 필요한 사항

5 철도사업계획의 변경

(1) 사업계획의 변경(법 제12조 및 시행령 제5조) ★☆☆

철도사업자는 사업계획을 변경하려는 경우에는 국토교통부장관에게 **신고**하여야 한다. 다만, 대통령령으로 정하는 다음의 **중요 사항**을 **변경**하려는 경우에는 국토교통부장관의 **인가(認可)**를 받아야 한다.

> 1. 철도이용수요가 적어 수지균형의 확보가 극히 곤란한 벽지노선으로서 「철도산업발전기본법」에 따라 공익서비스비용의 보상에 관한 계약이 체결된 노선의 철도운송서비스(철도여객운송서비스 또는 철도화물운송서비스를 말한다)의 종류를 변경하거나 다른 종류의 철도운송서비스를 추가하는 경우
> 2. **운행구간의 변경**(여객열차의 경우에 한한다)
> 3. 사업용철도노선별로 여객열차의 **정차역**을 신설 또는 폐지하거나 **10분의 2** 이상 변경하는 경우
> 4. 사업용철도노선별로 **10분의 1** 이상의 **운행횟수**의 변경(여객열차의 경우에 한한다). 다만, 공휴일·방학기간 등 수송수요와 열차운행계획상의 수송력과 현저한 차이가 있는 경우로서 **3월** 이내의 기간 동안 운행횟수를 변경하는 경우를 제외한다.

(2) 사업계획의 변경제한(법 제12조 제2항) ★☆☆

국토교통부장관은 철도사업자가 다음의 어느 하나에 해당하는 경우에는 사업계획의 변경을 제한할 수 있다.

> 1. 국토교통부장관이 지정한 날 또는 기간에 운송을 시작하지 아니한 경우
> 2. 노선 운행중지, 운행제한, 감차 등을 수반하는 사업계획 변경명령을 받은 후 1년이 지나지 아니한 경우
> 3. **개선명령**을 받고 이행하지 아니한 경우
> 4. 철도사고의 규모 또는 발생 빈도가 대통령령으로 정하는 기준 이상인 경우

확인하기

▶ **철도사업법령상 철도사업자의 사업계획 변경에 관한 설명으로 옳지 않은 것은?**

① 철도사업자는 여객열차의 운행구간을 변경하려는 경우에는 국토교통부장관에게 신고하여야 한다.
② 철도사업자는 사업용철도노선별로 여객열차의 정차역을 10분의 2 이상 변경하려는 경우에는 국토교통부장관의 인가를 받아야 한다.
③ 국토교통부장관은 노선 운행중지, 감차 등을 수반하는 사업계획 변경명령을 받은 후 1년이 지나지 아니한 철도사업자의 사업계획 변경을 제한할 수 있다.
④ 국토교통부장관은 사업의 개선명령을 받고 이를 이행하지 아니한 철도사업자의 사업계획 변경을 제한할 수 있다.
⑤ 국토교통부장관이 지정한 날 또는 기간에 운송을 시작하지 아니한 철도사업자의 사업계획 변경에 대하여 국토교통부장관은 이를 제한할 수 있다.

정답 ①

6 공동운수협정과 인가

(1) 공동운수협정(법 제13조) ➡ **인가**

① 철도사업자는 다른 철도사업자와 공동경영에 관한 계약이나 그 밖의 운수에 관한 협정(이하 "공동운수협정")을 체결하거나 변경하려는 경우에는 국토교통부령으로 정하는 바에 따라 국토교통부장관의 **인가**를 받아야 한다. 다만, 국토교통부령으로 정하는 경미한 사항을 변경하려는 경우에는 국토교통부령으로 정하는 바에 따라 국토교통부장관에게 **신고**하여야 한다.
② 국토교통부장관은 공동운수협정을 인가하려면 미리 **공정거래위원회와 협의**하여야 한다.

(2) 신고수리의 통지

국토교통부장관은 다음의 경미한 사항 변경에 따른 신고를 받은 날부터 **3일** 이내에 신고수리 여부를 신고인에게 통지하여야 한다.

1. 철도사업자가 여객 운임·요금의 변경신고를 한 경우 이를 반영하기 위한 사항
2. 철도사업자가 사업계획변경을 신고하거나 사업계획변경의 인가를 받은 때에는 이를 반영하기 위한 사항
3. 공동운수협정에 따른 운행구간별 열차운행횟수의 **10분의 1** 이내에서의 변경
4. 그 밖에 법에 의하여 신고 또는 인가·허가 등을 받은 사항을 반영하기 위한 사항

7 사업의 양도·양수 등(권리·의무의 승계 : 법 제14조)

(1) 사업의 양도·양수

① **양도·양수의 인가** : 철도사업자는 그 철도사업을 양도·양수하려는 경우에는 국토교통부장관의 **인가**를 받아야 한다.

② **지위의 승계** : 인가를 받은 경우 철도사업을 양수한 자는 철도사업을 양도한 자의 철도사업자로서의 지위를 승계한다.

③ **신청서의 제출** : 철도사업을 양도·양수하고자 하는 양도인 및 양수인은 철도사업 양도·양수인가신청서에 양도·양수계약서 사본 및 법인설립계획서 등을 첨부하여 양도·양수계약을 체결한 날부터 **1월** 이내에 국토교통부장관에게 제출하여야 한다.

(2) 사업의 합병

① **합병의 인가** : 철도사업자는 다른 철도사업자 또는 철도사업 외의 사업을 경영하는 자와 합병하려는 경우에는 국토교통부장관의 **인가**를 받아야 한다.

② **지위의 승계** : 합병으로 설립되거나 존속하는 법인은 합병으로 소멸되는 법인의 철도사업자로서의 지위를 승계한다.

③ **신청서의 제출** : 법인의 합병을 하고자 하는 자는 합병인가신청서에 합병계약서 사본 및 합병의 방법과 조건에 관한 서류 등을 첨부하여 합병계약을 체결한 날부터 **1개월** 이내에 국토교통부장관에게 제출하여야 한다.

8 사업의 휴업·폐업(법 제15조)

(1) 휴·폐업의 허가

① 휴·폐업의 요건 ★☆☆

㉠ 철도사업자가 그 사업의 전부 또는 일부를 휴업 또는 폐업하려는 경우에는 국토교통부령으로 정하는 바에 따라 국토교통부장관의 **허가**를 받아야 한다. 다만, 선로 또는 교량의 파괴, 철도시설의 개량, 그 밖의 정당한 사유로 휴업하는 경우에는 국토교통부령으로 정하는 바에 따라 국토교통부장관에게 **신고**하여야 한다.

㉡ **휴업기간** : 휴업기간은 **6개월**을 넘을 수 없다.

② 신청서 제출 : 철도사업자는 철도사업의 전부 또는 일부에 대하여 휴업 또는 폐업의 허가를 받으려면 휴업 또는 폐업 예정일 3개월 전에 철도사업휴업(폐업)허가신청서에 다음의 서류를 첨부하여 국토교통부장관에게 제출하여야 한다.

> 1. 사업의 휴업 또는 폐업에 관한 총회 또는 이사회의 의결서 사본
> 2. 휴업 또는 폐업하려는 철도노선, 정거장, 열차의 종별 등에 관한 사항을 적은 서류
> 3. 철도사업의 휴업 또는 폐업을 하는 경우 대체교통수단의 이용에 관한 사항을 적은 서류

③ 허가 통지 : 국토교통부장관은 철도사업의 휴업 또는 폐업 허가의 신청을 받은 경우에는 허가신청을 받은 날부터 **2개월** 이내에 신청인에게 허가 여부를 통지하여야 한다.

(2) 휴업 · 폐업 내용의 게시의무(시행령 제7조)

철도사업자는 철도사업의 휴업 또는 폐업의 허가를 받은 때에는 그 허가를 받은 날부터 7일 이내에 휴업 · 폐업의 내용을 철도사업자의 인터넷 홈페이지, 관계 역 · 영업소 및 사업소 등 일반인이 잘 볼 수 있는 곳에 게시하여야 한다. 다만, 휴업을 신고하는 경우에는 해당 사유가 발생한 때에 즉시 게시하여야 한다.

9 면허취소 등 행정처분(법 제16조) ★☆☆

국토교통부장관은 철도사업자가 다음의 어느 하나에 해당하는 경우에는 면허를 취소하거나, 6개월 이내의 기간을 정하여 사업의 전부 또는 일부의 정지를 명하거나, 노선 운행중지 · 운행제한 · 감차 등을 수반하는 사업계획의 변경을 명할 수 있다.

> 1. 면허받은 사항을 정당한 사유 없이 시행하지 아니한 경우
> 2. 사업 경영의 불확실 또는 자산상태의 현저한 불량이나 그 밖의 사유로 사업을 계속하는 것이 적합하지 아니할 경우
> 3. 고의 또는 중대한 과실에 의한 철도사고로 대통령령으로 정하는 다수의 사상자가 발생한 경우
> 4. 거짓이나 그 밖의 부정한 방법으로 철도사업의 면허를 받은 경우 **➔ 절대적 취소**
> 5. 면허에 붙인 부담을 위반한 경우
> 6. 철도사업의 면허기준에 미달하게 된 경우. 다만, 3개월 이내에 그 기준을 충족시킨 경우에는 예외로 한다.
> 7. 철도사업자의 임원 중 제7조 제1호 각 목의 어느 하나의 결격사유에 해당하게 된 사람이 있는 경우. 다만, 3개월 내에 그 임원을 바꾸어 임명한 경우에는 예외로 한다. **➔ 절대적 취소**
> 8. 제8조를 위반하여 국토교통부장관이 지정한 날 또는 기간에 운송을 시작하지 아니한 경우
> 9. 휴업 또는 폐업의 허가를 받지 아니하거나 신고를 하지 아니하고 영업을 하지 아니한 경우
> 10. 준수사항을 1년 이내에 3회 이상 위반한 경우
> 11. **개선명령**을 위반한 경우
> 12. 명의 대여 금지를 위반한 경우

10 과징금(법 제17조) ★☆☆

(1) 국토교통부장관은 철도사업자에게 사업정지처분을 하여야 하는 경우로서 그 사업정지처분이 그 철도사업자가 제공하는 철도서비스의 이용자에게 심한 불편을 주거나 그 밖에 공익을 해칠 우려가 있을 때에는 그 사업정지처분을 갈음하여 **1억원** 이하의 과징금을 부과 · 징수할 수 있다.

(2) 과징금 처분(시행령 제10조)

① 위반행위의 종별과 해당 과징금의 금액 등을 명시하여 이를 납부할 것을 서면으로 통지하여야 한다.
② 과징금 통지를 받은 자는 **20일** 이내에 과징금을 국토교통부장관이 지정한 수납기관에 납부하여야 한다.

(3) 국토교통부장관은 과징금 부과처분을 받은 자가 납부기한까지 과징금을 내지 아니하면 **국세 체납처분의 예**에 따라 징수한다.

(4) 징수한 과징금의 용도 ★☆☆

① 철도사업 종사자의 양성 · 교육훈련이나 그 밖의 자질향상을 위한 시설 및 철도사업 종사자에 대한 지도업무의 수행을 위한 시설의 건설 · 운영
② 철도사업의 경영개선이나 그 밖에 철도사업의 발전을 위하여 필요한 사업
③ 위 ① 및 ②의 목적을 위한 보조 또는 융자

(5) 국토교통부장관은 과징금으로 징수한 금액의 운용계획을 수립하여 시행하여야 한다. 이 경우 국토교통부장관은 매년 10월 31일까지 다음 연도의 과징금 운용계획을 수립하여 시행하여야 한다.

11 철도사업자 및 철도운수종사자의 준수사항 ★☆☆

(1) 철도사업자의 준수사항(법 제20조)

① **명의 대여 금지의무** : 철도사업자는 타인에게 자신의 성명 또는 상호를 사용하여 철도사업을 경영하게 하여서는 아니 된다(법 제23조).
② 준수사항
　㉠ 철도사업자는「철도안전법」에 따른 요건을 갖추지 아니한 사람을 운전업무에 종사하게 하여서는 아니 된다.
　㉡ 철도사업자는 사업계획을 성실하게 이행하여야 하며, 부당한 운송조건을 제시하거나 정당한 사유 없이 운송계약의 체결을 거부하는 등 철도운송질서를 해치는 행위를 하여서는 아니 된다.
　㉢ 철도사업자는 여객 운임표, 여객 요금표, 감면사항 및 철도사업약관을 인터넷 홈페이지에 게시하고 관계 역 · 영업소 및 사업소 등에 갖추어 두어야 하며, 이용자가 요구하는 경우에는 제시하여야 한다.
　㉣ 그 밖에 운송의 안전과 여객 및 화주의 편의를 위하여 철도사업자가 준수하여야 할 사항(별표 3)은 국토

교통부령으로 한다.

[별표 3] 철도사업자의 준수사항(시행규칙 제15조 관련)

1. 철도사업자는 노약자·장애인 등에 대하여 특별한 편의를 제공해야 한다.
2. 철도사업자는 철도차량을 항상 깨끗이 유지해야 한다.
3. 철도사업자는 회사명, 철도차량번호 및 불편사항이 발생할 경우의 연락처 등을 적은 표지판을 철도차량 내에 게시해야 한다.
4. 철도사업자는 다음의 사항을 일반 공중이 보기 쉬운 영업소 등의 장소에 게시해야 한다.
   가. 사업자 및 영업소의 명칭
   나. 운행시간표(운행횟수가 빈번한 운행계통의 경우에는 첫차 및 마지막차의 출발시각과 운행 간격)
   다. 정차역 및 목적지별 도착시각
   라. 사업을 휴업하거나 폐업하려는 경우에는 그 내용의 예고
   마. 영업소를 이전하려는 경우에는 그 이전의 예고
5. 철도사업자는 위험물을 철도로 운송하려는 경우에는 운송 중의 위험방지 및 인명의 안전에 적합하도록 포장·적재 등의 안전조치를 취한 후 운송하여야 한다.
6. 철도사업자는 철도운수종사자로 하여금 여객과 화물을 운송할 때에 다음의 사항을 성실하게 지키도록 하고, 항상 이를 지도·감독해야 한다.
   가. 정비·점검이 불량한 철도차량을 운행하지 않도록 할 것
   나. 관계 공무원, 관제업무종사자 또는 철도특별사법경찰관리 등의 위험방지를 위한 조치에 따르도록 할 것
   다. 철도사고를 일으킨 경우에는 긴급조치 및 신고의 의무를 충실하게 이행하도록 할 것
7. 철도사업자는 여객을 운송하는 과정에서 철도사고 또는 장애로 장시간 열차가 정차·지연되는 상황이 발생할 경우 철도운수종사자가 다음에 따라 성실하게 지키도록 하고, 항상 지도·감독해야 한다.
   가. 원칙적으로 1시간 이상 열차가 정차·지연될 것으로 예상되는 경우 열차 내 승객에게 지체 없이 대피 등 구호조치를 시행하도록 함. 다만, 안전상, 그 밖에 열차운행상 문제점이 발생할 가능성이 있거나 사고발생 지점과 인근 역 등과의 거리가 멀어 단시간 내 구호조치가 어려운 경우는 제외한다.
   나. 열차 내 여객에게 지연사유와 진행상황을 여객이 쉽게 접할 수 있는 안내방송, 영상장치 등을 활용하여 매 20분 간격으로 안내하도록 함.
   다. 열차 내 여객의 대기시간이 1시간 이상일 경우 식수 등 적절한 음식물을 제공하도록 함.
   라. 열차 지연에 대한 비상계획을 이행할 수 있는 인적·물적 자원을 신속히 투입하도록 함.
8. 철도사업자는 열차 운행 또는 정차 상황에서 호흡곤란 등에 따른 응급환자가 발생한 경우 응급환자가 119구조대나 의료기관 등의 응급조치를 신속하게 받을 수 있도록 해야 한다.

(2) 철도운수종사자의 준수사항(법 제22조) ★☆☆

철도사업에 종사하는 철도운수종사자는 다음의 어느 하나에 해당하는 행위를 하여서는 아니 된다.

① 정당한 사유 없이 여객 또는 화물의 운송을 거부하거나 여객 또는 화물을 중도에서 내리게 하는 행위
② 부당한 운임 또는 요금을 요구하거나 받는 행위
③ 그 밖에 안전운행과 여객 및 화주의 편의를 위하여 철도운수종사자가 준수하여야 할 사항으로서 국토교통부령으로 정하는 사항을 위반하는 행위

12 개선명령(법 제21조) ★★☆

국토교통부장관은 원활한 철도운송, 서비스의 개선 및 운송의 안전과 그 밖에 공공복리의 증진을 위하여 필요하다고 인정하는 경우에는 철도사업자에게 다음의 사항을 명할 수 있다.

1. 사업계획의 변경
2. 철도차량 및 운송 관련 장비·시설의 개선
3. 운임·요금 징수 방식의 개선
4. 철도사업약관의 변경
5. 공동운수협정의 체결
6. 철도차량 및 철도사고에 관한 손해배상을 위한 보험에의 가입
7. 안전운송의 확보 및 서비스의 향상을 위하여 필요한 조치
8. 철도운수종사자의 양성 및 자질향상을 위한 교육

13 철도화물운송에 관한 책임(법 제24조)

철도사업자의 화물의 멸실·훼손 또는 인도의 지연에 대한 손해배상책임에 관하여는 「상법」 제135조를 준용한다. 화물이 인도 기한을 지난 후 **3개월 이내**에 인도되지 아니한 경우에는 그 화물은 멸실된 것으로 본다.

3 민자철도 운영의 감독·관리

1 민자철도의 유지·관리 및 운영에 관한 기준(법 제25조)

① **국토교통부장관**은 「철도의 건설 및 철도시설 유지관리에 관한 법률」에 따른 고속철도, 광역철도 및 일반철도로서 「사회기반시설에 대한 민간투자법」에 따른 민자철도의 관리운영권을 설정받은 민자철도사업자가 해당 민자철도를 안전하고 효율적으로 유지·관리할 수 있도록 민자철도의 유지·관리 및 운영에 관한 기준을 정하여 고시하여야 한다.

② 민자철도사업자는 민자철도의 안전하고 효율적인 유지·관리와 이용자 편의를 도모하기 위하여 고시된 기준을 준수하여야 한다.

③ **국토교통부장관**은 민자철도의 유지·관리 및 운영에 관한 기준에 따라 **매년** 소관 민자철도에 대하여 운영평가를 실시하여야 한다.

④ **민자철도의 운영평가 방법**(시행규칙 제17조)

　㉠ 국토교통부장관은 소관 민자철도의 전년도 1월 1일부터 12월 31일까지의 운영에 대하여 철도의 안전성, 이용자의 편의성, 민자철도 운영의 효율성을 포함하여 국토교통부장관이 정하여 고시한 운영평가 기준에 따라 운영평가를 실시해야 한다.

　㉡ 국토교통부장관은 ㉠에 따른 운영평가를 실시하려면 매년 3월 31일까지 소관 민자철도에 대한 평가일정, 평가방법 등을 포함한 운영평가계획을 수립한 후 평가를 실시하기 2주 전까지 민자철도사업자에게 통보해야 한다.

⑤ 국토교통부장관은 운영평가를 위하여 필요한 경우에는 관계 공무원, 철도 관련 전문가 등으로 민자철도 운영 평가단을 구성·운영할 수 있다.

⑥ 국토교통부장관은 운영평가 결과에 따라 민자철도에 관한 유지·관리 및 체계 개선 등 필요한 조치를 민자철도사업자에게 명할 수 있다.

⑦ 국토교통부장관이 민자철도사업자에게 필요한 조치를 명한 경우 해당 민자철도사업자는 **30일** 이내에 조치계획을 마련하여 국토교통부장관에게 제출해야 한다.

2 민자철도사업자에 대한 과징금 처분(법 제25조의2) ★☆☆

① 국토교통부장관은 민자철도사업자가 다음의 어느 하나에 해당하는 경우에는 **1억원 이하의 과징금**을 부과·징수할 수 있다.

> 1. 제25조 제2항을 위반하여 민자철도의 유지·관리 및 운영에 관한 기준을 준수하지 아니한 경우
> 2. 제25조 제5항을 위반하여 명령을 이행하지 아니하거나 그 결과를 보고하지 아니한 경우

② 과징금을 부과하는 위반행위의 종류와 위반 정도 등에 따른 과징금의 금액 및 징수방법 등에 필요한 사항은 대통령령으로 정한다.

③ 국토교통부장관은 과징금 부과처분을 받은 자가 납부기한까지 과징금을 내지 아니하면 '**국세강제징수의 예**'에 따라 징수한다.

3 사정변경 등에 따른 실시협약의 변경 요구(법 제25조의3)

① 국토교통부장관은 중대한 사정변경 또는 민자철도사업자의 위법한 행위 등 다음의 어느 하나에 해당하는 사유가 발생한 경우 민자철도사업자에게 그 사유를 소명하거나 해소 대책을 수립할 것을 요구할 수 있다.

1. 민자철도사업자가 「사회기반시설에 대한 민간투자법」에 따른 실시협약에서 정한 자기자본의 비율을 대통령령으로 정하는 기준 미만으로 변경한 경우(다만, 주무관청의 승인을 받아 변경한 경우는 제외)
2. 민자철도사업자가 대통령령으로 정하는 기준을 초과한 이자율로 자금을 차입한 경우
3. 교통여건이 현저히 변화되는 등 실시협약의 기초가 되는 사실 또는 상황에 중대한 변경이 생긴 경우로서 대통령령으로 정하는 경우

② ①에 따른 요구를 받은 민자철도사업자는 국토교통부장관이 요구한 날부터 **30일** 이내에 그 사유를 소명하거나 해소 대책을 수립하여야 한다.

③ 국토교통부장관은 다음의 어느 하나에 해당하는 경우 민자철도 관리지원센터의 자문을 거쳐 실시협약의 변경 등을 요구할 수 있다.

1. 민자철도사업자가 소명을 하지 아니하거나 그 소명이 충분하지 아니한 경우
2. 민자철도사업자가 해소 대책을 수립하지 아니한 경우
3. 해소 대책으로는 사유를 해소할 수 없거나 해소하기 곤란하다고 판단되는 경우

④ 국토교통부장관은 민자철도사업자가 ③에 따른 요구에 따르지 아니하는 경우 정부지급금, 실시협약에 따른 보조금 및 재정지원금의 전부 또는 일부를 지급하지 아니할 수 있다.

4 민자철도사업자에 대한 지원(법 제25조의4)

국토교통부장관은 정책의 변경 또는 법령의 개정 등으로 인하여 민자철도사업자가 부담하여야 하는 비용이 추가로 발생하는 경우 그 비용의 전부 또는 일부를 지원할 수 있다.

5 민자철도 관리지원센터의 지정 및 보고(법 제25조의5 및 제25조의6)

① 국토교통부장관은 민자철도에 대한 감독 업무를 효율적으로 수행하기 위하여 정부출연연구기관, 「공공기관의 운영에 관한 법률」에 따른 공공기관을 민자철도에 대한 전문성을 고려하여 민자철도 관리지원센터로 지정할 수 있다.

② 국토교통부장관은 관리지원센터가 업무를 수행하는 데에 필요한 비용을 예산의 범위에서 지원할 수 있다.

③ 관리지원센터의 업무

1. 민자철도의 교통수요 예측, 적정요금 또는 운임 및 운영비 산출과 관련한 자문 및 지원
2. 민자철도의 유지·관리 및 운영에 관한 기준과 관련한 자문 및 지원
3. 운영평가와 관련한 자문 및 지원
4. 실시협약 변경 등의 요구와 관련한 자문 및 지원

> 5. 국토교통부장관이 위탁하는 업무
> 6. 그 밖에 민자철도 관련 연구의 수행, 민자철도 관련 전자정보 수집 및 관리 시스템의 구축, 민자철도 관련 정책 수립·조정에 대한 지원, 민자철도 관련 지표의 개발

④ 국토교통부장관은 민자철도와 관련하여 이 법과 「사회기반시설에 대한 민간투자법」에 따른 업무로서 국토교통부령으로 정하는 업무를 관리지원센터에 위탁할 수 있다.

⑤ 국토교통부장관은 「사회기반시설에 대한 민간투자법」에 따라 국가가 재정을 지원한 민자철도의 건설 및 유지·관리 현황에 관한 보고서를 작성하여 매년 5월 31일까지 국회 소관 상임위원회에 제출하여야 한다.

4 철도서비스의 향상

1 철도서비스의 품질평가(법 제26조)

(1) 내용

국토교통부장관은 공공복리의 증진과 철도서비스 이용자의 권익보호를 위하여 철도사업자가 제공하는 철도서비스에 대하여 적정한 철도서비스 기준을 정하고, 그에 따라 철도사업자가 제공하는 철도서비스의 품질을 평가하여야 한다.

(2) 철도서비스의 기준 ★★☆

> 1. 철도의 시설·환경관리 등이 이용자의 편의와 **공익적** 목적에 부합할 것
> 2. 열차가 정시에 목적지까지 도착하도록 하는 등 철도이용자의 편의를 도모할 수 있도록 할 것
> 3. 예·매표의 이용편리성, 역 시설의 이용편리성, 고객을 상대로 승무 또는 역무서비스를 제공하는 종사원의 친절도, 열차의 쾌적성 등을 제고하여 철도이용자의 만족도를 높일 수 있을 것
> 4. 철도사고와 운행장애를 최소화하는 등 철도에서의 안전이 확보되도록 할 것

(3) 품질평가

① 국토교통부장관은 철도사업자에 대하여 **2년마다** 철도서비스의 품질평가를 실시하여야 한다. 다만, 국토교통부장관이 필요하다고 인정하는 경우에는 수시로 품질평가를 실시할 수 있다.

② 국토교통부장관은 철도서비스의 품질을 평가한 경우에는 그 평가 결과를 대통령령으로 정하는 바에 따라 신문 등 대중매체를 통하여 공표하여야 한다.

(4) 지원사항

국토교통부장관은 철도서비스의 품질평가 결과가 우수한 철도사업자 및 그 소속 종사자에게 예산의 범위 안에서 포상 등 지원시책을 시행할 수 있다.

2 우수철도서비스 인증(법 제28조)

(1) 인증의 내용

① 국토교통부장관은 **공정거래위원회와 협의**하여 철도사업자 간 경쟁을 제한하지 아니하는 범위에서 철도서비스의 질적 향상을 촉진하기 위하여 우수철도서비스에 대한 인증을 할 수 있다.

② 인증을 받은 철도사업자는 그 인증의 내용을 나타내는 우수서비스마크를 철도차량, 역 시설 또는 철도용품 등에 붙이거나 인증사실을 홍보할 수 있다.

③ 인증을 받은 자가 아니면 우수서비스마크 또는 이와 유사한 표지를 철도차량, 역 시설 또는 철도용품 등에 붙이거나 인증사실을 홍보하여서는 아니 된다.

④ 철도사업자의 신청에 의하여 우수철도서비스인증을 하는 경우에는 그에 소요되는 비용은 당해 철도사업자가 부담한다.

(2) 인증기준 ★☆☆

우수철도서비스의 인증기준은 다음과 같다.

> 1. 당해 철도서비스의 종류와 내용이 철도이용자의 이용편의를 제고하는 것일 것
> 2. 당해 철도서비스의 종류와 내용이 공익적 목적에 부합될 것
> 3. 당해 철도서비스로 인하여 철도의 안전확보에 지장을 주지 아니할 것
> 4. 그 밖에 국토교통부장관이 정하는 인증기준에 적합할 것

3 철도시설의 공동활용(법 제31조)

공공교통을 목적으로 하는 선로 및 다음의 공동 사용시설을 관리하는 자는 철도사업자가 그 시설의 공동활용에 관한 요청을 하는 경우 협정을 체결하여 이용할 수 있게 하여야 한다.

> 1. 철도역 및 역 시설(물류시설, 환승시설 및 편의시설 등을 포함한다)
> 2. 철도차량의 정비·검사·점검·보관 등 유지관리를 위한 시설
> 3. 사고의 복구 및 구조·피난을 위한 설비
> 4. 열차의 조성 또는 분리 등을 위한 시설
> 5. 철도운영에 필요한 정보통신 설비

4 회계의 구분 경리(법 제32조)

① 철도사업자는 철도사업 외의 사업을 경영하는 경우에는 철도사업에 관한 회계와 철도사업 외의 사업에 관한 회계를 구분하여 경리하여야 한다.

② 철도사업자는 철도운영의 효율화와 회계처리의 투명성을 제고하기 위하여 국토교통부령으로 정하는 바에 따라 철도사업의 종류별·노선별로 회계를 구분하여 경리하여야 한다.

5 전용철도

1 전용철도 운영의 등록(법 제34조) ★☆☆

(1) 등록 및 변경등록

① 전용철도를 운영하려는 자는 국토교통부령으로 정하는 바에 따라 전용철도의 건설·운전·보안 및 운송에 관한 사항이 포함된 운영계획서를 첨부하여 국토교통부장관에게 **등록**을 하여야 한다. 등록사항을 변경하려는 경우에도 같다.

② 국토교통부장관은 등록기준을 적용할 때에 환경오염, 주변 여건 등 지역적 특성을 고려할 필요가 있거나 그 밖에 공익상 필요하다고 인정하는 경우에는 등록을 **제한하거나 부담을 붙일 수 있다.**

TIP

➕「철도사업법」에 규정된 행정행위
- **면허** : 철도사업의 경영요건
- **허가** : 철도사업의 전부 또는 일부의 휴·폐업
- **등록** : 전용철도의 운영
- **인가** : 철도사업자의 사업계획의 중요 사항의 변경, 공동운수협정, 철도사업의 양도·양수 및 합병 등
- **신고** : 철도 운임·요금, 공동운수협정의 경미한 사항의 변경, 선로 또는 교량파괴 등으로 인한 휴업, 전용철도 운영의 양도·양수, 합병, 상속 전용철도 운영의 휴·폐업 등

---

(2) 변경등록의 예외(시행령 제12조) ★☆☆

다음의 경미한 사항을 변경하는 경우에는 변경등록을 필요로 하지 않는다.

1. 운행시간을 연장 또는 단축한 경우
2. 배차간격 또는 운행횟수를 단축 또는 연장한 경우
3. 10분의 1의 범위 안에서 철도차량 대수를 변경한 경우
4. 주사무소·철도차량기지를 제외한 운송관련 부대시설을 변경한 경우

5. 임원을 변경한 경우(법인에 한한다)

6. 6월의 범위 안에서 전용철도 건설기간을 조정한 경우

2 등록의 결격사유(법 제35조)

① 피성년후견인 또는 피한정후견인

② 파산선고를 받고 복권되지 아니한 사람

③ 이 법 또는 대통령령으로 정하는 철도 관계 법령을 위반하여 금고 이상의 실형을 선고받고 그 집행이 끝나거나(집행이 끝난 것으로 보는 경우를 포함한다) 면제된 날부터 2년이 지나지 아니한 사람

④ 이 법 또는 대통령령으로 정하는 철도 관계 법령을 위반하여 금고 이상의 형의 집행유예를 선고받고 그 유예기간 중에 있는 사람

⑤ 이 법에 따라 전용철도의 등록이 취소된 후 그 취소일부터 1년이 지나지 아니한 자

3 전용철도 운영의 승계(법 제36조 내지 제37조) ★☆☆

(1) 전용철도 운영의 양도·양수 등

① 전용철도 운영의 양도·양수

　㉠ 양도·양수 신고 : 전용철도의 운영을 **양도·양수**하려는 자는 국토교통부령으로 정하는 바에 따라 **국토교통부장관**에게 **신고**하여야 한다.

　　cf 철도사업의 양도·양수 및 합병 → 국토교통부장관의 '인가사항'

　㉡ 신고서 제출 : 전용철도의 운영을 양도·양수하고자 하는 자는 전용철도운영양도·양수신고서에 양도·양수계약서 사본, 양도·양수에 관한 총회 또는 이사회의 의결서 사본 등을 첨부하여 국토교통부장관에게 제출하여야 한다.

② 전용철도 운영의 합병

　㉠ 합병 신고 : **전용철도의 등록을 한 법인이 합병**하려는 경우에는 국토교통부령으로 정하는 바에 따라 **국토교통부장관**에게 **신고**하여야 한다.

　㉡ 신고서 제출 : 합병하고자 하는 법인은 전용철도운영법인합병신고서에 합병계약서 사본 등을 첨부하여 국토교통부장관에게 제출하여야 한다.

③ 지위의 승계 : 전용철도 운영의 양도·양수 또는 합병에 따른 신고가 수리된 경우 전용철도의 운영을 양수한 자는 전용철도의 운영을 양도한 자의 전용철도운영자로서의 지위를 승계하며, 합병으로 설립되거나 존속하는 법인은 합병으로 소멸되는 법인의 전용철도운영자로서의 지위를 승계한다.

(2) 전용철도 운영의 상속

① 전용철도운영자가 사망한 경우 상속인이 그 전용철도의 운영을 계속하려는 경우에는 피상속인이 사망한 날부터 **3개월** 이내에 국토교통부장관에게 신고하여야 한다.

　cf 화물자동차 운수사업법상 상속 : 사망일로부터 90일 내 신고

② 국토교통부장관은 신고를 받은 날부터 **10일** 이내에 신고수리 여부를 신고인에게 통지하여야 한다.

③ 신고가 수리된 경우 상속인은 피상속인의 전용철도운영자로서의 지위를 승계하며, 피상속인이 사망한 날부터 신고가 수리된 날까지의 기간 동안은 피상속인의 전용철도 등록은 상속인의 등록으로 본다.

④ 상속신고에 관하여는 제35조(결격사유)를 준용한다. 다만, 제35조 각 호의 어느 하나에 해당하는 상속인이 피상속인이 사망한 날부터 3개월 이내에 그 전용철도의 운영을 다른 사람에게 양도한 경우 피상속인의 사망일부터 양도일까지의 기간에 있어서 피상속인의 전용철도 등록은 상속인의 등록으로 본다.

4 전용철도 운영의 휴업·폐업

(1) 전용철도운영자가 그 운영의 전부 또는 일부를 휴업 또는 폐업한 경우에는 **1개월** 이내에 국토교통부장관에게 **신고**하여야 한다.

(2) 휴업 또는 폐업시의 조치

전용철도운영자는 전용철도 운영의 전부 또는 일부를 휴업 또는 폐업하는 경우 다음의 조치를 하여야 한다.

> 1. 휴업 또는 폐업으로 인하여 철도운행 및 철도운행의 안전에 지장을 초래하지 아니하도록 하는 조치
> 2. 휴업 또는 폐업으로 인하여 자연재해·환경오염 등이 가중되지 아니하도록 하는 조치

5 전용철도 운영의 개선명령(법 제39조)

국토교통부장관은 전용철도 운영의 건전한 발전을 위하여 필요하다고 인정하는 경우에는 전용철도운영자에게 다음의 사항을 명할 수 있다.

> 1. 사업장의 이전
> 2. 시설 또는 운영의 개선

6 등록취소·정지(법 제40조)

국토교통부장관은 전용철도운영자가 다음의 어느 하나에 해당하는 경우에는 그 등록을 취소하거나 1년 이내의 기간을 정하여 그 운영의 전부 또는 일부의 정지를 명할 수 있다. 다만, 제1호에 해당하는 경우에는 등록을 취소하여야 한다.

> 1. 거짓이나 그 밖의 부정한 방법으로 등록을 한 경우 ➜ 절대적 취소
> 2. 등록기준에 미달하거나 부담을 이행하지 아니한 경우
> 3. 휴업신고나 폐업신고를 하지 아니하고 3개월 이상 전용철도를 운영하지 아니한 경우

6 국유철도시설의 활용 · 지원

1 점용허가 및 허가신청

(1) 점용허가(법 제42조)

① 국토교통부장관은 국가가 소유·관리하는 철도시설에 건물이나 그 밖의 시설물(이하 "시설물")을 설치하려는 자에게「국유재산법」제18조에도 불구하고 대통령령으로 정하는 바에 따라 시설물의 종류 및 기간 등을 정하여 점용허가를 할 수 있다.

② 위 ①에 따른 점용허가는 **철도사업자와 철도사업자가 출자·보조 또는 출연한 사업을 경영하는 자에게만** 하며, 시설물의 종류와 경영하려는 사업이 철도사업에 지장을 주지 아니하여야 한다.

(2) 점용허가의 신청 및 허가기간 ★☆☆

① 점용허가의 신청 : 국가가 소유·관리하는 철도시설의 점용허가를 받고자 하는 자는 국토교통부령이 정하는 점용허가신청서에 사업개요에 관한 서류 등을 첨부하여 국토교통부장관에게 제출하여야 한다.

② 점용허가기간

㉠ 국토교통부장관은 국가가 소유·관리하는 철도시설에 대한 점용허가를 하고자 하는 때에는 다음의 기간을 초과하여서는 아니 된다. 다만, 건물 그 밖의 시설물을 설치하는 경우 그 공사에 소요되는 기간은 이를 **산입하지 아니한다.**

> 1. 철골조·철근콘크리트조·석조 또는 이와 유사한 견고한 건물의 축조를 목적으로 하는 경우 : **50년**
> 2. 제1호 외의 건물의 축조를 목적으로 하는 경우 : **15년**
> 3. 건물 외의 공작물의 축조를 목적으로 하는 경우 : **5년**

㉡ 점용허가를 받은 자가 점용허가**기간의 연장**을 받기 위하여 다시 점용허가를 신청하고자 하는 때에는 종전의 점용허가기간 **만료예정일 3월 전**까지 점용허가신청서를 국토교통부장관에게 제출하여야 한다.

2 시설물 설치의 대행과 점용료

(1) 시설물 설치의 대행(법 제43조)

국토교통부장관은 점용허가를 받은 자가 설치하려는 시설물의 전부 또는 일부가 철도시설 관리에 관계되는 경우에는 점용허가를 받은 자의 부담으로 그의 위탁을 받아 시설물을 직접 설치하거나「국가철도공단법」에 따라 설립된 국가철도공단으로 하여금 설치하게 할 수 있다.

(2) 점용료(법 제44조)

① 국토교통부장관은 대통령령으로 정하는 바에 따라 점용허가를 받은 자에게 점용료를 부과한다.

② **점용료의 감면** : 점용허가를 받은 자가 다음에 해당하는 경우에는 점용료를 감면할 수 있다.

　　㉠ 국가에 무상으로 양도하거나 제공하기 위한 시설물을 설치하기 위하여 점용허가를 받은 경우

　　㉡ ㉠의 시설물을 설치하기 위한 경우로서 공사기간 중에 점용허가를 받거나 임시 시설물을 설치하기 위하여 점용허가를 받은 경우

　　㉢ 「공공주택 특별법」에 따른 공공주택을 건설하기 위하여 점용허가를 받은 경우

　　㉣ 재해, 그 밖의 특별한 사정으로 본래의 철도 점용 목적을 달성할 수 없는 경우

　　㉤ 국민경제에 중대한 영향을 미치는 공익사업으로서 대통령령으로 정하는 사업을 위하여 점용허가를 받은 경우

③ 국토교통부장관은 점용허가를 받은 자가 점용료를 내지 아니하면 국세 체납처분의 예에 따라 징수한다.

④ 점용료는 점용허가를 할 철도시설의 가액과 점용허가를 받아 행하는 사업의 매출액을 기준하여 산출하되, 구체적인 점용료 산정기준에 대하여는 국토교통부장관이 정한다.

　　➜ 철도시설의 가액은 「국유재산법 시행령」을 준용하여 산출하되, 당해 철도시설의 가액은 산출 후 **3년 이내**에 한하여 적용한다.

⑤ 점용료는 매년 **1월 말까지** 당해연도 해당분을 **선납**하여야 한다. 다만, 국토교통부장관은 부득이한 사유로 선납이 곤란하다고 인정하는 경우에는 그 납부기한을 따로 정할 수 있다.

⑥ **점용허가의 취소**(법 제42조의2) : 국토교통부장관은 점용허가를 받은 자가 다음의 어느 하나에 해당하면 그 점용허가를 취소할 수 있다.

> 1. 점용허가 목적과 다른 목적으로 철도시설을 점용한 경우
> 2. 제42조 제2항을 위반하여 시설물의 종류와 경영하는 사업이 철도사업에 지장을 주게 된 경우
> 3. 점용허가를 받은 날부터 1년 이내에 해당 점용허가의 목적이 된 공사에 착수하지 아니한 경우. 다만, 정당한 사유가 있는 경우에는 1년의 범위에서 공사의 착수기간을 연장할 수 있다.
> 4. 점용료를 납부하지 아니하는 경우
> 5. 점용허가를 받은 자가 스스로 점용허가의 취소를 신청하는 경우

⑦ **변상금의 징수**(법 제44조의2) : 국토교통부장관은 점용허가를 받지 아니하고 철도시설을 점용한 자에 대하여 점용료의 **100분의 120**에 해당하는 금액을 변상금으로 징수할 수 있다.

3　권리와 의무의 이전(법 제45조)

점용허가로 인하여 발생한 권리와 의무를 이전하려는 경우에는 대통령령으로 정하는 바에 따라 국토교통부장관의 **인가**를 받아야 한다. 인가를 받고자 하는 때에는 국토교통부령이 정하는 신청서에 이전계약서 사본, 이전가격의 명세서를 첨부하여 권리와 의무를 이전하고자 하는 날 3월 전까지 국토교통부장관에게 제출하여야 한다.

4 원상회복의무(법 제46조)

(1) 점용허가를 받은 자는 점용허가기간이 만료되거나 점용허가가 취소된 경우에는 점용허가된 철도 재산을 원상으로 회복하여야 한다. 다만, 국토교통부장관은 원상으로 회복할 수 없거나 원상회복이 부적당하다고 인정하는 경우에는 원상회복의무를 면제할 수 있다.

(2) 국토교통부장관은 점용허가를 받은 자가 원상회복을 하지 아니하는 경우에는 「행정대집행법」에 따라 시설물을 철거하거나 그 밖에 필요한 조치를 할 수 있다.

(3) 국토교통부장관은 원상회복의무를 면제하는 경우에는 해당 철도 재산에 설치된 시설물 등의 무상 국가귀속을 조건으로 할 수 있다.

(4) 철도시설의 점용허가를 받은 자는 점용허가기간이 만료되거나 점용을 폐지한 날부터 3월 이내에 점용허가받은 철도시설을 원상으로 회복하여야 한다. 다만, 국토교통부장관은 불가피하다고 인정하는 경우에는 원상회복기간을 연장할 수 있다.

7 벌칙

1 행정형벌

(1) 2년 이하의 징역 또는 2천만원 이하의 벌금

① 면허를 받지 아니하고 철도사업을 경영한 자
② 거짓이나 그 밖의 부정한 방법으로 철도사업의 면허를 받은 자
③ 사업정지처분기간 중에 철도사업을 경영한 자
④ 사업계획의 변경명령을 위반한 자
⑤ 타인에게 자기의 성명 또는 상호를 대여하여 철도사업을 경영하게 한 자
⑥ 철도사업자의 공동활용에 관한 요청을 정당한 사유 없이 거부한 자

(2) 1년 이하의 징역 또는 1천만원 이하의 벌금

① 등록을 하지 아니하고 전용철도를 운영한 자
② 거짓이나 그 밖의 부정한 방법으로 전용철도의 등록을 한 자

(3) 1천만원 이하의 벌금

① 국토교통부장관의 인가를 받지 아니하고 공동운수협정을 체결하거나 변경한 자

② 우수서비스마크 또는 이와 유사한 표지를 철도차량 등에 붙이거나 인증사실을 홍보한 자

2 행정질서벌(과태료)

(1) 1천만원 이하의 과태료

① 여객 운임 · 요금의 신고를 하지 아니한 자
② 철도사업약관을 신고하지 아니하거나 신고한 철도사업약관을 이행하지 아니한 자
③ 인가를 받지 아니하거나 신고를 하지 아니하고 사업계획을 변경한 자
④ 상습 또는 영업으로 승차권 또는 이에 준하는 증서를 자신이 구입한 가격을 초과한 금액으로 다른 사람에게
판매하거나 알선한 자

(2) 500만원 이하의 과태료

① 사업용철도차량의 표시를 하지 아니한 철도사업자
② 철도사업에 관한 회계와 철도사업 외의 사업에 관한 회계를 구분하여 경리하지 아니한 자
③ 정당한 사유 없이 명령을 이행하지 아니하거나 검사를 거부 · 방해 또는 기피한 자

(3) 100만원 이하의 과태료

법 제20조(철도사업자의 준수사항) 제2항부터 제4항까지에 따른 준수사항을 위반한 자

(4) 50만원 이하의 과태료

철도운수종사자의 준수사항을 위반한 철도운수종사자 및 그가 소속된 철도사업자에게는 50만원 이하의 과태
료를 부과한다.

항만운송사업법

1 총칙

1 법의 목적

이 법은 항만운송에 관한 질서를 확립하고, 항만운송사업의 건전한 발전을 도모하여 공공의 복리를 증진함을 목적으로 한다(법 제1조).

2 「항만운송사업법」상 중요 용어의 정의

(1) 항만

"항만"이란 다음의 어느 하나에 해당하는 것을 말한다.
① 「항만법」에 따른 항만 중 해양수산부령으로 지정하는 항만(항만시설을 포함한다)
② 「항만법」에 따른 항만 외의 항만으로서 해양수산부령으로 수역(水域)을 정하여 지정하는 항만(항만시설을 포함한다)
③ 「항만법」에 따라 해양수산부장관이 지정·고시한 항만시설

(2) 항만운송 ★☆☆

"항만운송"이란 타인의 수요에 응하여 하는 행위로서 다음의 어느 하나에 해당하는 것을 말한다(법 제2조 제1항).
① 선박을 이용하여 운송된 화물을 화물주 또는 선박운항업자의 위탁을 받아 항만에서 선박으로부터 인수하거나 화물주에게 인도하는 행위
② 선박을 이용하여 운송될 화물을 화물주 또는 선박운항업자의 위탁을 받아 항만에서 화물주로부터 인수하거나 선박에 인도하는 행위
③ ① 또는 ②의 행위에 선행하거나 후속하여 ④부터 ⑬까지의 행위를 하나로 연결하여 하는 행위
④ 항만에서 화물을 선박에 싣거나 선박으로부터 내리는 일
⑤ 항만에서 선박 또는 부선을 이용하여 화물을 운송하는 행위, 해양수산부령으로 정하는 항만과 항만 외의 장소와의 사이(이하 "지정구간")에서 부선 또는 범선을 이용하여 화물을 운송하는 행위와 항만 또는 지정구간에서 부선 또는 뗏목을 예인선으로 끌고 항해하는 행위. **다만, 다음의 어느 하나에 해당하는 운송은 제외한다.**

1. 「해운법」에 따른 해상화물운송사업자가 하는 운송
2. 「해운법」에 따른 **해상여객운송사업자가 여객선을 이용하여 하는 여객운송에 수반되는 화물운송**
3. 선박에서 사용하는 물품을 공급하기 위한 운송
4. 선박에서 발생하는 분뇨 및 폐기물의 운송
5. 탱커선 또는 어획물운반선[어업장에서부터 양륙지까지 어획물 또는 그 제품을 운반하는 선박을 말한다]에 의한 운송

⑥ 항만에서 선박 또는 부선을 이용하여 운송된 **화물을 창고 또는 하역장**(수면목재저장소는 제외)에 들여놓는 행위
⑦ 항만에서 선박 또는 부선을 이용하여 운송될 화물을 하역장에서 내가는 행위
⑧ 항만에서 화물을 하역장에서 싣거나 내리거나 보관하는 행위
⑨ 항만에서 화물을 부선에 싣거나 부선으로부터 내리는 행위
⑩ 항만이나 지정구간에서 목재를 뗏목으로 편성하여 운송하는 행위
⑪ 항만에서 뗏목으로 편성하여 운송된 목재를 **수면목재저장소**에 들여놓는 행위나, 선박 또는 부선을 이용하여 운송된 목재를 수면목재저장소에 들여놓는 행위
⑫ 항만에서 뗏목으로 편성하여 운송될 목재를 수면목재저장소로부터 내가는 행위나, 선박 또는 부선을 이용하여 운송될 목재를 수면목재저장소로부터 내가는 행위
⑬ 항만에서 목재를 수면목재저장소에서 싣거나 내리거나 보관하는 행위
⑭ 검수 : 선적화물을 싣거나 내릴 때 그 화물의 개수를 계산하거나 그 화물의 인도·인수를 증명하는 일
⑮ 감정 : 선적화물 및 선박(**부선을 포함**한다)에 관련된 증명·조사·감정을 하는 일
⑯ 검량 : **선적화물을 싣거나 내릴 때 그 화물의 용적 또는 중량을 계산하거나 증명하는 일**

(3) 관리청

"관리청"이란 항만운송사업·항만운송관련사업 및 항만종합서비스업의 등록, 신고 및 관리 등에 관한 행정업무를 수행하는 다음의 구분에 따른 행정관청을 말한다.

1. 「항만법」 제3조 제2항 제1호 및 제3항 제1호에 따른 국가관리무역항 및 국가관리연안항 : 해양수산부장관
2. 「항만법」 제3조 제2항 제2호 및 제3항 제2호에 따른 지방관리무역항 및 지방관리연안항 : 특별시장·광역시장·도지사 또는 특별자치도지사(이하 "시·도지사"라 한다)

(4) 항만종합서비스업

"항만종합서비스업"이란 항만용역업[이안 및 접안을 보조하기 위하여 줄잡이 역무를 제공하는 행위 및 화물고정 행위가 포함되어야 한다]과 검수사업·감정사업 및 검량사업 중 1개 이상의 사업을 포함하는 내용의 사업을 말한다.

2 항만운송사업

1 개념 ★☆☆

"항만운송사업"이란 **영리를 목적으로 하는지 여부에 관계없이** 항만운송을 하는 사업을 말한다(법 제2조 제2항).

> 1. 항만하역사업(제2조 제1항 제1호부터 제13호까지의 행위를 하는 사업)
> 2. 검수사업(제2조 제1항 제14호의 행위를 하는 사업)
> 3. 감정사업(제2조 제1항 제15호의 행위를 하는 사업)
> 4. 검량사업(제2조 제1항 제16호의 행위를 하는 사업)

2 항만운송사업의 등록

(1) 사업의 경영요건(법 제4조)

① 사업 종류별 등록 : 항만운송사업을 하려는 자는 **사업의 종류별**로 관리청에 **등록**하여야 한다.
② 항만별 등록 : **항만하역사업**과 **검수사업**은 **항만별로 등록**한다.

(2) 항만하역사업 등록의 구분(법 제4조 제3항)

항만하역사업의 등록은 이용자별·취급화물별 또는 「항만법」 제2조 제5호의 항만시설별로 등록하는 한정하역사업과 그 외의 일반하역사업으로 구분하여 행한다.

3 항만하역사업의 등록기준(법 제6조) ★☆☆

등록에 필요한 시설·자본금·노동력 등에 관한 기준은 다음과 같다. 다만, 관리청은 한정하역사업에 대하여는 이용자·취급화물 또는 항만시설의 특성을 고려하여 그 등록기준을 완화할 수 있다.

[별표 1] 항만하역사업의 등록기준(시행령 제4조 관련)

구분	사업종류 / 항만별 / 내용	일반하역사업			한정하역사업
		1급지 (부산항, 인천항, 울산항, 포항항, 광양항)	2급지 (여수항, 마산항, 동해·묵호항, 군산항, 평택·당진항)	3급지 (1급지와 2급지를 제외한 항)	
1. 시설	시설평가액 (해양수산부령으로 정하	10억원 이상	5억원 이상	1억원 이상	일반하역사업의 등록기준을 적용하되, 관리청

는 하역장비의 평가액이 총시설평가액의 3분의 2 이상이어야 한다)				은 이용자, 취급화물 또는 항만시설의 특성을 고려하여 그 등록기준
2. 자본금	2억원 이상	1억원 이상	5천만원 이상	을 완화할 수 있다.

4 등록절차(법 제5조)

(1) 등록신청서의 제출

항만운송사업의 등록을 신청하려는 자는 해양수산부령으로 정하는 바에 따라 **사업계획**을 첨부한 등록신청서를 관리청에 제출하여야 한다.

(2) 등록증의 발급

① 관리청은 등록신청을 받으면 사업계획과 등록기준을 검토한 후 등록요건을 모두 갖추었다고 인정하는 경우에는 해양수산부령으로 정하는 바에 따라 등록증을 발급하여야 한다.

② 항만하역사업의 사업계획에는 다음의 사항이 포함되어야 한다.

◀ 사업계획 포함사항 ▶

항만하역사업의 사업계획 포함사항	검수사업, 감정사업, 검량사업의 **사업계획 포함사항**
1. 사업의 개요 2. 사업소의 수, 명칭 및 위치 3. 사업개시 예정일 4. 다음에 해당하는 종사자(일일고용된 사람 등 제외)의 수 : 현장직원, 현장감독자, 선내 종사자, 선박의 승무원, 부선의 승무원, 보관직원, 건설기계 조종사 5. 사업에 제공될 시설 및 장비에 관한 다음의 사항 　㉠ 하역장비의 종류별 대수 및 대별 능력 　㉡ 선박, 부선의 척 수 및 척별 적재 톤수 　㉢ 예인선의 척 수 및 척별 주기관의 마력 수 　㉣ 통선의 척 수 및 척별 총톤수 　㉤ 상옥 및 창고의 동 수와 동별 위치 및 면적 　㉥ 하역장 및 수면목재저장소의 수, 위치 및 면적 　㉦ 종사자 대기소의 위치 및 면적 6. 수행하려는 사업의 구체적인 내용 7. 연간 취급화물량의 추정치	1. 사업의 개요 2. 사업소의 수, 명칭 및 위치 3. 각 사업소별 검수사, 감정사 또는 검량사의 수 4. 각 사업소별 검수사등 대기소의 위치 및 면적 5. 연간 취급화물량의 추정치(검수사업과 검량사업) 6. 연간 취급 건수 추정치(감정사업만 해당)

5 검수사등의 자격 및 등록(법 제7조) ★☆☆

(1) 자격의 등록

① 검수사·감정사 또는 검량사(이하 "검수사등"이라 한다)가 되려는 자는 해양수산부장관이 실시하는 자격시험에 합격한 후 해양수산부령으로 정하는 바에 따라 **해양수산부장관에게 등록**하여야 한다.

② 자격시험의 응시자격, 시험과목 및 시험방법 등에 관하여 필요한 사항은 대통령령으로 정한다.

[별표 2] 검수사업·감정사업 및 검량사업의 등록기준(시행령 제4조 관련)

구분	검수사업			감정사업	검량사업
	1급지 (부산항, 인천항, 울산항, 포항항, 광양항)	2급지 (마산항, 군산항)	3급지 (1급지와 2급지를 제외한 항)		
1. 자본금	5천만원 이상	5천만원 이상	5천만원 이상	5천만원 이상	5천만원 이상
2. 검수사	가. 부산항 : 40명 이상 나. 인천항 : 25명 이상 다. 울산항, 포항항, 광양항 : 7명 이상	3명 이상	2명 이상		
3. 감정사				6명 이상	
4. 검량사					6명 이상

③ 자격의 등록

㉠ 검수사등의 등록을 하려는 사람은 검수사등 등록신청서에 주민등록증 사본, 검수사등 자격증 사본, 사진을 첨부하여 **한국검수검정협회장**에게 제출하여야 한다.

㉡ 한국검수검정협회장은 검수사등의 등록신청서를 받았을 때에는 신청인에게 검수사등 수첩을 발급하여야 한다.

④ **부정행위자에 대한 제재**(법 제7조의2)

㉠ 해양수산부장관은 검수사등의 자격시험에서 부정행위를 한 응시자에 대하여 그 시험을 정지 또는 무효로 하고, 그 시험을 정지하거나 무효로 한 날부터 **3년간** 같은 종류의 자격시험 응시자격을 정지한다.

㉡ 해양수산부장관은 처분을 하려는 경우에는 미리 그 처분 내용과 사유를 부정행위를 한 응시자에게 통지하여 소명할 기회를 주어야 한다.

(2) 결격사유(법 제8조)

다음의 어느 하나에 해당하는 사람은 검수사등의 자격을 취득할 수 없다.
① 미성년자
② 피성년후견인 또는 피한정후견인
③ 이 법 또는 「관세법」에 따른 죄를 범하여 금고 이상의 형의 선고를 받고 그 집행이 끝나거나 집행이 면제된 날부터 3년이 지나지 아니한 사람
④ 이 법 또는 「관세법」에 따른 죄를 범하여 금고 이상의 형의 집행유예를 선고받고 그 유예기간 중에 있는 사람
⑤ 검수사등의 자격이 취소된 날부터 2년이 지나지 아니한 사람

(3) 자격증 대여 등의 금지(법 제8조의2)

① 검수사등은 다른 사람에게 자기의 성명을 사용하여 검수사등의 업무를 하게 하거나 자기의 검수사등의 자격증을 양도 또는 대여하여서는 아니 된다.
② 누구든지 다른 사람의 검수사등의 자격증을 양수하거나 대여받아 사용하여서는 아니 된다.
③ 누구든지 다른 사람의 검수사등의 자격증의 양도ㆍ양수 또는 대여를 알선해서는 아니 된다.

(4) 자격의 취소(법 제8조의3)

① 취소권자 : 해양수산부장관
해양수산부장관은 다음의 어느 하나에 해당하는 경우에는 검수사등의 자격을 취소하여야 한다.
㉠ 거짓이나 그 밖의 부정한 방법으로 검수사등의 자격을 취득한 경우
㉡ 다른 사람에게 자기의 성명을 사용하여 검수사등의 업무를 하게 하거나 검수사등의 자격증을 다른 사람에게 양도 또는 대여한 경우
② 해양수산부장관은 검수사등의 자격을 취소한 때에는 해양수산부령으로 정하는 바에 따라 이를 공고하여야 한다.

(5) 등록의 말소(법 제9조)

① 말소권자 : 해양수산부장관
해양수산부장관은 검수사등이 다음의 어느 하나에 해당하면 그 등록을 말소하여야 한다.
② 등록의 말소사유
㉠ 업무를 폐지한 경우
㉡ 사망한 경우

6 운임 및 요금(법 제10조)

(1) 사업별 운임 및 요금 ★☆☆

① 항만하역사업

ⓐ 인가 : 항만하역사업의 등록을 한 자는 해양수산부령으로 정하는 바에 따라 운임과 요금을 정하여 관리
청의 **인가**를 받아야 한다. 이를 변경할 때에도 또한 같다.

ⓑ 신고 : ⓐ 규정에도 불구하고 해양수산부령으로 정하는 항만시설(아래 ⓐ, ⓑ)에서 하역하는 화물 또는
해양수산부령으로 정하는 품목(아래 ⓒ)에 해당하는 화물에 대하여는 그 운임과 요금을 정하여 관리청
에 **신고**하여야 한다. 이를 변경할 때에도 또한 같다

> ⓐ 특정 화물주의 화물만을 취급하는 항만시설
> ⓑ 「항만법」에 따라 항만개발사업 시행허가를 받은 비관리청이나 「신항만건설촉진법」 또는 「사회
> 기반시설에 대한 민간투자법」에 따라 지정된 사업시행자가 설치한 항만시설
> ⓒ 컨테이너 전용 부두에서 취급하는 컨테이너 화물

② 검수 · 감정 · 검량사업 : 해양수산부령으로 정하는 바에 따라 요금을 정하여 관리청에 미리 신고하여야 한
다. 이를 변경할 때에도 또한 같다.

③ 신고수리의 통지 : 관리청은 위 ⓑ에 따른 신고를 받은 경우 신고를 받은 날부터 **30일** 이내에, ②에 따른
신고를 받은 경우 신고를 받은 날부터 **14일** 이내에 신고수리 여부를 신고인에게 통지하여야 한다.

④ 신고수리의 의제 : 관리청이 ③에서 정한 기간 내에 신고수리 여부 또는 민원 처리 관련 법령에 따른 처리기
간의 연장을 신고인에게 통지하지 아니하면 그 기간이 끝난 날의 다음 날에 신고를 수리한 것으로 본다.

⑤ 관리청은 인가에 필요한 경우 표준운임 산출 및 표준요금의 산정을 위하여 선박운항업자, 부두운영회사 등
이해관계자들이 참여하는 협의체를 구성 · 운영할 수 있다.

(2) 사업별 제출내용

① 항만하역사업 : 항만하역사업의 등록을 한 자가 운임 및 요금의 설정 또는 변경의 인가신청이나 신고를 할
때에는 항만하역운임 및 요금 인가(변경인가) 신청서 또는 항만하역운임 및 요금 신고(변경신고)서를 지방
해양수산청장 또는 시 · 도지사에게 제출하여야 한다.

② 검량 · 검수 · 감정사업 : 검수사업 · 감정사업 또는 검량사업의 등록을 한 자는 요금의 설정신고 또는 변경신
고를 할 때에는 다음의 사항을 기재한 서류(전자문서를 포함한다)를 해양수산부장관, 지방해양수산청장 또
는 시 · 도지사에게 제출하여야 한다(시행규칙 제15조 제3항).

ⓐ 상호

ⓑ 성명 및 주소

ⓒ 사업의 종류

ⓓ 취급화물의 종류

ⓔ 항만명(검수사업만 해당한다)

ⓑ 변경 전후의 요금 비교, 변경 사유와 변경 예정일(요금을 변경하는 경우만 해당한다)
ⓢ 설정하거나 변경하려는 요금의 적용방법

7 항만운송사업의 권리·의무 승계(법 제23조)

(1) 항만운송사업의 등록을 한 자의 등록에 따른 권리·의무의 승계인

다음의 어느 하나에 해당하는 자는 항만운송사업자의 등록에 따른 권리·의무를 승계한다.
① 항만운송사업자가 사망한 경우 그 **상속인**
② 항만운송사업자가 그 사업을 양도한 경우 그 **양수인**
③ 법인인 항만운송사업자가 합병한 경우 합병 후 **존속**하는 법인이나 합병으로 **설립**되는 법인

(2) 항만운송사업 시설·장비 전부를 인수한 자의 권리·의무 승계 ★☆☆

다음의 어느 하나에 해당하는 절차에 따라 항만운송사업의 시설·장비 전부를 인수한 자는 종전의 항만운송사업자의 권리·의무를 승계한다.
①「민사집행법」에 따른 경매
②「채무자 회생 및 파산에 관한 법률」에 따른 환가
③「국세징수법」,「관세법」또는「지방세징수법」에 따른 압류재산의 매각
④ 그 밖에 ①부터 ③까지의 규정에 준하는 절차

8 행정처분

(1) 사업의 정지 및 등록의 취소(법 제26조) ★☆☆

관리청은 항만운송사업자가 다음 각 호의 어느 하나에 해당하면 그 등록을 취소하거나 **6개월** 이내의 기간을 정하여 그 항만운송사업의 정지를 명할 수 있다. 다만, **제5호 또는 제6호는 반드시 취소**하여야 한다.

1. 정당한 사유 없이 운임 및 요금을 인가·신고된 운임 및 요금과 다르게 받은 경우
2. 등록기준에 미달하게 된 경우
3. 항만운송사업자 또는 그 대표자가「관세법」에 규정된 죄 중 어느 하나의 죄를 범하여 공소가 제기되거나 통고처분을 받은 경우
4. 사업수행실적이 **1년** 이상 없는 경우
5. 부정한 방법으로 사업을 등록한 경우
6. 사업정지명령을 위반하여 그 정지기간에 사업을 계속한 경우

9 항만종합서비스업의 등록(법 제26조의2)

① 항만종합서비스업을 하려는 자는 대통령령으로 정하는 자본금, 노동력 등에 관한 기준을 갖추어 관리청에 등록하여야 한다.

② 항만종합서비스업의 등록을 신청하려는 자는 해양수산부령으로 정하는 바에 따라 사업계획을 첨부한 등록신청서를 관리청에 제출하여야 한다. 이 경우 등록증 발급에 관하여는 제5조 제2항을 준용한다.

③ 항만종합서비스업의 등록을 한 자는 항만용역업(이안 및 접안을 보조하기 위하여 줄잡이 역무를 제공하는 행위 및 화물 고정 행위가 포함되어야 함)과 검수사업·감정사업 및 검량사업의 등록을 한 자로 본다.

④ 항만종합서비스업자의 권리·의무의 승계, 사업의 정지 및 등록의 취소 등에 대하여는 법 제23조 및 제26조를 준용한다.

⑤ 항만종합서비스업의 등록기준

구분		1급지 (부산항, 인천항, 울산항, 포항항, 광양항)	2급지 (여수항, 마산항, 군산항)	3급지 (1급지와 2급지를 제외한 항)
1. 필수 기준	가. 자본금	1.5억 원 이상	1.5억 원 이상	1억 원 이상
	나. 노동력	검수사업·감정사업 및 검량사업 중 수행하려는 사업에 대한 별표 2에 따른 등록기준 중 같은 표 제2호에 따른 검수사, 제3호에 따른 감정사 또는 제4호에 따른 검량사의 기준을 갖출 것		

3 항만운송관련사업

1 항만운송관련사업

(1) 정의

"항만운송관련사업"이란 항만에서 선박에 물품이나 역무를 제공하는 항만용역업·선용품공급업·선박연료공급업·선박수리업 및 컨테이너수리업을 말하며, 업종별 사업의 내용은 대통령령으로 정한다. 이 경우 선용품공급업은 건조 중인 선박 또는 해상구조물 등에 선용품을 공급하는 경우를 포함한다(법 제2조 제4항).

(2) 사업의 종류 ★☆☆

항만운송관련사업의 업종별 사업의 내용은 다음과 같다.

① 항만용역업 : 다음의 행위를 하는 사업

ㄱ 통선으로 본선과 육지 사이에서 사람이나 문서 등을 운송하는 행위

ㄴ 본선을 경비하는 행위나 본선의 이안 및 접안을 보조하기 위하여 줄잡이 역무를 제공하는 행위

     © 선박의 청소(유창 청소는 제외한다), 오물 제거, 소독, 폐기물의 수집·운반, 화물 고정, 칠 등을 하는 행위

     ② 선박에서 사용하는 맑은 물을 공급하는 행위

② **선용품공급업** : 선박(건조 중인 선박 및 해양구조물 등을 포함)에 음료, 식품, 소모품, 밧줄, 수리용 예비부분품 및 부속품, 집기, 그 밖에 이와 유사한 선용품을 공급하는 사업

③ **선박연료공급업** : 선박용 연료를 공급하는 사업

④ **선박수리업** : 선체, 기관 등 선박시설 및 설비를 수리, 교체 또는 도색하는 사업

⑤ **컨테이너수리업** : 컨테이너를 수리하는 사업

2 사업의 등록과 신고

(1) 사업 요건(법 제26조의3) ★☆☆

① 항만운송관련사업을 하려는 자는 항만별·업종별로 해양수산부령으로 정하는 바에 따라 **관리청**에 **등록**하여야 한다. 다만, **선용품공급업**을 하려는 자는 해양수산부령으로 정하는 바에 따라 **해양수산부장관**에게 **신고**하여야 한다.

② 항만운송관련사업 중 선박연료공급업을 등록한 자는 **사용하려는 장비를 추가**하거나 그 밖에 사업계획 중 해양수산부령으로 정하는 사항을 변경하려는 경우 해양수산부령으로 정하는 바에 따라 관리청에 사업계획 변경신고를 하여야 한다.

③ 관리청은 선용품공급업의 신고를 받은 경우 신고를 받은 날부터 6일 이내에, ②에 따른 신고를 받은 경우 신고를 받은 날부터 **5일** 이내에 신고수리 여부를 신고인에게 통지하여야 한다.

④ 선박수리업과 선용품공급업의 영업구역은 이 법에서 정한 항만의 항만시설로 하고, 내항 화물운송사업 등록을 한 선박연료공급선(운항구간의 제한을 받지 아니하는 선박에 한정함)은 영업구역의 제한을 받지 아니한다.

3 권리·의무의 승계

다음의 어느 하나에 해당하는 자는 항만운송관련사업자의 등록 또는 신고에 따른 권리·의무를 승계한다.

> 1. 항만운송관련사업자가 사망한 경우 그 **상속인**
> 2. 항만운송관련사업자가 그 사업을 양도한 경우 그 **양수인**
> 3. 법인인 항만운송관련사업자가 합병한 경우 합병 후 **존속하는 법인**이나 합병으로 **설립되는 법인**

4 사업의 정지 및 등록의 취소(법 제26조의5)

관리청은 항만운송관련사업자가 다음의 어느 하나에 해당하면 그 등록을 취소하거나 6개월 이내의 기간을 정하여 그 사업의 전부 또는 일부의 정지를 명할 수 있다. 다만, 제4호 또는 제6호에 해당하는 경우에는 그 등록을 취소하여야 한다.

1. 항만운송관련사업자 또는 그 대표자가「관세법」제269조부터 제271조까지에 규정된 죄 중 어느 하나의 죄를 범하여 공소가 제기되거나 통고처분을 받은 경우
2. 선박연료공급업의 등록에 따른 변경신고를 하지 아니하고 장비를 추가하거나 그 밖에 사업계획 중 해양수산부령으로 정하는 사항을 변경한 경우
3. 등록 또는 신고의 기준에 미달하게 된 경우
4. 부정한 방법으로 사업의 등록 또는 신고를 한 경우
5. 사업수행실적이 1년 이상 없는 경우
6. 사업정지명령을 위반하여 그 정지기간에 사업을 계속한 경우

5 부두운영회사(법 제26조의6)

(1) 부두운영계약의 체결

① **계약체결 당사자** : 항만시설운영자 등은 항만 운영의 효율성 및 항만운송사업의 생산성 향상을 위하여 필요한 경우에는 해양수산부령으로 정하는 기준에 적합한 자를 선정하여 부두운영계약을 체결할 수 있다.

② **부두운영계약 포함 내용**

1. 부두운영회사가 부두운영계약으로 임차·사용하려는 항만시설 등의 범위
2. 부두운영회사가 부두운영계약 기간 동안 항만시설 등의 임차·사용을 통하여 달성하려는 화물유치·투자 계획과 해당 화물유치·투자 계획을 이행하지 못하는 경우에 부두운영회사가 부담하여야 하는 위약금에 관한 사항
3. 해양수산부령으로 정하는 기준에 따른 항만시설 등의 임대료에 관한 사항
4. 계약기간
5. 그 밖에 부두운영회사의 항만시설 등의 사용 및 운영 등과 관련하여 해양수산부령으로 정하는 사항

(2) 화물유치 계획의 미이행에 따른 위약금 부과(법 제26조의7)

① **부과사유** : 항만시설운영자 등은 화물유치 또는 투자 계획을 이행하지 못한 부두운영회사에 대하여 위약금을 부과할 수 있다. 다만, 부두운영회사가 화물유치 또는 투자 계획을 이행하지 못하는 데 귀책사유가 없는 경우에는 위약금을 부과하지 아니한다.

② **위약금 부과** : 항만시설운영자 등은 ①에도 불구하고 다음의 어느 하나에 해당하는 경우에는 해양수산부장관과 미리 협의하여 위약금의 전부 또는 일부를 감면할 수 있다.

    ㉠ 정부의 항만 개발에 관한 계획 등이 미이행되거나 연기되어 부두운영회사가 화물유치 또는 투자 계획을 이행하지 못하게 된 경우

    ㉡ 천재지변 등 부두운영회사에게 책임이 없는 불가항력적인 사유로 정상적인 경영이 불가능하다고 항만시설운영자등이 인정하는 경우

(3) 부두운영계약의 갱신(시행규칙 제29조의3)

① 부두운영회사가 계약기간을 연장하려는 경우에는 그 계약기간이 만료되기 6개월 전까지 항만시설운영자 등에게 부두운영계약의 갱신을 신청하여야 한다.

② 항만시설운영자 등은 부두운영회사로부터 부두운영계약의 갱신 신청을 받은 경우에는 ㉠ 부두운영회사의 선정기준에 적합한지 여부 및 ㉡ 임대료의 연체 여부, ㉢ 화물유치 또는 투자 계획의 이행 여부, ㉣ 부두운영회사의 항만시설 등의 분할 운영 여부 등 금지행위 위반 여부, ㉤ 그 밖의 부두운영계약의 이행 여부를 검토하여야 한다.

③ 항만시설운영자 등은 검토 결과 부두운영계약을 갱신하려는 경우에는 갱신 계약기간이 시작되기 7일 전까지 해당 부두운영회사와 갱신계약을 체결하여야 한다.

(4) 부두운영회사 운영성과의 평가 및 계약의 해지

① **평가의 실시**(법 제26조의8) : 해양수산부장관은 항만 운영의 효율성을 높이기 위하여 매년 부두운영회사의 운영성과에 대하여 평가를 실시할 수 있다. 항만시설운영자 등은 평가 결과에 따라 부두운영회사에 대하여 항만시설 등의 임대료를 감면하거나 그 밖에 필요한 조치를 할 수 있다.

② **부두운영계약의 해지**(법 제26조의9)

    ㉠ **해지사유** : 항만시설운영자 등은 다음의 어느 하나에 해당하는 사유가 있으면 부두운영계약을 해지할 수 있다.

> 1. 「항만 재개발 및 주변지역 발전에 관한 법률」에 따른 항만재개발사업의 시행 등 공공의 목적을 위하여 항만시설 등을 부두운영회사에 계속 임대하기 어려운 경우
> 2. 부두운영회사가 항만시설 등의 임대료를 3개월 이상 연체한 경우
> 3. 항만시설 등이 멸실되거나 그 밖에 해양수산부령으로 정하는 사유로 부두운영계약을 계속 유지할 수 없는 경우

    ㉡ 항만시설운영자 등은 부두운영계약을 해지하려면 서면으로 그 뜻을 부두운영회사에 통지하여야 한다.

(5) 부두운영회사의 항만시설 사용(법 제26조의10)

이 법에서 정한 것 외에 부두운영회사의 항만시설 사용에 대해서는 「항만법」 또는 「항만공사법」에 따른다.

4 보칙 및 벌칙

1 미등록 항만에서의 일시적 영업행위(법 제27조의2) ★★☆

① 항만운송사업자 또는 항만운송관련사업자는 아래와 같은 **부득이한 사유**로 등록을 하지 아니한 항만에서 일시적으로 영업행위를 하려는 경우에는 **미리 관리청에 신고**하여야 한다.
   ㉠ 같은 사업을 하는 사업자가 해당 항만에 없거나 행정처분 등으로 일시적으로 사업을 할 수 없게 된 경우
   ㉡ 사업의 성질상 해당 항만의 사업자가 그 사업을 할 수 없는 경우
② 관리청은 신고를 받은 날부터 **3일** 이내에 신고수리 여부를 신고인에게 통지하여야 한다.
③ 항만운송사업자 또는 항만운송관련사업자가 등록하지 아니한 항만에서 일시적 영업행위의 신고를 할 때에는 해양수산부령으로 정하는 바에 따라 영업기간 등을 구체적으로 밝힌 서면으로 하여야 한다.
④ 등록을 하지 아니한 항만에서 일시적으로 영업행위를 하기 위하여 신고한 항만운송사업자 또는 항만운송관련사업자는 그 신고한 내용에 맞게 영업행위를 하여야 한다.
⑤ 관리청이 ②에서 정한 기간 내에 신고수리 여부 또는 민원 처리 관련 법령에 따른 처리기간의 연장을 신고인에게 통지하지 아니하면 그 기간(민원 처리 관련 법령에 따라 처리기간이 연장 또는 재연장된 경우에는 해당 처리기간을 말한다)이 끝난 날의 다음 날에 신고를 수리한 것으로 본다.

2 항만운송 종사자 등에 대한 교육훈련(법 제27조의3)

① 항만운송사업 또는 항만운송관련사업에 종사하는 사람 중 안전사고가 발생할 우려가 높은* 항만하역사업이나 항만용역업에 종사하는 사람은 해양수산부장관이 실시하는 교육훈련을 받아야 한다.

> **＊안전사고 발생 우려가 높은 작업**
> 1. 법 제3조 제1호의 항만하역사업
> 2. 영 제2조 제1호 나목 중 줄잡이 항만용역업
> 3. 영 제2조 제1호 다목 중 화물 고정 항만용역업

② 해양수산부장관은 교육훈련을 받지 아니한 사람에 대하여 해양수산부령으로 정하는 바에 따라 항만운송사업 또는 항만운송관련사업 중 해양수산부령으로 정하는 작업(항만하역사업, 항만용역업)에 종사하는 것을 제한하여야 한다. 다만, 다음의 정당한 사유로 교육훈련을 받지 못한 경우에는 그러하지 아니하다.
   ㉠ 교육훈련 수요의 급격한 증가에 따라 교육훈련기관이 그 수요를 충족하지 못하는 경우
   ㉡ 그 밖에 작업에 종사하는 사람의 귀책사유 없이 교육훈련을 받지 못한 경우
③ 안전사고 발생 우려가 높은 작업에 종사하는 사람은 교육훈련기관이 실시하는 교육훈련을 다음 각 호의 구분에 따라 받아야 한다.

1. 신규자 교육훈련 : 작업에 채용된 날부터 6개월 이내에 실시하는 교육훈련
2. 재직자 교육훈련 : 신규자 교육훈련을 받은 연도의 다음 연도 및 그 후 매 2년마다 실시하는 교육훈련

3 교육훈련기관의 설립(법 제27조의4)

① 항만운송사업자 또는 항만운송관련사업자에게 고용되거나 역무를 제공하는 자에 대하여 항만운송·항만안전 등에 관한 교육훈련을 하기 위하여 대통령령으로 정하는 바에 따라 교육훈련기관을 설립할 수 있다.
② 교육훈련기관은 **법인**으로 한다.
③ 교육훈련기관은 해양수산부장관의 **설립인가**를 받아 그 주된 사무소의 소재지에서 설립**등기**를 함으로써 성립한다.
④ 교육훈련기관의 운영에 필요한 경비는 대통령령으로 정하는 바에 따라 항만운송사업자, 항만운송관련사업자 및 해당 교육훈련을 받는 자가 부담한다.
⑤ 교육훈련기관에 관하여 이 법에 규정된 것을 제외하고는 「**민법**」 중 **사단법인**에 관한 규정을 준용한다.
⑥ 해양수산부장관은 교육훈련기관의 업무·재산 또는 회계관리에 관하여 위법하거나 부당한 사항을 발견하였을 때에는 그 시정을 명할 수 있다.

4 표준계약서의 보급(법 제27조의5)

해양수산부장관은 항만운송사업·항만운송관련사업 및 항만종합서비스업의 공정한 거래질서 확립을 위하여 표준계약서를 작성·보급하고, 그 사용을 권장할 수 있다.

5 과징금(법 제27조의6)

① 관리청은 항만운송사업자 또는 항만운송관련사업자가 사업의 정지 및 등록취소의 어느 하나에 해당하여 사업정지처분을 하여야 하는 경우로서 그 사업의 정지가 그 사업의 이용자 등에게 심한 불편을 주거나 공익을 해칠 우려가 있는 경우에는 사업정지처분을 갈음하여 **500만원** 이하의 과징금을 부과할 수 있다.
② 과징금을 부과하는 위반행위의 종류, 위반 정도에 따른 과징금의 금액, 그 밖에 필요한 사항은 대통령령으로 정한다.
③ 관리청은 과징금을 내야 할 자가 납부기한까지 과징금을 내지 아니하면 **국세 체납처분의 예** 또는 「**지방행정제재·부과금의 징수 등에 관한 법률**」에 따라 징수한다.
④ 통지를 받은 자는 통지를 받은 날부터 **20일** 이내에 과징금을 관리청이 정하는 수납기관에 내야 한다.

+ 법령별 과징금 비교

과징금 규정 법령	관련사업자	과징금액
물류정책기본법	국제물류주선업자	1,000만원 이하
물류시설의 개발 및 운영에 관한 법률	• 복합물류터미널사업자	5,000만원 이하
	• 물류창고업자	1,000만원 이하
화물자동차 운수사업법	화물자동차 운송사업자, 운송주선사업자, 운송가맹사업자	2,000만원 이하
철도사업법	철도사업자	1억원 이하
항만운송사업법	항만운송사업자, 항만운송관련사업자	500만원 이하

6 항만인력 수급관리협의회 및 항만운송 분쟁협의회

(1) 항만인력 수급관리협의회의 구성(법 제27조의7)

① 수급관리협의회의 구성 및 운영 : 항만운송사업자 또는 항만운송관련사업자가 구성한 단체(이하 "항만운송사업자 단체"), 항만운송사업자 또는 항만운송관련사업자에게 고용되거나 역무를 제공하는 자가 구성한 단체(이하 "항만운송근로자 단체") 및 그 밖에 **대통령령으로 정하는 자**는 항만운송사업 또는 항만운송관련사업에 필요한 적정한 근로자의 수 산정, 근로자의 채용 및 교육훈련에 관한 사항 등 항만운송사업 또는 항만운송관련사업에 종사하는 인력의 원활한 수급과 투명하고 효율적인 관리에 필요한 사항을 협의하기 위하여 항만별로 항만인력 수급관리협의회를 구성·운영할 수 있다.

② 수급관리협의회의 구성 : 항만인력 수급관리협의회는 위원장 1명을 포함하여 **7명**의 위원으로 구성하되, 수급관리협의회의 위원장은 위원 중에서 **호선**한다.

③ 수급관리협의회의 소집 및 의결 : 수급관리협의회의 회의는 수급관리협의회의 위원장이 필요하다고 인정하거나 재적위원 과반수의 요청이 있는 경우에 소집한다. 회의는 재적위원 **2/3** 이상의 출석으로 개의하고, 출석위원 **2/3** 이상의 찬성으로 의결한다.

④ 수급관리협의회의 협의사항 : 수급관리협의회는 다음의 사항을 심의·의결한다.
 ㉠ 항만운송사업에 필요한 적정한 근로자의 수 산정에 관한 사항
 ㉡ 항만운송사업에 종사하는 인력의 채용기준 및 교육훈련 등 인사관리에 관한 사항
 ㉢ 그 밖에 수급관리협의회의 위원장이 항만운송사업에 종사하는 인력의 원활한 수급 및 효율적인 관리 등에 필요하다고 인정하여 회의에 부치는 사항

(2) 항만운송 분쟁협의회(법 제27조의8)

① 분쟁협의회의 구성 및 운영
 ㉠ 항만운송사업자 단체, 항만운송근로자 단체 및 그 밖에 대통령령으로 정하는 자는 항만운송과 관련된 분쟁의 해소 등에 필요한 사항을 협의하기 위하여 **항만별로** 항만운송 분쟁협의회를 구성·운영할 수 있다.

ⓛ "대통령령으로 정하는 자"란 항만운송사업의 분쟁 관련 업무를 담당하는 공무원 중에서 해당 항만을 관할하는 지방해양수산청장 또는 시·도지사가 지명하는 사람을 말한다.

ⓒ 항만운송 분쟁협의회는 위원장 1명을 포함하여 **7명**의 위원으로 구성하되, 분쟁협의회의 위원장은 위원 중에서 호선한다.

② **분쟁협의회의 기능** : 항만운송사업자 단체와 항만운송근로자 단체는 항만운송과 관련된 분쟁이 발생한 경우 항만운송 분쟁협의회를 통하여 분쟁이 원만하게 해결되고, 분쟁기간 동안 항만운송이 원활하게 이루어질 수 있도록 노력하여야 한다.

③ **분쟁협의회의 운영**

ⓐ **위원장** : 분쟁협의회의 위원장은 분쟁협의회를 대표하고, 그 업무를 총괄한다.

ⓑ **소집** : 분쟁협의회의 회의는 분쟁협의회의 위원장이 필요하다고 인정하거나 재적위원 과반수의 요청이 있는 경우에 소집한다.

ⓒ **의결** : 분쟁협의회의 회의는 재적위원 **2/3** 이상의 출석으로 개의하고, 출석위원 **2/3** 이상의 찬성으로 의결한다.

④ **분쟁협의회의 협의사항** : 분쟁협의회는 다음의 사항을 심의·의결한다.

ⓐ 항만운송과 관련된 노사 간 분쟁의 해소에 관한 사항

ⓑ 그 밖에 분쟁협의회의 위원장이 항만운송과 관련된 분쟁의 예방 등에 필요하다고 인정하여 회의에 부치는 사항

7 항만운송사업 등에 대한 지원(법 제27조의9)

국가 및 지방자치단체는 항만운송사업·항만운송관련사업 및 항만종합서비스업의 육성을 위하여 항만운송사업자·항만운송관련사업자 및 항만종합서비스업자에게 필요한 지원을 할 수 있다.

8 벌칙(법 제30조 내지 제32조)

(1) 1년 이하의 징역 또는 1천만원 이하의 벌금

1. 제4조 제1항에 따른 등록을 하지 아니하고 항만운송사업을 한 자
2. 다른 사람에게 자기의 성명을 사용하여 검수사등의 업무를 하게 하거나 검수사등의 자격증을 양도·대여한 사람, 다른 사람의 검수사등의 자격증을 양수·대여받은 사람 또는 다른 사람의 검수사등의 자격증의 양도·양수 또는 대여를 알선한 사람
3. 제26조의3 제1항에 따른 등록 또는 신고를 하지 아니하고 항만운송관련사업을 한 자

(2) 500만원 이하의 벌금

> 1. 제4조 또는 제26조의3 제1항에 따라 등록 또는 신고한 사항을 위반하여 항만운송사업 또는 항만운송관련사업을 한 자
> 2. 제26조의3 제3항에 따른 변경신고를 하지 아니하고 장비를 추가하거나 그 밖에 사업계획 중 해양수산부령으로 정하는 사항을 변경하여 선박연료공급업을 한 자
> 3. 제27조의2에 따른 신고를 하지 아니하고 일시적 영업행위를 한 자

(3) 300만원 이하의 벌금

> 1. 등록을 하지 아니하고 검수·감정 또는 검량업무에 종사한 자
> 2. 거짓이나 그 밖의 부정한 방법으로 제7조에 따른 검수사등의 자격시험에 합격한 사람
> 3. 운임 및 요금의 인가나 변경인가를 받지 아니한 자 또는 신고나 변경신고를 하지 아니하거나 거짓으로 신고를 한 자
> 4. 제26조(항만운송사업) 또는 제26조의5(항만운송관련사업)에 따른 사업정지처분을 위반한 자

9 청문

관리청은 다음의 어느 하나에 해당하는 처분을 하려면 청문을 하여야 한다.
① 법 제8조의3 제1항에 따른 자격의 취소(검수사등의 결격사유에 따른 자격의 취소)
② 법 제26조에 따른 등록의 취소(항만운송사업자의 등록의 취소)
③ 법 제26조의5 제1항에 따른 등록의 취소(항만운송관련사업자의 등록의 취소)

농수산물 유통 및 가격안정에 관한 법률

1 총칙

1 법의 목적

이 법은 농수산물의 유통을 원활하게 하고 적정한 가격을 유지하게 함으로써 생산자와 소비자의 이익을 보호하고 국민생활의 안정에 이바지함을 목적으로 한다(법 제1조).

2 「농수산물 유통 및 가격 안정에 관한 법률」상 중요 용어의 정의 ★☆☆

(1) 농수산물도매시장

특별시・광역시・특별자치시・특별자치도 또는 시가 양곡류・청과류・화훼류・조수육류・어류・조개류・갑각류・해조류 및 임산물 등 대통령령으로 정하는 품목의 전부 또는 일부를 도매하게 하기 위하여 법 제17조에 따라 관할구역에 개설하는 시장을 말한다.

(2) 중앙도매시장

특별시・광역시・특별자치시 또는 특별자치도가 개설한 농수산물도매시장 중 해당 관할구역 및 그 인접지역에서 도매의 중심이 되는 농수산물도매시장으로서 농림축산식품부령 또는 해양수산부령으로 정하는 다음을 말한다.

> 1. 서울특별시 가락동 농수산물도매시장, 서울특별시 노량진 수산물도매시장
> 2. 부산광역시 엄궁동 농산물도매시장, 부산광역시 국제 수산물도매시장
> 3. 인천광역시 구월동 농산물도매시장, 인천광역시 삼산 농산물도매시장
> 4. 대구광역시 북부 농수산물도매시장, 광주광역시 각화동 농산물도매시장
> 5. 대전광역시 오정 농수산물도매시장, 대전광역시 노은 농산물도매시장
> 6. 울산광역시 농수산물도매시장

(3) 농수산물공판장

지역농업협동조합, 지역축산업협동조합, 품목별・업종별협동조합, 조합공동사업법인, 품목조합연합회, 산림조합 및 수산업협동조합과 그 중앙회, 그 밖에 대통령령으로 정하는 생산자 관련 단체와 공익상 필요하다고 인정되는 법인으로서 대통령령으로 정하는 법인이 농수산물을 도매하기 위하여 **시・도지사**의 **승인**을 받아 개설・운영하는 사업장을 말한다.

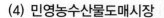
(4) 민영농수산물도매시장

국가, 지방자치단체 및 농수산물공판장을 개설할 수 있는 자 외의 자(이하 "민간인 등")가 농수산물을 도매하기 위하여 **시 · 도지사**의 **허가**를 받아 특별시 · 광역시 · 특별자치시 · 특별자치도 또는 시 지역에 개설하는 시장을 말한다.

(5) 농수산물종합유통센터

국가 또는 지방자치단체가 설치하거나 국가 또는 지방자치단체의 지원을 받아 설치된 것으로서 농수산물의 **출하 경로를 다원화하고 물류비용을 절감**하기 위하여 농수산물의 수집 · 포장 · 가공 · 보관 · 수송 · 판매 및 그 정보처리 등 농수산물의 물류활동에 필요한 시설과 이와 관련된 업무시설을 갖춘 사업장을 말한다.

(6) 농수산물 전자거래

농수산물의 유통단계를 단축하고 유통비용을 절감하기 위하여 「전자문서 및 전자거래 기본법」에 따른 전자거래의 방식으로 농수산물을 거래하는 것을 말한다.

3 다른 법률의 적용 배제

이 법에 따른 농수산물도매시장, 농수산물공판장(이하 "공판장"), 민영농수산물도매시장 및 농수산물종합유통센터에 대하여는 「유통산업발전법」의 규정을 적용하지 아니한다.

2 농수산물의 생산조정 및 출하조절제도

1 농수산물의 수급조절과 가격안정을 위해 취할 수 있는 조치

주요 농수산물 주산지의 지정, 계약생산, 과잉생산시의 생산자 보호, 유통협약 및 유통조절명령, 가격예시(하한가격), 농림업관측, 비축사업, 농수산물의 수입 추천, 농수산물 유통 관련 통계작성, 종합정보시스템의 구축 · 운영

2 주산지의 지정절차 ★☆☆

(1) 주산지의 지정

① 주산지의 지정권자 : 시 · 도지사

㉠ **시 · 도지사**는 농수산물의 경쟁력 제고 또는 수급을 조절하기 위하여 생산 및 출하를 촉진 또는 조절할 필요가 있다고 인정할 때에는 주요 농수산물의 생산지역이나 생산수면(이하 "주산지")을 지정하고 그

주산지에서 주요 농수산물을 생산하는 자에 대하여 생산자금의 융자 및 기술지도 등 필요한 지원을 할 수 있다.

ⓛ 주요 농수산물은 국내 농수산물의 생산에서 차지하는 비중이 크거나 생산·출하의 조절이 필요한 것으로서 농림축산식품부장관 또는 해양수산부장관이 지정하는 품목으로 한다.

② 지정단위

㉠ 주산지의 지정은 **읍·면·동 또는 시·군·구** 단위로 한다.

㉡ 주산지는 다음의 요건을 갖춘 지역 또는 수면 중에서 구역을 정하여 지정한다.

> 1. 주요 농수산물의 재배면적 또는 양식면적이 농림축산식품부장관 또는 해양수산부장관이 고시하는 면적 이상일 것
> 2. 주요 농수산물의 출하량이 농림축산식품부장관 또는 해양수산부장관이 고시하는 수량 이상일 것

③ **시·도지사의 통지의무 : 시·도지사**는 주산지를 지정하였을 때에는 이를 고시하고 농림축산식품부장관 또는 해양수산부장관에게 통지하여야 한다.

(2) 주산지의 변경 또는 해제

시·도지사는 지정된 주산지가 지정요건에 적합하지 아니하게 되었을 때에는 그 지정을 변경하거나 해제할 수 있다.

(3) 주산지협의체의 구성(법 제4조의2)

① 지정된 주산지의 시·도지사는 주산지의 지정목적 달성 및 주요 농수산물 경영체 육성을 위하여 생산자 등으로 구성된 주산지협의체를 설치할 수 있다.

② 협의체는 주산지 간 정보교환 및 농수산물 수급조절 과정에의 참여 등을 위하여 공동으로 품목별 중앙주산지협의회를 구성·운영할 수 있다.

③ 협의체의 설치 및 중앙협의회의 구성·운영 등에 관하여 필요한 사항은 대통령령으로 정한다.

3 농림업관측

(1) 농림업관측의 목적

농림축산식품부장관은 농산물의 수급안정을 위하여 가격의 등락 폭이 큰 주요 농산물에 대하여 매년 기상정보, 생산면적, 작황, 재고물량, 소비동향, 해외시장 정보 등을 조사하여 이를 분석하는 농림업관측을 실시하고 그 결과를 공표하여야 한다.

(2) 국제곡물관측의 실시 및 공표

농림업관측에도 불구하고 농림축산식품부장관은 주요 곡물의 수급안정을 위하여 농림축산식품부장관이 정하는 주요 곡물에 대한 상시 관측체계의 구축과 국제 곡물수급모형의 개발을 통하여 매년 주요 곡물 생산 및

수출 국가들의 작황 및 수급 상황 등을 조사·분석하는 국제곡물관측을 별도로 실시하고 그 결과를 공표하여야 한다.

(3) 농림업관측·국제곡물관측 실시기관

농림축산식품부장관은 효율적인 농림업관측 또는 국제곡물관측을 위하여 필요하다고 인정하는 경우에는 품목을 지정하여 지역농업협동조합, 지역축산업협동조합, 품목별·업종별협동조합, 산림조합, 농업협동조합중앙회 및 산림조합중앙회, 한국농수산식품유통공사로 하여금 농림업관측 또는 국제곡물관측을 실시하게 할 수 있다.

(4) 전담기관의 지정

농림축산식품부장관은 농림업관측업무 또는 국제곡물관측업무를 효율적으로 실시하기 위하여 농림업 관련 연구기관 또는 단체를 농림업관측 **전담기관(농림업관측 : 한국농촌경제연구원)**으로 지정하고, 그 운영에 필요한 경비를 충당하기 위하여 예산의 범위에서 출연금 또는 보조금을 지급할 수 있다.

4 농수산물의 수급안정을 위한 농수산물 유통 관련 통계작성 등

(1) 농수산물 유통 관련 통계작성(법 제5조의2)

① **농림축산식품부장관 또는 해양수산부장관**은 농수산물의 수급안정을 위하여 가격의 등락 폭이 큰 주요 농수산물의 유통에 관한 통계를 작성·관리하고 공표하되, 필요한 경우 통계청장과 협의할 수 있다.

② 농림축산식품부장관 또는 해양수산부장관은 통계작성을 위하여 필요한 경우 관계 중앙행정기관의 장 또는 지방자치단체의 장 등에게 자료의 제공을 요청할 수 있다. 이 경우 자료제공을 요청받은 관계 중앙행정기관의 장 또는 지방자치단체의 장 등은 특별한 사유가 없으면 자료를 제공하여야 한다.

(2) 종합정보시스템의 구축·운영(법 제5조의3)

① 농림축산식품부장관 및 해양수산부장관은 농수산물의 원활한 수급과 적정한 가격 유지를 위하여 농수산물 유통 종합정보시스템을 구축하여 운영할 수 있다.

② 농림축산식품부장관 및 해양수산부장관은 농수산물유통 종합정보시스템의 구축·운영을 대통령령으로 정하는 전문기관에 위탁할 수 있다.

5 계약생산(법 제6조)

(1) 계약생산의 목적

농림축산식품부장관은 주요 농산물의 원활한 수급과 적정한 가격 유지를 위하여 지역농업협동조합, 지역축산업협동조합, 품목별·업종별협동조합, 조합공동사업법인, 품목조합연합회, 산림조합과 그 중앙회(농협경제지주회사를 포함)나 생산자단체 또는 농산물 수요자와 생산자 간에 계약생산 또는 계약출하를 하도록 장려할 수 있다.

(2) 지원규정

농림축산식품부장관은 생산계약 또는 출하계약을 체결하는 생산자단체 또는 농산물 수요자에 대하여 농산물 가격안정기금으로 계약금의 대출 등 필요한 지원을 할 수 있다.

6 가격예시(법 제8조) ★☆☆

(1) 가격예시제도의 목적

농림축산식품부장관 또는 해양수산부장관은 농림축산식품부령 또는 해양수산부령으로 정하는 주요 농수산물의 수급조절과 가격안정을 위하여 필요하다고 인정할 때에는 해당 농산물의 파종기 또는 수산물의 종자입식 시기 이전에 생산자를 보호하기 위한 하한가격(이하 "예시가격")을 예시할 수 있다.

(2) 예시가격의 결정

농림축산식품부장관 또는 해양수산부장관은 예시가격을 결정할 때에는 ① 해당 농산물의 농림업관측, ② 주요 곡물의 국제곡물관측 또는 수산업관측 결과, ③ 예상 경영비, ④ 지역별 예상 생산량 및 예상 수급상황 등을 고려하여야 한다.

(3) 예시가격의 결정

농림축산식품부장관 또는 해양수산부장관은 예시가격을 결정할 때에는 미리 **기획재정부장관과 협의**하여야 한다.

(4) 예시가격 지지를 위한 시책

농림축산식품부장관 또는 해양수산부장관은 가격을 예시한 경우에는 예시가격을 지지하기 위하여 다음의 사항 등을 연계하여 적절한 시책을 추진하여야 한다.
① 농림업관측·국제곡물관측 또는 수산업관측의 지속적 실시
② 계약생산 또는 계약출하의 장려
③ 수매 및 처분
④ 유통협약 및 유통조절명령
⑤ 비축사업

7 과잉생산시의 생산자 보호

(1) 가격안정을 위한 수매

① 농산물 수매의 목적 : **농림축산식품부장관**은 채소류 등 저장성이 없는 농산물의 가격안정을 위하여 필요하다고 인정할 때에는 그 생산자 또는 생산자단체로부터 농산물가격안정기금으로 해당 농산물을 수매할 수 있다. 다만, 가격안정을 위하여 특히 필요하다고 인정할 때에는 도매시장 또는 공판장에서 해당 농산물을 수매할 수 있다.

② 수매농산물의 처분 : 수매한 농산물은 판매 또는 수출하거나 사회복지단체에 기증하거나 그 밖에 필요한 처분을 할 수 있다.

(2) 우선 수매대상

저장성이 없는 농산물을 수매하는 경우에는 ① 생산계약 또는 출하계약을 체결한 생산자가 생산한 농산물과 ② 출하를 약정한 생산자가 생산한 농산물을 우선적으로 수매하여야 한다.

(3) 수매 및 처분의 위탁

농림축산식품부장관은 수매 및 처분에 관한 업무를 농림협중앙회 또는 한국농수산식품유통공사에 위탁할 수 있다.

(4) 사업손실의 처리

농림축산식품부장관은 수매와 비축사업의 시행에 따라 생기는 감모, 가격 하락, 판매·수출·기증과 그 밖의 처분으로 인한 원가 손실 및 수송·포장·방제 등 사업실시에 필요한 관리비를 대통령령으로 정하는 바에 따라 그 사업의 비용으로 처리한다.

8 몰수농산물 등의 이관

(1) 몰수농산물 이관의 목적

농림축산식품부장관은 국내 농산물 시장의 수급안정 및 거래질서 확립을 위하여 몰수되거나 국고에 귀속된 농산물을 이관받을 수 있다.

(2) 몰수농산물의 처분

농림축산식품부장관은 이관받은 몰수농산물 등을 매각·공매·기부 또는 소각하거나 그 밖의 방법으로 처분할 수 있다.

(3) 몰수농산물의 처분비용의 충당

몰수농산물 등의 처분으로 발생하는 비용 또는 매각·공매 대금은 농산물가격안정기금으로 지출 또는 납입하여야 한다.

(4) 처분업무의 대행

농림축산식품부장관은 몰수농산물 등의 처분업무를 농업협동조합중앙회 또는 한국농수산식품유통공사 중에서 지정하여 대행하게 할 수 있다.

9 유통협약 및 유통조절명령(법 제10조) ★☆☆

(1) 유통협약의 체결

주요 농수산물의 생산자, 산지유통인, 저장업자, 도매업자·소매업자 및 소비자 등(이하 "생산자 등"이라 한다)의 대표는 해당 농수산물의 **자율적인 수급조절**과 **품질향상**을 위하여 **생산조정 또는 출하조절**을 위한 협약(이하 "유통협약"이라 한다)을 체결할 수 있다.

(2) 유통조절명령

① 유통조절명령의 개념 : **농림축산식품부장관 또는 해양수산부장관**은 부패하거나 변질되기 쉬운 농수산물로 서 농림축산식품부령 또는 해양수산부령으로 정하는 농수산물에 대하여 현저한 수급 불안정을 해소하기 위하여 특히 필요하다고 인정되고 농림축산식품부령 또는 해양수산부령으로 정하는 생산자 등 또는 생산자 단체가 요청할 때에는 공정거래위원회와 협의를 거쳐 일정 기간 동안 일정 지역의 해당 농수산물의 생산자 등에게 생산조정 또는 출하조절을 하도록 하는 유통조절명령(이하 "유통명령"이라 한다)을 할 수 있다.

② 유통명령에 포함될 사항 : 유통조절명령에는 다음의 사항이 포함되어야 한다.

> 1. 유통조절명령의 이유(수급·가격·소득의 분석자료를 포함한다)
> 2. 대상 품목
> 3. 기간
> 4. 지역
> 5. 대상자
> 6. 생산조정 또는 출하조절의 방안
> 7. 명령이행 확인의 방법 및 명령 위반자에 대한 제재조치
> 8. 사후관리와 그 밖에 농림축산식품부장관 또는 해양수산부장관이 유통조절에 관하여 필요하다고 인 정하는 사항

③ 유통명령의 요청 : 생산자 등 또는 생산자단체가 유통명령을 요청하려는 경우에는 상기에 따른 내용이 포함된 요청서를 작성하여 이해관계인·유통전문가의 의견수렴 절차를 거치고 해당 농수산물의 생산자 등의 대표나 해당 생산자단체의 재적회원 **3분의 2 이상**의 찬성을 받아야 한다.

④ 유통명령 이행자 등에 대한 지원

ㄱ 농림축산식품부장관 또는 해양수산부장관은 유통협약 또는 유통명령을 이행한 생산자 등이 그 유통협 약이나 유통명령을 이행함에 따라 발생하는 손실에 대하여는 농산물가격안정기금 또는 수산발전기금으 로 그 손실을 보전(補塡)하게 할 수 있다.

ㄴ 농림축산식품부장관 또는 해양수산부장관은 유통명령 집행업무의 일부를 수행하는 생산자 등의 조직이 나 생산자단체에 필요한 지원을 할 수 있다.

ㄷ 농림축산식품부장관 또는 해양수산부장관은 유통조절추진위원회의 생산·출하조절 등 수급안정을 위 한 활동을 지원할 수 있다.

10 비축사업 등(법 제13조)

(1) 비축사업 등의 개념

농림축산식품부장관은 농산물(쌀과 보리는 제외)의 수급조절과 가격안정을 위하여 필요하다고 인정할 때에는 농산물가격안정기금으로 농산물을 비축하거나 농산물의 출하를 약정하는 생산자에게 그 대금의 일부를 미리 지급하여 출하를 조절할 수 있다.

(2) 비축사업 등의 내용

① 비축용 농산물은 생산자 및 생산자단체로부터 수매하여야 한다. 다만, 가격안정을 위하여 특히 필요하다고 인정할 때에는 도매시장 또는 공판장에서 수매하거나 수입할 수 있다.

② 농림축산식품부장관은 비축용 농산물을 수입하는 경우 국제가격의 급격한 변동에 대비하여야 할 필요가 있다고 인정할 때에는 선물거래를 할 수 있다.

③ 농림축산식품부장관은 위 (1)에 따른 사업을 농림협중앙회 또는 한국농수산식품유통공사에 위탁할 수 있다.

(3) 비축사업 등의 위탁

① 농림축산식품부장관은 다음의 농산물의 비축사업 등을 농업협동조합중앙회·농협경제지주회사·산림조합중앙회 또는 한국농수산식품유통공사에 위탁하여 실시한다.

> 1. 비축용 농산물의 수매·수입·포장·수송·보관 및 판매
> 2. 비축용 농산물을 확보하기 위한 재배·양식·선매 계약의 체결
> 3. 농산물의 출하약정 및 선급금의 지급
> 4. 제1호부터 제3호까지의 규정에 따른 사업의 정산

② 농림축산식품부장관은 농산물의 비축사업 등을 위탁할 때에는 다음의 사항을 정하여 위탁하여야 한다.

> 1. 대상농산물의 품목 및 수량
> 2. 대상농산물의 품질·규격 및 가격
> 3. 대상농산물의 안전성 확인 방법
> 4. 대상농산물의 판매방법·수매 또는 수입시기 등 사업실시에 필요한 사항

11 농산물의 수입 추천(법 제15조)

① 「세계무역기구 설립을 위한 마라케쉬협정」에 따른 대한민국 양허표상의 시장접근물량에 적용되는 양허세율로 수입하는 농산물 중 다른 법률에서 달리 정하지 아니한 농산물을 수입하려는 자는 농림축산식품부장관의 추천을 받아야 한다.

② 농림축산식품부장관은 농산물의 수입에 대한 추천업무를 농림축산식품부장관이 지정하는 **비영리법인**으로 하여금 대행하게 할 수 있다. 이 경우 품목별 추천물량 및 추천기준과 그 밖에 필요한 사항은 농림축산식품 부장관이 정한다.

③ 농산물을 수입하려는 자는 사용용도와 그 밖에 농림축산식품부령으로 정하는 사항을 적어 수입 추천신청을 하여야 한다.

④ 농림축산식품부장관은 필요하다고 인정할 때에는 추천 대상 농산물 중 농림축산식품부령으로 정하는 품목 의 농산물을 비축용 농산물로 수입하거나 생산자단체를 지정하여 수입하여 판매하게 할 수 있다.

12 수입이익금의 징수 등(법 제16조)

① **농림축산식품부장관**은 추천을 받아 농산물을 수입하는 자 중 농림축산식품부령으로 정하는 품목의 농산물 을 수입하는 자에 대하여 농림축산식품부령으로 정하는 바에 따라 국내가격과 수입가격 간의 차액의 범위 에서 수입이익금을 부과·징수할 수 있다.

② 수입이익금은 농림축산식품부령으로 정하는 바에 따라 농산물가격안정기금에 납입하여야 한다.

③ 수입이익금을 정하여진 기한까지 내지 아니하면 국세 체납처분의 예에 따라 징수할 수 있다.

3 농수산물도매시장의 개설

1 도매시장 개설(법 제17조)

도매시장은 대통령령으로 정하는 바에 따라 부류별로 또는 둘 이상의 부류를 종합하여 **중앙도매시장**의 경우에 는 특별시·광역시·특별자치시 또는 특별자치도가 개설하고, **지방도매시장**의 경우에는 특별시·광역시·특 별자치시·특별자치도 또는 시(市)가 개설한다.

2 도매시장 개설 및 시장의 폐쇄 ★☆☆

(1) 도매시장의 개설

① **중앙도매시장의 개설** : 특별시·광역시·특별자치시 또는 특별자치도가 도매시장을 개설하려면 미리 업무 규정과 운영관리계획서를 작성하여야 하며, 중앙도매시장의 업무규정은 농림축산식품부장관 또는 해양수 산부장관의 **승인**을 받아야 한다.

② **시(市)의 지방도매시장 개설** : 시(市)가 지방도매시장을 개설하려면 도지사의 **허가(許可)**를 받아야 한다. 시 (市)가 지방도매시장의 개설허가를 받으려면 농림축산식품부령 또는 해양수산부령으로 정하는 바에 따라 지방도매시장 개설허가 신청서에 업무규정과 운영관리계획서를 첨부하여 도지사에게 제출하여야 한다.

(2) 도매시장의 폐쇄 절차

① 시(市)가 지방도매시장을 폐쇄하려면 그 3개월 전에 도지사의 허가를 받아야 한다.

② 특별시·광역시·특별자치시 및 특별자치도가 도매시장을 폐쇄하는 경우에는 그 3개월 전에 이를 공고하여야 한다.

3 도매시장 개설자의 의무(법 제20조)

(1) 도매시장 개설자는 거래관계자의 편익과 소비자 보호를 위하여 다음의 사항을 이행하여야 한다.

> 1. 도매시장 시설의 정비·개선과 합리적인 관리
> 2. 경쟁 촉진과 공정한 거래질서의 확립 및 환경 개선
> 3. 상품성 향상을 위한 규격화, 포장 개선 및 선도 유지의 촉진

(2) 도매시장 개설자는 상기의 사항을 효과적으로 이행하기 위하여 이에 대한 투자계획 및 거래제도 개선방안 등을 포함한 대책을 수립·시행하여야 한다.

4 농수산물도매시장의 운영

(1) 도매시장운영자의 지정(법 제22조)

도매시장 개설자는 도매시장에 그 시설규모·거래액 등을 고려하여 적정 수의 **도매시장법인·시장도매인** 또는 **중도매인**을 두어 이를 운영하게 하여야 한다. 다만, 중앙도매시장의 개설자는 청과부류와 수산부류에 대하여는 도매시장법인을 두어야 한다.

(2) 도매시장법인 ★☆☆

① **도매시장법인의 개념** : 농수산물도매시장의 개설자로부터 지정을 받고 농수산물을 위탁받아 상장하여 도매하거나 이를 매수하여 도매하는 법인을 말한다.

② **도매시장법인의 지정** : 도매시장법인은 **도매시장 개설자**가 부류별로 지정하되, 중앙도매시장에 두는 도매시장법인의 경우에는 농림축산식품부장관 또는 해양수산부장관과 협의하여 지정한다. 이 경우 **5년 이상 10년 이하**의 범위에서 지정 유효기간을 설정할 수 있다.

③ **경업금지 규정** : 도매시장법인의 주주 및 임직원은 해당 도매시장법인의 업무와 경합되는 도매업 또는 중도매업을 하여서는 아니 된다. 다만, 도매시장법인이 다른 도매시장법인의 주식 또는 지분을 과반수 이상 양수하고 양수법인의 주주 또는 임직원이 양도법인의 주주 또는 임직원의 지위를 겸하게 된 경우에는 그러하지 아니하다.

④ **도매시장법인의 영업제한**

　㉠ 도매시장법인은 도매시장 외의 장소에서 농수산물의 판매업무를 하지 못한다.

　㉡ **거래물품의 도매시장으로의 반입 제외사유**

　　ⓐ 도매시장 개설자의 사전승인을 받아「전자문서 및 전자거래 기본법」에 따른 전자거래 방식으로 하는 경우(온라인에서 경매 방식으로 거래하는 경우를 포함)

　　ⓑ 농림축산식품부령 또는 해양수산부령으로 정하는 일정 기준 이상의 시설에 보관·저장 중인 거래 대상 농수산물의 견본을 도매시장에 반입하여 거래하는 것에 대하여 도매시장 개설자가 승인한 경우

　㉢ **전자거래방식에 의한 거래** : 도매시장법인이「전자문서 및 전자거래 기본법」에 따른 전자거래방식으로 전자거래를 하려면 전자거래시스템을 구축하여 도매시장 개설자의 승인을 받아야 한다.

　㉣ **겸영금지**

　　ⓐ **원칙** : 도매시장법인은 농수산물 판매업무 외의 사업을 겸영하지 못한다.

　　ⓑ **예외(겸영 가능한 경우)** : 다만, 농수산물의 선별·포장·가공·제빙·보관·후숙·저장·수출입 등의 사업은 농림축산식품부령 또는 해양수산부령으로 정하는 바에 따라 겸영할 수 있다.

　㉤ **겸영사업의 제한** : 도매시장 개설자는 산지 출하자와의 업무 경합 또는 과도한 겸영사업으로 인하여 도매시장법인의 도매업무가 약화될 우려가 있는 경우에는 겸영사업을 1년 이내의 범위에서 제한할 수 있다.

(3) 공공출자법인

① **법인의 설립** : 도매시장 개설자는 도매시장을 효율적으로 관리·운영하기 위하여 필요하다고 인정하는 경우에는 도매시장법인을 갈음하여 그 업무를 수행하게 할 공공출자법인을 설립할 수 있다.

② **출자의 제한** : 공공출자법인에 대한 출자는 한정하되, 이 경우 지방자치단체, 관리공사, 농림수협 등에 의한 출자액의 합계가 총출자액의 100분의 50을 초과하여야 한다.

③ 공공출자법인에 관하여 이 법에서 규정한 사항을 제외하고는「상법」의 주식회사에 관한 규정을 적용한다.

④ 공공출자법인은「상법」제317조에 따른 설립등기를 한 날에 도매시장법인의 지정을 받은 것으로 본다.

(4) 중도매인

① **중도매인의 개념** : 농수산물도매시장·농수산물공판장 또는 민영농수산물도매시장의 개설자의 **허가** 또는 **지정**을 받아 다음의 영업을 하는 자를 말한다.

> 1. 농수산물도매시장·농수산물공판장 또는 민영농수산물도매시장에 상장된 농수산물을 매수하여 도매하거나 매매를 중개하는 영업
> 2. 농수산물도매시장·농수산물공판장 또는 민영농수산물도매시장의 개설자로부터 허가를 받은 비상장 농수산물을 매수 또는 위탁받아 도매 또는 매매를 중개하는 영업

② **사업의 효력요건** : 개설자의 허가(許可)

　중도매인의 업무를 하려는 자는 부류별로 해당 도매시장 개설자의 **허가**를 받아야 한다.

③ 허가의 결격사유

> 1. 파산선고를 받고 복권되지 아니한 사람이나 피성년후견인
> 2. 이 법을 위반하여 금고 이상의 실형을 선고받고 그 형의 집행이 끝나거나(집행이 끝난 것으로 보는 경우 포함) 면제되지 아니한 사람
> 3. 중도매업의 허가가 취소(파산자, 피성년후견인 제외)된 날부터 2년이 지나지 아니한 자
> 4. 도매시장법인의 주주 및 임직원으로서 해당 도매시장법인의 업무와 경합되는 중도매업을 하려는 자
> 5. 임원 중에 제1호부터 제4호까지의 어느 하나에 해당하는 사람이 있는 법인
> 6. 최저거래금액 및 거래대금의 지급보증을 위한 보증금 등 도매시장 개설자가 업무규정으로 정한 허가 조건을 갖추지 못한 자

④ 중도매인의 금지행위

   ㉠ 다른 중도매인 또는 매매참가인의 거래 참가를 방해하는 행위를 하거나 집단적으로 농수산물의 경매 또는 입찰에 불참하는 행위

   ㉡ 다른 사람에게 자기의 성명이나 상호를 사용하여 중도매업을 하게 하거나 그 허가증을 빌려주는 행위

⑤ 유효기간의 설정 : 도매시장 개설자는 중도매업의 허가를 하는 경우 **5년 이상 10년 이하**의 범위에서 허가 유효기간을 설정할 수 있다. 다만, **법인이 아닌 중도매인은 3년 이상 10년 이하**의 범위에서 허가 유효기간을 설정할 수 있다.

(5) 매매참가인

① 매매참가인의 개념 : 농수산물도매시장·농수산물공판장 또는 민영농수산물도매시장의 개설자에게 신고를 하고, 농수산물도매시장·농수산물공판장 또는 민영농수산물도매시장에 상장된 농수산물을 직접 매수하는 자로서 중도매인이 아닌 가공업자·소매업자·수출업자 및 소비자단체 등 농수산물의 수요자를 말한다.

② 업무개시 요건 : 매매참가인의 업무를 하려는 자는 농림축산식품부령 또는 해양수산부령으로 정하는 바에 따라 도매시장·공판장 또는 민영도매시장의 개설자에게 매매참가인으로 **신고**하여야 한다.

(6) 시장도매인

① 시장도매인의 개념 : 농수산물도매시장 또는 민영농수산물도매시장의 개설자로부터 지정을 받고 농수산물을 매수 또는 위탁받아 도매하거나 매매를 중개하는 영업을 하는 법인을 말한다.

② 시장도매인의 지정 : 시장도매인은 도매시장 개설자가 부류별로 지정한다. 이 경우 **5년 이상 10년 이하**의 범위에서 지정 유효기간을 설정할 수 있다.

③ 시장도매인의 요건 : 시장도매인이 될 수 있는 자는 다음의 요건을 갖춘 법인이어야 한다. ➔ 법인(法人)만 가능

> 1. 임원 중 이 법을 위반하여 금고 이상의 실형을 선고받고 그 형의 집행이 끝나거나(집행이 끝난 것으로 보는 경우 포함) 집행이 면제된 후 2년이 지나지 아니한 사람이 없을 것

2. 임원 중 해당 도매시장에서 시장도매인의 업무와 경합되는 도매업 또는 중도매업을 하는 사람이 없을 것

3. 임원 중 파산선고를 받고 복권되지 아니한 사람이나 피성년후견인 또는 피한정후견인이 없을 것

4. 임원 중 시장도매인의 지정취소처분의 원인이 되는 사항에 관련된 사람이 없을 것

5. 거래규모, 순자산액 비율 및 거래보증금 등 도매시장 개설자가 업무규정으로 정하는 일정 요건을 갖출 것

④ 시장도매인의 영업 및 영업제한

  ㉠ 시장도매인은 해당 도매시장의 도매시장법인·중도매인에게 농수산물을 판매하지 못한다.

  ㉡ 도매시장 개설자는 시장도매인의 거래를 제한하거나 금지하려는 경우에는 그 대상자, 거래제한 또는 거래금지의 사유, 해당 농수산물의 품목 및 기간을 정하여 공고하여야 한다.

(7) 경매사의 임면

① 경매사의 배정 : 도매시장법인은 도매시장에서의 공정하고 신속한 거래를 위하여 농림축산식품부령 또는 해양수산부령으로 정하는 바에 따라 **2명 이상**의 경매사를 두어야 하며, 도매시장법인별 연간 거래물량 등을 고려하여 업무규정으로 그 수를 정한다.

② 경매사의 임명 및 면직 : 경매사는 경매사 자격시험에 합격한 사람으로서 다음의 어느 하나에 해당하지 아니한 사람 중에서 임명하여야 한다. 다만, 도매시장법인은 경매사가 제1호부터 제4호까지의 어느 하나에 해당하는 경우에는 그 경매사를 면직하여야 한다.

1. 피성년후견인 또는 피한정후견인

2. 이 법 또는 「형법」 제129조부터 제132조까지의 죄 중 어느 하나에 해당하는 죄를 범하여 금고 이상의 실형을 선고받고 그 형의 집행이 끝나거나(집행이 끝난 것으로 보는 경우를 포함) 집행이 면제된 후 2년이 지나지 아니한 사람

3. 이 법 또는 「형법」 제129조부터 제132조까지의 죄 중 어느 하나에 해당하는 죄를 범하여 금고 이상의 형의 집행유예를 선고받거나 선고유예를 받고 그 유예기간 중에 있는 사람

4. 해당 도매시장의 시장도매인, 중도매인, 산지유통인 또는 그 임직원

5. 면직된 후 2년이 지나지 아니한 사람

6. 업무정지기간 중에 있는 사람

(8) 산지유통인

① 산지유통인의 개념 : 산지유통인은 농수산물도매시장·농수산물공판장 또는 민영농수산물도매시장의 개설자에게 등록하고, 농수산물을 수집하여 농수산물도매시장·농수산물공판장 또는 민영농수산물도매시장에 출하하는 영업을 하는 자(법인 포함)를 말한다.

② 영업요건 : 등록 ➡ 도매시장 개설자

    ㉠ 농림축산식품부령 또는 해양수산부령으로 정하는 바에 따라 부류별로 도매시장 개설자에게 **등록**하여야 한다.

    ㉡ 등록의 예외

        ⓐ 생산자단체가 구성원의 생산물을 출하하는 경우

        ⓑ 도매시장법인이 매수한 농수산물을 상장하는 경우

        ⓒ 중도매인이 비상장 농수산물을 매매하는 경우

        ⓓ 시장도매인이 그 영업에 따라 매매하는 경우

        ⓔ 종합유통센터·수출업자 등이 남은 농수산물을 도매시장에 상장하는 경우

        ⓕ 도매시장법인이 다른 도매시장법인 또는 시장도매인으로부터 매수하여 판매하는 경우

        ⓖ 시장도매인이 도매시장법인으로부터 매수하여 판매하는 경우

③ 산지유통인 관련 규제사항

    ㉠ 도매시장법인, 중도매인 및 이들의 주주 또는 임직원은 해당 도매시장에서 산지유통인의 업무를 하여서는 아니 된다.

    ㉡ 도매시장 개설자는 이 법 또는 다른 법령에 따른 제한에 위반되는 경우를 제외하고는 산지유통인의 등록을 하여 주어야 한다.

    ㉢ 산지유통인은 등록된 도매시장에서 농수산물의 출하업무 외의 판매·매수 또는 중개업무를 하여서는 아니 된다.

    ㉣ 도매시장 개설자는 등록을 하여야 하는 자가 등록을 하지 않고 산지유통인의 업무를 하는 경우에는 도매시장에의 출입을 금지·제한하거나 그 밖에 필요한 조치를 할 수 있다.

5 매매 등

1 매매의 원칙(수탁판매의 원칙)

(1) 수탁판매의 원칙(법 제31조)

도매시장에서 도매시장법인이 하는 도매는 출하자로부터 위탁을 받아 하여야 한다. 다만, 농림축산식품부령 또는 해양수산부령으로 정하는 **특별한 사유**가 있는 경우에는 매수하여 도매할 수 있다.

(2) 수탁판매의 예외(도매시장법인이 농수산물을 직접 매수하여 도매할 수 있는 경우)

> 1. 농림축산식품부장관 또는 해양수산부장관의 수매에 응하기 위하여 필요한 경우
> 2. 거래의 특례에 따라 다른 도매시장법인 또는 시장도매인으로부터 매수하여 도매하는 경우

3. 해당 도매시장에서 주로 취급하지 않는 농수산물의 품목을 갖추기 위하여 대상 품목과 기간을 정하여 도매시장 개설자의 승인을 받아 다른 도매시장으로부터 이를 매수하는 경우
4. 물품의 특성상 외형을 변형하는 등 가공하여 도매하여야 하는 경우로서 도매시장 개설자가 업무규정으로 정하는 경우
5. 도매시장법인이 법 제35조 제4항 단서에 따른 겸영사업에 필요한 농수산물을 매수하는 경우
6. 수탁판매의 방법으로는 적정한 거래물량의 확보가 어려운 경우로서 농림축산식품부장관 또는 해양수산부장관이 고시하는 범위에서 중도매인 또는 매매참가인의 요청으로 그 중도매인 또는 매매참가인에게 정가·수의매매로 도매하기 위하여 필요한 물량을 매수하는 경우

2 매매방법

(1) 매매방법(법 제32조)

도매시장법인은 도매시장에서 농수산물을 **경매·입찰·정가매매 또는 수의매매**의 방법으로 매매하여야 한다. 다만, 출하자가 매매방법을 지정하여 요청하는 경우 등 농림축산식품부령 또는 해양수산부령으로 매매방법을 정한 경우에는 그에 따라 매매할 수 있다.

(2) 농림축산식품부령 또는 해양수산부령으로 매매방법을 정한 경우

① 경매 또는 입찰
② 정가매매 또는 수의매매

3 수탁의 거부금지(법 제38조)

도매시장법인 또는 시장도매인은 그 업무를 수행할 때에 다음의 어느 하나에 해당하는 경우를 제외하고는 입하된 농수산물의 수탁을 거부·기피하거나 위탁받은 농수산물의 판매를 거부·기피하거나, 거래 관계인에게 부당한 차별대우를 하여서는 아니 된다.
① 유통명령을 위반하여 출하하는 경우
② 출하자 신고를 하지 아니하고 출하하는 경우
③ 안전성 검사 결과 그 기준에 미달되는 경우
④ 도매시장 개설자가 업무규정으로 정하는 최소출하량의 기준에 미달되는 경우
⑤ 그 밖에 환경 개선 및 규격출하 촉진 등을 위하여 대통령령으로 정하는 경우

4 **출하농수산물의 안전성 검사**(법 제38조의2)

(1) 개설자의 안전성 검사

도매시장 개설자는 해당 도매시장에 반입되는 농수산물에 대하여 유해물질의 잔류허용기준 등의 초과 여부에 관한 안전성 검사를 하여야 한다. 이 경우 도매시장 개설자 중 시(市)는 해당 도매시장의 개설을 허가한 도지사 소속의 검사기관에 안전성 검사를 의뢰할 수 있다.

(2) 농수산물 출하제한

도매시장 개설자는 안전성 검사 결과 그 기준에 못 미치는 농수산물을 출하하는 자에 대하여 1년 이내의 범위에서 해당 농수산물과 같은 품목의 농수산물을 해당 도매시장에 출하하는 것을 제한할 수 있다.
① 최근 1년 이내에 1회 적발시 : 1개월
② 최근 1년 이내에 2회 적발시 : 3개월
③ 최근 1년 이내에 3회 적발시 : 6개월

(3) 안전성 검사 결과의 고지

출하제한을 하는 경우에 도매시장 개설자는 안전성 검사 결과 기준 미달품 발생사항과 출하제한기간 등을 해당 출하자와 다른 도매시장 개설자에게 서면 또는 전자적 방법 등으로 알려야 한다.

6 **농수산물공판장 및 민영농수산물도매시장 등**

1 **농수산물공판장**(법 제43조)

(1) 공판장의 개설요건

① 농림수협 등, 생산자단체 또는 공익법인이 공판장을 개설하려면 **시 · 도지사의 승인**을 받아야 한다.
② 승인 제외사항 : 시 · 도지사는 신청이 다음의 어느 하나에 해당하는 경우를 제외하고는 승인을 하여야 한다.
  ㉠ 공판장을 개설하려는 장소가 교통체증을 유발할 수 있는 위치에 있는 경우
  ㉡ 공판장의 시설이 부류별 시설기준에 따른 기준에 적합하지 아니한 경우
  ㉢ 운영관리계획서의 내용이 실현 가능하지 아니한 경우
  ㉣ 그 밖에 이 법 또는 다른 법령에 따른 제한에 위반되는 경우

(2) 공판장의 거래 관계자

공판장에는 중도매인, 매매참가인, 산지유통인, 경매사를 둘 수 있다.
① 중도매인 : 공판장의 개설자가 지정

② 경매사 : 공판장의 개설자가 임면
③ 농수산물을 수집하여 공판장에 출하하려는 자 : 공판장의 개설자에게 산지유통인으로 등록

2 민영도매시장(법 제47조) ★☆☆

(1) 민영도매시장의 개설 : 시·도지사의 허가

① 민간인등이 특별시·광역시·특별자치시·특별자치도 또는 시 지역에 민영도매시장을 개설하려면 **시·도지사의 허가**를 받아야 한다.

② 민간인등이 민영도매시장의 개설허가를 받으려면 농림축산식품부령 또는 해양수산부령으로 정하는 바에 따라 민영도매시장 개설허가 신청서에 업무규정과 운영관리계획서를 첨부하여 시·도지사에게 제출하여야 한다.

③ 시·도지사는 다음의 어느 하나에 해당하는 경우를 제외하고는 허가하여야 한다.
　㉠ 민영도매시장을 개설하려는 장소가 교통체증을 유발할 수 있는 위치에 있는 경우
　㉡ 민영도매시장의 시설이 제67조 제2항에 따른 기준에 적합하지 아니한 경우
　㉢ 운영관리계획서의 내용이 실현 가능하지 아니한 경우
　㉣ 그 밖에 이 법 또는 다른 법령에 따른 제한에 위반되는 경우

④ 시·도지사는 민영도매시장 개설허가의 신청을 받은 경우 신청서를 받은 날부터 30일 이내에 허가 여부 또는 허가처리 지연 사유를 신청인에게 통보하여야 한다. 이 경우 허가 처리기간에 허가 여부 또는 허가처리 지연 사유를 통보하지 아니하면 허가 처리기간의 마지막 날의 다음 날에 허가를 한 것으로 본다.

⑤ 시·도지사는 허가처리 지연 사유를 통보하는 경우에는 허가 처리기간을 10일 범위에서 한 번만 연장할 수 있다.

(2) 민영도매시장의 운영(법 제48조)

① 민영도매시장의 개설자는 중도매인, 매매참가인, 산지유통인 및 경매사를 두어 직접 운영하거나 시장도매인을 두어 이를 운영하게 할 수 있다.

② 민영도매시장의 중도매인은 민영도매시장의 개설자가 지정한다.

③ 농수산물을 수집하여 민영도매시장에 출하하려는 자는 민영도매시장의 개설자에게 산지유통인으로 등록하여야 한다.

④ 민영도매시장의 경매사는 민영도매시장의 개설자가 임면한다.

⑤ 민영도매시장의 시장도매인은 민영도매시장의 개설자가 지정한다.

3 농수산물산지유통센터

(1) 산지판매제도의 확립(법 제49조)

① 산지 유통대책 : 농림수협 등 또는 공익법인은 생산지에서 출하되는 주요 품목의 농수산물에 대하여 산지경매제를 실시하거나 계통출하를 확대하는 등 생산자 보호를 위한 판매대책 및 선별·포장·저장 시설의 확

충 등 산지 유통대책을 수립·시행하여야 한다.

② **판매방법**

㉠ 농림수협 등 또는 공익법인은 경매 또는 입찰의 방법으로 창고경매, 포전경매 또는 선상경매 등을 할 수 있다.

㉡ 창고경매나 포전경매를 하려는 경우 생산농가로부터 위임을 받아 창고 또는 포전상태로 상장하되, 품목의 작황·품질·생산량 및 시중가격 등을 고려하여 미리 예정가격을 정할 수 있다.

(2) 농수산물집하장의 설치·운영(법 제50조)

① **설치·운영 목적**

㉠ 생산자단체 또는 공익법인은 농수산물을 대량 소비지에 직접 출하할 수 있는 유통체제를 확립하기 위하여 필요한 경우에는 농수산물집하장을 설치·운영할 수 있다.

㉡ 국가와 지방자치단체는 농수산물집하장의 효과적인 운영과 생산자의 출하편의를 도모할 수 있도록 그 입지 선정과 도로망의 개설에 협조하여야 한다.

② **공판장으로의 전용** : 생산자단체 또는 공익법인은 운영하고 있는 농수산물집하장 중 공판장의 시설기준을 갖춘 집하장을 **시·도지사의 승인**을 받아 공판장으로 운영할 수 있다.

(3) 농수산물산지유통센터의 설치·운영(법 제51조)

① 국가나 지방자치단체는 농수산물의 선별·포장·규격출하·가공·판매 등을 촉진하기 위하여 농수산물산지유통센터를 설치하여 운영하거나 이를 설치하려는 자에게 부지 확보 또는 시설물 설치 등에 필요한 지원을 할 수 있다.

② 국가나 지방자치단체는 농수산물산지유통센터의 운영을 생산자단체 또는 전문유통업체에 위탁할 수 있다.

4 포전매매 계약(법 제53조)

(1) 개념 및 계약방법

농림축산식품부장관이 정하는 채소류 등 저장성이 없는 농산물에 대하여 생산자가 수확하기 이전의 경작상태에서 면적단위 또는 수량단위로 매매하는 것을 말한다. 포전매매의 계약은 **서면에 의한 방식**으로 하여야 한다.

(2) 계약의 해제

농산물의 포전매매의 계약은 특약이 없으면 매수인이 그 농산물을 계약서에 적힌 **반출 약정일부터 10일 이내**에 반출하지 아니한 경우에는 그 기간이 지난 날에 계약이 해제된 것으로 본다. 다만, 매수인이 반출 약정일이 지나기 전에 반출 지연 사유와 반출 예정일을 서면으로 통지한 경우에는 그러하지 아니하다.

(3) 표준계약서

농림축산식품부장관은 포전매매의 계약에 필요한 표준계약서를 정하여 보급하고 그 사용을 권장할 수 있으며, 계약당사자는 표준계약서에 준하여 계약하여야 한다.

(4) 계약의 신고

농림축산식품부장관과 지방자치단체의 장은 생산자 및 소비자의 보호나 농산물의 가격 및 수급의 안정을 위하여 필요하다고 인정할 때에는 대상 품목, 대상 지역 및 신고기간 등을 정하여 계약 당사자에게 포전매매 계약의 내용을 **신고하도록 할 수 있다.**

7 농산물가격안정기금

1 농산물가격안정기금의 설치(법 제54조)

정부는 농산물(축산물 및 임산물을 포함)의 원활한 수급과 가격안정을 도모하고 유통구조의 개선을 촉진하기 위한 재원을 확보하기 위하여 농산물가격안정기금(이하 "기금"이라 한다)을 설치한다.

2 기금의 조성(법 제55조) ★☆☆

(1) 기금의 조성 재원

1. 정부의 출연금
2. 기금 운용에 따른 수익금
3. 제9조의2 제3항, 제16조 제2항 및 다른 법률의 규정에 따라 납입되는 금액
4. 다른 기금으로부터의 출연금

(2) 기금의 차입

농림축산식품부장관은 기금의 운영에 필요하다고 인정할 때에는 기금의 부담으로 **한국은행** 또는 다른 기금으로부터 자금을 차입할 수 있다.

(3) 기금의 운용·관리(법 제56조)

① 기금은 국가회계원칙에 따라 농림축산식품부장관이 운용·관리한다.
② 기금의 운용·관리에 관한 농림축산식품부장관의 업무는 대통령령으로 정하는 바에 따라 그 일부를 국립종자원장과 한국농수산식품유통공사의 장에게 위임 또는 위탁할 수 있다.

3 기금의 용도(법 제57조)

(1) 기금을 융자 또는 대출할 수 있는 사업 ★☆☆

1. 농산물의 가격조절과 생산·출하의 장려 또는 조절
2. 농산물의 수출 촉진
3. 농산물의 보관·관리 및 가공
4. 도매시장, 공판장, 민영도매시장 및 경매식 집하장(제50조에 따른 농수산물집하장 중 제33조에 따른 경매 또는 입찰의 방법으로 농수산물을 판매하는 집하장을 말한다)의 출하촉진·거래대금정산·운영 및 시설설치
5. 농산물의 상품성 향상
6. 그 밖에 농림축산식품부장관이 농산물의 유통구조 개선, 가격안정 및 종자산업의 진흥을 위하여 필요하다고 인정하는 사업

(2) 기금의 지출 대상사업

1. 「농수산자조금의 조성 및 운용에 관한 법률」에 따른 농수산자조금에 대한 출연 및 지원
2. 과잉생산시 생산자보호, 몰수농산물 등의 이관, 비축사업 및 「종자산업법」에 따른 사업 및 그 사업의 관리
3. 제12조에 따른 유통명령 이행자에 대한 지원
4. 기금이 관리하는 유통시설의 설치·취득 및 운영
5. 도매시장 시설현대화 사업지원
6. 농산물의 가공·포장 및 저장기술의 개발, 브랜드 육성, 저온유통, 유통정보화 및 물류표준화의 촉진
7. 농산물의 유통구조 개선 및 가격안정사업과 관련된 조사·연구·홍보·지도·교육훈련 및 해외시장 개척
8. 종자산업의 진흥과 관련된 우수 종자의 품종육성·개발, 우수 유전자원의 수집 및 조사·연구
9. 식량작물과 축산물을 제외한 농산물의 유통구조 개선을 위한 생산자의 공동이용시설에 대한 지원
10. 농산물 가격안정을 위한 안전성 강화와 관련된 조사·연구·홍보·지도·교육훈련 및 검사·분석시설 지원

(3) 기금의 위탁

① 기금의 대출에 관한 농림축산식품부장관의 업무는 기금의 융자를 받을 수 있는 자에게 위탁할 수 있다.
② 기금을 융자받거나 대출받은 자는 융자 또는 대출을 할 때에 지정한 목적 외의 목적에 그 융자금 또는 대출금을 사용할 수 없다.

(4) 여유자금의 운용

농림축산식품부장관은 기금의 여유자금을 다음의 방법으로 운용할 수 있다.
① 「은행법」에 따른 은행에 예치
② 국채·공채, 그 밖에 「자본시장과 금융투자업에 관한 법률」 제4조에 따른 증권의 매입

8 농수산물 유통기구의 정비

1 정비기본방침(법 제62조)

농림축산식품부장관 또는 해양수산부장관은 농수산물의 원활한 수급과 유통질서를 확립하기 위하여 필요한 경우에는 다음의 사항을 포함한 농수산물 유통기구 정비기본방침을 수립하여 고시할 수 있다.

> 1. 유통시설의 개선 등 시설기준에 미달하거나 거래물량에 비하여 시설이 부족하다고 인정되는 도매시장·공판장 및 민영도매시장의 시설 정비에 관한 사항
> 2. 도매시장·공판장 및 민영도매시장 시설의 바꿈 및 이전에 관한 사항
> 3. 중도매인 및 경매사의 가격조작 방지에 관한 사항
> 4. 생산자와 소비자 보호를 위한 유통기구의 봉사 경쟁체제의 확립과 유통경로의 단축에 관한 사항
> 5. 운영실적이 부진하거나 휴업 중인 도매시장의 정비 및 **도매시장법인**이나 **시장도매인**의 교체에 관한 사항
> 6. **소매상**의 시설 개선에 관한 사항

2 농수산물종합유통센터의 설치(법 제69조) ★☆☆

(1) 국가나 지방자치단체는 종합유통센터를 설치하여 생산자단체 또는 전문유통업체에 그 운영을 위탁할 수 있다.

(2) 농림축산식품부장관, 해양수산부장관 또는 지방자치단체의 장은 종합유통센터가 효율적으로 그 기능을 수행할 수 있도록 종합유통센터를 운영하는 자 또는 이를 이용하는 자에게 그 운영방법 및 출하 농어가에 대한 서비스의 개선 또는 이용방법의 준수 등 필요한 권고를 할 수 있다.

(3) 농림축산식품부장관, 해양수산부장관 또는 지방자치단체의 장은 종합유통센터를 운영하는 자 및 지원을 받아 종합유통센터를 운영하는 자가 권고를 이행하지 아니하는 경우에는 일정한 기간을 정하여 운영방법 및 출하 농어가에 대한 서비스의 개선 등 필요한 조치를 할 것을 명할 수 있다.

(4) 종합유통센터 건설사업계획서에 포함될 사항

1. 신청지역의 농수산물유통시설현황, 종합유통센터의 건설 필요성 및 기대효과
2. 운영자의 선정계획, 세부적인 운영방법과 물량처리계획이 포함된 운영계획서 및 운영수지분석
3. 부지·시설 및 물류장비의 확보와 운영에 필요한 자금조달계획
4. 그 밖에 농림축산식품부장관, 해양수산부장관 또는 지방자치단체의 장이 종합유통센터 건설의 타당성 검토를 위하여 필요하다고 판단하여 정하는 사항

3 농수산물종합유통센터의 시설기준(시행규칙 제46조 제3항 관련 별표 3) ★☆☆

구분	기준
부지	20,000m² 이상
건물	10,000m² 이상
시설	**1. 필수시설** 　가. 농수산물의 처리를 위한 집하·배송시설 　나. 포장·가공시설 　다. 저온저장고 　라. 사무실·전산실 　마. 농산물품질관리실 　바. 거래처주재원실 및 출하주대기실 　사. 오수·폐수시설 　아. 주차시설 **2. 편의시설** 　가. 직판장 　나. 수출지원실 　다. 휴게실 　라. 식당 　마. 금융기관 등의 점포 　바. 그 밖에 이용자의 편의를 위하여 필요한 시설

4 농수산물 전자거래의 촉진(법 제70조의2) ★☆☆

(1) 농림축산식품부장관 또는 해양수산부장관은 농수산물 전자거래를 촉진하기 위하여 한국농수산식품유통공사 및 농수산물 거래와 관련된 업무경험 및 전문성을 갖춘 기관으로서 대통령령으로 정하는 기관에 다음의 업무를 수행하게 할 수 있다.

1. 농수산물 전자거래소(농수산물 전자거래장치와 그에 수반되는 물류센터 등의 부대시설을 포함한다)의 설치 및 운영·관리
2. 농수산물 전자거래 참여 판매자 및 구매자의 등록·심사 및 관리
3. 농수산물 전자거래 분쟁조정위원회에 대한 운영 지원
4. 대금결제 지원을 위한 정산소의 운영·관리
5. 농수산물 전자거래에 관한 유통정보 서비스 제공
6. 그 밖에 농수산물 전자거래에 필요한 업무

(2) 지원사항

농림축산식품부장관 또는 해양수산부장관은 농수산물 전자거래를 활성화하기 위하여 예산의 범위에서 필요한 지원을 할 수 있다.

(3) 농수산물 전자거래 분쟁조정위원회의 설치

① 설치 : 농수산물 전자거래에 관한 분쟁을 조정하기 위하여 농수산물 전자거래 분쟁조정위원회를 둔다.
② 위원의 임명 : 분쟁조정위원회는 위원장 1명을 포함하여 9명 이내의 위원으로 구성하고, 위원은 농림축산식품부장관 또는 해양수산부장관이 임명하거나 위촉하며, 위원장은 위원 중에서 호선한다.
③ 분쟁의 조정
  ㉠ 농수산물 전자거래와 관련한 분쟁의 조정을 받으려는 자는 분쟁조정위원회에 분쟁의 조정을 신청할 수 있다.
  ㉡ 분쟁조정위원회는 분쟁조정 신청을 받은 날부터 **20일** 이내에 조정안을 작성하여 분쟁 당사자에게 이를 권고하여야 한다. 다만, 부득이한 사정으로 그 기한을 연장하려는 경우에는 그 사유와 기한을 명시하고 분쟁 당사자에게 통보하여야 한다.
  ㉢ 분쟁조정위원회는 권고를 하기 전에 분쟁 당사자 간의 합의를 권고할 수 있다.
  ㉣ 분쟁 당사자가 조정안에 동의하면 분쟁조정위원회는 조정서를 작성하여야 하며, 분쟁 당사자로 하여금 이에 기명·날인하도록 한다.

5 유통정보화의 촉진 및 거래질서 유지(법 제72조)

(1) 유통정보화의 촉진

① 유통정보화사업의 지원 : 농림축산식품부장관 또는 해양수산부장관은 유통정보의 원활한 수집·처리 및 전파를 통하여 농수산물의 유통효율 향상에 이바지할 수 있도록 농수산물 유통정보화와 관련한 사업을 지원하여야 한다.
② 교육 및 홍보 지원 : 농림축산식품부장관 또는 해양수산부장관은 정보화사업을 추진하기 위하여 정보기반의 정비, 정보화를 위한 교육 및 홍보사업을 직접 수행하거나 이에 필요한 지원을 할 수 있다.

(2) 유통구조 개선 등을 위한 재정 지원

정부는 농수산물 유통구조 개선과 유통기구의 육성을 위하여 도매시장·공판장 및 민영도매시장의 개설자에 대하여 예산의 범위에서 융자하거나 보조금을 지급할 수 있다.

(3) 거래질서의 유지

① 누구든지 도매시장에서의 정상적인 거래와 도매시장 개설자가 정하여 고시하는 시설물의 사용기준을 위반 하거나 적절한 위생·환경의 유지를 저해하여서는 아니 된다. 이 경우 도매시장 개설자는 도매시장에서의 거래질서가 유지되도록 필요한 조치를 하여야 한다.
② 농림축산식품부장관, 해양수산부장관, 도지사 또는 도매시장 개설자는 대통령령으로 정하는 바에 따라 소 속 공무원으로 하여금 이 법을 위반하는 자를 단속하게 할 수 있다.

6 도매시장거래 분쟁조정위원회의 설치(법 제78조의2)

(1) 조정위원회의 설치

① 도매시장 내 농수산물의 거래 당사자 간의 분쟁에 관한 사항을 조정하기 위하여 도매시장 개설자 소속으로 도매시장거래 분쟁조정위원회를 두어야 한다.
② 조정위원회의 구성
　㉠ 도매시장거래 분쟁조정위원회는 위원장 1명을 포함하여 9명 이내의 위원으로 구성한다.
　㉡ 조정위원회의 위원장은 위원 중에서 도매시장 개설자가 지정하는 사람으로 한다.
③ 조정위원회의 심의·조정사항

> ㉠ 낙찰자 결정에 관한 분쟁
> ㉡ 낙찰가격에 관한 분쟁
> ㉢ 거래대금의 지급에 관한 분쟁
> ㉣ 그 밖에 도매시장 개설자가 특히 필요하다고 인정하는 분쟁

④ 분쟁조정을 신청받은 조정위원회는 신청을 받은 날부터 30일 이내에 분쟁 사항을 심의·조정하여야 한다. 이 경우 조정위원회는 필요하다고 인정하는 경우 분쟁 당사자의 의견을 들을 수 있다(시행령 제36조의3).
⑤ 중앙도매시장 개설자 소속 조정위원회 위원 중 3분의 1 이상은 농림축산식품부장관 또는 해양수산부장관이 추천하는 위원이어야 한다.
⑥ 조정위원회는 분쟁에 대한 심의·조정 전 책임 소재의 판단, 손실지원의 수준 권고·제시 등을 위하여 분쟁 조정관을 둘 수 있다.
⑦ 도매시장 개설자는 조정위원회의 차년도 운영계획, 전년도 개최실적, 전년도 분쟁 조정 사항 등을 농림축산 식품부장관 또는 해양수산부장관에게 매년 보고하여야 한다.

(2) 분쟁조정관의 임명·위촉자격·운영

① 도매시장개설자는 변호사 또는 경매사 자격을 취득한 후 해당 분야에서 3년 이상 근무한 경력이 있는 사람 등에 해당하는 사람을 분쟁조정관으로 임명하거나 위촉할 수 있다.

② 분쟁 당사자는 분쟁조정 신청을 하기 전에 분쟁조정관에게 책임 소재의 판단, 손실 지원의 수준 권고·제시 등의 조치를 요청할 수 있다.

③ ②에 따라 요청을 받은 분쟁조정관은 그 요청을 받은 날부터 **15일** 이내에 관련 조치를 해야 한다.

9 보칙

1 과징금(법 제83조)

(1) 농림축산식품부장관, 해양수산부장관, 시·도지사 또는 도매시장 개설자는 도매시장법인등이 허가 취소 등에 해당하거나 중도매인이 허가 취소 등에 해당하여 업무정지를 명하려는 경우, 그 업무의 정지가 해당 업무의 이용자 등에게 심한 불편을 주거나 공익을 해칠 우려가 있을 때에는 업무의 정지를 갈음하여 **도매시장법인 등에는 1억원** 이하, **중도매인에게는 1천만원** 이하의 과징금을 부과할 수 있다.

(2) 농림축산식품부장관, 해양수산부장관, 시·도지사 또는 도매시장 개설자는 과징금을 내야 할 자가 납부기한 까지 내지 아니하면 납부기한이 지난 후 15일 이내에 10일 이상 15일 이내의 납부기한을 정하여 독촉장을 발부하여야 한다.

(3) 농림축산식품부장관, 해양수산부장관, 시·도지사 또는 도매시장 개설자는 독촉을 받은 자가 그 납부기한까지 과징금을 내지 아니하면 과징금 부과처분을 취소하고 업무정지처분을 하거나 국세 체납처분의 예 또는 「지방행정제재·부과금의 징수 등에 관한 법률」에 따라 과징금을 징수한다.

2 청문(법 제84조)

농림축산식품부장관, 해양수산부장관, 시·도지사 또는 도매시장 개설자는 다음의 어느 하나에 해당하는 처분을 하려면 청문을 하여야 한다.

> 1. 도매시장법인등의 지정취소 또는 승인취소
> 2. 중도매업의 허가취소 또는 산지유통인의 등록취소